高等职业教育财经商贸类专业基础课系列教材

成本核算与管理

刘维 杨立艳 周斌斌 ◎ 主编
邸红娜 李典 王雪娜 ◎ 副主编

清华大学出版社
北京

内容简介

本书共分三篇十二个项目，第一篇是基本理论篇，第二篇是成本核算基本技能与实务，第三篇是成本控制与成本考核。教材理论联系实际，内容深入浅出，每个项目均有引言、学习目标、案例导入、知识内容、知识链接或成本管理小故事，并配有专门的习题。

本书是广东农工商职业技术学院高水平大数据审计专业群建设成果之一，可以作为高等职业院校会计类专业相关课程的教材，也可以作为成人教育本科、专科教材、在职人员培训及企业经营管理人员的自学进修用书。

本书封面贴有清华大学出版社防伪标签，无标签者不得销售。
版权所有，侵权必究。举报：010-62782989，beiqinquan@tup.tsinghua.edu.cn。

图书在版编目（CIP）数据

成本核算与管理/刘维，杨立艳，周斌斌主编. —北京：清华大学出版社，2022.8
高等职业教育财经商贸类专业基础课系列教材
ISBN 978-7-302-61616-0

Ⅰ．①成… Ⅱ．①刘… ②杨… ③周… Ⅲ．①成本计算－高等职业教育－教材 Ⅳ．①F231.2

中国版本图书馆 CIP 数据核字（2022）第 143975 号

责任编辑：刘士平
封面设计：傅瑞学
责任校对：袁　芳
责任印制：宋　林

出版发行：清华大学出版社
网　　址：http://www.tup.com.cn, http://www.wqbook.com
地　　址：北京清华大学学研大厦 A 座
邮　　编：100084
社 总 机：010-83470000
邮　　购：010-62786544
投稿与读者服务：010-62776969, c-service@tup.tsinghua.edu.cn
质量反馈：010-62772015, zhiliang@tup.tsinghua.edu.cn
课件下载：http://www.tup.com.cn, 010-83470410

印 装 者：三河市铭诚印务有限公司
经　　销：全国新华书店
开　　本：185mm×260mm　　印　张：21.25　　字　数：471 千字
版　　次：2022 年 9 月第 1 版　　印　次：2022 年 9 月第 1 次印刷
定　　价：59.50 元

产品编号：090276-01

前言

本书紧紧围绕职业教育的培养目标,力求符合"以能力为本位,以就业为导向,以学生为主体,以培养学生职业技能为出发点"的教学指导思想,以循序渐进、项目导向、任务驱动、工作过程为原则,注重学生知识、能力、素质的培养,采用项目化的课程体系,以应具备的知识和能力为内容,运用工作过程系统化的表现形式,介绍制造业成本核算与管理岗位应掌握的各种基础知识、基本技能、基本方法和应具备的职业素养。

本书既可作为高等职业院校会计类专业的《成本核算与管理》相关课程的教材,也可作为成人教育本科、专科教材、在职人员培训及企业经营管理人员的自学进修用书。

以较低的成本创造更多的价值——这不仅是成本核算与管理的宗旨,也是我们编写本书的基本理念。成本不是自然发生的,而是管理和决策的结果。随着我国会计制度改革的不断深化、会计法规体系的不断完善,成本核算与管理实务也在不断地充实、完善。近年来,我国高等职业教育事业不断发展,为满足高等职业教育成本核算与管理教学的需要,我们结合多年在高等职业院校教学工作的经验,与企业、会计师事务所合作,经过大量实地调研,组织由行业专家、高校教师、企业高管组成的编写团队共同开发《成本核算与管理》教材。本书的特点主要体现在以下几个方面。

(1)内容新颖,理念领先。在内容体系的安排上,以制造业为成本核算与管理工作的主体,系统地介绍了成本核算内容、成本核算程序、成本核算方法等,并注意与相关会计类教材内容的衔接。在理论联系实际的指导思想下,本书力求与时俱进,将国际经验与国内实践相结合,体现了成本核算与管理最新发展的成果。

(2)定位准确,体系合理。本书的内容设计面向专科层次教学,体系完整,内容翔实,结构合理,每个项目均有引言、学习目标、案例导入、知识内容、知识链接或成本管理小故事,并配有专门的习题。

(3)深入浅出,便于教学。结合各种类型的制造企业的业务特点,理论联系实际,内容深入浅出,简明精练,通俗易懂,适用性强。

(4)校企合作,应用性强。教材编写者大多数为双师型教师或来自不同行业、企业或者事务所的行业专家,该教材体现了最新的职业教育理念,实现专业与产业对接、课程内容与职业标准对接、教学过程与生产过程对接,具备很强的应用性和实践性。

(5) 寓教于乐,提升素养。每个项目设置了对应的成本管理小故事,寓教于乐,提升职业素养。

本书由深圳市宝安区人民医院刘维正高级会计师、广东农工商职业技术学院杨立艳副教授、广东农工商职业技术学院周斌斌副教授担任主编,广东农工商职业技术学院邸红娜、李典,辽宁省人防指挥中心王雪娜担任副主编。全书共分三篇十二个项目,其中项目一和项目二由刘维编写,项目三和项目四由李典编写,项目五和项目六由王雪娜编写,项目七和项目八由邸红娜编写,项目九和项目十由杨立艳编写,项目十一和项目十二由周斌斌编写。习题由邸红娜、李典、王雪娜、广东农工商职业技术学院张奕奕和深圳市中西医结合医院黄圳林总会计师编写,刘维和杨立艳对全书进行修改、总纂和定稿。

在编写过程中,本书得到了清华大学出版社和广东农工商职业技术学院、广东农垦总局财务处、深圳市宝安区卫生健康局财务管理中心领导和相关老师的大力支持,同时我们也参考了许多大量公开出版的同类教材、专著及会计法规的内容,在此表示衷心的感谢。

由于编者水平有限,书中难免有不足之处,恳请专家和读者批评、指正。

编　者

2022 年 6 月

目 录

第一篇 基本理论篇

项目一 成本核算与管理基础知识 ………… 2

- 任务一 成本核算与管理认知 ………… 3
  - 一、成本的含义 ………… 3
  - 二、成本管理的重要性和主要内容 ………… 4
  - 三、成本管理组织工作 ………… 6
  - 四、成本管理的法律法规 ………… 7
- 任务二 成本的核算原则与对象 ………… 9
  - 一、成本的核算原则 ………… 9
  - 二、成本的核算要求 ………… 10
  - 三、成本的核算对象 ………… 14
  - 四、成本核算的费用类别 ………… 15
  - 五、生产费用与产品成本的联系和区别 ………… 18
- 任务三 成本的核算程序和会计科目 ………… 18
  - 一、成本的核算程序 ………… 18
  - 二、成本核算的主要科目 ………… 19
- 知识链接 成本会计的发展历史 ………… 22

第二篇 成本核算基本技能与实务

项目二 要素费用的归集与分配 ………… 26

- 任务一 认知要素费用 ………… 27
  - 一、要素费用分配的一般原则 ………… 27
  - 二、要素费用分配的一般流程 ………… 27
  - 三、要素费用的分配方法 ………… 28
- 任务二 材料费用的归集与分配 ………… 28
  - 一、材料发出的核算 ………… 29
  - 二、材料费用分配的核算 ………… 31

    三、燃料费用分配的核算 ··· 35
  任务三 外购动力费用的归集与分配 ··· 36
    一、外购动力费用支出的核算 ··· 36
    二、外购动力费用分配的核算 ··· 37
  任务四 职工薪酬费用的归集与分配 ··· 39
    一、职工薪酬的构成和工资费用的原始记录 ······························· 39
    二、职工薪酬费用的计算 ·· 42
    三、职工薪酬费用分配的核算 ··· 45
  任务五 折旧与其他费用的归集与分配 ··· 47
    一、折旧费用概述 ·· 47
    二、折旧费用分配的核算 ·· 48
    三、利息费用的核算 ··· 49
    四、税金的核算 ·· 49
    五、其他费用的核算 ··· 50
  成本管理小故事 让每磅铜的价格翻 1 万倍 ································· 52

项目三 辅助生产费用及生产损失的核算 ··· 53

  任务一 辅助生产费用的核算 ·· 53
    一、辅助生产费用归集的核算 ··· 53
    二、辅助生产费用分配的特点 ··· 55
    三、辅助生产费用分配的方法 ··· 55
  任务二 制造费用的核算 ··· 63
    一、制造费用归集的核算 ·· 63
    二、制造费用分配的核算 ·· 65
  任务三 生产损失的核算 ··· 70
    一、废品损失的核算 ··· 70
    二、停工损失的核算 ··· 74
  成本管理小故事 五个答案 ·· 76

项目四 在产品与完工产品成本的核算 ··· 77

  任务一 期末在产品数量的核算 ··· 77
    一、在产品与完工产品 ·· 77
    二、在产品收发结存的数量核算 ·· 78
  任务二 生产费用在完工产品和在产品之间分配的方法 ······················· 80
    一、在产品不计算成本法 ·· 80
    二、在产品按固定成本计价法 ··· 80
    三、在产品按所耗原材料费用计价法 ····································· 80
    四、在产品按定额成本计价法 ··· 81

五、在产品按完工产品计价法 …………………………………… 82
　　六、约当产量法 …………………………………………………… 82
　　七、定额比例法 …………………………………………………… 86
　任务三　完工产品成本结转的核算 …………………………………… 88
　成本管理小故事　王永庆设计馒头 …………………………………… 89

项目五　产品成本计算方法——品种法 …………………………… 90

　任务一　生产特点和管理要求对成本计算的影响 …………………… 90
　　一、生产的类型及其特点 ………………………………………… 91
　　二、生产经营特点和管理要求对成本核算方法的影响 ………… 92
　　三、成本管理要求对成本计算方法的影响 ……………………… 93
　任务二　产品成本计算的品种法 ……………………………………… 94
　　一、品种法的适用范围 …………………………………………… 94
　　二、品种法的特点 ………………………………………………… 94
　　三、品种法的计算程序 …………………………………………… 95
　　四、品种法的运用 ………………………………………………… 97
　任务三　产品成本计算的基本方法和辅助方法 …………………… 103
　　一、产品成本计算的基本方法 …………………………………… 103
　　二、产品成本计算的辅助方法 …………………………………… 104
　成本管理小故事　煮蛋的学问 ……………………………………… 105

项目六　产品成本计算方法——分批法 ………………………… 106

　任务一　分批法的适用范围和特点 ………………………………… 107
　　一、分批法的含义 ………………………………………………… 107
　　二、分批法的适用范围 …………………………………………… 107
　　三、分批法的特点 ………………………………………………… 107
　任务二　分批法的成本计算程序与应用 …………………………… 109
　　一、分批法的成本计算程序 ……………………………………… 109
　　二、分批法的应用 ………………………………………………… 109
　任务三　简化分批法 ………………………………………………… 113
　　一、简化分批法的含义和适用范围 ……………………………… 113
　　二、简化分批法的特点 …………………………………………… 113
　　三、简化分批法的成本计算程序 ………………………………… 114
　　四、简化分批法的应用 …………………………………………… 115
　　五、简化分批法的优缺点 ………………………………………… 120
　成本管理小故事　情侣苹果的故事 ………………………………… 121

项目七 产品成本计算方法——分步法 ……………………………………………… 122

任务一 分步法的适用范围和特点 …………………………………………… 123
一、分步法的含义和适用范围 ……………………………………………… 123
二、分步法的特点 …………………………………………………………… 123

任务二 逐步结转分步法 ……………………………………………………… 124
一、逐步结转分步法的含义和适用范围 …………………………………… 124
二、逐步结转分步法的特点 ………………………………………………… 125
三、逐步结转分步法的计算程序 …………………………………………… 125
四、逐步综合结转分步法的运用 …………………………………………… 127
五、逐步分项结转分步法的运用 …………………………………………… 135

任务三 平行结转分步法 ……………………………………………………… 142
一、平行结转分步法的含义和适用范围 …………………………………… 142
二、平行结转分步法的特点 ………………………………………………… 142
三、平行结转分步法的计算程序 …………………………………………… 143
四、产成品成本份额的计算 ………………………………………………… 143
五、平行结转分步法的运用 ………………………………………………… 144

知识链接 分步法的生产步骤 ………………………………………………… 148

项目八 产品成本计算方法——分类法 ……………………………………… 149

任务一 分类法的特点和适用范围 …………………………………………… 149
一、分类法的概念 …………………………………………………………… 149
二、分类法的特点 …………………………………………………………… 149
三、分类法的适用范围 ……………………………………………………… 150
四、分类法的优缺点 ………………………………………………………… 151
五、分类法的成本计算程序 ………………………………………………… 151
六、每类产品内部各规格产品成本分配方法 ……………………………… 152

任务二 联产品的成本计算 …………………………………………………… 156
一、实物计量分配法 ………………………………………………………… 156
二、标准产量比例法 ………………………………………………………… 157

任务三 副产品的成本计算 …………………………………………………… 158
一、副产品成本计算的特点 ………………………………………………… 158
二、副产品成本按照计划单位成本计价 …………………………………… 159
三、副产品成本按照售价减去销售税金和销售利润后的余额计价 ……… 160

任务四 等级产品的成本计算 ………………………………………………… 162

成本管理小故事 不拉马的士兵 ……………………………………………… 163

第三篇　成本控制与成本考核

项目九　产品成本计算方法——定额成本法 …… 166

任务一　定额成本法的特点和适用范围 …… 166
- 一、定额成本法的概念 …… 166
- 二、定额成本法的特点 …… 168
- 三、定额成本法的适用范围 …… 168
- 四、定额成本法计算程序 …… 169
- 五、定额成本法的优缺点 …… 170

任务二　定额成本的制定 …… 170
- 一、定额成本的制定方法 …… 170
- 二、定额成本法的运用 …… 171

任务三　脱离定额差异的计算 …… 172
- 一、脱离定额差异的含义 …… 172
- 二、直接材料费用脱离定额差异的计算 …… 173
- 三、直接人工脱离定额差异的计算 …… 176
- 四、制造费用脱离定额差异的计算 …… 178

任务四　材料成本差异的分配 …… 178
- 一、定额法下材料成本差异的含义 …… 178
- 二、材料成本差异的分配方法 …… 179

任务五　定额变动差异的计算 …… 179
- 一、定额变动差异的含义 …… 179
- 二、定额变动差异的计算方法 …… 180

任务六　定额成本法的运用 …… 181
- 一、产品实际成本的计算 …… 181
- 二、定额法的运用 …… 181

成本管理小故事　打破传统——给老菜提身价 …… 184

项目十　产品成本计算方法——标准成本法 …… 185

任务一　标准成本法的内容和特点 …… 185
- 一、标准成本制度的形成 …… 185
- 二、标准成本法的基本内容 …… 186
- 三、实施标准成本制度的步骤和应具备的前提条件 …… 186
- 四、标准成本制度的特点和作用 …… 187

任务二　标准成本的种类及其制定 …… 188
- 一、标准成本的分类 …… 188

  二、标准成本的制定 …………………………………………………………… 189

 任务三 成本差异的计算和分析 ………………………………………………… 191

  一、直接材料成本差异 ………………………………………………………… 192

  二、直接人工成本差异 ………………………………………………………… 193

  三、变动性制造费用差异 ……………………………………………………… 194

  四、固定性制造费用差异 ……………………………………………………… 195

 任务四 标准成本法的账务处理 ………………………………………………… 196

  一、标准成本法核算程序 ……………………………………………………… 196

  二、标准成本法下应设置的会计科目 ………………………………………… 197

  三、标准成本法下账务处理 …………………………………………………… 197

 成本管理小故事 河边钓鱼 ……………………………………………………… 199

项目十一 责任成本与成本考核 ……………………………………………… 200

 任务一 分权与责任中心 ……………………………………………………… 200

  一、成本中心 …………………………………………………………………… 202

  二、利润中心 …………………………………………………………………… 202

  三、投资中心 …………………………………………………………………… 203

 任务二 责任成本 …………………………………………………………………… 203

  一、责任成本的特点 …………………………………………………………… 204

  二、责任成本的计算 …………………………………………………………… 204

 任务三 成本考核 …………………………………………………………………… 206

  一、编制和修订责任成本预算 ………………………………………………… 206

  二、确定成本考核指标 ………………………………………………………… 208

  三、分析和考评最终业绩 ……………………………………………………… 210

 成本管理小故事 弥勒佛 ………………………………………………………… 210

项目十二 工业企业成本报表的编制和分析 ………………………………… 211

 任务一 成本报表概述 ………………………………………………………… 212

  一、成本报表编制的意义 ……………………………………………………… 212

  二、成本报表的种类 …………………………………………………………… 213

  三、成本报表编制的原则 ……………………………………………………… 214

  四、成本报表编制的要求 ……………………………………………………… 214

  五、成本报表编制的依据 ……………………………………………………… 215

 任务二 产品成本报表的编制和分析 ………………………………………… 215

  一、产品成本报表的分析方法 ………………………………………………… 215

  二、产品成本表的编制 ………………………………………………………… 220

  三、产品成本表的分析 ………………………………………………………… 223

 任务三 主要产品单位成本表的编制和分析 ………………………………… 227

一、主要产品单位成本表的结构 ……………………………………… 227
　　　二、主要产品单位成本表的编制方法 …………………………………… 228
　　　三、主要产品单位成本表的分析 ………………………………………… 229
　任务四　制造费用明细表的编制和分析 ………………………………… 233
　　　一、制造费用明细表的结构 ……………………………………………… 233
　　　二、制造费用明细表的编制 ……………………………………………… 234
　　　三、制造费用明细表的分析 ……………………………………………… 235
　任务五　期间费用明细表的编制和分析 ………………………………… 236
　　　一、期间费用明细表的结构 ……………………………………………… 236
　　　二、期间费用明细表的编制方法 ………………………………………… 238
　　　三、期间费用明细表的分析 ……………………………………………… 239
　成本管理小故事　失眠 …………………………………………………… 239

成本核算与管理习题 ………………………………………………… 240
　项目一　成本核算与管理基础知识习题 ………………………………… 240
　项目二　要素费用的归集与分配习题 …………………………………… 243
　项目三　辅助生产费用及生产损失的核算习题 ………………………… 248
　项目四　在产品与完工产品成本的核算习题 …………………………… 259
　项目五　产品成本计算方法——品种法习题 …………………………… 266
　项目六　产品成本计算方法——分批法习题 …………………………… 278
　项目七　产品成本计算方法——分步法习题 …………………………… 285
　项目八　产品成本计算方法——分类法习题 …………………………… 296
　项目九　产品成本计算方法——定额成本法习题 ……………………… 303
　项目十　产品成本计算方法——标准成本法习题 ……………………… 310
　项目十一　责任成本与成本考核习题 …………………………………… 314
　项目十二　工业企业成本报表的编制和分析习题 ……………………… 318

参考文献 ……………………………………………………………… 325

第一篇
基本理论篇

在市场经济中,企业面临的是全方位的竞争,包括价格、产品、质量、技术、服务、品牌等。任何一家企业的成功——小到小区的便利商店,大到跨国大型公司——都离不开成本核算、成本控制。成本核算与管理不仅能够向外提供产品、服务和客户等方面的成本信息,也能为企业管理工作中的计划、控制、考核、决策提供信息支持。

在市场竞争日趋激烈的今天,成本核算与管理不再局限于确定存货成本,企业更加需要精确、及时、相关的成本信息为整合企业产品开发、生产、营销和售后服务。成本核算与管理正扮演新的角色。企业的竞争不仅仅是产品质量的竞争,也是成本的竞争,谁在竞争时掌握了成本的优势,谁就领先了一步。

项目一　成本核算与管理基础知识

引言

成本会计适应特定的经济发展的要求而产生,并在与外部环境的相互作用中不断发展。在过去几十年发展起来的产品成本计算方法和成本管理实践对特定类型的决策环境和特定类型的生产技术是适用的。但是从20世纪80年代和90年代起,伴随着日益白热化的国际竞争,企业的生产过程中自动化和机器人的广泛应用使企业能够从事产品多样化生产,并解决了产品精致化的要求,信息技术的飞速发展缩短了产品的生命周期,内外部环境的变化需要企业精确、快速地计算成本。成本管理会计应运而生,这是新形势下管理会计和成本会计结合的新领域。管理会计与成本会计交叉重复的内容包括:变动成本法、标准成本法、作业成本法、成本预测、成本决策、日常业务预算、差异的计算、经济批量等。成本核算是成本会计的主要内容,同时成本会计对提供的信息资料有两个基本要求:一是要满足财务会计对外报告的需要;二是要满足企业内部管理的需要。

财务会计和管理会计在成本的内涵、确认、计量、分配与核算方法等方面都存在着巨大的差异。管理会计主要是为企业内部管理提供信息资料,这与成本会计中成本核算的对内职能完全一致。但管理会计信息的加工、处理完全不受会计制度的约束,只体现管理会计预测、决策、规划、控制职能,专门为企业内部管理提供信息,这是管理会计独有的特点。

管理会计通过成本会计提供的相关信息,从量的方面对企业的日常生产经营活动进行管理,它有自己完整的理论体系和方法体系,利用成本性态分析、变动成本法、本量利分析等方法围绕企业日常生产经营活动中的产、供、销开展工作,履行预测、决策、规划、控制、考评的职能。因此,成本核算与管理是财务会计与管理会计的交叉部分。

学习目标

1. 理解成本的内涵和成本管理的主要内容;
2. 掌握成本的核算原则和核算对象;
3. 理解成本核算的费用类别;
4. 掌握成本核算程序;
5. 掌握成本核算使用的会计科目。

案例导入

红星有限公司是一家生产钢材的企业,2019年10月份生产领用了材料500万元,支付本月生产工人工资100万元、生产管理人员工资10万元、厂部管理人员工资20万元,支付厂部办公费2万元、广告费5万元、销售产品差旅费10万元、赞助费5万元、行政罚款1万元,另外,支付设备维修费3万元,购买新设备30万元,支付保险费1万元。

11月份发生了以下费用:耗用原材料1 000万元,其中产品生产用原材料800万元,车间一般耗用150万元,厂部耗用50万元;耗用动力200万元,其中产品耗用180万元,管理部门耗用20万元;支付本月生产工人工资100万元,生产管理人员工资10万元,厂部管理人员工资20万元;本月计提折旧20万元,其中生产部门18万元,厂部2万元。

问题:

1. 请将该公司本月发生的支出进行合理分类,计算出10月份成本费用的总额,并指出支出、成本、费用的联系和区别。

2. 请将该公司11月份发生的生产费用进行归集,记入相应账户。

任务一 成本核算与管理认知

一、成本的含义

成本是商品经济的产物,是商品经济的价值范畴,是商品价值的主要组成部分。长期以来,人们主要以马克思在《资本论》中的有关成本的论述阐述成本的含义:按照资本主义生产方式生产的每一个商品W的价值,用公式表示是 $W = C + V + M$。如果我们从这个商品价值中减去剩余价值M,那么,在商品中剩下来的,只是一个在生产要素上耗费的资本价值 $C+V$ 的等价物或补偿价值。商品价值中的这个部分,即用来补偿所消耗的生产资料价值和所使用的劳动力价格的部分,只是补偿商品使资本家自身耗费的东西,所以对资本家来说,这就是商品的成本价格。马克思这里所说的"商品的成本价格",指的就是产品成本。因此,从理论上来说,产品成本就是企业在生产产品过程中已经消耗的、用货币表现的生产资料的价值与相当于工资的劳动者为自己劳动所创造的价值的总和。这种成本,可以称为"理论成本"。

成本是企业为生产商品或提供劳务而发生的各种耗费,是企业在生产过程中的价值补偿。广义的成本泛指企业生产经营过程中所有的耗费,狭义的成本指的是分配到成本计算对象上的耗费。我国《企业会计准则》中将广义的成本统称为"费用",其中第三十三条规定:费用是指企业在日常活动中发生的、会导致所有者权益减少的、与向所有者分配利润无关的经济利益的总流出。

二、成本管理的重要性和主要内容

(一) 成本管理的重要性

成本管理是一个组织用来计划、监督和控制成本以支持管理决策和管理行为的基本流程,是企业管理的重要组成部分,应做到系统、全面、科学、合理。成本管理对于促进增产节支、加强经济核算、改进企业管理、提高企业整体管理水平具有重大意义。

成本管理的重要性主要体现在以下几方面。

1. 成本管理帮助企业取得竞争优势

在竞争激烈的市场环境中,企业为了取得竞争优势,抵抗内外部压力,会实施低成本发展战略或者差异化发展战略。如果实施低成本战略,则通过成本管理降低单位产品成本,能明显且直接提高企业在市场上的主动性和话语权,提升企业的核心竞争力;如果实施差异化战略,则通过成本管理规范成本形成过程,适时进行流程优化或流程再造,在资源既定的前提下,生产出满足客户需求的产品。这些战略措施通常需要成本管理予以配合,不同发展战略下的成本管理需求与企业目标具有高度的一致性。

2. 成本管理是企业增加盈利的根本途径

利润是收入与成本费用匹配后的结果。成本降低与收入增加一样,都是企业增加盈利的重要源泉。当成本变动与其他因素变动相关联时,如何在成本降低与生产经营需要之间做出取舍,是企业成本管理者无法回避的问题。单纯以降低成本为标准容易形成误区,成本管理要利用成本、质量、价格、销售等因素之间的相互关系,满足企业为维系质量、调整价格、扩大市场份额等对成本的需要,从而帮助企业最大限度地提高经济效益。

3. 成本管理为企业扩大再生产创造条件

降低成本一般通过两个阶段来实现。首先,在既定的经济规模、技术水平、质量标准等前提条件下,通过合理的组织管理提高生产效率、降低消耗;其次,当成本降低到这些条件许可的极限时,通过改变成本发生的基础条件,如采用新技术设备、新工艺流程、新产品设计、新材料等,使影响成本的结构性因素得到改善,为进一步降低成本提供新的空间。

(二) 成本管理的主要内容

现代成本核算与管理是企业成本管理体系中的一个主要部分,包括成本管理中事前、事中和事后的各个环节。现代成本核算与管理拓宽了传统成本核算与管理的内涵和外延,其涉及的内容广泛,现代成本核算与管理的具体内容包括成本预测、成本决策、成本计划、成本核算、成本控制、成本分析、成本考核、成本检查。

1. 成本预测

成本预测是事前根据有关的资料,运用一定的科学方法,对将来不同情况下的成本水平以及成本可能的发展变化趋势进行测算,以便为成本决策、成本计划和成本控制提供及时的、有效的信息和依据,避免决策、计划和控制中的主观性、盲目性和片面性。

成本预测的内容包括:在决策阶段进行的各种不同方案的成本预测,为选择最佳的成本方案提供依据;在计划阶段进行目标成本预测,计划期成本降低方案和情况的预测等,使成本计划建立在科学的基础上;在计划实施和生产过程中对成本水平的发展趋势与结果的预测,提供及时有效的信息,实施有效的成本控制等。

2. 成本决策

成本决策是运用定量和定性的方法,对各个成本降低方案进行选择,从而确定一个能使经济效益最高、成本最低的最优成本方案的行为。成本决策是经营管理决策的一个重要组成部分,为了保证成本决策的可靠性,成本决策应在充分占有资料的基础上进行。

在成本管理的各个环节,都存在大大小小的成本决策问题。例如,目标成本的确定,新产品设计,老产品改造中产品成本的决策,合理下料的决策,自制和外购零部件的决策,生产批量的决策,不同生产工艺方案的决策,产品质量成本决策,定额变动决策,以及其他降低成本方案的决策和一些投资决策等。

3. 成本计划

成本计划是根据计划期的生产任务,降低成本的要求以及有关资料,通过一定的程序,运用一定的方法,以货币形式规定计划期产品的生产耗费和各种产品成本水平,并用书面文件的形式规定下来,以作为计划执行和考核检查的依据。通过成本计划管理,可以在产品成本方面为企业提出明确的奋斗目标,推动企业加强成本管理责任制,动员企业职工挖掘潜力、节约增产的积极性。

工业企业的成本计划通常包括以下内容:按照生产要素确定企业的生产耗费,编制生产费用预算;按照产品确定产品的生产耗费,编制产品单位成本计划和全部产品计划;提出降低成本和保证计划实施的主要措施方案。

4. 成本核算

成本核算是成本核算与管理最基本的工作,传统意义上的成本会计是相对成本核算而言。成本核算是根据产品成本计算对象,采用相适应的成本计算方法,按规定的成本项目,通过一系列的生产费用汇集与分配,正确划分各种费用界限,从而计算出各种产品的实际总成本和实际单位成本。成本核算既是对产品的实际生产耗用进行如实反映的过程,也是对各种生产费用实际支出的控制、监督过程。

5. 成本控制

成本控制是根据预定的目标,对成本发生和形成过程以及影响成本的各种因素条件施加主动的影响,以实现最优成本和保证合理的成本补偿的一种行为。

从企业的经营过程来看,成本控制包括产品的产前控制、生产过程控制和产后控制。成本的产前控制是从建厂、扩厂、改厂、改建、技术组织措施,以及新产品设计、研制、老产品改造,直到产品正式投产所进行的一系列降低产品成本的活动。产前控制是整个成本控制活动中最重要的环节,它直接影响以后产品制造成本和使用成本的高低。产前成本控制活动主要有建厂的成本控制,新产品研制设计的成本控制,老产品的改进,生产工艺的改进等。产品生产过程中的成本控制包括从安排生产计划、采购原材、生产准备、生产,直到产品完工入库这一整个过程,生产过程的成本控制是对制造产品实际劳动耗费的控制,包括原材料耗费的控制,劳动力工具耗费和其他费用支出的控制等方面。产后成本控制指从产品完工入库起,直到售出这一商品流通环节的成本控制,其控制内容主要包括产品库存费用、资金占用利息、运输包装费用、广告费用、销售机构及有关费用等。

6. 成本分析

成本分析是在成本核算及其他有关资料基础上,运用一定的方法,揭示产品成本水平的变动,进一步查明影响产品成本变动的各种因素、产生原因,以及应负责的单位和个人,并提出积极的建议,以采用有效措施,进一步降低产品成本。

成本分析的内容主要包括:全部产品成本计划完成情况分析,可比产品成本计划完成情况分析,单位产品成本分析,生产费用预算执行情况分析,主要经济技术指标变动成本影响的分析,国内外同类产品成本的对比分析等。

7. 成本考核

成本考核是定期对成本计划及有关指标实际完成情况进行总结和评价,鼓励先进,鞭策后进,以监督和促进企业加强成本管理责任制,履行经济责任,提高成本管理水平。成本考核的形式既可以是国家对企业进行考核,也可以是企业内部对车间、部门以至于班组进行考核。

成本考核的指标主要包括:全部产品实际成本比计划成本降低率、可比产品成本降低率、各种主要产品单位降低率、成本差异率以及有关的技术经济指标等。

8. 成本检查

成本检查是成本监督的一种形式,它通过对企业成本管理各项工作的检查,揭露矛盾,明确责任,保证成本制度和财经纪律的贯彻执行,改进成本管理。成本检查可以有企业外部有关机构进行,如审计机构等,也可由企业内部专门人员执行,如内部审计,即可定期检查,也可突击性检查。

成本检查的内容一般包括:企业成本管理责任制的建立和执行情况;成本管理基础工作是否健全和完善;成本核算方法程序是否正确,数据是否真实,成本数据所反映的生产费用支出是否合理合法,是否遵守了成本开支范围;成本计划及其执行情况等。

以上各项成本会计活动的内容互相配合、互相依存,构成一个有机整体。

三、成本管理组织工作

为了充分发挥成本管理的职能作用,圆满完成成本管理的任务,实现企业成本管理的目标,企业应在总经理、总会计师的领导下,科学组织成本管理工作。为此,企业应设置成本管理的会计机构,配备专职或者兼职的成本核算与管理人员,严格按照与成本管理有关的各种法律、法规和制度进行工作。

(一)成本管理机构和人员

成本管理机构是企业中直接从事成本管理工作的组织。企业应该根据自身规模大小和生产经营业务的特点等具体情况,在保证成本管理工作质量的前提下,合理地设置工作机构。通常在大中型工业企业的会计机构中应单独设置成本核算与管理科、组,配备必要的具有成本会计知识的专职人员,在企业各职能部门和下属生产车间,设立成本管理组并配备专职或兼职的成本核算员。

在规模较小、会计人员较少的企业,应指定专人负责处理成本会计工作。成本管理机构和成本会计人员应在企业总会计师或主管会计的指导、监督下开展成本管理工作。

(二)成本管理的岗位职责

成本会计是公司内部重要的会计岗位之一,成本会计人员的素质高低直接影响成本会计工作的质量。根据建立健全会计岗位责任制的要求,各企业应当按照精简、高效的原则,合理配备成本管理会计人员,成本管理会计人员应具有良好的政治素质和会计职业道德,掌握成本会计业务核算方法和有关法规、制度,具有较强的成本管理工作经验,并在实践中不断提高业务素质。

成本会计人员的工作职责主要包括以下几方面。

(1)严格遵守国家和公司的成本开支范围和费用开支标准,结合公司生产经营特点和管理要求,制定成本核算方法以及成本核算实施细则,在公司批准后组织执行。

(2)根据公司生产经营计划编制成本、费用等计划,并将指标分解落实,确保计划实现。

(3)按照成本核算办法的规定,确定成本核算对象,正确归集、分配生产成本与费用,做到数字准确,内容真实。

(4)每月按时编制成本核算凭证及报表。对照成本计划找出成本升降原因,提出降低成本、费用的途径,加强成本管理。

(5)协助有关部门定期对自制半成品以及产成品进行盘库,核对产品库存情况。

(6)积极开展与成本核算有关的信息会议,加强各部门的交流与沟通,使信息传递更透明、更快捷。

(7)做好相关成本资料的整理、归档、数据库建立、查询、更新工作。

(8)完成领导交办的其他任务。

四、成本管理的法律法规

成本管理的法规和制度是组织和从事成本会计工作必须遵循的规范和具体依据。因此,正确地制定和执行成本管理的法规和制度,可以使企业成本会计工作有效地贯彻执行国家有关方针、政策,保证成本会计资料真实、规范。成本会计工作制度,既要满足企业成本管理和生产经营管理的要求,又要满足国家宏观经济管理的要求,还要力求做到简明实用,节约成本会计的人力、物力。

成本会计与财务会计有着紧密的联系,两者的核算资料是互通的,其核算基础也是相同的,因此财务会计应遵循的会计制度也是成本会计应遵循的会计制度。成本会计应遵循的法律法规可以分为以下五个层次。

(一)《中华人民共和国会计法》

由全国人民代表大会常务委员会制定的《中华人民共和国会计法》(以下简称《会计法》),是我国会计工作的基本法,一切会计法规,包括成本会计的有关法规、制度,都应按照它的要求制定。它的法律形式确定了会计工作的地位和作用,可以提高人们对会计工作的认识,端正人们对会计工作的态度;它可以使全体职工特别是会计人员依法办事,保证会计工作按照正常秩序进行。《会计法》用法律方式明确了会计人员的职权和法律责任,并用法律形式保障了会计人员的职责不受侵犯,可以使会计人员更加敢于坚持原则、坚持制度、履行职责。

(二)《企业财务通则》和《企业会计准则》

《企业财务通则》和《企业会计准则》是国务院批准,由财政部发布的企业在进行财务、会计工作时的基本准则和规范。《企业财务通则》和《企业会计准则》的制定和实施,可以使企业的财务、会计工作更适应社会主义市场经济的需要,规范企业会计工作,包括成本会计工作,提高财务管理和会计工作水平,并与国际惯例接轨,有利于企业加强经营管理,有利于吸收外资和对外开放。

财政部在《企业会计准则——基本准则》的基础上,制定了一系列企业会计具体准则,这些具体准则对企业各类经济业务的会计处理进行了规范。其中与成本核算与管理有关的具体准则,更是规范成本核算与管理工作的重要法规,如《企业会计准则第1号——存货》《企业会计准则第4号——固定资产》等。

(三)《企业会计制度》

为保证各类企业会计工作有序进行,财政部按照《企业会计准则》的要求,制定了《企业会计制度》。在《企业会计制度》中,对企业会计的前提和应遵循的原则、会计要素的确认与计量、会计科目的设置与运用、会计报表的格式与编制都做了详细的规范与说明。企业必须在遵循统一的会计制度的前提下,结合本单位的实际情况组织成本核算与管理工作。

(四)其他有关成本管理的制度

此外,为了加强企业产品成本核算工作,保证产品成本信息真实、完整,促进企业和经济社会的可持续发展,2013年财政部发布新《公司产品成本核算制度》(财会〔2013〕17号),自2014年1月1日起施行。为了促进企业加强成本管理,提高企业成本管理水平,提升竞争能力,财政部2017年9月29日颁布了《管理会计应用指引》(财会〔2017〕24号),第300~304号——成本管理相关应用指引。

(五)各企业制定的本单位会计制度和成本管理制度

企业会计制度是各企业根据《企业会计准则》和财政部制定的统一的《企业财务通则》《企业会计制度》,结合本企业具体情况自行制定的财务会计和成本管理制度。企业会计制度和成本管理制度,是企业进行成本核算与管理工作的直接依据。

企业会计制度和成本管理制度一经制定,要认真严格执行并保持相对稳定。但是随着客观形势的发展以及人们对客观事物认识的深化,成本管理制度也应做出适当的修改。企业成本会计机构和成本会计人员,应该在总会计师和会计主管人员的领导下,按照上述各种法规和制度的规定,分工协作,互相配合,共同做好成本管理工作,充分发挥成本管理的作用。

任务二 成本的核算原则与对象

一、成本的核算原则

成本核算作为会计核算的一个重要方面,尽管会因为企业的性质、生产的产品等各不相同,成本核算呈现出各自不同的特点,但在成本核算时也应符合企业会计准则对会计核算工作的基本要求。在进行成本核算时,应遵循下列原则。

1. 合法性

合法性原则是指计入成本的费用都必须符合法律、法令、制度等的规定,不合规定的费用不能计入成本。

2. 可靠性

可靠性原则包括真实性和可核实性。真实性指所提供的成本信息与客观的经济事项一致,不应掺假,或人为地提高、降低成本。可核实性指成本核算资料按一定的原则由不同的会计人员加以核算,都能得到相同的结果。真实性和可核实性是为了保证成本核算信息的正确可靠。

3. 相关性

相关性原则包括成本信息的有用性和及时性。有用性指成本核算要为管理当局提供有用的信息,为成本管理、预测、决策服务。及时性是强调信息取得的时间是否及时,及时的信息反馈可以采取措施,改进工作,而过时的信息往往成为徒劳无用的资料。

4. 分期核算

分期核算原则是指企业为了取得一定期间所生产产品的成本,必须将川流不息的生产活动按一定阶段(如月、季、年)划分为各个时期,分别计算各期产品的成本。成本核算的分期,必须与会计年度的分月、分季、分年相一致,这样便于利润的计算。

5. 权责发生制

权责发生制原则是指应由本期成本负担的费用,不论是否已经支付,都要计入本期成本;不应由本期成本负担的费用(即已计入以前各期的成本,或应由以后各期成本负担的费用),虽然在本期支付,也不应计入本期成本,以便正确提供各项成本信息。

6. 实际成本计价

实际成本计价原则是指生产所耗用的原材料、燃料、动力要按实际耗用数量的实际单位成本计算、完工产品成本的计算要按实际发生的成本计算。虽然原材料、燃料、产成品的账户可按计划成本(或定额成本、标准成本)核算,但是期末需加、减成本差异,以调整到实际成本。

7. 一致性

一致性原则是指成本核算所采用的方法,前后各期必须一致,以使各期的成本资料有统一的口径,前后连贯,互相可比。

8. 重要性

重要性原则是指对于成本有重大影响的项目应作为重点,力求精确,而对于不太重要的琐碎项目,则可以从简处理。

二、成本的核算要求

成本的演进,从20世纪初期泰勒制度下的"标准成本"和"预算控制",到20世纪中期以来科学技术突飞猛进之中以管理为主的成本会计的衍生,无不说明一个道理:生产过程越复杂化,企业的现代化水平越高,对成本核算的要求也越高。为了充分发挥成本核算的作用,成本核算要根据有关成本费用开支范围的规定,按成本项目,正确地归集和分配工业企业在生产经营过程中的各种物质消耗、劳动消耗以及有关费用支出,从而计算出各种产品的实际总成本和单位成本。为了实现成本管理目标,成本核算应符合以下要求。

(一) 算管结合、算为管用

所谓算管结合、算为管用,是指成本核算应当与加强企业经营管理相结合,所提供的成本信息应当满足企业经营管理和决策的需要。因此,在开展成本核算与管理工作过程中,要立足于企业生产经营管理和成本管理的实际需要,不能为算而算,而应算管结合,算为管用。在进行成本核算时,要根据有关规定和制度,以及企业的成本计划和相应的消耗定额,对企业的各项费用进行审核和控制。对费用的发生情况以及费用偏离定额或计划的差异,进行日常的核算和分析,并及时反馈。属于不合法、不合理或不利于提高经济效益的支出、浪费或损失要制止;对已经发生的损失,要追究责任,采取措施,防止以后再发生;属于定额或计划但不符合实际情况而发生的差异,要按规定程序修订定额或计划,加强对各项生产费用和期间费用的事前、事中、事后的审核、控制与考核。

(二) 正确划分各种费用的界限

为了正确地核算生产费用和经营管理费用,正确地计算产品成本和企业损益,在成本核算中必须正确划分以下5个方面的费用界限。

1. 正确划分收益性支出与资本性支出的界限

收益性支出是指仅涉及本期收益而发生的支出,如生产过程中的材料消耗、人工消耗、费用开支等均属于收益性支出。收益性支出应计入本期成本费用。资本性支出是指涉及本期和以后若干个会计年度收益而发生的支出,如固定资产的购建支出,无形资产的取得支出以及递延资产的发生均属于资本性支出。构成企业资产价值的资本性支出,应在整个使用过程中逐渐转作成本费用。

划分资本性支出与收益性支出的目的,是为了正确计算资产的价值和正确计算各期的成本费用和损益。如果混淆了资本性支出与收益性支出的界限,会导致少计资产价值多计成本费用,或者多计资产价值少计成本费用,造成资产价值不准确,成本费用核算不真实。因此,正确划分资本性支出与收益性支出,是正确计算产品成本的首要前提。

目前,有关制度规定企业不得列入成本费用的支出项目主要有:固定资产购置、建造支出;无形资产和其他资产的购入支出;对外投资的支出;被没收的财物,支付的滞纳金、罚款、违约金、赔偿金以及企业赞助、捐赠的支出;国家法律、法规规定以外的各种费用;与企业生产经营活动无关的其他费用等。

2. 正确划分生产成本与期间费用的界限

企业在生产经营过程中的消耗是多种多样的,其用途也是多方面的。对于应计入本期成本费用的各项耗费,必须按照费用的经济用途确定哪些应由产品成本负担,哪些不应由产品成本负担。企业直接为生产产品和提供工业性劳务而发生的直接材料、直接人工、其他直接费用和企业为生产产品和提供工业性劳务而发生的各项间接费用,如制造费用,应计入产品生产成本。企业行政管理部门为管理和组织生产经营活动而发生的管理费用和财务费用,为销售产品而发生的销售费用,应当作为期间费用,不应计入产品生产成本,而应直接计入当期损益。企业要严格遵守成本开支范围的规定,使计入产品成本中的费用正确、合理,保证产品成本计算的真实性。

3. 正确划分本期成本、费用与非本期成本、费用的界限

《企业会计准则》规定:"会计核算应当划分会计期间,应当以权责发生制为基础。"所以成本计算一般应当按月进行。对于应计入成本费用的收益性支出,必须按照权责发生制的原则,正确划分本期成本费用与下期成本费用的界限。凡属本期的实际支出,都应全部计入本期的成本费用;对于本期支付而应由本期及以后各期共同负担的费用,应作为预付账款,按"谁受益,谁承担"的原则,分期摊销计入本期和以后各期的成本费用;对于本期尚未支付但应由本期负担的成本费用,应预先提取计入本期的成本费用,实际支付时,再从往来款中支付。按照权责发生制原则正确划清各个会计期间的费用界限,可以从时间上确定各个成本计算期的产品成本和费用水平,便于分析考核企业生产费用计划和产品成本计划的执行情况和结果。

4. 正确划分各种产品费用的界限

为了正确计算各种产品成本,检查产品成本计划的完成情况,应由本期产品负担的费用还应在各种产品之间进行划分。凡是能够确定应由某种产品负担的费用,可直接计入该种产品的成本,凡应由几种产品共同负担的费用,应采用合理、简便的分配方法,分配计入各种产品的成本。在划分各种产品成本的界限时,还应注意划清可比产品成本和不可比产品成本的界限,不得为假报完成可比产品成本降低任务,而将可比产品成本计入不可比产品成本;同时还要划清盈利产品成本和亏损产品成本的界限,既不能将亏损产品的费用转给盈利产品,以盈补亏;也不能将盈利产品的费用转给亏损产品,掩盖成本升降的真相。要制止任意转移费用,人为调节成本,以保证各种产品成本计算的准确性。

5. 正确划分完工产品与在产品费用的界限

月末计算产品成本时,如果某种产品已全部完工,这种产品的各项生产费用之和就是这种产品的完工产品成本;如果某种产品均未完工,这种产品的各项生产费用之和,就是这种产品的月末在产品成本;如果某种产品既有完工产品,又有在产品,则应将这种产品的各项生产费用,采用适当的分配方法在完工产品与月末在产品之间进行分配,分别计算完工产品成本和月末在产品成本。由此可以防止任意提高或降低月末在产品成本,人为调节完工产品成本。

上述五个方面费用界限的划分过程,也就是产品生产成本的计算和各项期间费用的归集过程。在这一过程中,应贯彻"受益原则",即何者受益、何者负担费用,何时受益、何时负担费用;负担费用的多少应与受益程度的大小成正比。

(三)正确确定财产物资的计价方法和价值结转方法

企业的财产物资是进行生产经营活动的必要的物质基础,包括各种存货和固定资产等,其价值要随着耗用转移到产品成本或期间费用中。财产物资的计价是否正确以及价值结转是否合理,直接影响成本费用核算的准确性。

各项财产物资应当按取得时的实际成本计价,除国家另有规定外,不得调整其账面价值或以重置完全价值作为计价标准;严格按照规定的折旧率,选定合适的折旧方法,正确计算固定资产应转移的价值;包装物和低值易耗品应按照取得时的实际成本计价,同时要制定合理的价值摊销方法;各种材料在按实际成本计价进行日常核算时,可以根据企业的具体情况,选择存货发出的先进先出法、加权平均法或者个别计价法,计算发出材料应结转的价值;各种存货按照计划成本计价进行日常核算,应正确计算存货成本差异率,并按期结转发出存货应负担的成本差异额,将发出存货的计划成本调整为实际成本。

为了正确核算成本费用,对于各种财产物资的计价和价值的结转的方法应执行国家统一规定的会计制度。各种方法一经确定,必须保持相对稳定,不得任意改变,以保证成本信息的可比性。

(四)做好成本核算的各项基础工作

为了切实做好成本费用的核算和管理,还必须做好以下各项基础工作。

1. 做好定额的制定和修订工作

定额是企业根据本单位当前的生产水平和设备技术条件,对产品在生产过程中消耗的人力、物力和财力所规定的应当遵循的标准或应达到的数量水平。制定定额是加强成本管理的基础,既先进又切实可行的定额不仅是编制成本计划、对费用进行审核控制的依据,而且是衡量工作数量与质量的客观尺度。

企业应根据生产经营的特点,按照先进可行的原则制定各项定额,包括材料消耗定额、材料费用定额、工时定额、工资定额等,即生产单位产品可以消耗的材料数量、材料费用,或生产单位产品可以耗用的工时数、可以支出的生产工资等。企业应按定额发料、用工,控制各项费用支出,执行严格的定额管理,并设置一定的机构或人员进行检查和监督。随着生产的发展、技术的进步、劳动生产率和管理水平的提高,还应适时修订定额。但是,定额也不能经常变动,要保持一定的稳定性,有利于调动职工完成定额的积极性。

定额的确定涉及企业全体职工利益,职工是定额指标的直接执行者。因此,定额的制定与修订都要坚持群众路线,实行专职人员与群众结合共同制定定额,使先进可行的各项定额成为全体职工共同努力奋斗的目标。

2. 建立健全财产物资的收发、计量、检验、盘点制度

产品成本的计算是以实物计量为基础的。为了正确计算产品的成本,企业必须建立和健全各项财产物资的计量、检验、收发、领退、转移、盘存等制度。如果没有健全的计量、验收、发料等制度,就不可能有真实可靠的原始记录,无法正确计算产品成本,也容易造成损失浪费和被贪污盗窃等现象。

凡是企业的材料物资的收发、领退,各种动力的实际耗用,在产品、半成品的内部转移以及成品的出入库等,都要经过计量、检验,编制必要的书面凭证。库存的材料物资、产成品和车间的在产品、半成品,都要定期清查盘点,防止短缺和毁损,做到账实相符。企业应根据需要配备各种必要的计量器具,特别是对消耗量大的水、电、煤、气的计量器具要配齐,并确定有关部门对计量器具进行管理,经常进行检验维修,使其经常处于准确良好的状态。企业配备了准确无误的计量器具,建立健全了物资的计量、验收等制度,是正确计算成本,加强财产物资管理,杜绝损失浪费,保证财产安全完整的有效措施。

3. 建立健全原始记录工作

成本核算的重要内容,是对构成成本的各项费用进行数据处理,确定产品成本,为此就要通过一定的方式取得各项数据。原始记录就是提供计算数据的主要方式,是对企业具体的生产经营活动所做的最初记载,是反映企业生产活动的第一手材料。各项原始记录通过一定的传递手续,上报给财会等有关部门,才能正确记录和计算生产经营活动中的各种消耗。

健全的原始记录和结报制度,是正确核算产品成本的基础。因此,企业各车间、各部门必须健全有关的原始记录,其具体内容有:材料物资的验收入库记录、生产领用、余料退库、车间存料等记录;在产品结存、自制半成品转移、废品发生、产品产量、质量和验收入库记录;职工出勤、工资结算、奖金支付、生产工时等记录;机器设备运转台时记录,各种动力和劳务实际消耗记录;各项费用据以报销的记录等。各项原始记录资料应定期汇总,经有关部门审批后,向财会部门结报,作为计算成本的依据。原始记录填制的内容及传递的程序,既要符合生产管理和成本核算的要求,又要简便易行讲求实效,以便正确及时地为成本核算提供信息资料。

4. 做好内部结算价格的制定和修订工作

在计划管理基础较好的企业中,为了分清企业内部各单位的经济责任,便于分析和考核企业内部各单位成本计划的完成情况和管理业绩,以及加速和简化核算工作,应对原材料、半成品、厂内各车间相互提供的劳务(如修理、运输等)制定内部结算价格,将其作为企业内部结算和考核的依据。内部结算价格要尽可能符合实际,保持相对稳定,一般在年度内不变。在制定了内部结算价格的企业中,各项原材料的耗用、半成品的转移以及各车间与部门之间相互提供劳务等，首先都要按计划价格计算（这种按实际生产耗用量和计划价格计算的成本，称为计划价格成本）。月末计算产品实际成本时，再在计划价格成本的基础上，采用适当的方法计算各产品应负担的价格差异（如材料成本差异），将产品的计划价格成本调整为实际成本。这样，既可以加速和简化核算工作，又可以分清企业内部各单位的经济责任。

（五）采用适当的成本计算方法

产品生产组织、生产工艺特点及企业管理的不同要求，是影响产品成本计算方法选择的重要因素。而成本计算方法选择得合理与否，将影响产品计算的准确性。因此，企业必须适应各种类型生产的特点和与它相联系的管理要求，确定计算产品的具体方法。在同一企业中，可以采用一种成本计算的方法，也可以采用多种成本计算方法。正确确定产品成本计算方法，有利于正确及时计算产品成本，提供正确的成本核算与管理信息。成本核算方法一经确定，一般不得随意变更。

三、成本的核算对象

成本的核算对象是指成本会计反映和监督的内容。明确成本会计的对象，对于确定成本会计的任务，研究和运用成本会计的方法，更好地发挥成本会计在经济管理中的作用，加强经济管理与财务管理，都具有重要意义。

工业企业的基本生产经营活动是生产和销售工业产品。工业企业的产品成本主要是产品的制造成本，在实际工作中，产品在制造过程中也发生一些相关的期间费用。例如，工业企业为销售产品而发生的销售费用、为组织和管理生产经营活动而发生的管理费用，以及为筹集生产经营所需资金而发生的财务费用。为了促使企业节约费用，增加利润，这些期间费用也应作为成本会计的对象。由此可见，工业企业成本会计的对象是工业企业在产品制造过程中的生产成本和期间费用。

商品流通企业的成本是在商品采购和销售基本经济活动中发生的商品销售成本和商品流通费用。商品销售成本是销售商品的进价成本，商品流通费用是企业在购销活动中所发生的销售费用、管理费用、财务费用等。商品流通费用不计入商品销售成本，但也是商品流通企业的经营成本的组成部分。因此，商品流通企业成本会计对象是商品销售成本和商品流通费用。

旅游、饮食服务企业的成本是进行旅游、饮食服务基本经济活动时发生的营业成本和销售费用、管理费用、财务费用等经营管理费用，是影响企业盈利的重要因素。所以，旅游、饮食服务企业成本会计对象是其营业成本和经营管理费用。

此外，交通运输企业、施工企业、农业企业等其他行业企业的生产经营过程虽然各有其特点，但按照现行企业会计制度的有关规定，从总体上看，它们在生产经营过程中所发生的各种费用，同样是部分形成企业的生产经营业务成本，部分作为期间费用直接计入当期损益。

综上所述，成本会计的经济内容归纳起来有两点，一是成本的形成以某特定目标为对象,目标可以是有形的产品或者是无形的产品,如新技术、新工艺;也可以是某项服务,如教育、卫生系统的服务目标。二是成本是为实现一定的目标而发生的耗费,没有目标的支出则是一种损失,不能叫作成本。

四、成本核算的费用类别

成本核算过程,是对生产经营过程中各种耗费进行归类反映的过程,也是为了满足企业管理要求进行信息反馈的过程,还是对成本计划的实施进行检查和控制的过程。因此,为了正确科学地组织成本管理和成本核算,必须对工业企业的各种费用进行合理分类。成本费用可以按不同的标准分类,其中最基本的是按费用的经济内容和经济用途的分类。

(一)按费用的经济内容分类

产品的生产经营过程,也是劳动对象、劳动手段和活劳动的耗费过程。因此,工业企业发生的各种费用按其经济内容或性质划分,主要有劳动对象方面费用、劳动手段方面费用和活劳动方面费用三大类。前两类为物化劳动耗费,即物质消耗;后一类为活劳动耗费,即非物质消耗。这三类可以称为工业企业费用的三大要素。为了具体地反映工业企业各种费用的构成和水平,还应在此基础上,将工业企业费用按经济内容进一步划分为以下费用要素。

(1) 外购材料,指企业耗用的一切从外部购进的原材料及主要材料、半成品、辅助材料、包装物、修理用备件和低值易耗品等。

(2) 外购燃料,指企业耗用的一切从外部购进的各种燃料,包括固体、液体、气体燃料。

(3) 外购动力,指企业耗用的外部购进的各种动力。

(4) 职工薪酬,指企业的职员和工人的工资以及其他薪酬。

(5) 折旧费用,指企业按照规定计算的固定资产折旧费用。融资租赁固定资产的折旧费不包括在内。

(6) 利息支出,指企业的借款利息费用减去存款利息收入后的差额。

(7) 其他支出,指不属于以上各要素的费用,例如邮电费、差旅费、租赁费、外部加工费等。

按照上列费用要素反映的费用,称为要素费用。按照费用要素分类核算企业费用,可以据以分析各个时期费用的结构和水平,编制企业的材料采购计划和劳动工资计划,为企业核准储备资金周转速度,为计算工业净产值和国民收入提供资料。但是,这种分类核算的不足之处是不能反映各种费用的经济用途,不便于分析企业费用的支出是否节约、合理。因此,对工业企业的费用还必须按其经济用途进行分类。

(二)按费用的经济用途分类

工业企业在生产经营中发生的费用,可以分为计入产品成本的生产费用和直接计入当期损益的期间费用。

1. 生产费用

生产费用是指企业为生产一定种类和数量的产品所发生的费用,即直接材料、直接燃料和动力、直接人工费用以及制造费用的总和。

(1) 原材料。原材料也称直接材料,是指生产过程中直接用于产品生产并成为产品主要组成部分的材料成本,包括企业生产产品过程中实际消耗的原材料、辅助材料、备品配件、外购半成品、包装物、低值易耗品及其他直接材料。

(2) 燃料及动力。燃料及动力也称直接燃料及动力,是指直接用于产品生产的外购和自制的燃料和动力。

(3) 工资及福利费。工资及福利费也称直接人工费用,是指生产过程中直接从事产品生产所发生的人工成本,包括企业直接从事产品生产的工人工资、工资性质的奖金、津贴和补贴及职工福利费等。

(4) 制造费用。制造费用是指直接用于产品生产,但不便于直接计入产品成本,因而没有专设成本项目的费用,例如机器设备折旧费用;以及间接用于产品生产的各项费用,例如机物料消耗、车间厂房折旧费用等。它包括企业各个生产单位(分厂、车间)为组织和管理生产所发生的生产单位管理人员工资、工资性质的津贴、补贴及奖金、职工福利费、房屋建筑物及机器设备等折旧费、维护费、租赁费、修理费、机物料消耗费、低值易耗品摊销费、取暖费、水电费、办公费、差旅费、运输费、保险费、设计制图费、试验检验费、劳动保护费、季节性及修理期间的停工损失以及其他间接费用。

在构成产品成本的各项生产费用中,可以分清哪种产品所耗用、可以直接计入该种产品成本的费用,称为直接费用。例如原料、主要材料费用大多能够直接计入某种产品成本。不能分清哪种产品所耗用,不能直接计入某种产品成本,而必须按照一定标准分配计入有关产品成本的费用,称为间接费用。例如机物料消耗大多只能按照一定标准分配计入有关的产品成本。但也不都是如此,例如只生产一种产品的工业企业或车间中,直接费用和间接费用都可以计入该种产品成本,因而都是直接费用;在用同一种原材料,同时生产出几种产品的联产品生产企业中,直接费用和间接费用都不能直接计入某种产品成本,需要按照一定标准分配计入各产品成本,所以都是间接费用。

为了使成本项目更好地适应工业企业的生产特点和管理要求,工业企业可以对上述成本项目进行适当调整。对于管理上需要单独反映、控制和考核的费用以及产品成本中比重较大的费用,可以增设成本项目。例如,我国的能源比较紧张,因而一般可按产品制定工艺用燃料和动力的消耗定额,专设"燃料及动力"成本项目,以便单独进行反映、控制和考核。如果工艺上耗用的燃料和动力不多,为了简化核算工作,可以将工艺用燃料费用并入"原材料"成本项目,将工艺用动力费用并入"制造费用"本项目。又如,在生产过程中可能发生废品,如果废品损失在产品成本中的比重较大,需要作为一项重点费用进行核算和管理,也可以增设"废品损失"成本项目,如果没有废品,或者废品损失很小,则不必增设"废品损失"成本项目。

将计入产品成本的生产费用划分为若干成本项目,可以按照费用的用途考核各项费用定额或计划的执行情况,分析费用支出是否合理、节约。因此,产品成本不仅要分产品计算,而且要分成本项目计算,计算各种产品各个成本项目的费用。产品成本的计算过程,就是各种要素费用按其经济用途划分,最后计入本期各种产品成本,按成本项目反映完工产品和月末在产品成本的过程,也就是前面所述五个方面费用界限的划分过程。

2. 期间费用

期间费用也称为期间成本,它是与产品成本相对而言的、与产品的生产活动没有直接关系、在发生时计入当期损益的费用。企业一定期间所发生的不能直接归属于某个特定产品的生产成本的费用,则归属期间费用,在发生时直接计入当期损益。

总的来说,企业在生产经营过程中发生的费用,按其用途可以分为应计入产品成本的生产费用和应计入当期损益的期间费用。前者是用于产品生产活动的资产耗费,并且构成了产品的生产成本;后者则没有与产品生产活动直接相关,而是属于某一时期耗用的费用。期间费用主要包括管理费用、财务费用和销售费用。

(1) 管理费用

管理费用是企业行政管理部门为组织和管理生产经营活动而发生的各项管理支出。它包括管理人员工资、福利费、办公费、差旅费、业务招待费等,以及由企业统一负担的工会经费、待业保险费、劳动保险费、董事会费、聘请中介机构费、咨询费(含顾问费)、诉讼费、技术转让费、无形资产摊销、研究与开发费、排污费、存货盘亏或盘盈(不包括应计入营业外支出的存货损失)等。

(2) 财务费用

财务费用是企业在筹集生产经营所需资金而发生的费用。它包括企业在经营期间发生的利息净支出(减利息收入后的支出)、汇兑净损失(减汇兑收益后的损失)、银行及其他金融机构手续费、企业发生的现金折扣或收到的现金折扣,以及因筹集资金而发生的其他财务费用。

(3) 销售费用

销售费用是企业为了销售本企业产品而发生的各种耗费。具体包括销售过程中发生的运杂费、包装费、保险费、委托代销手续费、广告费、展览费、租赁费(不含融资租赁费)以及为销售本企业商品而专设的销售机构(含销售网点、售后服务网点等)的职工薪酬、业务费、折旧费等经营费用。

企业为了加强经济管理、提高盈利水平,需要重视并正确组织期间费用的核算。期间费用核算的准确性直接影响企业营业利润的准确性。因此,根据期间费用的特点,期间费用的核算主要需完成以下三项任务。

第一,严格审核各项期间费用开支。期间费用是确定企业盈亏的重要因素,在企业其他因素保持不变的前提下,降低期间费用就意味着企业利润的增加。因此,为准确反映企业的盈利水平,有效控制期间费用,企业应该按照国家和企业制定的有关费用开支范围和标准,严格审核各项期间费用,确保其开支的合理性。

第二,准确核算期间费用,为企业准确计算营业利润提供依据。企业营业利润是在营业收入的基础上,扣减营业成本、营业税费即附加以及期间费用等项目后计算出来的,因此企业必须根据成本核算的原则,正确确定本期发生的期间费用,为营业利润的计算提供依据。

第三,与预算数进行比较,考核期间费用预算执行情况,明确并且落实经济责任制。在准确核算各项实际期间费用的基础上,将其同期间费用预算数进行比较,通过分析其差额,查找原因,考核各项期间费用的预算执行情况。

五、生产费用与产品成本的联系和区别

生产费用与产品成本既有密切联系,又有明显区别。

生产费用与产品成本都是企业在生产经营过程中所发生的耗费,从这个意义上说,它们的经济内容都是相同的,都是企业物化劳动和活劳动的耗费。生产费用的发生额是计算产品成本的前提和基础,没有生产费用的发生,就不可能有产品成本的计算。

生产费用和产品成本的区别主要表现在:首先,生产费用强调的是一定利益主体(企业、集团等)的耗费,它的发生,并不意味着产品已经形成,是从"投入"来考查的;而产品成本则是从"产出"来考查的,强调的是为特定目的(某种或某批产品等)所发生的耗费,是产出的产品上所凝结的劳动。其次,生产费用是按时期归集的,即一定时期内为生产经营所发生的各种耗费,但不一定能计入本期的产品成本;而产品成本则是按对象来归集、计算的,即某一具体对象所承担的各种耗费,无论这些费用是在哪一时期发生的。也就是说,产品成本除了本期实际发生的生产费用外,还可能包括以前期间发生应由本期负担的耗费,或本期预提未来期间才会发生的费用。因此,各期的生产费用总额与产品成本总额往往不相等。

任务三 成本的核算程序和会计科目

一、成本的核算程序

成本核算过程,就是对企业发生的各项费用,按照一定的程序,进行归集、分配、再归集、再分配的过程。为了如实反映企业发生的各种费用,正确计算产品成本,成本核算的一般程序如下。

(一)费用支出的审核和控制

对发生的各项费用支出,应根据国家、上级主管部门和本企业的有关制度规定进行严格审核,以便对不符合制度规定的费用,以及各种浪费、损失等加以制止或追究经济责任。确定哪些费用是应该开支的,哪些是不应该开支;对不应该开支的费用要制止,对应该开支的费用应进一步确定哪些是生产经营管理费用,哪些是非生产经营管理费用;生产经营管理费用中哪些又是计入产品成本的生产费用,哪些是不计入产品成本的经营管理费用;将生产费用和经营管理费用计入本月的成本、费用,对非生产经营管理费用应分别计入有关资产和支出。

（二）区分和处理各个会计期间的费用

按照权责发生制和会计分期的原则，将企业应由本月负担的费用，计入本月的成本、费用；将本月尚未开支但应由本月负担的费用，应提前计入本月的成本、费用。

（三）确定成本计算对象和成本项目，开设产品成本明细账

企业的生产类型不同，对成本管理的要求不同，成本计算对象和成本项目也就有所不同，应根据企业生产类型的特点和对成本管理的要求，确定成本计算对象和成本项目，并根据确定的成本计算对象开设产品成本明细账。

（四）归集各种产品的生产费用

对计入本月产品成本的生产费用，采用适当的分配标准在各种产品之间进行横向分配和归集，并分别按成本项目反映，从而在产品成本明细账中计算出按成本项目反映的各种产品生产费用。对能确认某一成本计算对象耗用的直接费用，如直接材料、直接工资，应直接记入"生产成本——基本生产成本"账户及其有关的产品成本明细账；对不能确认的费用，则应按其发生的地点或用途进行归集分配，分别记入"制造费用""生产成本——辅助生产成本"和"废品损失"等综合费用账户。

（五）分配与生产有关的综合费用

对记入"制造费用""生产成本——辅助生产成本"和"废品损失"等账户的综合费用，月终采用一定的分配方法进行分配，并记入"生产成本——基本生产成本"以及有关的产品成本明细账。

（六）计算完工产品和在产品成本

通过要素费用和综合费用的分配，所发生的各项生产费用的分配，所发生的各项生产费用均已归集在"生产成本——基本生产成本"账户及有关的产品成本明细账中。在没有在产品的情况下，产品成本明细账所归集的生产费用即为完工产品总成本；在有在产品的情况下，应将月初在产品生产费用与本月发生的生产费用的费用总额，采用适当的成本计算方法，在本月完工产品与月末在产品之间进行纵向分配和归集，从而计算出完工产品的成本和在产品成本，并结转完工产品成本。

（七）结转期间费用

在成本核算过程中，对不应该计入产品成本的各种期间费用进行归集以后，应在期末结转，计入当期损益。

二、成本核算的主要科目

产品成本核算包括生产费用核算和产品成本计算两方面。为了如实反映企业在整

个生产经营过程中的各项费用,并在费用归集的基础上计算各种产品的成本,企业应设置有关的成本费用账户,并按照一定的程序进行成本核算。

(一)成本核算账簿设置

为进行产品成本核算,一般应设立"生产成本""制造费用"总账科目。为了分别核算基本生产成本和辅助生产成本,还应在该总账科目下,分别设立"基本生产成本"和"辅助生产成本"两个二级科目。为了减少二级科目,简化会计核算,便于学习理解,本书将"基本生产成本"和"辅助生产成本"两个二级科目,分别设为两个总账科目。

1."基本生产成本"总账科目及明细账的设置

基本生产是企业为制造主要产品而直接进行的生产,例如钢铁厂的炼铁、炼钢;棉纺厂的纺纱织布等。"基本生产成本"总账科目是为了归集基本生产为生产各种产品(包括产成品、自制半成品、工业性劳务等)所发生的各项生产费用和计算产品成本而设立的。基本生产发生的各项直接费用、辅助生产分配转入的费用和月末分配转入的制造费用,应记入"基本生产成本"科目的借方,完工入库的产品成本,应记入"基本生产成本"科目的贷方,余额在借方,表示基本生产的月末在产品成本。该科目应按成本计算对象,如产品的品种、批号、类别、生产步骤等,分设产品成本明细账,也称基本生产明细账或产品成本计算单,并在账中按成本项目分设专栏或专行,用来登记各产品成本项目的月初在产品成本、本月发生的生产费用以及本月完工产品成本和月末在产品成本。

2."辅助生产成本"总账科目及明细账的设置

辅助生产是指为基本生产服务而进行的产品生产和劳务供应,如工具、模具、修理用备件等产品的生产以及修理和运输等劳务的供应。辅助生产提供的产品和劳务,有的对外销售,有的为本企业的管理部门、基建部门等耗用,但是对外出售不是主要目的。因此,辅助生产进行产品生产和劳务供应而发生的各项费用,应记入"辅助生产成本"科目的借方,完工入库产品的成本或分配转出的各项费用,记入该科目的贷方,余额在借方,表示辅助生产的在产品成本。该科目应按辅助生产车间和生产的产品、劳务分设辅助生产成本明细账,账中按辅助生产的成本项目或费用项目设专栏、专行,用来登记辅助生产所发生和分配转出的各项费用。

3."制造费用"总账科目及明细账的设置

设立"制造费用"总账科目是为了核算企业为生产产品或提供劳务而发生的各项间接费用。该科目的借方登记实际发生的制造费用;贷方登记分配转出的制造费用;除季节性生产企业外,该科目月末应无余额。该科目应按不同车间、部门设立明细账,账内按照费用项目设立专栏或专行,用来登记各车间、部门的间接费用发生和分配情况。

此外,为了归集和结转产品销售费用、管理费用、财务费用,应分别设立"销售费用""管理费用""财务费用"总账科目;有的企业如果需要单独核算废品损失和停工损失,还应增设"废品损失""停工损失"等总账科目。

(二)成本核算的账户设置

工业企业为了核算其成本、费用,应该设置的账户一般有"生产成本""辅助生产成本""制造费用""废品损失"等主要账户。

1. "生产成本"账户

企业一般应设置"生产成本"总分类账,用以核算企业进行产品生产所发生的各项生产费用。为了分别核算基本生产成本和辅助生产成本,还应在该总账户下设立"基本生产成本"和"辅助生产成本"两个二级账户,在二级账户下再按一定要求设置明细账户。

"基本生产成本"账户核算生产各种产成品、自制半成品、自制材料、自制工具、自制设备等所发生的各项费用。表1-1所示的产品成本计算单用于计算基本生产成本。

表1-1 产品成本计算单(基本生产明细账)

车间: 产品:

月	日	摘 要	产量	成本项目			成本合计
				直接材料	直接人工	制造费用	
		月初在产品成本					
		本月生产费用					
		生产费用合计					
		本月完工产品成本					
		完工产品单位成本					
		月末在产品成本					

2. "辅助生产成本"账户

"辅助生产成本"账户核算企业主要为基本生产服务而进行的产品生产和劳务供应所发生的费用,计算辅助生产产品和劳务成本的账户。该账户借方反映企业为进行辅助生产而发生的各项材料、人工、动力和制造费用;贷方反映结转的完工入库的辅助产品成本,或者分配转出的劳务成本;期末余额一般在借方,表示期末辅助生产的在产品成本。

3. "制造费用"账户

"制造费用"账户是成本类账户,用来归集和分配企业为生产产品和提供劳务而发生的各项间接费用,包括工资及福利费、折旧费、修理费、办公费、水电费、机物料消耗、劳动保护费、季节性修理期间的停工损失等,以及其他不能直接计入产品生产成本的费用。它的借方登记月份内发生的各种制造费用;贷方登记分配结转应由各种产品负担的制造费用。月末,一般无余额。为了考核不同车间(分厂)的经费开支情况,以及不同产品的制造费用分配标准和数额,该账户应按不同车间、部门和费用项目设置明细分类账。

4. "废品损失"账户

为了单独核算废品损失,应增设"废品损失"账户。在成本计算单(或生产成本明细账)的成本项目中应增设"废品损失"成本项目。"废品损失"账户用来归集和分配废品的损失性费用。该账户的借方登记从成本计算单(或生产成本明细账)转入的不可修复废品的生产成本和归集的可修复废品的修复费用;贷方登记回收的残料价值和应收的赔偿款,以及结转到成本计算单(或生产成本明细账)"废品损失"成本项目的废品净损失(废品净损失是指不可修复废品的生产成本和可修复废品的修复费用减去回收的残料价值和应收赔偿款后的余额,废品净损失一般应由本月同种产品完工的产成品成本负担);期末无余额。该账户的明细账应按成本计算对象设置,并按成本项目设专栏。

对于废品较少的企业,无须单独核算废品损失,发生的废品损失通过"制造费用"账户直接核算。

知识链接

成本会计的发展历史

一般认为,成本会计是在工业革命时期,随着工厂制度的出现而诞生的。事实上,它的起源可以追溯到14世纪。当时,由于意大利、英国、弗拉芒和德国商业得到发展,许多人建立了独资和合伙企业,开始从事毛织品生产、书籍印刷、钱币铸造和其他行业。早在英国亨利七世时期(Henry Ⅶ,1485—1509年),成本会计便有了明确的发展。当时,一大批小毛纺织商由于不满各行会的种种限制,从城市转向乡村,并建立了工业群体,希望通过行会以外的其他渠道推销自己的产成品。他们的生产和销售活动处于垄断行会的控制之下时,没有实行成本核算的必要。但是,像后来许多商号所认识到的那样,小型工厂主发现,不仅自己与各行会之间存在着竞争,而且他们内部也存在着竞争,于是,准确的成本记录变得必不可少,甚至成为成功的先决条件。在那些岁月里,这些刺激无疑推动了成本会计的发展。

成本会计先后经历了早期成本会计、近代成本会计、现代成本会计和战略成本会计四个阶段。成本会计的方式和理论体系,随着发展阶段的不同而有所不同。

1. 早期成本会计阶段(1880—1920年)

随着英国产业革命完成,用机器代替了手工劳动,用工厂制代替了手工工场,会计人员为了满足企业管理上的需要,起初是在会计账簿之外,用统计的方法来计算成本。此时,成本会计出现了萌芽。从成本会计的方式来看,在早期成本会计阶段,主要是采用分批法或分步法成本会计制度;从成本会计的目的来看,计算产品成本以确定存货成本及销售成本。所以,初创阶段的成本会计也称为记录型成本会计。

2. 近代成本会计阶段(1921—1945年)

19世纪末20世纪初在制造业中发展起来的以泰勒为代表的科学管理,对成本会计的发展产生了深刻的影响。标准成本法的出现使成本计算方法和成本管理方法发生了巨大的变化,成本会计进入了一个新的发展阶段。近代成本会计主要采用标准成本制度和成本预测,为生产过程的成本控制提供条件。

3. 现代成本会计阶段(1945—1980年)

20世纪50年代起,西方国家的社会经济进入了新的发展时期。随着管理现代化,运筹学、系统工程和电子计算机等各种科学技术成就在成本会计中得到广泛应用,从而使成本会计发展到一个新的阶段,即成本会计发展重点已由如何对成本进行事中控制、事后计算和分析转移到如何预测、决策和规划成本,形成了新型的以管理为主的现代成本会计。

4. 战略成本会计阶段(1981年以后)

20世纪80年代以来,随着计算机技术的进步、生产方式的改变、产品生命周期的缩短以及全球性竞争的加剧,产品成本结构与市场竞争模式发生了巨大的变化。成本管理的视角应由单纯的生产经营过程管理和重股东财富,扩展到与顾客需求及利益直接相关的、包括产品设计和产品使用环节的产品生命周期管理,更加关注产品的顾客可察觉价值;同时要求企业更加注重内部组织管理,尽可能地消除各种增加顾客价值的内耗,以获取市场竞争优势。此时,战略相关性成本管理信息已成为成本管理系统不可缺少的部分。

建立和完善市场经济体制是一项复杂的社会系统工程。深化经济体制改革,应建立现代企业制度、配套推进社会保障制度改革、加快转变政府职能,落实企业财产监督条例。在改善企业外部环境的同时,企业必须加强内部管理、提高整体素质,从而提高企业的市场竞争能力。加强成本管理是企业管理工作的重要环节。

第二篇
成本核算基本技能与实务

　　成本核算是成本管理工作的重要组成部分,它是将企业在生产经营过程中发生的各种耗费按照一定的对象进行分配和归集,以计算总成本和单位成本。成本核算的正确与否,直接影响企业的成本预测、计划、分析、考核和改进等控制工作,同时也对企业的成本决策和经营决策的正确与否产生重大影响。成本核算过程是对企业生产经营过程中各种耗费如实反映的过程,也是为了更好地实施成本管理进行成本信息反馈的过程。因此,成本核算对企业成本计划的实施、成本水平的控制和目标成本的实现起着至关重要的作用。

　　在本篇内容中,我们不仅要关注在传统的成本会计核算体系下,各项成本费用如何归集和分配到各种成本对象上去,而且要了解成本会计如何为企业提供相关信息和为企业经营管理提供服务。

项目二 要素费用的归集与分配

引言

与其他行业相比,制造业企业的成本会计核算体系最典型、最完整,为了避免重复,突出重点,本书主要是以制造业企业为主介绍成本会计。

第一篇主要介绍成本会计的基本概念和理论常识,本项目进一步介绍制造业企业如何核算和管理成本。制造业企业为了实现经营目标,为社会提供具有市场竞争力的产品或者劳务,满足不同需求者的各种需求,必然要提供物美价廉的产品。为了正确确定产品的价格,必须以产品或者劳务为对象,对制造业企业在生产过程中所发生的各种资源消耗做出全面的、客观的、综合的确认、计量和归集分配,以计算其相关成本。

学习目标

1. 了解构成产品成本各项要素费用的内容;
2. 熟练掌握直接材料费用的分配方法;
3. 了解工资总额的构成,熟练掌握计时工资和计件工资的分配方法;
4. 熟练掌握其他费用的归集与分配方法。

案例导入

张平今年通过应聘到广东红星公司从事会计工作,该公司主要生产 A、B、C 三种产品,三种产品均需耗用铁矿石。公司以前的会计一直根据产量来分配材料费用。本月共耗费铁矿石 100 000 吨,单价为 0.65 元/千克。本月生产有关资料如表 2-1 所示。

表 2-1 生产资料表

编制单位:广东红星公司　　　　　　　　　　　　　　　　　　　　20××年 6 月

产品名称	产品重量/千克	产品数量/件	产品定额消耗量/(千克/件)
A	3 000	9 000	4
B	4 000	12 000	2.5
C	3 000	10 000	3

据张平了解,该公司的产品定额定得不是很合理,而材料的消耗主要与产品的重量

有直接关系。越重的产品,消耗的材料就越多,问题:如果张平要改进该公司的材料费用分配方法,应该如何做呢?

任务一 认知要素费用

本项目在讲述每一项费用要素发生后,采用一定的方法按其经济用途分别归属到相应的成本、费用中。

由于基本生产成本明细账,即产品成本明细账按产品设立,账内按成本项目登记,因此在发生材料、动力、工资等各种要素费用时,对于直接用于产品生产、专门设有成本项目的费用,应单独地记入"基本生产成本"科目。如果是某种产品的直接费用,还应直接记入这种产品成本明细账的成本项目;如果是几种产品的间接费用,应采用适当的分配方法,分配记入这几种产品成本明细账的成本项目。

一、要素费用分配的一般原则

一般来讲,要素费用分配的原则包括以下四个方面。

第一,凡是属于直接费用的应直接计入产品成本,属于间接费用的经归集与分配后计入产品成本。在费用要素的分配中,应特别强调直接费用直接计入的问题。

第二,凡是能够确认为某种产品所发生的费用,都应尽量采取直接计入的方法。

第三,在只生产一种产品的企业,应计入产品成本的全部费用,都是直接费用,应直接计入产品成本。

第四,在生产多种产品的企业,应计入产品成本的费用要素,有的是为某种产品所耗用,有的为几种产品共同耗用。

生产费用要素的归集与分配,是通过编制费用要素分配表来进行的。费用要素分配表的编制,应根据成本核算的制度、凭证的份数以及传递程序等具体条件的不同而有所区别。

二、要素费用分配的一般流程

编制各种要素费用分配表的程序一般分五步。
(1) 确定各个要素费用受益对象的分配标准。
(2) 确定待分配费用总额。
(3) 计算费用分配率。
(4) 计算每一受益对象应负担的费用金额。
(5) 根据分配结果,编制费用分配表。

三、要素费用的分配方法

选用适当的分配方法,就会使分配所依据的标准与所分配的费用有密切的联系,分配结果比较合理,分配标准的资料比较容易取得,计算简便。

分配间接费用的标准主要有三类。

(1) 成果类。以分配对象的产量、重量、体积、产值等作为分配标准。

(2) 消耗类。以分配对象的生产工时、生产工资、机器工时、原材料消耗量等作为分配标准。

(3) 定额类。以分配对象的定额消耗量、定额费用等作为分配标准。

分配间接费用的计算公式,可以概括为

$$费用分配率 = 待分配费用总额 \div 分配标准总额$$

在产品成本计算工作中,费用分配率的计算结果常以小数表示,计算的精确程度需根据实际工作的要求而定,计算结果如无特殊要求,应精确到小数点后两位数。各产品或分配对象应负担的费用之和,应与间接费用总额完全相等,如因计算过程中"四舍五入"出现计算尾差,应将尾差挤入某一分配对象,或者最后计算的一个产品或分配对象,或者按间接费用总额减去其他产品或分配对象分配额之和的计算方法公式如下。

$$某种产品或某分配对象应负担的费用 = 该产品或对象的分配标准额 \times 费用分配率$$

对于直接用于辅助生产的费用、用于基本生产车间的但没有专设成本项目的各项费用,应该分别记入"辅助生产成本"和"制造费用"科目和所属明细账进行归集;然后通过一定的账务处理程序,转入"基本生产成本"科目和有关产品成本明细账有关的成本项目。这样,在"基本生产成本"科目和所属各种产品成本明细账的各个成本项目中,就归集了应由本月基本生产各种产品负担的全部生产成本;将这些费用加上月初在产品成本,在完工产品和月末在产品之间进行分配,就可计算出各种完工产品和月末在产品的成本。

用于产品销售的费用、用于组织和管理生产经营活动的费用,以及用于筹集生产经营资金的费用,则应分别记入"销售费用""管理费用"和"财务费用"科目和所属明细账进行归集,然后转入"本年利润"科目,直接计入当月损益。

用于固定资产购置和建造等非生产经营管理费用,则应记入"在建工程"等科目,然后通过一定的账务处理程序转入"固定资产"等科目。

各种要素费用的发生和分配,都应编制相应的费用分配表,据以编制会计分录,并登记各种成本、费用等明细账和有关总账科目。

任务二 材料费用的归集与分配

材料是生产过程中的劳动对象。对于生产过程中发生的材料费用,应首先按其发生的地点和用途进行归集,然后再采用适当的方法进行分配。进行材料费用的核算,首先要进行材料发出的核算,然后根据发出材料的具体用途分配材料费用,将其计入各种产品成本和各种经营管理费用。通过材料费用的分配计算,可以达到以下目标。

(1) 反映和监督材料采购计划的执行情况。

(2) 反映和监督材料的收入、发出及结存情况。

(3) 反映和监督材料费用的归集情况,应按材料发生的地点和用途进行材料费用归集。

(4) 反映和监督材料费用的分配情况。

一、材料发出的核算

为了明确经济责任,便于分配材料费用。材料发出应该根据领料单和领料登记表等发料凭证进行。会计部门应该对发料凭证所列材料的种类、数量和用途等进行审核,检查领材料的种类和用途是否符合规定,数量有无超过定量或计划。只有经过审核、签章的发料凭证才能据以发料,并作为发料核算的原始凭证。为了更好地控制材料的领发,节约材料费用,应该尽量采用限额领料单,实行限额领料制度,即限量以内的材料根据限额领料单领用,超过限额的材料,应该另行填制领料单,并在单中说明理由,经过主管人员审批以后才能据以领料。

生产所剩余料,应该编制退料单,据以退回仓库。对于车间已领未用,下月需要继续耗用的材料,为了避免本月月末交库、下月初又领用的手续,可以采取"假退料"办法,即材料实物不动,只是填制一份本月份的退料单,表示该项余料已经退库,同时填制一份下月份的领料单,表示该项余料又作为下月份的领料出库。

为了进行材料收入、发出和结存的明细核算,应该按照材料的品种、规格设立材料明细账。材料消耗量的计量,可以采用实地盘存制或者永续盘存制,或者两者相结合。

实地盘存计量方法:材料发出数量=期初结存数量+本期收入数量-期末结存数量

永续盘存计量方法:期末结存数量=期初结存数量+本期收入数量-本期发出数量

账中根据收发料凭证(包括退料凭证)登记收发材料的数量和金额,并根据期初结存材料的数量和金额,以及本期收发材料的数量和金额,计算登记期末结存材料的数量和金额。

材料收发结存的日常核算,既可以按照材料的实际成本计价进行,也可以先按材料的计划成本计价进行,月末计算材料成本差异率,将发出材料的计划成本调整为实际成本。

(一) 按实际成本计价进行的材料发出的核算

在按实际成本计价进行材料日常核算的情况下,收料凭证按收入材料的实际成本计价。材料明细账中收入材料的金额,应该根据按实际成本计价的收料凭证登记;账中发出材料的金额,应该采用先进先出、个别计价、全月一次加权平均等方法计算登记,并按算出的实际单位成本对发料凭证进行计价。

为了进行材料收发结存的总分类核算,应该设立"原材料"等总账科目。根据收料凭证和发料凭证定期汇总编制按实际成本反映的收料凭证汇总表和发料凭证汇总表,并据以汇总登记"原材料"等总账科目。

（二）按计划成本计价进行的材料发出的核算

在按计划成本计价进行材料日常核算的情况下，材料的收发凭证都按材料的计划单位成本计价。材料明细账中收入材料和发出材料的金额都应根据收发材料凭证按计划成本登记。

在这种情况下，为了进行材料的总分类核算，也应设立"原材料"等总账科目，根据收料凭证汇总表和发料凭证汇总表按计划成本汇总登记。为了核算材料采购的实际成本、计划成本和成本差异，调整发出材料的成本差异，计算发出和结存材料的实际成本，还应设立"材料采购"和"材料成本差异"两个总账科目，并应按照材料类别设立材料采购明细账和材料成本差异明细账。

"材料采购"科目的基本结构是，借方反映采购材料的实际成本，应根据材料买价和运杂费等付款凭证或其汇总凭证登记；贷方登记转出的已经付款或已开出承兑商业汇票并已验收入库的材料的实际采购成本。已经验收材料的实际成本大于计划成本的差额，为材料采购成本的超支差异，应从该科目的贷方转入"材料成本差异"科目的借方；已经验收材料的计划成本大于实际成本的差额，为材料采购成本的节约差异，应从该科目的借方转入"材料成本差异"科目的贷方。"材料采购"科目在转出材料采购成本差异以后，如果还有余额，余额一定在借方，为已经采购但尚未验收的在途材料的实际成本。

"材料成本差异"科目的借方反映材料成本的超支差异，应根据转账凭证从"材料采购"科目的贷方转入；贷方反映材料成本的节约差异，应根据转账凭证从"材料采购"等科目的借方转入。"材料成本差异"科目的借方余额，为结存材料的成本超支，贷方余额为结存材料的成本节约。"原材料"等材料科目按计划成本反映的余额，加上"材料成本差异"科目的借方余额或者减去"材料成本差异"科目的贷方余额，即为结存材料的实际成本。

为了调整发出材料的成本差异，计算发出材料的实际成本，还应根据"原材料"等材料科目登记的月初结存材料和本月收入材料的计划成本，以及"材料成本差异"科目登记的月初结存材料和本月收入材料的成本差异，计算材料成本差异率。其计算公式如下：

$$\text{材料成本差异率} = \frac{\text{月初结存材料成本差异} + \text{本月收入材料成本差异}}{\text{月初结存材料计划成本} + \text{本月收入材料计划成本}} \times 100\%$$

消耗材料的实际成本＝消耗材料的计划成本＋消耗材料应分摊的成本差异

消耗材料的计划成本＝材料实际消耗量×计划单价

消耗材料应分摊的成本差异＝消耗材料的计划成本×材料成本差异率

上列各计算公式中的材料成本差异，如为超支差异，按正数计算；如为节约差异，按负数计算。

不管材料是按实际成本核算还是按计划成本核算，对于发出材料的成本一般是根据各种发料凭证或者是发料凭证汇总表编制"材料费用分配表"进行材料费用的分配，材料费用分配表的格式，见材料费用分配的核算。

二、材料费用分配的核算

材料费用分配的核算主要涉及处理企业生产经营中消耗材料价值的多少以及由谁来负担的问题。

（一）原材料费用分配对象的确定

不论耗用外购材料还是耗用自制材料，其费用的分配，都根据审核后的领退料凭证，按照材料的具体用途确定材料分配对象。直接用于产品生产的材料费用记入各种产品成本有关的成本项目；用于产品销售以及组织和管理生产的材料费用，记入销售费用和管理费用有关的费用项目；用于建造固定资产的材料费用，记入在建工程支出等。

直接用于产品生产，构成产品实体的原料和主要材料，例如冶炼用矿石、纺织用原棉和机械制造用钢材等，专门设有"原材料"或"直接材料"成本项目。这些原料和主要材料一般分产品领用，其费用属于直接计入费用，应根据领退料凭证直接计入某种产品成本的"原材料"或"直接材料"项目。原料和主要材料也有不能分产品领用，而是几种产品共同耗用的，例如化工生产中为几种产品共同耗用的原材料。这些原材料费用属于间接计入费用，应采用适当的分配方法，分配记入各有关产品成本的"原材料"或"直接材料"成本项目。一般来讲，原材料分配对象的确定应根据企业的生产经营特点和管理要求进行。

（二）原材料费用的分配方法

由于原料和主要材料的耗用量一般与产品的重量、体积有关，因而原料和主要材料费用一般可以按产品重量或体积比例分配。例如各种铁铸件所用原料生铁，可以按照铁铸件的重量比例分配；又如各种木器所用主要材料木材，可以按照木器净用材料的体积比例分配。如果难以确定适当的分配方法，或者作为分配标准的资料不易取得，而原料或主要材料的消耗定额比较准确，原料和主要材料也可以与辅助材料费用一样，按照材料的定额消耗量或定额比例分配。

直接用于产品生产、有助于产品形成的辅助材料，如果是直接计入费用，应直接记入各种产品成本的"原材料"或"直接材料"成本项目。如果是间接计入费用，也应采用适当的分配方法，分配记入各有关产品成本的该项目。对于耗用在主要材料上的辅助材料，例如电镀材料、油漆等，可以按主要材料的耗用量比例或主要材料费用比例分配。对于与产品产量有联系的辅助材料，可以按产品产量比例分配。如果产品的辅助材料消耗定额比较准确，也可按辅助材料的定额消耗量或定额费用比例分配。常用的原材料费用分配方法主要有产品产量比例分配法、材料定额耗用量比例分配法、定额费用比例分配法等。

1. 产品产量比例分配法

产品产量比例分配法是按照各种产品的产量比例分配材料费用的一种方法。这种方法一般在产品所耗材料的多少与产品产量直接相关的情况下采用，其计算公式如下：

$$材料消耗量分配率 = \frac{材料实际消耗量}{各种产品产量之和}$$

某种产品应分配的材料数量＝该产品实际产量×材料消耗量分配率

某种产品应分配的材料费用＝该种产品应分配的材料数量×材料单价

【例 2-1】 华兴公司生产甲、乙两种木制餐桌，共耗用木材 415m³，木材单价为 2 500 元/m³，生产甲种餐桌 600 件，生产乙种餐桌 230 件，生产每种餐桌消耗的木材量几乎相同，故采用产品产量比例法分配材料费用。

$$材料费用分配率 = \frac{415 \times 2\ 500}{600 + 230} = 1\ 250(元/件)$$

甲种餐桌应分配的材料费用＝600×1 250＝750 000(元)

乙种餐桌应分配的材料费用＝230×1 250＝287 500(元)

与产品产量比例法相似的方法还有产品重量比例分配法、产品体积比例分配法、产品面积比例分配法等。

2. 材料定额耗用量比例分配法

消耗定额是指单位产品可以消耗的数量限额；定额消耗量是指一定产量下按照消耗定额计算的可以消耗的数量。费用定额和定额费用则是消耗定额和定额消耗量的货币表现。材料费用定额和材料定额费用，就是材料消耗定额和材料定额消耗量的货币表现；工资定额和定额工资，则是工时消耗定额(也称工时定额)和工时定额消耗量(也称定额工时)的货币表现。

定额耗用量分配法是按照各种产品材料消耗定额分配材料费用的一种方法，一般在各项材料消耗定额健全且比较准确的情况下采用。按材料定额消耗量比例分配材料费用的计算公式如下：

某种产品材料定额消耗量＝该种产品实际产量×单位产品材料消耗定额

$$材料消耗量分配率 = \frac{材料实际总消耗量}{各种产品材料定额消耗量之和}$$

某种产品应分配的材料数量＝该种产品的材料定额消耗量×材料消耗量分配率

某种产品应分配的材料费用＝该种产品应分配的材料数量×材料单价

【例 2-2】 华兴公司基本生产车间生产甲、乙、丙三种产品，共同领用 A 种原材料 5 940 千克，单价 10 元，材料费用 59 400 元，本期生产甲产品 400 件，乙产品 800 件，丙产品 500 件，单位产品定额消耗量为：甲产品 5 千克，乙产品 3 千克，丙产品 2 千克，采用定额消耗量比例分配材料费用。分配结果如下：

甲产品材料定额耗用量＝400×5＝2 000(千克)

乙产品材料定额耗用量＝800×3＝2 400(千克)

丙产品材料定额耗用量＝500×2＝1 000(千克)

$$材料耗用量分配率 = \frac{5\ 940}{2\ 000 + 2\ 400 + 1\ 000} = 1.1$$

甲产品应分配的材料实际数量＝2 000×1.1＝2 200(千克)

乙产品应分配的材料实际数量＝2 400×1.1＝2 640(千克)

丙产品应分配的材料实际数量＝1 000×1.1＝1 100(千克)

甲产品应分配的材料费用＝2 200×10＝22 000(元)
乙产品应分配的材料费用＝2 640×10＝26 400(元)
丙产品应分配的材料费用＝1 100×10＝11 000(元)
合计＝59 400(元)

上述分配计算的程序是：先按材料定额消耗量分配计算各种产品的材料实际消耗量，再乘以材料单价，计算各该产品的实际材料费用。这样分配，可以考核材料消耗定额的执行情况，有利于进行材料消耗的实物管理，但分配计算的工作量较大。为了简化分配计算工作，也可以按材料定额消耗量直接分配材料费用。仍以上例资料为例分配计算如下：

$$材料费用分配率 = \frac{59\ 400}{2\ 000+2\ 400+1\ 000} = 11(元/千克)$$

甲产品应分配的材料费用＝2 000×11＝22 000(元)
乙产品应分配的材料费用＝2 400×11＝26 400(元)
丙产品应分配的材料费用＝1 000×11＝11 000(元)
合计＝59 400(元)

上述两种分配程序的计算结果相同，但后一种分配程序不能反映各种产品所应负担的材料消耗数量，不利于加强材料消耗的实物管理。

3. 定额费用比例分配法

定额费用比例分配法是以原材料定额成本为分配标准来分配原材料的一种方法，适用于多种产品共同耗用多种材料的情况。其分配计算的公式如下：

某种产品某种材料定额费用＝该种产品实际产量×单位产品该种材料费用定额

或　　　　　　　　　＝该种产品实际产量×单位产品材料消耗定额
　　　　　　　　　　×该种材料计划单价

$$材料费用分配率 = \frac{各种材料实际费用总额}{各种产品各种材料定额费用之和}$$

某种产品应负担的材料费用＝该种产品材料定额成本×材料费用分配率

【例2-3】 华兴公司基本生产车间生产甲、乙、丙三种产品，领用E种辅助材料，其耗用量与主要材料的耗用量密切相关，因而规定按直接计入的主要材料费用比例分配。直接用于产品生产的主要材料费用定额为：甲产品58元，乙产品47元；丙产品40元；该月实际产量为：甲产品400件，乙产品800件，丙产品500件；三种产品共同耗用的辅助材料费用为8 080元。辅助材料费用分配计算如下：

甲产品主要材料定额费用＝400×58＝23 200(元)
乙产品主要材料定额费用＝800×47＝37 600(元)
丙产品主要材料定额费用＝500×40＝20 000(元)

$$辅助材料费用分配率 = \frac{8\ 080}{23\ 200+37\ 600+20\ 000} = 0.10(元/件)$$

甲产品应分配辅助材料费用＝23 200×0.10＝2 320(元)
乙产品应分配辅助材料费用＝37 600×0.10＝3 760(元)
丙产品应分配辅助材料费用＝20 000×0.10＝2 000(元)
合计＝8 080(元)

上述直接用于产品生产、专设成本项目的各种材料费用,应记入"基本生产成本"科目的借方及其所属各产品成本明细账"直接材料"成本项目。直接用于辅助生产、专设成本项目的各种材料费用、用于基本生产和辅助生产但没有专设成本项目的各种材料费用、用于产品销售以及用于组织和管理生产经营活动等方面的各种材料费用,应分别记入"辅助生产成本""制造费用""销售费用"和"管理费用"等科目的借方。已发生的各种材料的费用总额,应记入"原材料"科目的贷方。

在余料退库和废料回收时,应根据退料凭证和废料交库凭证,扣减原领的材料费用。月末车间已领备用的材料,如果下月生产还需用,应办理"假退料"手续,不能记入本月份的生产费用由本月产品成本负担。

在实际工作中,原材料费用的分配通过原材料费用分配表进行。这种分配表一般应按车间、部门和材料的类别,根据归类后的领退料凭证和有关资料编制。编制分配表时,退料凭证所列数额可以从相应的领料凭证的数额中扣除。

现列示华兴公司的原材料费用分配表,如表 2-2 所示。

表 2-2 原材料费用分配表

编制单位:华兴公司　　　　　　20××年 6 月　　　　　　　　　　单位:元

应借科目		成本或费用项目	直接计入	分配计入	合计	差异额(+1%)	实际成本
基本生产成本	甲产品	直接材料	30 000	24 320	54 320	543.20	54 863.20
	乙产品	直接材料	10 000	30 160	40 160	401.60	40 561.60
	丙产品	直接材料	9 000	13 000	22 000	220	22 220
	小　计		49 000	67 480	116 480	1 164.80	117 644.80
制造费用	基本生产车间	机物料消耗	2 000		2 000	20	2 020
辅助生产成本	修理车间	机物料消耗	5 000		5 000	50	5 050
	供电车间	机物料消耗	2 200		2 200	22	2 222
	小　计		7 200		7 200	72	7 272
管理费用		其他	800		800	8	808
合　计			59 000	67 480	126 480	1 264.80	127 744.80

在所列原材料费用分配表中,直接计入的费用,应根据领退料凭证按照材料用途归类填列;分配计入费用,应根据用于产品生产的领退料凭证和前列分配计算公式分配计算填列。

根据上列原材料费用分配表,编制下列会计分录。

借:基本生产成本——甲产品——直接材料　　54 320
　　　　　　　　——乙产品——直接材料　　40 160
　　　　　　　　——丙产品——直接材料　　22 000

```
        辅助生产成本——修理车间           5 000
                ——供电车间           2 200
        制造费用                      2 000
        管理费用                        800
    贷：原材料                       126 480
    借：基本生产成本——甲产品——直接材料   543.2
                ——乙产品——直接材料   401.6
                ——丙产品——直接材料   220
        辅助生产成本——修理车间            50
                ——供电车间            22
        制造费用                        20
        管理费用                         8
    贷：材料成本差异                  1 264.8
```

三、燃料费用分配的核算

燃料实际上也是材料，因而燃料费用分配的程序和方法与上述原材料费用分配的程序和方法相同。但在燃料费用比重较大的企业中，与动力费用一起专门设立"燃料及动力"成本项目的情况下，应该增设"燃料"科目，并将燃料费用单独进行分配，单独编制燃料费用分配表。

直接用于产品生产的燃料，如果分产品领用，应根据领退料凭证直接记入各该产品成本的"燃料及动力"项目；如果不能分产品领用，应采用适当的分配方法，分配记入各有关产品成本的这一成本项目。分配的标准一般有产品的重量、体积、所耗原材料的数量或费用，以及燃料的定额消耗量或定额费用等。

【例2-4】 华兴公司所耗燃料和动力较多，为了加强对能源消耗的核算和控制，在材料核算的会计科目中增设"燃料"科目，在成本项目中增设"燃料及动力"项目。该车间20××年6月直接用于甲、乙、丙三种产品生产的燃料费用共为11 000元，按燃料的定额费用比例分配。甲、乙、丙三种产品的燃料定额费用为：甲产品3 000元，乙产品2 000元，丙产品5 000元。燃料费用分配如下：

$$燃料费用分配率 = \frac{11\ 000}{3\ 000 + 2\ 000 + 5\ 000} = 1.1(元/件)$$

甲产品燃料费用 = 3 000 × 1.1 = 3 300(元)
乙产品燃料费用 = 2 000 × 1.1 = 2 200(元)
丙产品燃料费用 = 5 000 × 1.1 = 5 500(元)

上述直接用于产品生产、专设成本项目的燃料费用，应单独地记入"基本生产成本"总账科目和所属有关产品成本明细账的借方（在明细账中记入"燃料及动力"项目）。直接用于辅助生产的燃料费用、用于基本生产和辅助生产但没有专设成本项目的燃料费用、用于产品销售以及用于组织和管理生产经营活动的燃料费用等,则应分别记入"辅助生产成本""制造费用""销售费用"和"管理费用"等总账科目和所属明细账的借方。已领用的燃料费用总额,应记入"燃料"科目的贷方。

根据华兴公司燃料的领退料凭证和上列分配费用的计算,应编制燃料费用分配表,如表 2-3 所示。

表 2-3 燃料费用分配表

编制单位:华兴公司　　　　20××年6月　　　　　　　　　　　　单位:元

应借科目		成本或费用项目	直接计入	分配计入		燃料费用合计
				定额燃料费用	分配金额(分配率1.05)	
基本生产成本	甲产品	燃料及动力		26 000	27 300	27 300
	乙产品	燃料及动力		14 000	14 700	14 700
	小　计			40 000	42 000	42 000
辅助生产成本	供电车间	燃料及动力	3 000			3 000
	机修车间	燃料及动力	18 000			18 000
制造费用		燃料费	4 000			4 000
管理费用		燃料费	5 000			5 000
合　计			30 000	—	42 000	72 000

根据上列燃料费用分配表,编制会计分录如下。

借:基本生产成本——甲产品——燃料及动力　　27 300
　　　　　　　　——乙产品——燃料及动力　　14 700
　　辅助生产成本——供电车间　　　　　　　　3 000
　　　　　　　　——机修车间　　　　　　　　18 000
　　制造费用　　　　　　　　　　　　　　　　4 000
　　管理费用　　　　　　　　　　　　　　　　5 000
　　贷:燃料　　　　　　　　　　　　　　　　72 000

任务三　外购动力费用的归集与分配

外购动力费用是指企业从外部购买的电力、热力等动力而支付的费用。

一、外购动力费用支出的核算

外购动力主要有电力、蒸汽等,在付款时,从理论上来说应按外购动力的用途,直接借记各成本费用科目,贷记"银行存款"科目。在实际工作中一般通过"应付账款"科目核算,即在付款时先作为暂付款处理,借记"应付账款"科目,贷记"银行存款"科目;月末按照外购动力的用途再借记各成本费用科目,贷记"应付账款"科目,冲销原来记入"应付账款"科目借方的暂付款。这是因为,外购动力费用一般不是在每月月末支付,而是在每月下旬某日支付。如果支付时就直接借记各成本费用科目,贷记"银行存款"科目,不通过"应付账款"科目核算,则计入产品成本中的动力费用并不完全是当月动力费用,而是上月支付日到本月支付日期间的动力费用。为了正确地计算当月动力费用,不仅要计算、扣除上月支付日到上月月末的已付动力费用,而且要分配并登记当月支付日到当月月末的应付动力费用,核算的工作量太大。通过"应付账款"科目核算,可以免去这些工作,每个月只需在月末分配登记一次动力费用,大大简化了核算工作量。这样,"应付账款"科目月末可能有余额,借方余额为本月支付款大于应付款的多付动力费用,可以抵冲下月应付费用;如果是贷方余额,为本月应付款大于支付款的应付未付的动力费用,可以在下月支付。

如果每月支付动力费用的日期基本固定而且每月付款日至月末的应付的动力费用相差不多,在这种情况下,也可以不通过"应付账款"科目核算,而将每月支付的动力费用在付款时按动力费用的用途分配记入有关成本费用科目,贷记"银行存款"科目,每月分配登记一次动力费用。

二、外购动力费用分配的核算

外购动力费用有的直接用于产品生产,如特定产品的生产工艺用电力;有的间接用于产品生产,如生产车间照明用电力;有的则用于经营管理,如行政管理部门照明用电力。这些动力费用的分配,在有仪表记录的情况下,应根据仪表所示耗用动力的数量以及动力的单价计算;在没有仪表的情况下,可按生产工时的比例、机器功率时数(机器功率×机器时数)的比例,或定额消耗量的比例分配。各车间、各部门的动力用电和照明用电一般都分别装有电表,因此,外购电力费用在各车间、各部门的动力用电和照明用电之间,一般按用电度数分配;车间中的动力用电,一般不能按产品分别安装电表,因而车间动力用电费在各种产品之间一般按产品的生产工时比例、机器工时比例、定额耗电量比例或其他比例分配。

为了加强对能源的核算和控制,生产工艺用动力一般与生产工艺用燃料合设一个成本项目。因此,直接用于产品生产的动力费用应该单独地记入产品成本的"燃料及动力"成本项目。如果按产品分别装有记录动力耗用量的仪表,应该根据仪表所示各种产品的耗用数量和外购动力的单价,直接记入各种产品成本的这一成本项目;如果没有按产品安装这种仪表,应按上述适当的分配方法,单独地分配记入各该产品成本的这一成本项目。

【例 2-5】 华兴公司电表记录基本生产车间生产甲、乙、丙三种产品,共耗用外购电力 40 000 度,每度 0.6 元,共计 24 000 元,因未按产品安装电表,按产品的生产工时比例在甲、乙、丙三种产品之间进行分配。其生产工时为:甲产品 9 000 小时,乙产品 6 000 小时,丙产品 5 000 小时。该项动力费用分配计算如下:

$$动力费用分配率=\frac{24\ 000}{9\ 000+6\ 000+5\ 000}=1.2(元/小时)$$

甲产品应分配动力费用=9 000×1.2=10 800(元)

乙产品应分配动力费用=6 000×1.2=7 200(元)

丙产品应分配动力费用=5 000×1.2=6 000(元)

上述直接用于产品生产,设有"燃料及动力"成本项目的外购动力费用,应单独记入"基本生产成本"总账科目和所属有关产品成本明细账的借方(在明细账中记入"燃料及动力"成本项目)。直接用于辅助生产的动力费用、用于基本生产和辅助生产但未专设成本项目的动力费用(例如生产车间照明用电费)、用于组织和管理生产经营活动的动力费用(如企业行政管理部门照明用电费)等,应分别记入"辅助生产成本""制造费用"和"管理费用"等总账科目和所属明细账的借方。外购动力费用总额应根据有关转账凭证或付款凭证记入"应付账款"或"银行存款"科目的贷方。

现列示华兴公司外购动力及电力费用分配表,如表2-4所示。

表2-4 外购动力及电力费用分配表

编制单位:华兴公司　　　　　20××年6月　　　　　　　　　单位:元

应借科目		成本或费用项目	动力分配		电费分配	
			生产工时	分配数量(分配率2.0)	用电度数	分配金额(分配率1.2)
基本生产成本	甲产品	燃料及动力	9 000	18 000		10 800
	乙产品	燃料及动力	6 000	12 000		7 200
	丙产品	燃料及动力	5 000	10 000		6 000
	小　计		20 000	40 000	40 000	24 000
制造费用	基本生产车间	水电费			3 925	2 355
辅助生产成本	机修车间	水电费			11 025	6 615
	供电车间	水电费			4 750	2 850
	小　计				15 775	9 465
管理费用		水电费			2 800	1 680
合　计					62 500	37 500

该企业外购电费通过"应付账款"科目核算。根据外购动力及电力费用分配表,应编制下列会计分录。

借:基本生产成本——甲产品——燃料及动力　　　10 800
　　　　　　　　——乙产品——燃料及动力　　　7 200
　　　　　　　　——丙产品——燃料及动力　　　6 000
　　制造费用　　　　　　　　　　　　　　　　　2 355

辅助生产成本——修理车间	6 615
——供电车间	2 850
管理费用	1 680
贷：应付账款	37 500

任务四　职工薪酬费用的归集与分配

在产品的生产过程中，人的劳动是起决定性作用的要素之一。因此，只有正确归集和分配为产品生产而发生的人工费用，才能保证生产成本的准确性。

一、职工薪酬的构成和工资费用的原始记录

（一）职工薪酬的构成

职工薪酬是指企业为获得职工提供的服务或解除劳动关系而给予的各种形式的报酬或补偿。企业提供给职工配偶、子女、受赡养人、已故员工遗属及其他受益人等的福利，也属于职工薪酬。职工薪酬主要包括短期薪酬、离职后福利、辞退福利和其他长期职工福利。

1. 短期薪酬

（1）短期薪酬的概念和内容

短期薪酬是指企业预期在职工提供相关服务的年度报告期间结束后12个月内将全部予以支付的职工薪酬，因解除与职工的劳动关系给予的补偿除外。因解除与职工的劳动关系给予的补偿属于辞退福利的范畴。

短期薪酬主要包括以下八种。

① 职工工资、奖金、津贴和补贴，是指企业按照构成工资总额的计时工资、计件工资、支付给职工的超额劳动报酬等的劳动报酬，为了补偿职工特殊或额外的劳动消耗和因其他特殊原因支付给职工的津贴，以及为了保证职工工资水平不受物价影响支付给职工的物价补贴等。其中，企业按照短期奖金计划向职工发放的奖金属于短期薪酬，按照长期奖金计划向职工发放的奖金属于其他长期职工福利。

② 职工福利费，是指企业向职工提供的生活困难补助、丧葬补助费、抚恤费、职工异地安家费、防暑降温费等职工福利支出。

③ 医疗保险费、养老保险、工伤保险费和生育保险费等社会保险费，是指企业按照国家规定的基准和比例计算，向社会保险经办机构缴存的医疗保险费、养老保险、工伤保险费和生育保险费。

④ 住房公积金，是指企业按照国家规定的基准和比例计算，向住房公积金管理机构缴存的住房公积金。

⑤ 工会经费和职工教育经费，是指企业为了改善职工文化生活、为职工学习先进技

术、提高文化水平和业务素质,用于开展工会活动、职工教育及职业技能培训等相关支出。

⑥ 短期带薪缺勤,是指职工虽然缺勤但企业仍向其支付报酬的安排,包括年休假、病假、婚假、产假、丧假、探亲假等。长期带薪缺勤属于其他长期职工福利。

⑦ 短期利润分享计划,是指因职工提供服务而与职工达成的基于利润或其他经营成果提供薪酬的协议。长期利润分享计划属于其他长期职工福利。

⑧ 其他短期薪酬,是指除上述薪酬以外的其他为获得职工提供的服务而给予的短期薪酬。

(2) 短期薪酬的确认和计量

企业应当在职工为其提供服务的会计期间,将实际发生的短期薪酬确认为负债,并计入当期损益,其他相关会计准则要求或允许计入资产成本的除外。

企业发生的职工工资、津贴和补贴等短期薪酬,应当根据职工提供服务情况和工资标准等计算应计入职工薪酬的工资总额,并按照受益对象计入当期损益或相关资产成本,借记"生产成本""制造费用""管理费用"等科目,贷记"应付职工薪酬"科目。发放时,借记"应付职工薪酬"科目,贷记"银行存款"等科目。

企业为职工缴纳的医疗保险费、工伤保险费、生育保险费等社会保险费和住房公积金,以及按规定提取的工会经费和职工教育经费,应当在职工为其提供服务的会计期间,根据规定的计提基础和计提比例计算确定相应的职工薪酬金额,并确认相关负债,按照受益对象计入当期损益或相关资产成本,借记"生产成本""制造费用""管理费用"等科目,贷记"应付职工薪酬"科目。

企业发生的职工福利费,应当在实际发生时根据实际发生额计入当期损益或相关资产成本。

企业向职工提供非货币性福利的,应当按照公允价值计量。如企业以自产的产品作为非货币性福利提供给职工的,应当按照该产品的公允价值和相关税费确定职工薪酬金额,并计入当期损益或相关资产成本。相关收入的确认、销售成本的结转以及相关税费的处理,与企业正常商品销售的会计处理相同。企业以外购的商品作为非货币性福利提供给职工的,应当按照该商品的公允价值和相关税费确定职工薪酬的金额,并计入当期损益或相关资产成本。

综上所述,短期薪酬应当根据职工提供服务的受益对象,分别下列情况处理。

① 计入成本。对于应由生产产品、提供劳务负担的职工薪酬,应计入相关成本。一般来说,从事生产经营和劳务服务人员的薪酬部分,应计入产品成本或劳务成本。

② 计入资产价值。对于应由在建工程、无形资产负担的职工薪酬,应计入建造固定资产或无形资产的成本。

③ 计入当期费用。企业为行政管理部门及销售部门职工缴纳的医疗保险费、养老保险费、失业保险费、工伤保险费、生育保险费等社会保险费和住房公积金,应当在职工为其提供服务的会计期间,根据工资总额的一定比例计算,并确认为当期费用。

2. 离职后福利

离职后福利是指企业为获得职工提供的服务而在职工退休或与企业解除劳动关系

后,提供的各种形式的报酬和福利,属于短期薪酬和辞退福利的除外。

3. 辞退福利

辞退福利是指企业在职工劳动合同到期之前解除与职工的劳动关系,或者为鼓励职工自愿接受裁减而给予职工的补偿。

辞退福利主要包括两种。

(1)在职工劳动合同尚未到期前,不论职工本人是否愿意,企业决定解除与职工的劳动关系而给予的补偿。

(2)在职工劳动合同尚未到期前,为鼓励职工自愿接受裁减而给予的补偿,职工有权利选择继续在职或接受补偿离职。

辞退福利通常采取解除劳动关系时一次性支付补偿的方式,也采取在职工不再为企业带来经济利益后,将职工工资支付到辞退后未来某一期间的方式。

企业应当根据辞退福利的定义和内容,区分辞退福利与正常退休的养老金。辞退福利是在职工与企业签订的劳动合同到期前,企业根据法律与职工本人或职工代表(如工会)签订的协议,或者基于商业惯例,承诺当其提前终止对职工的雇佣关系时支付的补偿,引发补偿的事项是辞退。因此,企业应当在辞退职工时进行辞退福利的确认和计量。职工在正常退休时获得的养老金,是其与企业签订的劳动合同到期时,或者职工达到了国家规定的退休年龄时获得的退休后生活补偿金额,引发补偿的事项是职工在职时提供的服务,而不是退休本身。因此,企业应当在职工提供服务的会计期间进行养老金的确认和计量。另外,职工虽然没有与企业解除劳动合同,但未来不再为企业提供服务,不能为企业带来经济利益,企业承诺提供实质上具有辞退福利性质的经济补偿的,如发生"内退"的情况,在其正式退休日期之前应当对照辞退福利处理,在其正式退休日期之后,应当按照离职后福利处理。

4. 其他长期职工福利

其他长期职工福利是指除短期薪酬、离职后福利、辞退福利之外所有的职工薪酬,包括长期带薪缺勤、长期残疾福利、长期利润分享计划等。

(二)职工薪酬核算的原始记录

进行职工薪酬费用核算,必须有一定的原始记录作为依据。原始记录的好坏,直接关系到成本费用核算的准确性,同时也影响成本费用核算的进度。与职工薪酬费用核算相关的原始记录主要有"考勤记录"和"产量记录"。

企业应按每个职工设置"工资卡",内含职工姓名、职务、工资等级、工资标准等资料。计算职工薪酬的原始记录,有"考勤记录"和"产量和工时记录"。

1. 考勤记录

考勤记录是登记出勤时间和缺勤时间的原始记录,其形式可以采用考勤簿、考勤卡、考勤钟、考勤机、手机APP等。月末,考勤人员应将各车间、部门负责人检查签章后的考勤记录,及时送交会计部门审核。经会计部门审核后的考勤记录,即可作为计算计时工资的依据。

2. 产量和工时记录

产量和工时记录是登记工人或生产小组在出勤时间内完成产品的数量、质量和生产产品所用工时数量的原始记录，经会计部门审核后的产量记录，即可作为计算计件工资的依据。

二、职工薪酬费用的计算

企业职工薪酬的计算与结算包括应付职工薪酬的计算、实发工资金额的计算和工资的发放。这里主要介绍应付职工薪酬的计算。

工业企业可以根据具体情况采用各种不同的工资制度，其中最基本的是计时工资制度和计件工资制度。这里主要介绍应付职工薪酬的计算。

（一）计时工资的计算

应付职工的计时工资是根据考勤记录并按照规定的工资标准计算的，工资标准通常有两种：月薪制和日薪制。

在月薪制下，不论各月日历天数是多少，职工每月都可以得到相同的全勤工资，若有缺勤，应从全勤工资中扣除缺勤工资。其计算公式有如下两种。

　　某职工本月应得工资＝该职工月标准工资－事假天数×日标准工资－病假天数
　　　　　　　　　　×日标准工资×病假扣款率

或者

　　某职工本月应得工资＝该职工本月出勤天数×日标准工资＋病假天数
　　　　　　　　　　×日标准工资×（1－病假扣款率）

实行计时工资制的单位，应付职工的计时工资是根据工资标准、考勤记录和有关制度计算的。具体计算过程又因采用月薪制或采用日薪制而有所不同。

其中，月标准工资可以根据工资卡片的记录取得，缺勤记录可以根据考勤记录取得，日工资率的计算方法有以下三种。

（1）每月固定按 30 天计算

每月固定按 30 天计算，日工资率为每月标准工资除以 30 天，即日工资率＝月标准工资÷30。

采用这种方法计算日工资率时，双休日和法定节假日视为出勤，应计付工资，但事假、病假等缺勤期间的节假日也视为缺勤，照样要扣工资。

（2）每月按 20.83 天计算

每月按 20.83 天计算(全年 365 天扣除法定节假日 11 天及 104 个公休日，再用 12 个月平均)，日工资率为全月标准工资除以 20.83 天，即日工资率＝月标准工资÷20.83。

采用这种方法计算日工资率时，缺勤期间的节假日、星期天不算缺勤，不扣工资。

（3）按月实际工作日数计算

　　　　日工资率＝月标准工资÷月实际制度日数
　　　　月实际工作日数＝该月实际日历天数－该月双休日和节假日数

采用这种方法时,法定节假日、双休日不付工资,缺勤期间的节假日、双休日不扣工资。计算出的日工资率最接近实际,但实际应用起来较为烦琐。

【例 2-6】 华兴公司某生产工人的月标准工资为 2 400 元,5 月份日历天数为 31 日,其中病假 2 日,事假 1 日,法定节假日 1 日,星期休假 8 日,出勤 19 日。根据该生产工人的工龄,其病假工资按标准工资的 90% 计算。该生产工人的病假和事假期间没有节假日。现按上述四种方法分别计算该生产工人 5 月份的标准工资。

(1) 按 30 天计算日标准工资,按月标准工资扣除缺勤工资计算方法:

日标准工资 = 2 400÷30 = 80(元/日)

应付月工资 = 2 400−80×1−80×2×(1−90%) = 2 304(元)

(2) 按 30 日计算日标准工资,按出勤日计算方法:

应付月工资 = 80×(19+9)+80×2×90% = 2 384(元)

(3) 按 20.83 日计算日标准工资,按月标准工资扣除缺勤工资计算方法:

日标准工资 = 2 400÷20.83 = 115.218 4(元/日)

应付月工资 = 2 400−115.218 4×1−115.218 4×2×(1−90%)

= 2 261.74(元)

(4) 按 20.83 日计算日标准工资,按出勤日计算方法:

应付月工资 = 115.218 4×19+115.218 4×2×90% = 2 396.54(元)

(二) 计件工资的计算

(1) 个人计件工资的计算

应付计件工资应根据产量记录登记的每一个工人的产品产量,乘以规定的计件单价计算,其计算公式为

应付计件工资 = $\sum$(某工人本月生产每种产品产量×该种产品计件单价)

产品产量 = 合格品数量+料废品数量

某种产品计件单价 = 单位产品的工时定额×该级工人小时工资率

应付计件工资 = 某工人本月生产各种产品定额工时之和×该工人小时工资率

公式中料废数量是指因材料质量不合格造成的废品数量,与之相对的是工废数量,是由于工人主观原因造成的废品数量。工废数量不应支付工资,而且应该在查明原因后向责任者索赔。

【例 2-7】 某工人本月加工 A、B 两种零件,有关资料如表 2-5 所示。

表 2-5 计件工资计算资料　　　　　　20××年 6 月

品名(零件)	计件价格/元	合格品数量/件	废品数量/件	
			料废数量	工废数量
A	16	100	8	3
B	14	80	4	1

根据上述资料,应付给该工人计件工资为

(100+8)×16+(80+4)×14 = 2 904(元)

为简化计算工作,也可以采用另一种方法计算,即将工人月内完成的各种产品折合为定额工时数,然后乘以小时工资率,计算结果与上述做法一致。

【例2-8】 甲、乙两种产品都应由8级工人加工。甲产品单件工时定额为150分钟,乙产品单件工时定额为45分钟。8级工人的小时工资率为6元。某8级工人加工甲产品450件,乙产品400件。试计算其计件工资。

方法一:

应付计件工资 = $\sum$(某工人本月生产每种产品产量×该种产品计件单价)

甲产品的计件单价 = 单位产品的工时定额×该级工人小时工资率

甲产品的计件单价 = 150÷60×6 = 15(元/件)

乙产品的计件单价 = 45÷60×6 = 4.5(元/件)

应付计件工资 = 450×15+400×4.5 = 8 550(元)

方法二:

应付计件工资 = 某工人本月生产各种产品定额工时之和×该工人小时工资率
= (450×150÷60+400×45÷60)×6 = 8 550(元)

(2) 集体计件工资的计算

如果实行生产小组集体计件工资制,计算小组集体计件工资的方法与个人计件工资的方法相同。不同的是还应将小组集体计件总工资额按照贡献大小在小组成员间进行分配,通常做法是按照每人的工资标准和实际工作时间的综合比例进行分配。在实务中,有两种分配方法。

第一种分配方法:按照个人标准工资分配。

计算公式如下:

$$工资分配系数 = \frac{集体计算工资总额}{每人按实际工作时数和小时工资率计算的工资总额}$$

集体应得计件工资总额 = 工作队(组)生产合格产品数量×计件单价

集体应得标准工资总额 = $\sum$(个人日工资标准×实际工作天数)

则

个人实得计件工资 = 个人日工资标准×实际工作天数×工资分配系数

【例2-9】 华兴公司第一生产班组共有四名工人,该月生产某产品150件,每件计件单价为70.99元,班组成员日工资标准和实际工作天数如表2-6所示。

表2-6 集体工资分配表　　　　　　　　　　　　　　　　　20××年6月

工人姓名	月工资标准/元	日工资标准/元	工作天数/天
张华	2 250	108	22
李明	1 950	93.6	22
刘伟	1 500	72	21
陈金	1 200	57.6	20
合计			85

根据上式,按下列步骤计算。

(1) 求集体计件工资总额和集体标准工资总额

集体计件工资总额 = 150×70.99 = 10 648.50(元)

集体标准工资总额 = 108×22+93.6×22+72×21+57.6×20
　　　　　　　　 = 7 099(元)

(2) 求工资分配系数

工资分配系数 = 10 648.5÷7 099 = 1.5

(3) 计算每个人实得计件工资

张华实得计件工资 = 108×22×1.5 = 3 564(元)
李明实得计件工资 = 93.6×22×1.5 = 3 088.8(元)
刘伟实得计件工资 = 72×21×1.5 = 2 268(元)
陈金实得计件工资 = 57.6×20×1.5 = 1 728(元)

第二种分配方法:按照实际工作天数平均分配。

$$工资分配系数 = \frac{集体计件工资总额}{集体工作天数}$$

集体职工实际工作天数 = ∑(个人实际工作天数)

个人实得计件工资 = 工资分配系数×个人实际工作天数

【例2-10】 承前例,根据公式按下列步骤计算。

(1) 求集体工作天数

集体工作天数 = 22+22+21+20 = 85(天)

(2) 求工资分配系数

工资分配系数 = 10 648.5÷85 = 125.28(元/天)

(3) 计算每人实得计件工资

张华实得计件工资 = 22×125.28 = 2 756.16(元)
李明实得计件工资 = 22×125.28 = 2 756.16(元)
刘伟实得计件工资 = 21×125.28 = 2 630.88(元)
陈金实得计件工资 = 20×125.28 = 2 505.60(元)

三、职工薪酬费用分配的核算

会计部门应该根据计算出的职工薪酬,按照车间、部门分别编制工资结算单,单中按照职工类别和姓名分行填列每一职工的各种应发工资、代发款项、代扣款项和实发金额,作为与职工进行工资结算的依据。单中应发工资的金额是计算工资费用的依据。

工资费用应按其发生的地点和用途进行归集和分配。直接进行产品生产的生产工人工资,专门设有"工资及福利费"或"直接人工"成本项目。其中,计件工资属于直接计入费用,应根据工资结算单直接记入某种产品成本的这一成本项目;计时工资属于间接计入费用,应按产品的生产工时比例,分配记入各有关产品成本的这一成本项目;奖金、津贴和补贴,以及特殊情况下支付的工资等,一般也属于间接计入费用,应按直接计入的工资比例或生产工时的比例,分配记入各有关产品成本的这一成本项目。

按产品的生产工时比例分配生产工人工资费用,能够将产品分配的工资费用与劳动生产率联系起来。某种产品如果单位产品耗用的生产工时减少,说明劳动生产率提高,其所分配的工资费用就应减少。相反,如果单位产品耗用的生产工时增加,说明劳动生产率降低,其所分配的工资费用就应增加。因此,按产品的生产工时比例分配工资费用比较合理。

如果取得各种产品的实际生产工时数据比较困难,而各种产品的单件工时定额比较准确,也可以按产品的定额工时比例分配工资费用。

【例2-11】 华兴公司基本生产车间生产甲、乙、丙三种产品,共支付生产工人计时工资40 000元,按生产工时比例分配。这三种产品的生产工时为:甲产品9 000小时,乙产品6 000小时,丙产品5 000小时,应分配计算如下:

$$工资费用分配率 = \frac{40\ 000}{9\ 000+6\ 000+5\ 000} = 2(元/小时)$$

甲产品应分配的工资费用 = 9 000×2 = 18 000(元)

乙产品应分配的工资费用 = 6 000×2 = 12 000(元)

丙产品应分配的工资费用 = 5 000×2 = 10 000(元)

上述直接进行产品生产、设有"工资及福利费"成本项目的工人工资,应单独记入"基本生产成本"总账科目和所属明细账的借方(在明细账中记入"直接人工"项目)。直接进行辅助生产的工人工资、用于基本生产和辅助生产但未设成本项目的职工薪酬、行政管理部门人员的工资、专设的销售部门人员的工资和用于固定资产购建等工程的工资,则应分别记入"辅助生产成本""制造费用""管理费用""销售费用"和"在建工程"等总账科目和所属明细账的借方。已分配的工资总额,记记入"应付职工薪酬——工资"科目的贷方。工资费用的分配,应通过工资分配表进行,该表应根据工资结算单等有关资料编制。现列示华兴公司的工资费用分配表,如表2-7所示。

表2-7 工资费用分配表

编制单位:华兴公司　　　　20××年6月　　　　　　　　　　单位:元

应借科目		成本或费用项目	直接计入	分配计入		工资费用合计
				生产工时	分配金额(分配率:2)	
基本生产成本	甲产品	直接人工		9 000	18 000	18 000
	乙产品	直接人工		6 000	12 000	12 000
	丙产品	直接人工		5 000	10 000	10 000
	小计			20 000	40 000	40 000
制造费用	基本生产车间	工资	2 000			2 000
辅助生产成本	修理车间	工资	9 200			9 200
	供电车间	工资	4 000			4 000
	小计		13 200			13 200
管理费用		工资	7 800			7 800
合计			23 000			63 000

根据上列工资分配表,应编制下列会计分录。

借:基本生产成本——甲产品——直接人工　　　　18 000
　　　　　　　　——乙产品——直接人工　　　　12 000
　　　　　　　　——丙产品——直接人工　　　　10 000
　　制造费用　　　　　　　　　　　　　　　　　 2 000
　　辅助生产成本——修理车间　　　　　　　　　 9 200
　　　　　　　　——供电车间　　　　　　　　　 4 000
　　管理费用　　　　　　　　　　　　　　　　　 7 800
　　贷:应付职工薪酬——工资　　　　　　　　　 63 000

任务五　折旧与其他费用的归集与分配

材料和人工成本是产品成本的主要构成部分,但由于在产品生产过程中不可避免地会发生除了材料、人工以外的成本,例如折旧分摊的费用、利息、税金等,这些费用也是产品生产成本的构成要素。

一、折旧费用概述

固定资产折旧是指企业的固定资产由于磨损和损耗而逐渐转移的价值。这部分转移的价值以折旧费的形式计入成本费用,并从企业营业收入中得到补偿,转化为货币资金。企业应当在固定资产的使用寿命内,按照确定的方法对应计折旧额进行系统分摊;应计折旧额是指应当计提折旧的固定资产的原价扣除其预计净残值后的余额,如果已对固定资产计提减值准备,还应当扣除已计提的固定资产减值准备累计金额。本任务内容均假设不考虑固定资产减值准备因素。

(一)影响折旧的因素

影响折旧的因素主要有固定资产原值、使用寿命和预计净残值。

1. 固定资产原值

企业在具体计提折旧时,应以月初应计折旧的固定资产账面原值为依据,当月增加的固定资产,当月不提折旧;当月减少的固定资产,当月照提折旧。

2. 使用寿命和预计净残值

企业应当根据固定资产的性质和使用情况,合理确定固定资产的使用寿命和预计净残值。预计净残值指假定固定资产预计使用寿命已满并处于使用寿命终了时的预期状态,目前从该项资产处置中获得的扣除预计处置费用后的金额。

固定资产使用寿命的长短直接影响各期应提的折旧额。在确定固定资产使用寿命时,主要应当考虑下列因素。

(1)该资产的预计生产能力或实物产量。

（2）该资产的有形损耗，如设备使用中发生磨损、房屋建筑物受到自然侵蚀等。

（3）该资产的无形损耗，如因新技术的出现而使现有的资产技术水平相对陈旧、市场需求变化使产品过时等。

（4）有关资产使用的法律或者类似的限制。

由于固定资产的有形损耗和无形损耗很难准确估计，因此，固定资产的使用寿命也只能预计。但在相同环境条件下，对于同样的固定资产的预计使用寿命应具有相同的预期。总之，企业应当根据固定资产的性质和使用情况，合理地确定固定资产的预计使用寿命和预计净残值。

（二）计提折旧的范围

除以下情况外，企业应对所有固定资产计提折旧。

（1）已提足折旧仍继续使用的固定资产。

（2）按规定单独估价作为固定资产入账的土地。

企业在具体计提折旧时，一般应按月提取折旧，当月增加的固定资产，当月不提折旧，从下月起计提折旧；当月减少的固定资产，当月照提折旧，从下月起不提折旧。固定资产提足折旧后，不论能否继续使用，均不再提取折旧；提前报废的固定资产，也不再补提折旧，所谓提足折旧，是指已经提足该项固定资产应提的折旧总额。

（三）折旧方法

企业应当根据固定资产所含经济利益预期实现方式选择折旧方法，可选用的折旧方法包括平均年限法、工作量法、双倍余额递减法或年数总和法。除非固定资产包含的经济利益的预期实现方式有重大改变，应当相应改变固定资产折旧方法外，折旧方法一经选定，不得随意调整。如需调整，应根据国家统一的会计制度的相关规定进行会计处理；如果企业随意调整固定资产折旧方法，属于滥用会计政策，应作为重大会计差错予以更正。

企业至少应当于每年年度终了，对固定资产的使用寿命、预计净残值和折旧方法进行复核。使用寿命预计数与原先估计数有差异的，应当调整固定资产使用寿命；预计净残值预计数与原先估计数有差异的，应当调整预计净残值；与该固定资产有关的经济利益预期实现方式有重大改变的，应当改变固定资产折旧方法。所有这些改变应当作为会计估计变更，不需要追溯调整。

二、折旧费用分配的核算

一种产品的生产往往需要使用多种机器设备，而每一种机器设备又可能生产多种产品。因此，机器设备的折旧费用虽然是直接用于产品生产的费用，但一般属于分配工作比较复杂的间接费用，为了简化产品成本的计算工作，没有专设成本项目，而与车间等生产单位间接用于产品生产的其他固定资产（如车间厂房）的折旧费用一起记入"制造费用"，作为制造费用的一个费用项目。就是说，折旧费用一般按使用固定资产的车间、部门分别记入"制造费用"和"管理费用""销售费用"等总账科目和所属明细账的借方（在明细账中记入"折旧费"费用项目）。折旧总额应记入"累计折旧"科目的贷方。

【例 2-12】 华兴公司各车间、部门编制的"固定资产折旧费用计算明细表"如表 2-8 所示。

表 2-8　固定资产折旧费用计算明细表

编制单位：华兴公司　　　　　　　　20××年 9 月　　　　　　　　　　单位：元

部　　门	固定资产类别	9 月份折旧额
生产车间	动力设备	68 610
	传导设备	21 220
行政管理部门	房屋及办公设备	15 555
销售部门	运输及办公设备	56 560
合　计		161 945

根据上述原则，华兴公司 20××年 9 月份计提折旧的会计分录如下。

借：制造费用　　　　　　　　　　　　89 830
　　管理费用　　　　　　　　　　　　15 555
　　销售费用　　　　　　　　　　　　56 560
　　贷：累计折旧　　　　　　　　　　　　161 945

三、利息费用的核算

工业企业各种要素费用中的利息费用，不是产品成本的组成部分，而是财务费用的一个费用项目。

利息费用一般按季结算支付。为了正确划分各个月份的费用界限，季内各月应付的利息，应按利息费用的季度分月计划预提；并于季末实际支付时冲减预提费用。实际费用与预提费用的差额，调整计入季末月份的财务费用。每月预提利息费用时，应借记"财务费用"科目，贷记"应付利息"科目；季末实际支付全季利息费用时，应借记"应付利息"科目，贷记"银行存款"科目。利息费用如果数额不大，为了简化核算工作，也可以不作为预提费用处理，而在季末实际支付时全部记入当月的财务费用：借记"财务费用"科目，贷记"银行存款"科目。

【例 2-13】 假定华兴公司的利息费用较小，采用实际支付时直接结算的办法，6 月下旬，根据银行通知实付第二季度利息 8 768 元。其会计分录如下。

借：财务费用　　　　　　　　　　　　8 768
　　贷：银行存款　　　　　　　　　　　　8 768

四、税金的核算

工业企业各种要素费用中的税金，不是产品成本的组成部分，而是当期费用的组成部分，除了增值税和所得税之外，其他税费归入利润表中"税金及附加"科目核算，包括房产税、车船使用税、土地使用税和印花税等。

"税金及附加"科目的核算范围包括：消费税、城市维护建设税、资源税、教育费附加及房产税、土地使用税、车船使用税、印花税等相关税费。在这些税金中，有的税金，例如印花税，用银行存款等货币资金直接交纳。缴纳时，应借记"税金及附加"科目，贷记"银行存款"等科目。

有的税金，例如房产税、车船使用税和土地使用税，需要预先计算应交金额，然后缴纳，这些税金应该通过"应交税费"科目核算。计算应交税金时，应借记"税金及附加"科目，贷记"应交税费"等科目，缴纳时，应借记"应交税费"等科目，贷记"银行存款"等科目。期末将"税金及附加"科目余额转入本年利润科目，结转后本科目应无余额。

【例2-14】 华兴公司6月份应支付消费税3 468元，7月2日支付该项税金。

6月末，编制会计分录如下。

借：税金及附加　　　　　　　　　　　　　　3 468
　　贷：应交税费——应交消费税　　　　　　　　3 468

7月2日支付税金时，编制会计分录如下。

借：应交税费——应交消费税　　　　　　　　3 468
　　贷：银行存款　　　　　　　　　　　　　　3 468

五、其他费用的核算

工业企业各种要素费用中的其他费用，是指除了前面所述各要素以外的费用，包括邮电费、租赁费、印刷费、图书资料报刊订购费、办公用品、试验检验费、排污费、差旅费、误餐补助费、交通费补贴、保险费、职工技术培训费等。这些费用都没有专设成本项目，应该在费用发生时，按照发生的车间、部门和用途，分别借记"制造费用""管理费用"等科目，贷记"银行存款"或"库存现金"等科目。

假设企业的税金和其他费用都通过银行支付。为了简化举例，将其6月份的这些费用汇总列表，如表2-9所示。

表2-9　税金和其他费用汇总表

编制单位：××公司　　　　　　20××年6月　　　　　　　　　　　单位：元

应借科目		成本或费用项目	金额
制造费用	基本生产成本	办公费	1 526
		水电费	253
		其他	696
		小　计	2 475

续表

应借科目		成本或费用项目	金　额
辅助生产成本	机修车间	办公费	452
		水电费	1 108
		其他	252
		小　计	1 812
	供电车间	办公费	260
		水电费	520
		其他	140
		小　计	920
销售费用	销售部门	运输费	3 568
		广告费	4 832
		其他	780
		小　计	9 180
管理费用	行政管理部门	办公费	4 092
		水电费	2 176
		其他	912
		小　计	7 180
在建工程	××工程	其他	492
税金及附加		印花税等	2 468
总　　计			24 527

根据汇总表所列资料，应编制下列会计分录。

借：制造费用　　　　　　　　　　　　　　　　2 475
　　辅助生产成本——机修车间　　　　　　　　1 812
　　　　　　　　——供电车间　　　　　　　　920
　　销售费用　　　　　　　　　　　　　　　　9 180
　　管理费用　　　　　　　　　　　　　　　　7 180
　　在建工程　　　　　　　　　　　　　　　　492
　　税金及附加　　　　　　　　　　　　　　　2 468
　贷：银行存款　　　　　　　　　　　　　　　24 527

工业企业的各种要素费用通过以上的分配，已经按照费用的用途分别记入"基本生产成本""辅助生产成本""制造费用""管理费用""销售费用""财务费用""在建工程"等科目的借方。其中计入"基本生产成本"科目借方的费用，已经分别记入各有关产品成本明细账的"直接材料""工资及福利费"等成本项目。

成本管理小故事

让每磅铜的价格翻1万倍

1947年,自由女神像翻新后留下了大量的废料,美国政府为了清理这些废料,向社会招标。由于美国政府出价太低,好几个月过去了,没有人应标。此时,远在他国的一位犹太人听说了此事,立即飞到纽约,在看过自由女神像下面堆积如山的铜块、螺丝和木料后,他未提任何条件,当即揽了下来。

许多人为他这一愚蠢举动暗自发笑,因为在纽约州,对垃圾的处理有严格的规定,弄不好就要受到环保组织的起诉。就在一些人要看这个犹太人笑话的时候,他开始组织工人对废料进行分类。他让人把废铜熔化,铸成小自由女神像;把水泥块和木头加工成底座,甚至把从自由女神身上扫下来的灰尘都包装起来,出售给花店。不到三个月的时间,他让这堆废料变成了350万美元,使每磅铜的价格整整翻了一万倍!

项目三　辅助生产费用及生产损失的核算

引言

通过对各种要素费用的分配,我们可以将当期所发生的生产经营费用按照经济用途分别记入"基本生产成本""辅助生产成本""制造费用""管理费用""财务费用"和"销售费用"等账户中。

为了进一步划分各项费用的界限,准确计算产品成本,需要将归集在"辅助生产成本"和"制造费用"账户中的辅助生产费用进行分配。对于需要单独核算废品损失的企业,还需要进行废品的归集和分配。

学习目标

1. 理解各种辅助生产费用的特点和分配方法;
2. 掌握制造费用核算的内容和分配方法;
3. 理解废品损失和停工损失核算的范围;
4. 掌握废品损失和停工损失核算的方法。

案例导入

红星有限公司是一家生产钢材的企业,设有三个基本生产车间和机修、供电两个辅助生产车间,还有行政管理部门和销售部门。机修、供电车间为全厂提供劳务,本月分别发生辅助生产费用45 000元和36 000元。

那么企业应该如何在不同受益部门间进行分配辅助生产费用呢?

任务一　辅助生产费用的核算

一、辅助生产费用归集的核算

(一) 辅助生产费用的特点

工业企业的辅助生产是指为基本生产服务而进行的产品生产和劳务供应。其中有的只生产一种产品或提供一种劳务,如供电、供水、供汽、供风、运输等辅助生产。有的则生产多种产品或提供多种劳务,如从事工具、模具、修理用备件的制造,以及机器设备的修理等辅助生产。辅助生产提供的产品和劳务有时也对外销售,但这不是辅助生产的主要任务。辅助生产产品和劳务所耗费的各种生产费用之和构成这些产品和劳务的成本。但是,对于耗用这些产品或劳务的基本生产产品和各车间、部门来说,这些辅助生产产品和劳务的成本又是一种费用,即辅助生产费用。因此,辅助生产产品和劳务成本的高低,对于基本生产产品成本和期间费用水平有很大的影响;同时,也只有辅助生产产品和劳务成本确定以后,才能计算基本生产的产品成本。正确、及时地组织辅助生产费用的归集和分配,对于节约费用、降低成本,以及正确及时地计算企业产品的成本都有着重要意义。

(二) 账户的设置和归集的核算

辅助生产费用的归集和分配是通过"辅助生产成本"账户进行的。该账户一般应按辅助生产车间,车间下再按产品或劳务种类设置明细账,账中按照成本项目或费用项目设立专栏进行明细核算。辅助生产发生的各项生产费用应记入"辅助生产成本"账户的借方进行归集。

辅助生产费用归集的程序有两种,相应地,"辅助生产成本"明细账的设置方式也有两种。两者的区别在于辅助生产制造费用归集的程序不同。

1. 设置"制造费用——辅助生产车间"账户的核算

在一般情况下,辅助生产车间的制造费用应先通过"制造费用——辅助生产车间"账户进行单独归集,然后将其转入相应的"辅助生产成本"明细账,从而计入辅助生产产品或劳务的成本。

对于在"辅助生产成本"明细账中设有专门成本项目的辅助生产费用,如原材料费用、动力费用、工资及福利费用等,发生时应记入"辅助生产成本"总账和所属明细账相应成本项目的借方,其中,直接计入费用应直接记入,间接计入费用则需分配记入。

2. 设置"辅助生产成本——制造费用"账户的核算

在辅助生产车间规模很小、制造费用很少,而且辅助生产不对外提供商品,因而不需要按照规定的成本项目计算产品成本的情况下,为了简化核算工作,辅助生产的制造费用可以不通过"制造费用——辅助生产车间"明细账单独归集,而是直接记入"辅助生产成本"明细账。

辅助生产费用发生时应先记入"制造费用——辅助生产车间"账户归集,然后再从该账户的贷方直接转入或分配转入"辅助生产成本"总账和所属明细账的借方。

"辅助生产成本"总账和明细账内按若干费用项目设置专栏。对于发生的各种辅助生产费用,可直接记入或间接分配记入"辅助生产成本"总账以及所属明细账的相应费用项目。

二、辅助生产费用分配的特点

辅助生产车间既可能生产产品又可能提供劳务。

辅助生产费用的分配指的是将辅助生产成本明细账上归集的费用,采用一定的方法计算出产品或劳务的总成本和单位成本,按照受益对象耗用的数量计入基本生产成本或期间费用的过程。

所生产的产品,如工具、模具、修理用备件等,应在产品完工时,从"辅助生产成本"账户的贷方分别转入"原材料"等账户的借方;所提供的劳务作业,如供水、供电、修理和运输等,其发生的辅助生产费用通常于月末在各受益单位之间按照一定的标准和方法进行分配后,从"辅助生产成本"账户的贷方,转入"基本生产成本""管理费用""销售费用""在建工程"等有关账户的借方。

辅助生产提供的产品和劳务主要是为基本生产车间和企业管理部门使用和服务的。但在某些辅助生产车间之间,也有相互提供产品和劳务的情况。因此,为了正确地计算辅助生产产品和劳务的成本,并将辅助生产费用正确地分配给各受益单位,在分配辅助生产费用时,需要在各辅助生产车间之间进行费用的交互分配。

三、辅助生产费用分配的方法

辅助生产费用分配的方法主要有直接分配法、交互分配法、计划成本分配法、代数分配法和顺序分配法,分配费用时应通过辅助生产费用分配表进行。

(一)直接分配法

直接分配法是指不考虑各辅助生产车间之间相互提供劳务的情况,而是将各种辅助生产费用直接分配给辅助生产车间以外的各受益单位的一种分配方法。其计算公式如下:

$$某辅助生产车间费用分配率 = \frac{该辅助生产车间待分配费用总额}{该辅助生产车间对外提供的产品(劳务)总量}$$

某受益单位应分配的辅助生产费用 = 该受益单位耗用劳务数量 × 费用分配率

【例 3-1】 华兴公司有供水和供电两个辅助生产车间,主要为本企业基本生产车间和行政管理部门等部门服务,供水车间本月发生费用 8 500 元,每吨水计划成本为 0.80 元,供电车间本月发生费用 17 400 元,每度电计划成本为 0.70 元。各辅助生产车间供应劳务数量如表 3-1 所示:

表 3-1 辅助生产劳务数量汇总表　　　　20××年6月

受益单位	供电数量/度	供水数量/吨
基本生产车间——甲产品	10 000	5 000
基本生产车间	10 000	4 000

续表

受益单位	供电数量/度	供水数量/吨
辅助生产车间——供电		2 500
辅助生产车间——供水	4 000	
行政管理部门	5 000	1 000
合　计	29 000	12 500

根据上列资料,采用直接分配法计算各辅助生产车间的费用分配率如下:

$$辅助生产费用分配率 = \frac{待分配的辅助生产费用}{接受分配的各单位耗用劳务数量之和}$$

水单位成本(分配率)=8 500÷(12 500−2 500)=0.85(元/吨)

电单位成本(分配率)=17 400÷(29 000−4 000)=0.696(元/度)

根据所得分配率计算各受益单位应负担的辅助生产成本,并编制辅助生产费用分配表如表3-2所示。

表 3-2　辅助生产费用分配表

单位:××公司　　　　　　　　　　20××年6月　　　　　　　　　金额单位:元

项　　目		供　水	供　电	合　计
待分配的费用		8 500	17 400	25 900
供应辅助生产以外的劳务数量		10 000	25 000	
单位成本(分配率)		0.85	0.696	
基本生产——甲产品	耗用量	5 000	10 000	
	分配金额	4 250	6 960	11 210
基本生产车间	耗用量	4 000	10 000	
	分配金额	3 400	6 960	10 360
行政管理部门	耗用量	1 000	5 000	
	分配金额	850	3 480	4 330
合　计		8 500	17 400	25 900

根据上列辅助生产费用分配表,应编制如下会计分录。

借:基本生产成本——甲产品　　　　　　　　　　11 210
　　制造费用　　　　　　　　　　　　　　　　　10 360
　　管理费用　　　　　　　　　　　　　　　　　4 330
　贷:辅助生产成本——供水车间　　　　　　　　　　8 500
　　　　　　　　——供电车间　　　　　　　　　　17 400

直接分配法是一种较为简便的分配方法,一般适宜在辅助生产内部相互提供产品或劳务不多,不进行交互分配,对辅助生产成本和产品成本影响不大的情况下采用。否则会影响成本计算的准确性。

(二)交互分配法

采用交互分配法,需要进行两次分配。首先,根据各辅助生产车间相互提供劳务的数量和交互分配前的单位成本(费用分配率),在各辅助生产车间之间进行一次交互分配;其次,将各辅助生产车间交互分配后的实际费用(即交互分配前的费用加上交互分配转入的费用,减去交互分配转出的费用),再按提供劳务的数量和交互分配后的单位成本(费用分配率),在辅助生产车间以外的各受益单位进行分配。

第一步:交互分配。

根据辅助生产车间之间相互提供产品或劳务的数量作一次交互分配,对辅助生产成本以外的部门不分配。其计算公式如下:

$$某辅助生产费用交互分配费用分配率 = \frac{该辅助车间交互分配前待分配的辅助生产费用}{该辅助生产车间提供的产品(劳务)总量}$$

$$该辅助生产车间承担的其他辅助生产车间的生产费用 = 该受益车间耗用劳务数量 \times 辅助生产车间费用分配率$$

第二步:对外分配。

(1) 计算交互分配后的实际费用:

$$交互分配后的实际费用 = 交互分配前的费用 + 交互分配转入费用 - 交互分配转出费用$$

(2) 计算交互分配费用分配率:

$$交互分配后的费用分配率 = \frac{该辅助车间交互分配后实际的辅助生产费用}{为辅助生产车间以外的受益单位提供的产品(劳务)总量}$$

(3) 将交互分配后的实际费用分配给其他各受益单位:

$$某受益单位应负担的辅助费用 = 交互分配后的费用分配率 \times 该受益单位受益劳务的总数量$$

【例3-2】 仍以上例资料为例,列示交互分配法分配辅助生产费用分配表如表3-3所示。

表3-3 辅助生产费用分配表

单位:××公司　　　　　　　　　20××年6月　　　　　　　　　单位:元

项目		供水			供电			合计
		数量	分配率	分配额	数量	分配率	分配额	
待分配费用		12 500	0.68	8 500	29 000	0.60	17 400	25 900
第一次	供水车间			2 400	4 000		−2 400	
	供电车间	2 500		−1 700			1 700	
对外分配的生产费用		10 000	0.92	9 200	25 000	0.668	16 700	25 900
对外分配	甲产品	5 000		4 600	10 000		6 680	11 280
	基本生产	4 000		3 680	10 000		6 680	10 360
	行政管理	1 000		920	5 000		3 340	4 260
	合计			9 200			16 700	25 900

项目三　辅助生产费用及生产损失的核算

其计算过程如下。

第一次交互分配：

$$供水车间交互分配率 = 8\,500 \div 12\,500 = 0.68(元/吨)$$
$$供电车间交互分配率 = 17\,400 \div 29\,000 = 0.60(元/度)$$
$$供水车间耗用电费 = 4\,000 \times 0.6 = 2\,400(元)$$
$$供电车间耗水费 = 2\,500 \times 0.68 = 1\,700(元)$$

第二次交互分配：

$$供水车间交互分配后的实际费用 = 8\,500 + 2\,400 - 1\,700 = 9\,200(元)$$
$$供电车间交互分配后的实际费用 = 17\,400 + 1\,700 - 2\,400 = 16\,700(元)$$
$$供水车间对外分配费用分配率 = 9\,200 \div 10\,000 = 0.92(元/吨)$$
$$供电车间对外分配费用分配率 = 16\,700 \div 25\,000 = 0.668(元/度)$$

根据辅助生产费用分配表，编制会计分录如下。

（1）交互分配

借：辅助生产成本——供电车间　　　　　　　1 700
　　　　　　　　——供水车间　　　　　　　2 400
　贷：辅助生产成本——供水车间　　　　　　　1 700
　　　　　　　　——供电车间　　　　　　　2 400

（2）对外分配

借：基本生产成本——甲产品　　　　　　　　11 280
　　制造费用　　　　　　　　　　　　　　　10 360
　　管理费用　　　　　　　　　　　　　　　4 260
　贷：辅助生产成本——供水车间　　　　　　　9 200
　　　　　　　　——供电车间　　　　　　　16 700

采用交互分配法，由于辅助生产内部相互提供劳务全部进行了交互分配，因而提高了分配结果的正确性；但由于各种辅助生产费用都要计算两个费用分配率，进行两次分配，因而增加了核算工作量；由于交互分配的费用分配率（单位成本），是根据交互分配前的待分配费用计算的，所以据此计算的分配结果仍不十分精确。在各月辅助生产费用水平相差不大的情况下，为了简化计算工作，可以用上月的辅助生产费用分配率作为交互分配的分配率。

（三）计划成本分配法

采用按计划成本分配法，是按照辅助生产车间提供产品或劳务的计划单位成本和各受益单位实际耗用量分配辅助生产费用。辅助生产各车间实际发生的费用（包括辅助生产按计划成本交互分配转入的费用在内）与按计划成本分配转出的费用之间的差额，即辅助生产成本的差异。为了简化分配工作，可以全部调整记入"管理费用"账户，不再分配给辅助生产以外的各受益车间、部门。

采用这种方法分配辅助生产费用时，可以分为三个步骤进行。

1. 按计划成本分配各受益车间、部门应承担的辅助生产成本

各受益对象应承担的辅助生产费用 = 该受益对象实际耗用劳务数量 × 该辅助生产单位计划成本

2. 计算辅助生产成本实际发生的生产费用

该辅助生产车间实际发生的辅助生产费用 = 按计划成本分配前已经归集的辅助生产费用 + 按计划成本分配后从其他辅助生产车间转入的费用

3. 计算辅助生产成本分配的成本差异

某辅助生产费用分配的成本差异 = 该辅助生产车间实际发生的辅助生产费用 − 该辅助生产车间按计划成本分配转出的辅助成本费用

【例3-3】 仍以上例资料为例,列示计划成本分配法分配辅助生产费用分配表如表3-4所示。

表3-4 辅助生产费用分配表

单位:××公司　　　　20××年6月　　　　单位:元

项目		供水		供电		费用合计
		数量	金额	数量	金额	
待分配的费用			8 500		17 400	25 900
供应的劳务数量		12 500		29 000		
计划单位成本			0.8		0.7	
按计划成本分配	供水车间			4 000	2 800	2 800
	供电车间	2 500	2 000			2 000
	基本生产——甲产品	5 000	4 000	10 000	7 000	11 000
	基本生产车间	4 000	3 200	10 000	7 000	10 200
	行政管理部门	1 000	800	5 000	3 500	4 300
	合　计	12 500	10 000	29 000	20 300	30 300
辅助生产"实际"成本			11 300		19 400	30 700
辅助生产成本差异			+1 300		−900	+400

(1) 在表3-4分配表中,劳务成本的计划成本计算过程为

供水劳务计划成本 = 12 500 × 0.8 = 10 000(元)

供电劳务计划成本 = 29 000 × 0.7 = 20 300(元)

(2) 在表3-4分配表中,劳务实际成本的计算过程为

供水劳务实际成本 = 8 500 + 2 800 = 11 300(元)

供电劳务实际成本 = 17 400 + 2 000 = 19 400(元)

(3) 计算实际成本与计划成本之间的差异

供水劳务差异成本 = 8 500 + 2 800 − 10 000 = 1 300(元)

供电劳务差异成本 = 17 400 + 2 000 − 20 300 = −900(元)

项目三　辅助生产费用及生产损失的核算

在上列实际成本中,由于分配转入的费用(即 2 800 元与 2 000 元)是按计划单位成本计算的,因而这种实际成本不是"纯粹"的实际成本。

根据上列分配表,编制会计分录。

按计划成本分配。

借:辅助生产成本——供电车间	2 000
——供水车间	2 800
基本生产成本——甲产品	11 000
制造费用	10 200
管理费用	4 300
贷:辅助生产——供水车间	10 000
——供电车间	20 300

调整辅助生产成本超支或节约额。

借:管理费用	400
贷:辅助生产成本——供电车间	900
——供水车间	1 300

上列第 2 项分录为调整成本差异的分录,不论成本超支差异还是节约差异,借贷对应科目都相同。但超支差异用蓝字补加,节约差异用红字冲减。

采用按计划成本分配法,各种辅助生产费用也只分配一次,而且劳务的计划单位成本是早已确定的,不必单独计算费用分配率,因而简化了计算工作。通过辅助生产成本差异的计算,还能反映和考核辅助生产成本计划的执行情况。由于辅助生产的成本差异,一般全部计入管理费用,各受益单位所负担的劳务费用都不包括辅助生产成本差异因素,因而还便于考核和分析各受益单位的成本,有利于分清企业内部各单位的经济责任。但是采用这种分配方法,辅助生产劳务的计划单位成本必须比较准确。

(四) 代数分配法

代数分配法是运用代数中的多元联立方程式计算辅助生产劳务的单位成本,然后根据受益单位耗用劳务的数量分配辅助生产费用的方法,其步骤如下。

(1) 根据各服务部门记录的服务量及服务费用,计算交互分配前的单位服务成本,并在各服务部门之间进行交互分配(只在服务部门内分配)。

(2) 将本部门的费用加上耗用其他部门应分摊的费用额,减去其他服务部门耗用本部门应分摊的费用额,求得各服务部门交互分配后、对外分配前的服务费用总额。

(3) 将交互分配后的服务费用总额及除以交互分配后的服务量,计算出单位服务成本,并对外分配(只在生产性部门分配)。

采用这种分配方法,应先根据解联立方程的原理,计算辅助生产劳务或产品的单位成本,然后根据各受益单位(包括辅助生产内部和外部各单位)耗用的数量和单位成本分配辅助生产费用。在建立多元一次方程组时,每一方程都是按下列公式建立的。

$$\begin{matrix}\text{某辅助生产车间提供} \\ \text{产品或劳务数量}\end{matrix} \times \begin{matrix}\text{该产品或劳务} \\ \text{的单位成本}\end{matrix} = \begin{matrix}\text{该辅助生产车间} \\ \text{直接发生的费用}\end{matrix} + \begin{matrix}\text{该辅助生产车间耗用其他辅助} \\ \text{生产车间产品或劳务数量}\end{matrix}$$

$$\times \frac{\text{其他辅助生产车间产品}}{\text{或劳务的单位成本}}$$

【例3-4】 仍以上例资料为例,列示代数分配法分配辅助生产费用分配表如表3-5所示。

表3-5 辅助生产费用分配表

单位:××公司　　　　　　　　20××年6月　　　　　　　　单位:元

项　目		辅助生产车间		合　计
		供　水	供　电	
待分配的费用		8 500	17 400	25 900
供应的劳务数量		12 500	29 000	
算出的实际单位成本		0.896 737 59	0.677 304 96	
供水车间	耗用量		4 000	
	分配金额		2 709.22	2 709.22
供电车间	耗用量	2 500		
	分配金额	2 241.84		2 241.84
基本生产——甲产品	耗用量	5 000	10 000	
	分配金额	4 483.69	6 773.05	11 256.74
基本生产车间	耗用量	4 000	10 000	
	分配金额	3 586.95	6 773.05	10 360
行政管理部门	耗用量	1 000	5 000	
	分配金额	896.74	3 386.52	4 283.26
合　计		11 209.22	19 641.84	30 851.06

假设 $x=$ 每度电的成本,$y=$ 每吨水的成本,则

$$17\ 400 + 2\ 500y = 29\ 000x$$
$$8\ 500 + 4\ 000x = 12\ 500y$$

解得,$x = 0.667\ 304\ 96$,$y = 0.896\ 737\ 59$

注: 供水车间辅助生产成本明细账借方合计数 11 209.22 = 8 500 + 2 709.22(所承担的电费);供电车间辅助生产成本明细账借方合计数 19 641.84 = 17 400 + 2 241.84(所承担的水费)。

会计分录如下。

借:辅助生产成本——供电车间　　　　　　2 241.84
　　　　　　　　——供水车间　　　　　　2 709.22
　　基本生产成本——甲产品　　　　　　　11 256.74
　　制造费用　　　　　　　　　　　　　　10 360
　　管理费用　　　　　　　　　　　　　　4 283.26
　贷:辅助生产成本——供水车间　　　　　11 209.22

| | ——供电车间 | | | | | | | | | | 19 641.84 |

采用代数分配法分配费用,分配结果最正确。但在分配以前要解联立方程组,如果辅助生产车间、部门较多,未知数较多,则计算工作比较复杂,因而这种方法在计算工作已经实现电算化的企业中采用比较适宜。

(五)顺序分配法

顺序分配法又称梯形分配法,是在各辅助生产车间分配费用时,按照各辅助生产车间受益多少的顺序排列,并逐一将其费用分配给其他车间(包括排在后面的辅助生产车间)、部门。受益少的辅助生产车间排在前面,受益多的辅助生产车间排在后面,并依次序向后面各车间、部门分配,后面的辅助生产车间费用不再对前面的辅助生产车间进行分配。

例如供电、供水和供气三个辅助生产车间中,供电车间耗用水和气都较少,供水车间耗用气虽较少,但耗用电较多,供气车间耗用电和水都较多。这样,就可以按照供电、供水和供气的顺序排列,按顺序分配电、水、气的费用。

【例 3-5】 仍以例 3-1 资料为例,采用顺序分配法分配辅助生产费用,如表 3-6 所示。

表 3-6 辅助生产费用分配表(顺序分配法)

单位:××公司　　　　20××年 6 月　　　　　　　　　　　　单位:元

会计科目	辅助生产成本						基本生产车间				管理费用		金额合计
	供电车间			供水车间			甲产品		一般生产车间		行政管理部门		
车间部门	劳务数量/度	待分配费用	分配率	劳务数量/吨	待分配费用	分配率	耗用数量	分配金额	耗用数量	分配金额	耗用数量	分配金额	
	29 000	17 400		12 500	8 500								
分配电费	−29 000	−17 400	0.6	4 000	2 400		10 000	6 000	10 000	6 000	5 000	3 000	17 400
水费合计				10 000	10 900								
分配水费				−10 000	−10 900	1.09	5 000	5 450	4 000	4 360	1 000	1 090	10 900
分配金额合计								11 450		10 360		4 090	28 300

计算过程如下:

供电车间的受益金额=2 500×0.8=2 000(元)

供水车间的受益金额=4 000×0.7=2 800(元)

供电车间受益少排在前,先分配,供水车间排在后,后分配。

第一步:先分配供电车间。

分配率=17 400÷29 000=0.6(元/度)

供水车间承担电费=4 000×0.6=2 400(元)

甲产品承担电费=10 000×0.6=6 000(元)

基本生产车间承担电费＝10 000×0.6＝6 000(元)

行政管理部门承担电费＝5 000×0.6＝3 000(元)

2 400＋6 000＋6 000＋3 000＝17 400(元)

第二步：供水车间费用分配。

待分配的费用＝8 500＋2 400＝10 900(元)

待分配的劳务数量＝12 500－2 500＝10 000(吨)

分配率＝10 900÷10 000＝1.09(元/吨)

甲产品承担的水费＝5 000×1.09＝5 450(元)

基本生产车间承担水费＝4 000×1.09＝4 360(元)

行政管理部门承担水费＝1 000×1.09＝1 090(元)

5 450＋4 360＋1 090＝10 900(元)

第一步的会计分录。

借：辅助生产成本——供水车间	2 400
基本生产成本——甲产品	6 000
制造费用	6 000
管理费用	3 000
贷：辅助生产成本——供电车间	17 400

第二步的会计分录。

借：基本生产成本——甲产品	5 450
制造费用	4 360
管理费用	1 090
贷：辅助生产成本——供水车间	10 900

采用这种分配方法，各种辅助生产费用虽然也只分配一次，但既分配给辅助生产以外的受益单位，又分配给排列在后面的其他辅助生产车间、部门，因而分配的工作量有所增加。由于排列在前面的辅助生产车间、部门不负担排列在后面的辅助生产车间、部门的费用，因而分配结果的正确性仍然受到一定的影响。这种分配方法，只适宜在各辅助生产车间、部门之间相互受益程度有明显顺序的企业中采用。

任务二　制造费用的核算

一、制造费用归集的核算

（一）制造费用核算的内容

制造费用包括产品生产成本中除直接材料和直接人工以外的其余一切生产成本，主要包括企业各个生产单位(车间、分厂)为组织和管理生产所发生的一切费用。(车间生产和行政管理部门的固定资产所发生的固定资产维修费列入"管理费用"。)具体有以下项目：各个生产单位管理人员的工资、职工福利费、劳动保护费、季节性生产和修理期间的停工损失等。制造费用一般是间接计入成本,当制造费用发生时一般无法直接判定它所归属的成本计算对象,因而不能直接计入所生产的产品成本中,而须按费用发生的地点先行归集,月终时再采用一定的方法在各成本计算对象间进行分配,计入各成本计算对象的成本中。

制造费用由于大多是与产品的生产工艺没有直接联系,而且一般是间接费用,因而不能或不便于按照产品制定定额,而只能按照车间、部门和费用项目,按年、季、月编制制造费用计划加以控制。应该通过制造费用的归集和分配,反映和监督制造费用计划的执行情况,并将费用正确、及时地计入各有关产品的成本。

制造费用的内容比较复杂,为了减少费用项目,简化核算工作,制造费用的费用项目不按直接用于产品生产、间接用于产品生产以及用于组织、管理生产来划分,而将这些相同性质的费用合并设立相应的费用项目,例如将这些方面固定资产的折旧费合并设立一个"折旧费"项目,将生产工具和管理用具的摊销合并设立"低值易耗品摊销"项目等。因此,制造费用的费用项目一般包括:机物料消耗、工资及福利费、折旧费、修理费、租赁(不包括融资租赁)费、保险费、低值易耗品摊销、水电费、取暖费、运输费、劳动保护费、设计制图费、试验检验费、差旅费、办公费、在产品盘亏、毁损和报废(减盘盈),以及季节性及生产用固定资产修理期间停工损失等。

为了核算与监督制造费用的发生,并把它归集到"制造费用"科目,其主要的业务处理如下:

(1) 生产车间发生的机物料消耗,借记本科目,贷记"原材料"等科目。

(2) 发生的生产车间管理人员的工资等职工薪酬,借记本科目,贷记"应付职工薪酬"科目。

(3) 生产车间计提的固定资产折旧,借记本科目,贷记"累计折旧"科目。

(4) 生产车间支付的办公费、修理费、水电费等,借记本科目,贷记"银行存款"等科目。

(5) 发生季节性的停工损失,借记本科目,贷记"原材料""应付职工薪酬""银行存款"等科目。

(6) 将制造费用分配计入有关的成本核算对象,借记"生产成本(基本生产成本、辅助生产成本)""劳务成本"科目,贷记本科目。

(7) 季节性生产企业制造费用全年实际发生数与分配数的差额,除其中属于为下一年开工生产做准备的可留待下一年分配外,其余部分实际发生额大于分配额的差额,借记"生产成本——基本生产成本"科目,贷记本科目;实际发生额小于分配额的差额,做相反的会计分录。

(二) 制造费用归集的程序

(1) 制造费用的归集和分配,应通过"制造费用"科目进行。该科目应按不同的车间设立明细账,账内按照费用项目设立专栏或专户,分别反映各车间各项制造费用的发生情况,应根据有关的付款凭证、转账凭证和前述各种费用分配表进行登记。

(2) 基本生产车间发生的费用,应借记"制造费用"科目,并记入有关车间的制造费用明细账相应的费用项目。辅助生产车间发生的费用,如果辅助生产的制造费用是通过"制造费用"科目核算的,应比照基本生产车间发生的费用核算;如果辅助生产的制造费用不通过"制造费用"科目核算,则应全部借记"辅助生产成本"科目,并记入有关的辅助生产成本明细账中相应的项目。

(3) 月末,在"制造费用"科目和所属明细账的借方归集了制造费用以后,应该据以分析和考核制造费用计划的执行情况,并将制造费用分配计入各种产品的成本。

二、制造费用分配的核算

(一)制造费用分配的程序

由于各车间的制造费用水平不同,制造费用的分配应该按照车间分别进行,在生产一种产品的车间中,制造费用是直接费用,应直接计入该种产品的成本。在生产多种产品的车间,制造费用属于间接费用。应采用适当的分配方法分配计入各种产品的成本。

在企业的组织机构分为车间、分厂和总厂的情况下,分厂发生的制造费用,也应比照车间发生的制造费用进行分配;在生产一种产品的情况下,直接计入该厂该产品的成本;在生产多种产品的情况下,采用适当的分配方法分配计入该分厂各种产品的成本。

在辅助生产的制造费用不通过"制造费用"科目核算的情况下,不需要单独进行辅助生产制造费用归集和分配的核算。

在辅助生产的制造费用通过"制造费用"科目核算的企业中,"制造费用"科目应按基本生产车间和辅助生产车间分设明细账,先分配辅助生产的制造费用,借记"辅助生产成本"科目,贷记"制造费用——辅助生产车间"科目,将其计入辅助生产成本;然后分配辅助生产费用,将其中应由基本生产制造费用负担的费用计入基本生产的制造费用,最后再分配基本生产的制造费用。

(二)制造费用分配的方法

对企业各个生产单位如生产车间和分厂为组织和管理生产活动而发生的各项费用及其固定资产使用费和维修费等进行的分配。各生产车间和分厂为产品生产而发生的间接计入成本按单位分别归集后,月终就需按照一定的标准在各该生产单位所生产的产品或劳务成本间进行分配。

确定制造费用的分配标准,应使其具有以下特性。

(1) 共有性,即各应承担制造费用的对象都具有该分配标准的资料。

(2) 比例性,即分配标准与制造费用之间存在客观的因果比例关系,分配标准总量的变化对制造费用总额的多少有较密切的依存关系。

(3) 易得性,即各受益对象所耗用分配标准的资料较为容易地取得。

(4) 可计量性,即各受益对象所耗用标准的数量可以客观计量。

(5) 稳定性,即使用的分配标准相对稳定,不宜经常变动,便于各期间的成本比较分配。

制造费用的分配标准一般有以下几种。

(1) 直接人工工时，各受益对象所耗的生产工人工时数，可以是实际工时，也可以是定额工时。

(2) 直接人工成本，各受益对象所发生的直接人工成本的金额。

(3) 机器工时，各受益对象所消耗的机器工时数，可以是实际工时，也可以是定额工时。

(4) 直接材料成本或数量，各受益对象所耗用的直接材料成本金额或数量。

(5) 直接成本，各受益对象所耗用的直接材料成本和直接人工成本的金额之和。

(6) 标准产量，将各产品实际产量换算成标准产量，以各产品的标准产量数作为分配标准。

企业根据各生产单位制造费用的特性和生产特点选定分配标准后，就可进入具体的分配过程。

为了及时分配制造费用，尽早提供本期成本信息，以及解决季节性生产企业制造费用负担水平波动的问题，企业可采用计划分配率的方法分配制造费用。

由于采用计划分配法，所分配的制造费用与实际发生的数额之间总会存在一定的差额，对此月末不加以调整而是逐月累计，到年终时一次调整计入12月份的产品生产成本中。调整的方法有：一是按各产品全年已承担的制造费用总额的比例进行调整；二是将差额并入12月份制造费用实际发生额中，然后改用实际分配率进行分配。

如果企业产品生产周期较长，产品生产批次较多，每月完工产品的批次只占全部产品批次的一部分，那么每月进行制造费用分配，其计算与记账的工作量较大，为简化核算，可采用累计分配率的方法分配制造费用。这一方法是将当月完工批次的产品应负担的全部制造费用，在其完工月份一次进行分配计入其生产成本，而对当月未完工批次的在产品应负担的制造费用保留在制造费用一起分配计入其生产成本。

采用这一方法虽可简化核算工作，但它存在两点不足：一是各批次的产品成本明细账不能全面反映在产品成本情况；二是若各月发生的费用水平波动较大，影响分配结果的正确性。

对此，这里主要介绍生产工时比例法、生产工资比例法、机器工时比例法和按年度计划分配率分配法等。

1. 生产工时比例分配法

生产工时比例分配法就是按照各种产品所用生产工人实际工时的比例分配费用的方法。如果产品的工时定额比较准确，制造费用也可以按照生产工人定额工时的比例分配。

其计算公式如下：

$$制造费用分配率 = \frac{制造费用总额}{产品生产工时总数}$$

某产品应分配的制造费用 = 该产品生产工时 × 制造费用分配率

按照生产工时比例分配制造费用，同分配工资费用一样，也能将劳动生产率与产品负担的费用水平联系起来，使分配结果比较合理。由于生产工时是分配间接费用常用的分配标准之一,因而必须正确组织产品生产工时的核算。做好生产工时的记录和核算工作,不仅是计算产品成本的一项重要的基础工作,而且对于分析和考核劳动生产率水平、加强生产管理和劳动管理有重要意义。

【例3-6】假定华兴公司基本生产车间生产甲、乙、丙三种产品,甲产品生产工时为9 000,乙产品生产工时为6 000,丙产品生产工时为5 000,本期归集的制造费用为6 000元。制造费用的分配程序计算如下:

$$制造费用分配率 = \frac{60\ 000}{9\ 000 + 6\ 000 + 5\ 000} = 3.0(元/小时)$$

甲产品应分配的制造费用 = 9 000 × 3.0 = 27 000(元)
乙产品应分配的制造费用 = 6 000 × 3.0 = 18 000(元)
丙产品应分配的制造费用 = 5 000 × 3.0 = 15 000(元)
合计 = 27 000 + 18 000 + 15 000 = 60 000(元)

根据上列计算结果,编制制造费用分配表如表3-7所示。

表3-7 制造费用分配表

单位:××公司　　　　　　　20××年6月　　　　　　　　　　单位:元

	应借科目		生产工时	分配率	分配金额
基本生产成本	甲产品	制造费用	9 000		27 000
	乙产品	制造费用	6 000		18 000
	丙产品	制造费用	5 000		15 000
	合　计		20 000	3.0	60 000

根据制造费用分配表3-7,编制会计分录如下:

借:基本生产成本——甲产品——制造费用　　　　27 000
　　　　　　　　——乙产品——制造费用　　　　18 000
　　　　　　　　——丙产品——制造费用　　　　15 000
　　贷:制造费用　　　　　　　　　　　　　　　60 000

2. 生产工资比例分配法

生产工资比例分配法就是按照计入各种产品成本的生产工人实际工资的比例分配制造费用的方法。由于工资费用分配表中有现成的生产工人工资的资料,因而采用这一分配方法,核算工作很简便。但是采用这一方法,各种产品生产的机械化程度应该相差不多,否则机械化程度高的产品,由于工资费用少,分配负担的制造费用也少,影响费用分配的合理性。其计算公式如下:

$$制造费用分配率 = \frac{制造费用总额}{产品生产工人工资总额}$$

某种产品应分配的制造费用 = 该种产品生产工人工资 × 制造费用分配率

【例3-7】华兴公司第一车间发生的制造费用为39 000元,该车间本月生产甲、乙两种产品,甲产品的生产工人工资为80 000元,乙产品的生产工人工资为50 000元,以生产工人工资为标准分配制造费用。

$$制造费用分配率 = \frac{39\,000}{80\,000 + 50\,000} = 0.3(元)$$

甲产品应分配的制造费用 = 80 000 × 0.3 = 24 000(元)

乙产品应分配的制造费用 = 50 000 × 0.3 = 15 000(元)

合计 = 24 000 + 15 000 = 39 000(元)

第一车间的制造费用分配详见表3-8。

表3-8 制造费用分配表

单位：××公司　　　　　　　20××年6月　　　　　　　　　　　　　单位：元

应借科目			生产工人工资	分配率	分配金额
基本生产成本	甲产品	制造费用	80 000		24 000
	乙产品	制造费用	50 000		15 000
合　计			130 000	0.3	39 000

根据表3-8，编制会计分录如下。

借：基本生产成本——甲产品——制造费用　　24 000

　　　　　　　　　——乙产品——制造费用　　15 000

　　贷：制造费用　　　　　　　　　　　　　39 000

3. 机器工时比例分配法

机器工时比例分配法，就是按照各种产品生产时所用机器设备运转时间的比例分配制造费用的方法。这种方法适用在产品生产的机械化程度较高的车间。在这种车间的制造费用中，与机器设备使用有关的费用比重比较大，而这一部分费用与机器设备运转的时间有着密切的联系。采用这种方法，必须具备各种产品所用机器工时的原始记录。其计算公式如下：

$$制造费用分配率 = \frac{制造费用总额}{各种产品机器工时总数}$$

某种产品应分配的制造费用 = 该种产品的机器工时 × 制造费用分配率

由于制造费用包括各种性质和用途的费用，为了提高分配结果的合理性，在增加核算工作量不多的情况下，也可以将制造费用加以分类，例如分为与机器设备使用有关的费用和由于管理、组织生产而发生的费用两类，分别采用适当的分配方法进行分配；例如前者可按机器工时比例分配，后者可按生产工时比例分配。

【例3-8】 华兴公司第一车间发生的制造费用为64 000元，该车间本月生产甲、乙两种产品，甲产品的机器工时为10 000小时，乙产品的机器工时为6 000小时，以机器工时为标准分配制造费用。

$$制造费用分配率 = \frac{64\,000}{10\,000 + 6\,000} = 4.0(元/小时)$$

甲产品应分配的制造费用 = 10 000 × 4.0 = 40 000(元)

乙产品应分配的制造费用 = 6 000 × 4.0 = 24 000(元)

合计＝40 000＋24 000＝64 000(元)

第一车间的制造费用分配如表3-9所示。

表3-9 制造费用分配表

编制单位:××公司　　　　　　20××年6月　　　　　　单位:元

应借科目			生产工人工资	分配率	分配金额
基本生产成本	甲产品	制造费用	10 000		40 000
	乙产品	制造费用	6 000		24 000
合　计				4	64 000

根据表3-9,编制会计分录如下。

借:基本生产成本——甲产品——制造费用　　40 000
　　　　　　　　——乙产品——制造费用　　24 000
　贷:制造费用　　　　　　　　　　　　　　　　64 000

4. 按年度计划分配率分配法

按年度计划分配率分配法,就是按照年度开始前确定的全年适用的计划分配率分配制造费用的方法。假定以定额工时作为分配标准,其分配计算的公式为

$$年度计划分配率 = \frac{年度计划制造费用总额}{年度各种产品计划产量的定额工时总数}$$

$$某月某种产品应负担的制造费用 = 该月该种产品实际产量的定额工时数 \times 年度计划分配率$$

采用这种分配方法,不管各月实际发生的制造费用多少,每月各种产品中的制造费用都按年度计划分配率分配。如果年度内发现全年制造费用实际数和实际产量与计划数发生较大差额,应及时调整计划分配率。

【例3-9】 假定华兴公司基本生产车间全年制造费用计划为488 000元,全年各种产品的计划产量为甲产品22 000件,乙产品12 000件,丙产品15 500件,单件产品工时定额为甲产品5小时,乙产品6小时,丙产品4小时。本月实际产量为甲产品1 900件,乙产品1 100件,丙产品1 350件。本月实际发生的制造费用为45 000元。则

$$制造费用年度计划分配率 = \frac{488\ 000}{22\ 000 \times 5 + 12\ 000 \times 6 + 15\ 500 \times 4} = 2(元/小时)$$

甲产品该月应负担的制造费用＝1 900×5×2＝19 000(元)
乙产品该月应负担的制造费用＝1 100×6×2＝13 200(元)
丙产品该月应负担的制造费用＝1 350×4×2＝10 800(元)
合计＝19 000＋13 200＋10 800＝43 000(元)

采用这种分配方法,制造费用科目一般有余额。而且既可能有借方余额,也可能有贷方余额。借方余额表示超过计划的预付费用,属于留待以后摊销费用,为资产;贷方余额表示按照计划应付而未付的费用,属于预先计提费用,为负债。"制造费用"科目的余额,就是全年制造费用的实际发生额与计划分配额的差额,一般应在年末调整计入12月份的产品成本,借记"基本生产成本"科目,贷记"制造费用"科目;如果实际发生额大于计

划分配额,用蓝字补加,否则用红字冲减。

采用年度计划分配率分配法,可以简化制造费用的分配手续,对于季节性生产企业,由于各月分配率相同,有利于均衡产品成本水平。但是采用这种方法,必须有较高的计划工作水平,否则会影响成本计算的准确性,主要表现在年末调整时12月份产品成本会大幅度上升或者大幅度下降。

不论采用哪一种分配方法,都应根据分配计算的结果,编制制造费用分配表,根据制造费用分配表进行制造费用的总分类核算和明细核算。

通过上述制造费用的归集和分配,除了采用年度计划分配率分配法的企业外,"制造费用"科目和明细科目都没有月末余额。

至此,在不单独核算废品损失和停工损失的企业中,应计入本月产品成本的生产费用,都已归集在"基本生产成本"科目的借方,并已在所属产品成本明细账的本月发生额中按照成本项目分别反映。

任务三　生产损失的核算

生产损失是指在生产过程中发生的不能正常产出的各种耗费。一般来讲,生产损失可以分为生产损耗、生产废料、废品损失和停工损失。其中,生产损耗是指在生产中的自然耗费;生产废料是指生产中产生的边角余料。这两种损失有的会被列入产品成本,有的变卖或作价入库成为收入,在计算成本时已经做了考虑。因此,在成本核算时,真正需要考虑的生产损失是废品损失和停工损失。

一、废品损失的核算

(一)废品的含义

生产中的废品是指不符合规定的技术标准,不能按原定用途使用,或者需要加工修理才能使用的在产品、半成品或产成品,不论是在生产过程中发现,还是在入库后发现,都属于废品。

废品按其不符合原定规格或技术标准的程度,可分为可修复废品和不可修复废品。可修复废品是指废品经过修复可以使用,而且花费的修复费用在经济上是合算的;不可修复废品是指废品不能修复,或者所花费的修复费用在经济上是不合算的。

从发生废品的责任角度划分,废品可分为工废和料废。工废是由于工人操作上的原因造成的废品,属于操作工人的责任;料废是由于送来的加工原材料或半成品的质量不符合要求造成的废品,不属于操作工人的责任。

(二)废品损失核算的范围

废品损失包括不可修复废品的成本减去废品可回收残值后的报废损失,以及可修复废品的修复费用。出售后发现的废品所发生的一切损失,包括退回废品时所支付的运杂费等,应作为管理费用处理,不包括在废品损失内。

经质量检验部门鉴定不需要返修,可以降价出售的不合格产品,不属于废品,其生产成本与合格品相同,由于降价出售而发生的损失应在销售损益中体现,不应作为废品损失处理。产品入库后,由于保管不善等原因而损坏变质的损失,属于管理上的问题,应将扣除过失人赔偿款后的净损失作为管理费用处理;实行包退、包修、包换"三包"的企业,在产品出售以后发生的一切损失,记入销售费用,不包括在废品损失内。

为了便于分清责任,实行有效控制,对废品的处理应遵循必要的凭证传递程序。发现废品后,由质检人员填制废品通知单,单内填明废品的名称、数量、废品损失部分、发生废品的原因和过失人及赔偿金额等。对送交仓库的不可修复废品,应另填废品交库单,单上注明废品的残料价值。对可修复废品,在返修中所领用的各种材料及所耗工时,应另填领料单、工作通知单及其他有关凭证,并在单上注明"返修废品用"标记。废品通知单、废品交库单、返修用料的领料单、工作通知单等都是核算废品损失的依据。

产品废品,不仅会减少产量,影响生产计划的完成,而且会降低产品质量,提高产品成本。如果废品出了厂,更会影响其他企业的生产和人民的生活。因此,必须在提高职工群众认识的基础上,建立和健全生产责任制度,严格执行技术操作规程,把好产品质量检验关,做好废品损失的核算工作,正确反映和监督废品损失的发生情况,以便分析原因,采取措施,努力减少和消灭废品。

(三)核算废品损失的科目

为了单独核算废品损失,在会计科目中应增设"废品损失"科目,在成本项目中应增设"废品损失"项目。

"废品损失"科目是为了归集和分配废品损失而设立的。该科目应在车间设立明细账,账内按产品品种分设专户,并按成本项目分设专栏或者专行,进行明细核算。不可修复废品的生产成本和可修复废品的修复费用,都应在"废品损失"科目的借方进行归集。

其中不可修复废品的生产成本,应根据不可修复废品损失计算表,借记"废品损失"科目,贷记"基本生产成本"科目;可修复废品的修复费用,应根据前述各种费用分配表,借记"废品损失"科目,贷记"原材料""应付职工薪酬"和"制造费用"等科目。因此,在单独核算废品损失的企业中,在编制各种费用分配表时,应该为修复废品而发生的费用,加填借记"废品损失"科目的行次。废品残料的回收价值和应收的赔款,应从"废品损失"科目的贷方转出,借记"原材料"和"其他应收款"等科目,贷记"废品损失"科目,"废品损失"科目上述借方发生额大于贷方发生额的差额,就是废品损失,应分配转由本月同种产品的成本负担,借记"基本生产成本"科目,贷记"废品损失"科目。通过上述归集与分配,"废品损失"科目月末没有余额。

(四)不可修复废品损失的核算

进行不可修复废品损失的核算,应先计算截止报废时已经发生的废品生产成本,然后扣除残值和应收赔款,算出废品净损失。

不可修复废品的生产成本,既可按废品所耗实际费用计算,也可按废品所耗定额费用计算。

在采用按废品所耗实际费用计算的方法时,由于废品报废以前发生的各项费用是与合格产品一起计算的,因而要将废品报废以前与合格产品计算在一起的各项费用,采用适当的分配方法,在合格品与废品之间进行分配,计算出废品的实际成本,从"基本生产成本"账户的贷方转入"废品损失"账户的借方。

【例3-10】 华兴公司基本生产车间6月份投入乙产品180件,生产过程中发现其中30件为废品。该产品成本明细账所记合格品和废品的全部生产费用为:原材料费用4 500元,工资及福利费2 224元,制造费用10 286元。原材料是在生产开始时一次投入的,因而原材料费用应按合格品数量(150件)和废品数量(30件)的比例分配。其他费用按生产工时比例分配,生产工时为:合格品2 360小时,废品420小时。

根据以上资料,编制不可修复废品报废损失计算表如表3-10所示。

表3-10 不可修复废品报废损失计算表(按实际成本计算)

车间名称:一车间　　　产品名称:乙　　　20××年6月　　　单位:元

项目	数量/件	原材料	生产工时	工资及福利费	制造费用	成本合计
合格品和废品生产费用	180	4 500	2 780	2 224	10 286	17 010
费用分配率		25		0.8	3.7	
废品生产成本	30	750	420	336	1 554	2 640
减:废品残值		110				110
废品报废损失		640		336	1 554	2 530

在上列不可修复废品损失计算表中,原材料费用分配率应根据原材料费用总数4 500元除以合格品和废品数量180件计算;工资及福利费和制造费用分配率,应根据这两项费用总数分别除以生产工时总数计算。

根据上列不可修复废品损失计算表,应编制下列会计分录。

(1)将废品生产成本从其所记的"基本生产成本"科目和所属明细账的贷方转出

借:废品损失——乙产品　　　　　　　　　　　　2 640
　　贷:基本生产成本——乙产品——直接材料　　　　750
　　　　　　　　　　　　　　　——直接人工　　　　336
　　　　　　　　　　　　　　　——制造费用　　　1 554

(2)回收废品残料价值

借:原材料　　　　　　　　　　　　　　　　　　110
　　贷:废品损失——乙产品　　　　　　　　　　　　110

(3)假定应收过失单位赔款300元,根据索赔凭证,记入"其他应收款"科目

借:其他应收款　　　　　　　　　　　　　　　　300
　　贷:废品损失——乙产品　　　　　　　　　　　　300

(4)将废品净损失2 230(即2 530-300)元,分配计入同种合格品的成本,记入乙产

品成本明细账"废品损失"成本项目

  借:基本生产成本——乙产品——废品损失   2 230
   贷:废品损失——乙产品   2 230

  上述乙产品由于生产30件不可修复的废品,全部生产成本中扣除了收回的残料价值,使得总成本略有下降,但这并不意味着产品成本由于产生废品而下降。由于发生废品,减少了合格品的数量,因而合格品的单位成本不是降低,而是提高了。

  按照废品的实际费用计算和分配废品损失,符合实际情况,但核算工作量较大。因此在各项消耗定额比较准确和稳定的前提下,不可修复废品的废品损失也可以按定额成本计算,即废品的生产成本按报废品数量和各项费用定额计算,而不考虑废品实际发生的生产费用。

  【例3-11】 华兴公司基本生产车间6月份在生产丙产品的过程中,产生不可修复废品10件,按其所耗定额费用计算废品的生产成本。其原材料费用定额为40元,已完成的定额工时共计150小时,每小时的费用定额为:工资及福利费5元,制造费用8元,回收废品残料计价50元。根据上述资料,编制不可修复报废损失计算表如表3-11所示。

表3-11 不可修复废品报废损失计算表(按定额成本计算)

车间名称:×车间   废品数量:10件
产品名称:丙产品   20××年6月   单位:元

项目	原材料	定额工时	工资及福利费	制造费用	成本合计
每件或每小时费用定额	40		5	8	
废品定额成本	400	150	750	1 200	2 350
减:回收残料价值	50				50
废品损失	350		750	1 200	2 300

  在所列不可修复废品损失计算表中,废品的定额原材料费用应根据原材料费用定额乘以废品数量计算;定额工资及福利费和定额制造费用,应根据各项费用定额乘以定额工时计算。根据该表所编制的会计分录的科目对应关系,与按实际费用计算废品生产成本的方法相同。

  按废品的定额费用计算废品的定额成本,由于费用定额事先规定,不仅计算工作比较简便,而且可以使计入产品成本的废品损失数额不受实际费用水平高低的影响。也就是说,废品损失大小只受废品数量差异(量差)的影响,不受废品成本差异(价差)的影响,从而有利于废品损失和产品成本的分析和考核。但是,采用这一方法计算和分配废品损失,必须具备比较准确的消耗定额和费用定额资料。

(五)可修复废品损失的核算

  可修复废品返修以前发生的生产费用,不是废品损失,不必计算其生产成本,应留在"基本生产成本"科目和所属有关产品成本明细账中,不必转出。返修发生的各种费用,应根据前述各种分配表记入"废品损失"科目的借方。

可修复废品损失在废品修复时的计算用公式表示如下：

可修复废品损失＝修复废品材料费用＋修复废品工资及福利费＋修复废品制造费用

可修复废品回收的残料价值和应收的赔款，应从"废品损失"科目的贷方，转入"原材料"和"其他应收款"科目的借方。废品修复费用减去残值和应收赔款后的废品净损失，也应从"废品损失"科目的贷方转入"基本生产成本"科目的借方，记入"废品损失"成本项目。

【例3-12】 华兴公司基本生产车间6月份在生产丙产品的过程中，为修复废品乙产品，领用原材料2 000元，应分配修复人员工资1 000元，制造费用1 500元。根据有关凭证和费用分配表分别编制会计分录如下。

（1）领用材料时

借：废品损失——乙产品　　　　　　　　　　　　　2 000
　　贷：原材料　　　　　　　　　　　　　　　　　　　　2 000

（2）核算应分配的工资及制造费用时

借：废品损失——乙产品　　　　　　　　　　　　　2 500
　　贷：应付职工薪酬　　　　　　　　　　　　　　　　　2 000
　　　　制造费用　　　　　　　　　　　　　　　　　　　　500

在不单独核算废品损失的企业中，不设立"废品损失"会计科目和成本项目，只在回收废品残料时，借记"原材料"科目，贷记"基本生产成本"科目，并从所属有关产品成本明细账的"原材料"成本项目中扣除残料价值。"基本生产成本"科目和所属有关产品成本明细账归集的完工产品总成本，除以扣除废品数量以后的合格品数量，就是合格品的单位成本。这样核算很简便，但由于合格产品的各成本项目中都包括不可修复废品的生产成本和可修复废品的修复费用，没有对废品损失进行单独的反映，因而会对废品损失的分析和控制产生不利的影响。

上述废品损失均指基本生产的废品损失。辅助生产的规模一般不大，为了简化核算工作，都不单独核算废品损失。

二、停工损失的核算

（一）停工损失的含义及范围

停工损失是指工业企业的生产车间或车间内某个班组在停工期间发生的各项费用，包括停工期间发生的原材料费用、燃料费用、生产工人工资及福利费和应负担的制造费用等。应由过失人或保险公司负担的赔款，应从停工损失中扣除。为了简化核算工作，停工不满一个工作日的，一般不计算停工损失。计算停工损失的时间起点，由企业或主管企业的上级机构规定。

发生停工的原因很多，电力中断、原材料不足、机器设备发生故障或进行大修理、发生非常灾害以及计划减产等。可以取得赔款的停工损失，应该索赔，由于自然灾害等引起的非常停工损失，应计入营业外支出，其余停工损失，例如季节性和固定资产修理期间的停工损失，应记入产品成本。

（二）停工损失的核算方法

在停工时，车间应该填列停工报告单，并在考勤记录中进行登记。成本会计人员，应对停工报告单所列停工范围、时数及其原因和过失人等事项进行审核。只有经过审核的停工报告单，才能作为停工损失核算的根据。

为了单独核算停工损失，在会计科目中应增设"停工损失"科目，在成本项目中应增设"停工损失"项目。

"停工损失"科目是为了归集和分配停工损失而设立的。该科目应按车间设立明细账，账内按成本项目分设专栏或专行，进行明细核算。停工期间发生的，应该计入停工损失的各种费用，都应在该科目的借方归集，借记"停工损失"科目，贷记"原材料""应付职工薪酬"和"制造费用"等科目。因此，在单独核算停工损失的企业中，在编制各种费用分配表时，应该将属于停工损失的费用，加填借记"停工损失"科目的行次，而在制造费用的费用项目中，则可不再设立"季节性和修理期间停工损失"费用项目。

归集在"停工损失"科目借方的停工损失，其中应得赔偿的损失和应计入营业外支出的损失，应从该科目的贷方分别转入"其他应收款"和"营业外支出"科目的借方，应计入产品成本的损失，则应从该科目的贷方，转入"基本生产成本"科目的借方。

对于应记入产品成本的停工损失，如果停工的车间只生产一种产品，应直接记入该产品成本明细账的"停工损失"成本项目，如果停工的车间生产多种产品，则应采用适当的分配方法（一般采用分配制造费用的方法），分配记入该车间各种产品成本明细账的"停工损失"成本项目。通过上述归集和分配，"停工损失"科目应无月末余额。

【例3-13】某企业第一基本生产车间生产甲产品，本月由于设备故障停工5天，根据"材料费用分配汇总表""工资及福利费分配汇总表"和"制造费用分配表"等原始凭证提供的资料可知，停工期间应支付工人工资2 000元，应提取的福利费用280元，应分摊的制造费用900元，其损失计入甲产品成本；第二基本生产车间生产乙产品，由于外部供电线路原因停工3天，根据相关资料可知，停工期间损失材料费用3 000元，应支付工人工资1 500元，应提取的福利费249.20元，应分摊的制造费用980元，供电局已同意赔偿2 800元，其余净损失计入营业外支出。根据资料，做会计分录如下：

(1) 归集停工损失

```
借：停工损失——一车间              3 180
        ——二车间              5 729.20
    贷：原材料                      3 000
        应付职工薪酬——工资         3 500
                  ——福利费         529.20
        制造费用——一车间            900
              ——二车间              980
```

(2) 应收赔偿款

```
借：其他应收款——供电局           2 800
    贷：停工损失——二车间           2 800
```

（3）结转停工净损失

借：基本生产成本——甲产品——停工损失　　　　3 180
　　营业外支出　　　　　　　　　　　　　　　　2 929.20
　贷：停工损失——一车间　　　　　　　　　　　 3 180
　　　　　　——二车间　　　　　　　　　　　　 2 929.20

在不单独核算停工损失的企业中，不设立"停工损失"会计科目和成本项目，停工期间发生的属于停工损失的各种费用，直接记入"制造费用"和"营业外支出"等科目，分散反映。这样核算简便，但对于停工损失的分析和控制会产生一定的不利影响。

以上所述停工损失，均指基本生产的停工损失。辅助生产由于规模一般不大，为了简化核算工作，都不单独核算停工损失。

至此，在单独核算废品损失和停工损失的企业中，也已将应记入本月产品成本的生产费用全部归集在"基本生产成本"科目的借方，并在各产品成本明细账的本月发生额中按"原材料""工资及福利费""制造费用""废品损失"和"停工损失"等成本项目分别反映。

成本管理小故事

五 个 答 案

小丽刚到一家公司当会计，老板对她说："当会计最重要的是细心，你看，这些账目至少要算过三遍，再拿给我看。"

小丽就在办公桌旁算了好长时间，下午她来到老板的办公室，十分愉快地说："我已经把这些账目认真算过五遍了！"老板听了，十分高兴，满意地说道："好，你是个很有责任心的会计。"小丽听了，立即拿起账目说："你看，五个不同的结果都在这里了。"

项目四 在产品与完工产品成本的核算

引言

通过对各项要素费用的归集和分配,产品在本期生产过程中发生的各项耗费均按成本项目进行了汇总,计入各个成本计算单中。如果当期产品全部完工,成本计算单上所归集的生产费用就是该种完工产品的成本;如果期末既有完工产品,又有在产品,就需要将期初在产品的生产费用和本期发生的生产费用之和在完工产品与期末在产品之间进行划分。

学习目标

1. 了解在产品的含义及在产品数量的确定方法,理解在产品与完工产品成本的关系;
2. 了解生产费用在完工产品和在产品之间进行分配的各种方法;
3. 掌握约当产量法、定额成本法和定额比例法;
4. 掌握完工产品成本的结转。

案例导入

广州红太阳机械厂本月所有的生产费用都已经记入"生产成本"账户中,完工产品应按成本结转至"库存商品"中,但是,本期投产 A 产品 600 件,只完工 450 件,投产 B 产品 500 件,只完工 400 件。企业应该如何计算其完工产品的成本呢?月末在产品的数量应该如何确定?企业应该如何选择合适的方法在完工产品和在产品之间进行分配?

任务一 期末在产品数量的核算

一、在产品与完工产品

(一)在产品和完工产品定义

1. 在产品

企业正在制造尚未完工的生产物,包括正在各个生产工序加工的产品和已经加工完毕但尚未检验或已检验但尚未办理入库手续的产品。

广义的含义指从原材料、外购物投入生产到制成成品出产前,存在于生产过程的各个阶段、各个环节上需要继续加工的产品,包括存在于车间之间的半成品和存在于车间内部的在制品。

狭义的含义仅指车间内部处于加工、检验、运输等过程中的产品。

2. 完工产品

完工产品是指在一个企业内已完成全部生产过程、按规定标准检验合格、可供销售的产品。也称"产成品"或"成品"。产品在生产过程中,不同阶段称谓不同,可分为:待产品、在产品、半成品、产成品(完工产品)。

(二) 在产品和完工产品成本的关系

每月月末,当产品成本明细账中按照成本项目归集了本月生产费用以后,如果产品已经全部完工,产品成本明细账中归集的生产费用(如果有月初在产品,还包括月初在产品成本)之和,就是该种完工产品的成本;如果既有完工产品又有月末在产品,产品成本明细账中归集的生产费用之和,还应在完工产品与月末在产品之间,采用适当的分配方法进行分配,以计算完工产品成本和月末在产品成本。

本月生产费用、本月完工产品成本和月初、月末在产品成本四者之间的关系,可用下列公式表明:

月初在产品成本＋本月生产费用＝本月完工产品成本＋月末在产品成本

在公式前两项已知的情况下,在完工产品和月末在产品之间分配费用的思路通常有两类:一类是先确定月末在产品成本,再计算完工产品成本;另一类是将前两项之和在后两项之间按照一定的分配比例进行分配,同时计算出完工产品成本和月末在产品成本。从上式不难看出,除本期发生的生产费用对完工产品成本有重要影响外,在产品数量及成本的大小,也是影响完工产品成本的一个重要因素。

二、在产品收发结存的数量核算

在产品是指企业已经投入生产,但还没有完成全部生产过程、不能作为商品销售的产品。在产品有广义和狭义之分,广义在产品是就整个企业而言的,它是指从材料投入开始,到最终制成产成品交付验收前的一切未完工产品,包括正在车间加工中的产品和已经完成一个或几个生产步骤,但还需继续加工的半成品以及未经验收入库的产品和等待返修的废品。狭义的在产品是就某一车间或某一生产步骤来说的,它只包括该车间或生产步骤正在加工中的那部分在产品。

在产品收发结存数量的核算,应同时具备账面核算资料和实际盘点资料。企业一方面要做好在产品收发结存的日常核算工作,另一方面要做好在产品的清查工作。做好这两项工作,既可以从账面上随时掌握在产品的动态,又可以清查在产品的实际数量。这不仅对正确计算产品成本,加强生产资料管理,以及保护企业财产有着重要意义,而且对掌握生产进度,加强生产管理也有着重要意义。

车间在产品收发结存的日常核算,通常是通过在产品台账进行的。该账在车间应分别按照产品的品种和在产品的名称(如零部件的名称)设立,以便用来反映车间各种在产品的收入、转出和结存的数量。为计算产品成本提供资料并可以随时从账面上掌握在产品的动态和生产进度,以加强生产资金的管理。其基本格式如表4-1所示。

表4-1 在产品台账

产品名称、编号:A-301主机　　车间名称:×车间　　20××年6月　　单位:元

月	日	摘要	收入		转出			结存		备注
			凭证号	数量	凭证号	合格品	废品	完工	未完工	
6	1	结存							100	
6	4	收入	102	90					190	
6	10	发出			201	50			140	
6	20	发出			202	75	5	10	50	
6	30	合计		90		125	5	10	50	

为了核实在产品的数量,保护在产品的安全完整,企业必须认真做好在产品的清查工作。在产品应定期进行清查,也可以不定期进行轮流清查,如果车间没有建立在产品收发结存账,每月月末都必须清查一次在产品,以便取得在产品的实际盘存资料,用来计算产品成本。清查后,应根据盘点结果和账面资料编制在产品盘存表,填明在产品的账面数、实存数和盘存盈亏数等资料,并分析原因,提出处理意见,而后根据处理结果及时进行账务处理。

在产品发生盘盈时,应按盘盈在产品的成本(一般按定额成本计算)借记"基本生产成本"科目,并记入相应的产品成本明细账各成本项目;贷记"待处理财产损溢——待处理流动资产损溢"科目。经过批准进行处理时,则应借记"待处理财产损溢——待处理流动资产损溢"科目,贷记"制造费用"科目,并从相应的制造费用明细账"在产品盘亏和毁损(减盘盈)"项目中转出,冲减制造费用。

在产品发生盘亏和毁损时,应借记"待处理财产损溢——待处理流动资产损溢"科目,贷记"基本生产成本"科目,并从相应的产品成本明细账各成本项目中转出,冲减在产品成本。毁损在产品的残料价值,应借记"原材料"等科目,贷记"待处理财产损溢——待处理流动资产损溢"科目,冲减损失。经过审批进行处理时,应分别不同情况将损失从"待处理财产损溢——待处理流动资产损溢"科目的贷方转入各有关科目的借方;其中应由过失人或保险公司赔偿的损失,转入"其他应收款"科目的借方;由于意外灾害造成的非常损失,转入"营业外支出"科目的借方;由于车间管理不善造成的损失,转入"制造费用"科目的借方,并记入相应的制造费用明细账"在产品盘亏和毁损(减盘盈)"项目。

如果在产品的盘亏是由于没有办理领料或交接手续,或者由于某种产品的零件为另一种产品挪用,则应补办手续,及时转账更正。

任务二　生产费用在完工产品和在产品之间分配的方法

如何既较合理又简单地在完工产品和月末在产品之间分配费用,是产品成本计算的一个重要问题。企业应根据月末在产品数量的多少、各月间在产品数量变化的大小、各项费用在产品中所占比重的大小,以及定额管理基础的好坏等具体条件,采用适当的分配方法。

根据生产费用分配的思路,可采用各种不同的分配方法,通常采用的分配方法有:在产品不计算成本法、在产品按固定成本计价法、在产品按所耗原材料费用计价法、在产品按定额成本计价法、在产品按完工产品计价法、约当产量法、定额比例法。

一、在产品不计算成本法

采用这种分配方法时,虽然有月末在产品,但不计算其成本。这种方法适用于各月月末在产品数量很少的产品。由于各月月末在产品数量很少,在产品成本对于完工产品成本的影响很小。因此,为了简化产品成本计算工作,可以不计算在产品成本,也就是某种产品本月发生的生产费用,全部由该种完工产品成本负担。如煤炭工业的采煤,由于工作面小,在产品数量很少,月末在产品就可以不计算成本。

二、在产品按固定成本计价法

采用这种分配方法时,各月末在产品的成本固定不变。这种方法适用于各月末在产品数量较小,或者在产品数量虽大,但各月之间变化不大的产品。由于月末在产品数量较少,月初和月末在产品成本较小,月初月末在产品成本差额也很小,各月在产品成本的差额对于完工产品成本的影响不大;对于各月月末在产品数量虽然较大,但各月月末在产品数量变化不大,因而月初、月末在产品成本的差额仍然不大,各月在产品成本的差额对于完工产品成本的影响仍然不大。因此,为简化产品成本计算工作,上述两种产品的每月在产品成本都按年初数固定计算。

采用这种分配方法的产品,每月发生的生产费用之和仍然就是每月该种完工产品的成本。但在年末,应该根据实际盘点的在产品数量,重新计算在产品成本,调整年初数,以免在产品成本与实际出入过大,影响产品成本计算的正确性。如炼钢厂和化工企业的产品,由于高炉和化学反应装置的容积固定,其在产品成本就可以这样计算。

三、在产品按所耗原材料费用计价法

采用这种分配方法时,月末在产品只计算其所耗用的原材料费用,不计算工资及福利费等加工费;产品的加工费用全部由完工产品成本负担。这种分配方法适用于各月月末在产品数量较多,各月在产品数量变化也较大,但原材料费用在成本中所占比重也较大的产品,如纺织、造纸和酿酒等工业的产品,原材料费用在成本中所占比重较大,都可以采用这种分配方法。

【例 4-1】 某产品的原材料费用比较大,在产品只计算原材料费用。该种产品月初在产品原材料费用 5 400 元,本月原材料费用 78 600 元,工资及福利费 3 240 元,制造费用 2 160 元。完工产品 2 200 件,月末在产品 200 件。原材料是在生产开始时一次投入的,因而每件完工产品和在产品所耗原材料的数量相等,原材料费用可以按完工产品和在产品的数量分配。分配计算如下:

$$原材料费用分配率 = \frac{5\ 400 + 78\ 600}{2\ 200 + 200} = 35(元/件)$$

月末在产品原材料费用(即月末在产品成本)= 200 × 35 = 7 000(元)

本月完工产品成本 = 5 400 + (78 600 + 3 240 + 2 160) − 7 000 = 82 400(元)

四、在产品按定额成本计价法

在产品按定额成本计价法是一种月末在产品以定额成本计价的方法。采用这种方法时,可根据实际结存的在产品数量、投料和加工程度,以及单位产品定额成本计算出月末在产品的定额成本,将其从月初在产品定额成本与本月生产费用之和中扣除,余额即为本月完工产品成本。就是说,每月生产费用脱离定额的差异,全部计入当月完工产品成本。

采用这种方法,月末在产品定额成本应根据月末在产品实际盘存数量和预先制定的费用(成本)定额计算。有关计算公式如下:

月末在产品直接材料成本 = 月末在产品数量 × 单位在产品材料定额成本

月末在产品直接人工成本 = 月末在产品完成定额工时 × 单位工时定额工资

或　　　　　　　　　= 月末在产品实际数量 × 单位产品定额工资

月末在产品制造费用 = 月末在产品完成定额工时 × 单位工时定额制造费用

或　　　　　　　= 月末在产品实际数量 × 单位在产品定额制造费用

本月完工产品实际总成本 = 月初在产品成本 + 本月发生生产费用
　　　　　　　　　　　− 月末在产品成本

【例 4-2】 A 企业生产甲产品,月初在产品和本月生产费用合计为 654 000 元,其中,直接材料成本为 480 000 元,直接人工成本为 54 000 元,制造费用为 120 000 元。该月完工甲产品 1 000 件,月末在产品盘存 200 件,甲产品所耗直接材料是在生产开始时一次投入的,月末在产品完成定额工时 500 小时。甲产品定额资料:单位产品直接材料费用定额为 300 元,每小时直接人工定额为 20 元,每小时制造费用定额为 32 元。则甲产品本月完工产品与在产品成本的分配计算如表 4-2 所示。

表 4-2 完工产品与在产品成本分配计算表

编制单位:××公司　　　　　20××年×月　　　　　　　　　单位:元

项　目	直接材料	直接人工	制造费用	合　计
生产费用合计	480 000	54 000	120 000	654 000
月末在产品成本	60 000	10 000	16 000	86 000
完工产品成本	420 000	44 000	104 000	568 000
完工产品单位成本	420	44	104	568

注:月末在产品直接材料成本=200×300=60 000(元)。
　　月末在产品直接人工成本=500×20=10 000(元)。
　　月末在产品制造费用=500×32=16 000(元)。

五、在产品按完工产品计价法

采用这种分配方法时,在产品视同完工产品分配费用。这种方法适用于月末在产品已经接近完工或者已经完工、只是尚未包装或尚未验收入库的产品。由于在产品成本已经接近完工产品成本,为了简化产品成本计算工作,在产品可以视同完工产品,按两者的数量比例分配原材料费用和各项加工费用。

【例 4-3】　某产品的月初在产品费用和本月发生费用的累计为:原材料费用 60 000 元,燃料及动力 75 000 元,工资及福利费 20 000 元,制造费用 35 000 元。完工产品 800 件;月末在产品 200 件都已完工,尚未验收入库,可以视同完工产品分配各项费用。分配计算如表 4-3 所示。

表 4-3 完工产品、在产品成本分配计算表

编制单位:××公司　　　　　20××年×月　　　　　　　　　单位:元

成本项目	月初和月末生产费用累计	费用分配率	完工产品		月末在产品	
			数量	费用	数量	费用
原材料	60 000	60	800	48 000	200	12 000
燃料及动力	75 000	75	800	60 000	200	15 000
工资及福利费	20 000	20	800	16 000	200	4 000
制造费用	35 000	35	800	28 000	200	7 000
合　计	190 000	190	800	152 000	200	38 000

上例各项费用分配率根据各该项生产费用累计数除以完工产品与月末在产品数量之和计算。

六、约当产量法

约当产量法是将成本计算单上的生产费用按照完工产品数量与月末在产品约当产

量的比例分配,来计算完工产品成本与月末在产品成本的一种方法。所谓约当产量,是指将月末在产品数量按其投料程度和加工程度折算为相当于完工产品的数量。约当产量法适用范围较广泛,当月末在产品数量较多,而且变化也大,不宜采用其他分配方法时,采用此种方法尤为合适。

生产费用按照约当产量法在本月完工产品和在产品之间进行分配,一般可以分为以下步骤。

月末在产品约当产量＝月末在产品数量×在产品完工程度

$$费用分配率=\frac{月初在产品费用+本月生产费用}{完工产品数量+在产品约当产量}$$

完工产品成本＝完工产品数量×费用分配率

月末在产品成本＝月末在产品约当产量×费用分配率

上述公式中,月末在产品数量,可以根据"在产品台账"并通过实地盘点确定,在产品完工程度则应当根据月末在产品费用的实际发生情况,采用一定方法测定。在产品生产过程中,在产品的直接材料费用与燃料动力费用、直接人工费用、制造费用的发生情况是不同的。因此,月末在产品完工程度应当分成本项目确定。当原材料是在生产开始时一次性投入时,直接材料成本项目的在产品完工程度(投料率)为100%,即一件在产品应与一件完工产品同等分配原材料费用,月末在产品约当产量等于月末在产品数量;燃料动力费用、直接人工费用和制造费用一般是在生产过程中陆续发生的,当费用发生比较均衡时,燃料动力费用、直接人工费用、制造费用的在产品完工程度(完工率)可以定为50%,即月末在产品约当产量等于在产品数量乘以50%。如果产品生产过程中原材料不是在生产开始时一次投入,燃料动力费用、直接人工费用和制造费用不是比较均衡发生的,则要分别计算在产品的投料率和完工率。主要包含以下内容。

1. 投料程序的确定及约当产量的计算

在产品投料率是在产品累计已投入的直接材料费用占完工产品应投入的直接材料费用的比重,各生产工序在产品的投料率可以用公式表示如下:

$$\frac{某工序在}{产品投料率}=\frac{该工序单位在产品}{已投入材料费用}\div\frac{单位完工产品}{应投入材料费用}\times100\%$$

在实际的生产过程中,投料的方式一般有三种,即在生产开始时一次投入、在每道工序开始前一次投入和随生产过程陆续投入。

(1) 如果原材料是生产时一次性投入的,则单位在产品和完工产品一样,投料程度都是100%,在计算原材料分配率时,期末在产品约当产量就是它的实际结存数。原材料按实际完工产品数量和在产品数量的比例分配就可以了。

月末在产品约当产量＝月末在产品数量×100%＝月末在产品数量

(2) 如果原材料在每道工序开始前一次投入,则在产品投料程度按该工序在产品的累计原材料费用(或者消耗定额),除以完工产品原材料费用(或消耗)定额计算确定。其计算公式为

$$\frac{某工序在产品}{投料程度}=\frac{前道工序累计原材料费用定额+本道工序原材料费用定额}{完工产品原材料费用定额}$$

【例 4-4】 某产品经过两道工序加工完成,原材料在每道工序开始时一次投入。第一道工序为 70 千克,第二道工序 30 千克,共 100 千克。第一道工序在产品为 100 件,第二道工序在产品数量为 150 件,则各工序的在产品投料程度和约当产量分别如何计算?

$$第一道工序在产品投料程度 = \frac{0+70}{100} \times 100\% = 70\%$$

$$第二道工序在产品投料程度 = \frac{70+30}{100} \times 100\% = 100\%$$

$$在产品约当产量 = 100 \times 70\% + 150 \times 100\% = 220(件)$$

(3) 如果原材料随加工进度陆续投入,原材料投入程度与加工进度完全一致,或基本一致,原材料费用也可以采用每步按 50% 的平均投料程度和 50% 确定的完工率分配计算。如果两者投入的进度不完全一致,为了提高原材料费用分配的正确性,应按每一工序的原材料消耗定额计算约当产量。

$$某道工序在产品投料程度 = \frac{前面各道工序原材料消耗定额之和 + 本工序原材料消耗定额 \times 50\%}{完工产品原材料消耗定额}$$

【例 4-5】 某产品由两道工序制成,原材料不是在生产开始时一次投入,而是在生产开始以后逐渐投入,其投入程度与工时投入进度并不一致,该两道工序的原材料消耗定额及其完工率的计算如表 4-4 所示。

表 4-4 完工率计算表

20××年××月

工序	本工序原材料消耗定额/公斤	完工率计算
1	60	$\frac{60 \times 50\%}{200} \times 100\% = 15\%$
2	140	$\frac{60 + 140 \times 50\%}{200} \times 100\% = 65\%$
合计	200	—

由此可见,在不同的投料方式下计算出来的约当产量是不相同的,必须注意原材料费用分配这一特殊情况,按照正确的方法计算在产品的约当产量,从而保证原材料费用分配的准确性。

2. 加工程度的确定及约当产量的计算

对于原材料以外的燃料和动力、工资及福利费、制造费用等加工费用项目在产品约当产量的计算,通常按完工程度进行。

(1) 如果分布在各工序上的在产品数量比较均衡,且各工序上生产定额工时也相差不大,则全部在产品的完工程度可都按 50% 计算。因为在这种情况下,后面各工序在产品多加工的程度可以抵补前面在产品少加工的程度。

(2) 如果在产品在各工序的加工程度不一致,且数量、定额工时也相差很多,则在产品约当产量应按各工序加工程度分别折算,然后加总作为期末在产品的约当产量。加工程度一般根据单位产品定额工时计算,其计算公式为

$$某道工序在产品完工率=\frac{前面各道工序工时之和+本工序工时定额\times50\%}{产品工时定额}\times100\%$$

在上列公式中,本工序(即在产品所在工序)的工时定额乘以 50%,是因为该工序中各件在产品的完工程度也不同,为了简化完工率的测算工作,都按平均完工 50%计算。在产品从上一道工序转入下一道工序时,其上一道工序已经完工,因而前面各道工序的工时定额应按 100%计算。

【例 4-6】 某产品的工时定额为 25 小时,经三道工序制成。其各工序工时定额分别为,8 小时、10 小时和 7 小时。各工序的完工率应计算确定如下:

$$第一道工序完工率=\frac{8\times50\%}{25}\times100\%=16\%$$

$$第二道工序完工率=\frac{8+10\times50\%}{25}\times100\%=52\%$$

$$第三道工序完工率=\frac{8+10+7\times50\%}{25}\times100\%=86\%$$

在每月计算产品成本时,根据各工序的在产品数量和确定的完工率,即可计算各工序在产品的约当产量和约当产量总数,据以分配费用。

【例 4-7】 接上例完工产品为 3 800 件。各工序月末在产品数量为:第一道工序 1 200 件;第二道工序 1 500 件;第三道工序 1 100 件。月初在产品和本月发生的人工费用共 162 963 元。人工费用分配计算如下:

第一道工序在产品约当产量=1 200×16%=192(件)

第二道工序在产品约当产量=1 500×52%=780(件)

第三道工序在产品约当产量=1 100×86%=946(件)

月末在产品约当产量总数=192+780+946=1 918(件)

$$人工费用分配率=\frac{162\ 963}{3\ 800+1\ 918}=28.5(元/件)$$

完工产品应负担的人工费用=3 800×28.5=108 300(元)

月末在产品应负担的人工费用=1 918×28.5=54 663(元)

【例 4-8】 接上例完工产品为 3 800 件。各工序月末在产品数量为:第一道工序 1 200 件;第二道工序 1 500 件;第三道工序 1 100 件。月初在产品和本月发生的制造费用共 171 540 元。制造费用分配计算如下:

第一道工序在产品约当产量=1 200×16%=192(件)

第二道工序在产品约当产量=1 500×52%=780(件)

第三道工序在产品约当产量=1 100×86%=946(件)

月末在产品约当产量总数=192+780+946=1 918(件)

$$制造费用分配率=\frac{171\ 540}{3\ 800+1\ 918}=30(元/件)$$

完工产品应负担的制造费用=3 800×30=108 000(元)

月末在产品应负担的制造费用=1 918×30=57 540(元)

七、定额比例法

采用这种分配方法时,其生产费用按照完工产品和月末在产品定额消耗量或定额费用的比例进行分配。其中原材料费用,按原材料的定额消耗量或定额费用比例分配,工资及福利费等加工费用,按定额工时比例分配。采用这种方法,可以解决按定额成本计算在产品成本不负担脱离定额差异的问题。因此,这种方法适用于定额管理基础较好,各项消耗定额或费用定额比较准确、稳定,但各月末在产品数量变动较大的产品。其计算公式如下:

$$消耗量分配率 = \frac{月初在产品实际消耗量 + 本月实际消耗量}{完工产品定额消耗量 + 月末在产品定额消耗量}$$

完工产品实际消耗量 = 完工产品定额消耗量 × 消耗量分配率

完工产品费用 = 完工产品实际消耗量 × 原材料单价(或单位工时的工资、费用)

月末在产品实际消耗量 = 月末在产品定额消耗量 × 消耗量分配率

月末在产品费用 = 月末在产品实际消耗量 × 原材料单价(或单位工时的工资、费用)

按照上列公式分配,不仅可以提供完工产品和在产品的实际费用资料,而且可以提供它们的实际消耗量资料,便于考核和分析各项消耗定额的执行情况。但是,这样分配的核算工作量较大,这在所耗原材料的品种较多的情况下更是如此。为了简化分配计算工作,也可以按照下列公式分配。

$$原材料费用分配率 = \frac{月初在产品实际原材料费用 + 本月实际原材料费用}{完工产品定额原材料费用 + 月末在产品定额原材料费用}$$

完工产品原材料费用 = 完工产品定额原材料费用 × 原材料费用分配率

月末在产品原材料费用 = 月末在产品定额原材料费用 × 原材料费用分配率

或 = 月初在产品实际原材料费用 + 本月实际原材料费用 − 完工产品原材料费用

$$工资(其他费用)分配率 = \frac{月初在产品实际工资(其他费用) + 本月实际工资(其他费用)}{完工产品定额工时 + 月末在产品定额工时}$$

完工产品工资(其他费用) = 完工产品定额工时 × 工资(其他费用)分配率

月末在产品工资(其他费用) = 月末在产品定额工时 × 工资(其他费用)分配率

或 = 月初在产品实际工资(其他费用) + 本月实际工资(其他费用) − 完工产品工资(其他费用)

【例 4-9】 假定某企业 C 产品有三道工序连续加工制成。本月完工产品 800 件,原材料在生产开始时一次投入,单件产品原材料费用定额为 48 元,每道工序工时定额和在产品数量资料如表 4-5 所示。

表 4-5 各工序在产品数量及工时定额

产品名称:C 产品   20××年××月

工序	在产品数量/件	工时定额/小时
1	120	5
2	80	4

续表

工序	在产品数量/件	工时定额/小时
3	40	6
合计	240	15

假定各道工序月末在产品的平均加工程度为50%。本月生产费用合计55 105元,其中月初直接材料2 432元,直接人工336元,制造费用337元,本月生产费用直接材料40 000元,直接人工5 000元,制造费用7 000元。

要求:采用定额比例法计算完工产品和月末在产品成本。

(1) 计算各种费用的定额

材料费用定额=(800+240)×48=49 920(元)

工时定额=12 000+1 340=13 340(小时)

其中

完工产品定额工时=800×15=12 000(小时)

月末在产品定额工时=120×5×50%+80×(5+4×50%)+40×(9+6×50%)
=1 340(小时)

(2) 计算各种费用分配率

直接材料分配率=42 432÷49 920=0.85

直接人工分配率=5 336÷13 340=0.4

制造费用分配率=7 337÷13 340=0.55

C产品成本计算如表4-6所示。

表4-6 产品成本计算表

产品名称:C产品　　　　　　20××年×月　　　　　　单位:元

	成本项目	行次	直接材料	直接人工	制造费用	合　计
	月初在产品成本	1	2 432	336	337	3 105
	本月生产费用	2	40 000	5 000	7 000	52 000
	生产费用合计	3=2+1	42 432	5 336	7 337	55 105
	分配率	4=3/(5+7)	0.85	0.4	0.55	
本月完工产品	定额耗用量或工时	5	38 400	12 000	12 000	
	实际费用	6=4×5	32 640	4 800	6 600	44 040
月末在产品	定额耗用量或工时	7	11 520	1 340	1 340	
	实际费用	8=4×7	9 792	536	737	11 065

据此编制完工产品入库的会计分录如下。

借:库存商品——C产品　　　　　　　　　　　　44 040
　　贷:基本生产成本——C产品　　　　　　　　　　　44 040

采用这种分配方法计算完工产品和月末在产品成本时,必须取得完工产品和月末在产品的定额资料。但是,当产品种类及生产工序较多时,核算工作量很大。所以,有的企业月末在产品定额资料不根据月末在产品的数量具体计算,而是采用简化的倒挤方法计算。其公式如下(以定额消耗量为例):

月末在产品定额消耗量＝月初在产品定额消耗量＋本月投入的定额消耗量
－本月完工产品定额消耗量

用这一公式计算虽可以简化核算工作量,但是容易掩盖在产品盘盈、盘亏的情况,不能如实地反映产品成本的水平。为了保证在产品账实相符,提高成本计算的准确性,采用这一方法必须每隔一定时期(每季或每半年)对在产品进行一次盘点,根据在产品的实存数量计算一次定额消耗量。

通过以上所述,生产费用在各种产品之间以及在完工产品与月末在产品之间,进行横向和纵向分配和归集以后,就可以计算出各种完工产品的实际成本,据以考核和分析各该产品成本计划的执行情况。

任务三 完工产品成本结转的核算

工业企业完工产品(包括产成品以及自制的材料、工具和模具等)经验收入产成品库以后,其成本应从"基本生产成本"科目和各种产品成本明细账的贷方转入各有关科目的借方;其中完工入库产成品的成本,应转入"库存商品"科目的借方;完工自制材料、工具、模具等的成本,应分别转入"原材料"等科目的借方。"基本生产成本"科目的月末余额,就是基本生产在产品的成本,也就是占用在基本生产过程中的生产资金,应与所属各种产品成本明细账中月末在产品成本之和核对相符。

【例 4-10】 某公司生产甲、乙、丙三种产品,6 月月末编制完工产品成本汇总计算表,详情如表 4-7 所示。

表 4-7 完工产品成本汇总计算表

编制单位:××公司　　　　　　　20××年 6 月　　　　　　　单位:元

成本项目	产品名称:甲 产量:100 台		产品名称:乙 产量:200 台		产品名称:丙 产量:300 台		合　计
	总成本	单位成本	总成本	单位成本	总成本	单位成本	
直接材料	10 000	100	16 000	80	36 000	120	62 000
直接人工	3 000	30	4 000	20	15 000	50	22 000
制造费用	2 000	20	6 000	30	9 000	30	17 000
合　计	15 000	150	26 000	130	60 000	200	101 000

根据完工产品成本汇总计算表的汇总资料,结转完工产品总成本,作会计分录如下。

借:库存商品——甲	15 000	
——乙	26 000	
——丙	60 000	
贷:基本生产成本——甲		15 000
——乙		26 000
——丙		60 000

成本管理小故事

王永庆设计馒头

台塑集团创始人王永庆曾特意到工厂厨房"转悠",发现厨房中的垃圾桶里有大量被丢弃的馒头。细心的王永庆立即找来厨房领班询问,经过了解发现馒头规格不合适,一个人吃两个馒头太多,吃一个又不够,只能把吃不完的馒头丢掉。

王永庆最后亲自设计合适规格的馒头。按照王永庆设计的规格,1 000克面粉正好做25个馒头,这种规格的馒头被员工誉为"董座馒头"。新设计带来的效果很明显,被丢弃的馒头大大减少。

项目五 产品成本计算方法——品种法

引言

制造业产品成本计算的过程就是对生产经营过程中发生的各项生产费用,按照一定的成本对象进行归集和分配,计算出产品的总成本和单位成本的过程。前面各项目介绍的产品生产过程中,各要素费用的汇集与分配是产品成本计算的基础。不同类型的制造企业,其产品生产的工艺过程以及产品的生产组织与管理的特点各不相同,为了正确计算产品成本,企业必须根据其生产特点,考虑成本管理的要求,选择适当的成本计算方法。因此,在研究产品成本计算方法之前,首先要了解制造业的生产特点及其对成本计算方法的影响。

学习目标

1. 了解生产的类型和特点;
2. 理解生产特点对成本计算对象、成本计算期和成本计算方法的影响;
3. 了解产品成本计算的基本方法和辅助方法;
4. 掌握产品成本计算品种法的核算技巧。

案例导入

幸福有限公司是一家专业生产钢材的大型国有企业,该厂生产的主要产品有钢锭、钢坯以及型钢、管材、涂镀、特钢。如果全年能达到预测的收入量,那么要实现企业的目标利润,成本需要控制在一定的水平。进行成本预测,需要知道如何进行成本核算,因为成本核算是成本预测的基础。不同的行业有其各自成本的构成特点,即使在同一行业如制造业,虽然产品成本构成大致相近,但不同的企业也会有不同的管理要求和生产经营特点。会计核算成本应结合不同的管理要求和产品特点,采用与此相适应的成本计算方法。什么样的企业应该采用什么样的成本计算方法,什么样的成本计算方法适应在哪些企业使用呢?这就是本项目重点介绍的内容。

任务一 生产特点和管理要求对成本计算的影响

本书前述项目以各种费用界限的划分为主线,详细介绍了生产费用归集与分配的一般程序,说明了产品成本计算的过程。产品成本是在生产过程中形成的,计算成本是为了满足成本管理以及损益计算的需要。因此,产品成本计算方法的选择,主要取决于企业生产的特点和管理要求,而企业生产的特点,又具体表现为生产组织和工艺技术流程的特点。从本项目开始,成本核算的一般程序与企业生产特点和管理要求将被结合起来,以便确定产品成本计算所采用的方法。

一、生产的类型及其特点

工业企业生产组织的特点指工业企业生产的专业化程度,一般包括产品产量的大小、产品生产的重复性及产品品种的稳定性,工业企业的生产经营与组织管理的特点,对企业选择产品成本计算方法的选择有重要影响。企业的生产类型,可以按生产工艺的特点和生产组织的特点进行分类。

(一)按组织方式分类

工业企业的生产按生产组织的特点,可分为大量生产、成批生产和单件生产三种方式。

1. 大量生产

大量生产是指企业大量重复地生产一种或少数几种产品的生产组织方式。这种生产组织方式的主要特点为产品产量大、产品品种少且很稳定。如冶金、采掘、纺织、造纸等工业企业均属于这种生产组织方式。

2. 成批生产

成批生产是指企业按照预定的产品的批别和数量轮番生产几种产品的生产组织方式。这种生产组织方式的主要特点为产品的品种较多,企业在几种产品品种间成批地轮换组织生产,服装生产就是较为典型的成批生产组织方式。成批生产组织方式按照所生产的产品产量大小还可细分为大批生产和小批生产,大批生产类似于大量生产,小批生产类似于单件生产。

3. 单件生产

单件生产是指企业按照订货单位的要求为其生产的生产组织方式。这种生产组织方式所生产的产品大多为性质特别或专用产品,其主要特点为产品品种较多、经常应订货单位要求而更换品种,产品产量一般不大。如专用设备、重型车辆、机械或船舶等工业企业即属于这种生产组织方式。

生产组织和管理要求对成本计算的影响,主要表现在成本计算对象的确定。在大量生产方式下,企业大量地生产着同一种产品,因此管理上也只能以产品品种作为成本计算对象;在大批生产方式下,产品产量较大,品种也较稳定,一般也只能以产品品种作为成本计算对象;在小批生产方式下,产品批量较小且同批产品大多同时完工,因此可按产品批别作为产品成本计算对象,管理上也要求按产品的批别来计算产品成本;在单件生产方式下,生产按件组织,与小批生产方式一样,有必要按产品的件别(批别)计算产品成本。

（二）按工艺过程的特点进行分类

工业企业的工艺技术过程简称工艺过程，是将劳动对象加工成预期产品的过程。生产按生产工艺的特点可分为单步骤生产和多步骤生产。

1. 单步骤生产

单步骤生产也称简单生产，是指生产工艺不能间断的生产，或者是不能分散在几个不同地点进行的生产，这类生产的生产周期较短，生产过程一般只能在同一生产地点进行。如发电、供水、采掘等企业都属于这类生产。

2. 多步骤生产

多步骤生产也称复杂生产，是指生产工艺可以间断的生产，生产过程可在不同时间、不同地点由几个可间断的生产步骤协作完成。多步骤生产按照加工方式的不同，还可分为连续式多步骤生产和装配式多步骤生产。连续式多步骤生产是指原材料需经几个连续的加工步骤，按先后顺序才能加工成产成品的生产，如纺织、造纸、水泥等企业都属于这类生产；装配式多步骤生产是指将原材料平行地在各步骤分别进行加工，制成各种零部件，最后装配成产成品的生产，如汽车、机械制造、钟表等企业都属于这类生产。

生产工艺对成本计算也有很重要的影响。在单步骤生产下，生产工艺过程不可或不需间断，不能按生产步骤来计算产品成本，只能以产品品种作为成本计算对象；同时，单步骤生产一般都是大量重复生产，所以只能以会计报告期作为成本计算期，每月月末定期计算产品成本。

在连续式多步骤生产下，生产一般为大量生产，成本管理不仅要求按产品品种计算产品成本，而且要求按生产步骤计算产品成本，此时应以产品品种及其生产步骤作为产品成本计算对象。由于产品连续生产，只能在每月月末定期地计算产品成本。在连续式多步骤生产下，一般各生产步骤在月末都结存一定的在产品，这就要求月末采用适当的分配方法，将生产费用在完工产品和月末在产品间进行分配。

在装配式多步骤生产下，生产组织有大量生产、成批生产、单件生产，如为大量、大批生产，成本计算方法与连续式多步骤生产基本一样；如为单件、小批生产，只能以产品的批别作为产品成本计算对象，又由于其产量小且基本上是同时完工，成本计算只能在产品完工后才能进行，其产品成本计算期与生产周期一致，不存在生产费用在完工产品和月末在产品间的分配问题。

二、生产经营特点和管理要求对成本核算方法的影响

不同的产品成本核算方法之间主要区别表现在成本计算对象、成本计算期和本期完工产品与期末在产品的费用分配三个方面。生产特点和管理要求对成本核算方法的影响也就表现在这三个方面。

1. 成本计算对象

成本计算对象是指企业为了计算产品成本而确定的归集和分配生产费用的各个对象，即成本费用的承担者。企业在进行成本计算时，首先应确定成本计算对象，按照确定

的成本计算对象设置"基本生产成本明细账"(或"产品成本计算单"),据以归集和分配每一成本计算对象所发生的费用。

成本计算对象应根据生产的特点来确定。如在大量大批简单生产的企业里,一般产量较大,生产过程不能间断,所以它是以产品品种作为成本计算对象的;在大量大批复杂生产的企业里,由于其生产过程是可以间断的,因而,不仅可以计算出每种产品的成本,还可以计算出各个步骤半成品的成本,所以它的成本计算对象就是每种产品和它所经过的生产步骤的成本;在单件小批生产的企业里,它一般是按客户的订单或批别来组织生产的,所以在进行成本计算时,要求计算每一订单产品或每批产品的成本。

2. 成本计算期

成本计算期是指每次计算产品成本的期间。计算产品成本的期间并不完全与产品的生产周期或会计结算期一致。产品成本计算期与会计结算期有时一致,有时并不一致,与产品的生产周期也是有时一致,有时不一致。

影响成本计算期的主要因素是生产类型的特点。在大量大批生产的企业里,月内一般都有大量的完工产品,产品的生产周期较短。由于随时有完工产品,因此不能在产品完工的同时就计算它的成本,而是定期在月末进行计算。这时,产品的成本计算期与会计结算期一致,而与产品的生产周期不一致。

在单件小批生产的企业里,当每一订单产品或每批产品未完工时,全部是在产品的成本。只有产品全部完工时,才能计算完工产品的成本,故其成本计算期是不固定的,与产品的生产周期一致,但与会计计算期不一致。

3. 本期完工产品与期末在产品的费用分配

企业生产产品过程中发生的全部生产费用,经过费用要素的归集和分配后,最终都集中在"生产成本——基本生产成本"明细账和各种"产品成本计算单"中。若该种产品期末在产品数量很少或没有在产品,则归集在"生产成本——基本生产成本"明细账和"产品成本计算单"中所有的生产费用,就是完工产品的总成本。用总成本除以产量,就是单位产品成本。若该种产品期末在产品数量很多,费用额也较大,就应将在"生产成本——基本生产成本"明细账和各种"产品成本计算单"中归集的费用采用一定的方法在完工产品和在产品之间进行分配,在进行分配时,所要分配的费用是月初在产品成本加上本月发生的费用之和,其计算公式如下:

月初在产品成本＋本月发生的费用＝完工产品成本＋月末在产品成本

三、成本管理要求对成本计算方法的影响

一个企业究竟采用什么方法计算产品成本,除了考虑生产类型的特点外,还必须根据企业成本管理的要求,选择适合企业的成本计算方法。例如,在大量大批复杂生产的企业里,一般以每种产品及其所经过的加工步骤作为成本计算对象,采用分步法来计算产品成本。然而,如果企业规模较小,成本管理上不要求计算产品所经过加工步骤的成本,只要求计算出每种产品的成本,则可采用品种法计算产品的成本。

任务二 产品成本计算的品种法

产品成本计算的品种法是以产品的品种为成本计算对象,归集费用,计算产品成本的一种方法。按照产品品种计算成本,是产品成本计算最基本、最一般的要求,不论什么组织方式的制造企业,不论什么生产类型的产品,也不论成本管理要求如何,最终都必须按照产品品种计算出产品成本。也就是说,按照产品品种计算成本,是产品成本计算最一般、最基本的要求,品种法是最基本的成本计算方法。

一、品种法的适用范围

品种法主要适用于大量大批的单步骤生产,例如发电、采掘等生产。在大量大批多步骤生产下,如果企业或车间的规模较小,或者车间是封闭式的,即从原材料投入到产品出产的全部生产过程,都在一个车间内进行,或者生产是按流水线组织,管理上不要求按照生产步骤计算产品成本,都可以采用品种法计算产品成本。例如小型水泥厂,虽然是多步骤生产,但也可以采用品种法计算产品成本。又如大量大批生产的铸件熔铸和玻璃制品的熔制等,如果管理上不要求分熔炼与铸造或制造两个生产步骤计算产品成本,也可以采用品种法计算产品成本。此外,辅助生产的供水、供汽、供电等单步骤的大量生产,也采用品种法计算成本。

二、品种法的特点

(一)成本计算对象——产品品种

按照产品的生产类型和成本计算的繁简程度,可将品种法分为单一品种的品种法和多品种的品种法。

1. 单一品种的品种法

对于只生产一种产品的企业,在采用品种法计算产品成本时,成本计算对象就是该种产品。

2. 多品种的品种法

对于同时生产几种产品的企业,在采用品种法计算产品成本时,则需要以每种产品作为成本计算对象。

(二)成本计算期

在品种法下,应当按月计算产品成本。产品成本计算期与生产周期不一致,而与会计报告期是一致的。

(三) 费用在完工产品与在产品之间的分配

简单品种法:对于大量大批简单生产的企业,一般没有在产品或月末在产品很少,因而不计算月末在产品成本。

典型品种法:对于大量大批复杂生产的企业,月末一般都有在产品,而且数量较多,采用适当方法在完工产品与在产品之间进行分配。

三、品种法的计算程序

成本计算程序是指对产品生产过程中所发生的各项费用,按照财务会计制度的规定,进行审核、归集和分配,计算完工产品成本和月末在产品成本的过程。

(一) 简单品种法的成本计算程序

简单品种法相对于上述典型品种法而言,其成本计算程序比较简单,主要体现在成本计算对象品种单一,费用的发生比较直接,无须分配,只需按费用项目直接归集。由于通常月初、月末没有在产品,所以汇总本月发生的生产费用,即为本月完工产品的总成本。

(二) 典型品种法成本计算程序

采用典型成本法计算产品成本时,成本计算的程序通常如下。

1. 开设成本明细账

进行成本核算,首先应按产品品种设置产品成本明细账或成本计算单,辅助生产成本明细账、制造费用明细账,并按成本项目或费用项目设置专栏。

2. 计算并登记要素费用

对生产过程中发生的各项费用进行审核、归集和分配,并编制各种要素分配表,据以登记已经设置好的"基本生产成本明细账""辅助生产成本明细账""制造费用明细账"和平行登记"基本生产成本明细账"下设的"产品成本计算单"。

(1) 对于生产过程中本期发生的为某种产品生产直接耗用的直接费用,可以根据原始凭证和各项费用分配表等有关资料直接计入成本计算对象开设的"成本计算单"中的相关成本项目。

(2) 对于本期为几种产品共同耗用的主要间接费用,应按一定标准在各种产品之间分配后,分别计入"成本计算单"中的相关成本项目。

(3) 本期发生的其他间接费用,应先按其发生地点进行归集。

3. 分配并结转生产部门费用

(1) 汇集"生产成本——辅助生产成本明细账"的全部费用,按照各种产品和各单位受益的辅助生产劳务的数量,编制"辅助生产费用分配表",分配辅助生产费用,并登记到受益产品的"成本计算单"和受益单位的费用明细账中。

(2) 将基本生产车间"制造费用明细账"归集的费用进行汇总,并采用一定的方法,在生产的各种产品之间进行分配,编制"制造费用分配表",据以登记"基本生产成本明细账"及各种"产品成本计算单"。

4. 计算并结转完工产品成本

经过上述程序,本期生产产品应负担的各项费用都集中登记在"产品成本计算单"中,再采用一定的方法将生产费用合计数在完工产品和月末在产品之间进行分配,计算出完工产品成本和月末在产品成本。

结转各产品成本计算单中的完工产品成本,汇总编制"完工产品成本汇总计算表",并据以结转"基本生产成本明细账"中的完工产品成本。

具体账务处理如下。

(1) 根据货币资金支出业务,按用途分类汇总各种付款凭证,登记各项费用,据以登记有关明细账。

借:生产成本——基本生产成本
　　　　　——辅助生产成本
　　制造费用
　贷:银行存款

(2) 根据领退料凭证及有关分配标准,编制材料费用分配表,分配材料费用,据以登记有关明细账。

借:生产成本——基本生产成本
　　　　　——辅助生产成本
　　制造费用
　　管理费用
　贷:原材料

材料以计划成本核算的企业,同时还需要结转材料成本差异,如果为超支差,则做如下分录。

借:生产成本——基本生产成本
　　　　　——辅助成产成本
　　制造费用
　　管理费用
　贷:材料成本差异

如果为节约差,则做相反的会计分录(或做红字分录)。

(3) 根据电费付款凭证和实际耗用量等,编制外购动力费用分配表,登记有关明细账。

借:生产成本——基本生产成本
　　　　　——辅助生产成本
　　制造费用
　　管理费用
　贷:应付账款

(4) 根据工资结算凭证和福利费提取标准,编制工资及福利费分配表,分配工资及福利费,据以登记有关明细账。

借:生产成本——基本生产成本
　　　　——辅助生产成本
　　制造费用
　　管理费用
　　销售费用
　贷:应付职工薪酬——工资
　　　　　　　　——福利费

（5）根据固定资产使用情况及折旧办法,编制固定资产折旧费用分配表,分配固定资产折旧费,据以登记有关明细账。

借:制造费用
　　生产成本——辅助生产成本
　贷:累计折旧

（6）分配辅助生产费用。根据"辅助生产成本明细账"上归集的生产费用,编制辅助生产费用分配表,采用适当的分配方法,分配辅助生产费用,据以登记有关明细账。

借:生产成本——基本生产成本
　　制造费用
　　管理费用
　贷:生产成本——辅助生产成本

（7）分配基本生产车间制造费用。根据基本生产车间"制造费用明细账"上归集的生产费用,编制制造费用分配表,采用适当的分配方法,分配制造费用,据以登记"基本生产成本明细账"和"成本计算单"。

借:生产成本——基本生产成本
　贷:制造费用

（8）计算各种产品的完工产品成本和在产品成本。根据"基本生产成本明细账"和"成本计算单"上归集的生产费用,月末,采用适当的计算方法,计算各种产品的完工产品成本和在产品成本。如果月末没有在产品,则本月生产费用总额就全部是完工产品成本。

（9）结转完工产品生产成本

根据"基本生产成本明细账"和"成本计算单"计算的各种产品完工成本,编制"完工产品成本汇总表",计算完工产品和在产品的成本和单位成本,据以结转完工产品生产成本。

借:库存商品
　贷:生产成本——基本生产成本

四、品种法的运用

（1）企业基本情况。

假定某企业下设一个基本生产车间和一个辅助生产车间。20××年6月基本生产车间大量生产甲、乙两种产品;基本生产成本明细账设置"直接材料""直接人工"和"制造费用"三个成本项目。辅助生产车间——供电车间,为本企业基本生产车间和行政管理部门供电;辅助生产车间的制造费用不通过"制造费用"科目进行核算。根据生产特点和管理要求,采用品种法计算产品成本。

(2)按甲、乙两种产品设置产品成本明细账,账内设直接材料、直接人工、制造费用三个成本项目,见表5-9、表5-10。

(3)月末,将各种要素费用进行分配,并按费用发生地点和用途编制分配表。

① 材料费用的分配,如表5-1所示。

表5-1 材料费用分配表

编制单位:××公司　　　　　　　20××年6月　　　　　　　　　　单位:元

产品或部门	费用分配		合　计
	原料及主要材料	辅助材料	
甲产品	26 000	3 456	29 456
乙产品	20 000	1 344	21 344
基本生产车间		1 800	1 800
供电车间		3 000	3 000
行政管理部门		1 000	1 000
合　计	46 000	10 600	56 600

根据材料费用分配表,编制会计分录如下。

借:基本生产成本——甲产品　　　　　　29 456
　　　　　　　　——乙产品　　　　　　21 344
　　辅助生产成本——供电车间　　　　　　3 000
　　制造费用——基本生产车间　　　　　　1 800
　　管理费用　　　　　　　　　　　　　　1 000
　　贷:原材料　　　　　　　　　　　　　　　　56 600

② 人工费用的分配,如表5-2所示。

表5-2 工资及福利费分配表

编制单位:××公司　　　　　　　20××年6月　　　　　　　　　　单位:元

产品或部门	费用分配				合　计
	生产工时/小时	分配率/(元/小时)	应付工资	应付福利费	
甲产品	12 000		10 800	1 512	12 312
乙产品	8 000		7 200	1 008	8 208
小　计	20 000	0.9	18 000	2 520	20 520
供电车间			4 000	560	4 560

续表

产品或部门	费用分配				合 计
	生产工时/小时	分配率/(元/小时)	应付工资	应付福利费	
基本生产车间			5 000	700	5 700
行政管理部门			6 000	840	6 840
合　计			33 000	4 620	37 620

根据工资及福利费分配表,编制会计分录如下。

借:基本生产成本——甲产品　　　　　　　　　　10 800
　　　　　　　　——乙产品　　　　　　　　　　 7 200
　　辅助生产成本——供电车间　　　　　　　　　 4 000
　　制造费用——基本生产车间　　　　　　　　　 5 000
　　管理费用　　　　　　　　　　　　　　　　　 6 000
　　贷:应付职工薪酬——工资　　　　　　　　　　33 000
借:基本生产成本——甲产品　　　　　　　　　　 1 512
　　　　　　　　——乙产品　　　　　　　　　　 1 008
　　辅助生产成本——供电车间　　　　　　　　　　 560
　　制造费用——基本生产车间　　　　　　　　　　 700
　　管理费用　　　　　　　　　　　　　　　　　　 840
　　贷:应付职工薪酬——福利费　　　　　　　　　 4 620

③ 固定资产折旧费用分配,如表 5-3 所示。

表 5-3　固定资产折旧费用分配表

编制单位:××公司　　　　　　　20××年 6 月　　　　　　　　　　　单位:元

项目	基本生产车间	供电车间	行政管理部门	合计
折旧费	800	700	450	1 950

根据折旧费用分配表,编制会计分录如下。

借:辅助生产成本——供电车间　　　　　　　　　　700
　　制造费用——基本生产车间　　　　　　　　　　800
　　管理费用　　　　　　　　　　　　　　　　　　450
　　贷:累计折旧　　　　　　　　　　　　　　　 1 950

④ 其他费用支出的分配(假定货币支出均用银行存款支付),如表 5-4 所示。
根据其他费用分配表编制会计分录如下。

借:辅助生产成本——供电车间　　　　　　　　　　516
　　制造费用——基本生产车间　　　　　　　　　　770
　　管理费用　　　　　　　　　　　　　　　　　　674
　　贷:银行存款　　　　　　　　　　　　　　　 1 960

表 5-4 其他费用分配表

编制单位:××公司　　　　　　20××年6月　　　　　　　　　　单位:元

车间或部门	办公费	水费	劳保费	合计
基本生产车间	600	50	120	770
供电车间	400	36	80	516
行政管理部门	500	74	100	674
合　计	1 500	160	300	1 960

根据以上各项费用分配表及有关会计凭证,分别登记辅助生产成本明细账、制造费用明细账、产品成本明细账等。

⑤ 分配辅助生产费用。

根据"辅助生产成本明细账"归集的辅助生产费用如表 5-5 所示,采用直接分配法,按供应的对象和数量(用电量)分配辅助生产费用,编制辅助生产费用分配表,如表 5-6 所示。

表 5-5 辅助生产成本明细账

车间名称:供电车间　　　　　　20××年6月　　　　　　　　　　单位:元

年		凭证	摘要	工资	福利费	折旧费	水费	办公费	劳保费	合计
月	日	字 号	材料费用	3 000						3 000
6	30		工资费用		4 000					4 000
			职工福利费			560				560
			折旧费				700			700
			其他费用				36	400	80	516
6	30		本月发生	3 000	4 000	560	700	36	400	80	8 776
6	30		分配转出	3 000	4 000	560	700	36	400	80	8 776

表 5-6 辅助生产费用分配表

编制单位:××公司　　　　　　　　　　　　　　　　　　20××年6月

产品或车间	供应量/度	分配率/(元/度)	分配金额/元
甲产品	9 000		4 500
乙产品	6 000		3 000
基本生产车间	1 000		500
行政管理部门	1 552		776
合　计	17 552	0.5	8 776

根据辅助生产费用分配表,编制会计分录,并记入产品成本明细账、制造费用明细账和辅助生产成本明细账。

借:基本生产成本——甲产品 4 500
　　　　　　　　——乙产品 3 000
　　制造费用——基本生产车间 500
　　管理费用 776
　贷:辅助生产成本——供电车间 8 776

⑥ 分配制造费用。

根据上列各种费用分配表和有关资料,登记制造费用明细账,归集基本生产车间的制造费用(表 5-7)。按产品的生产工时比例分配制造费用,编制制造费用分配表,如表 5-8 所示。

表 5-7　制造费用明细账

车间名称:生产车间　　　　　　　20××年6月　　　　　　　　　　单位:元

| 年 | | 凭证号数 | 摘要 | 工资 | 福利费 | 办公费 | 水电费 | 材料 | 折旧费 | 劳保费 | 合计 |
月	日										
6	30		材料费用					1 800			1 800
			工资福利费	5 000	700						5 700
			折旧费						800		800
			其他费用			600	50			120	770
			转入供电车间费用				500				500
6	30		本月发生	5 000	700	600	550	1 800	800	120	9 570
6	30		分配转出	5 000	700	600	550	1 800	800	120	9 570

表 5-8　制造费用分配表

编制单位:××公司　　　　　　　　　　　　　　　　　20××年6月

| 产品 | 费用分配 | | 分配费用/元 |
	生产工时/小时	分配率/(元/小时)	
甲产品	13 000		6 500
乙产品	6 140		3 070
合计	19 140	0.5	9 570

根据制造费用分配表,编制会计分录,并记入产品成本明细账。

借:基本生产成本——甲产品 6 500
　　　　　　　　——乙产品 3 070
　贷:制造费用——基本生产车间 9 570

⑦ 计算完工产品和月末在产品成本。

经过以上各步骤费用分配,应由本月产品成本负担的费用,均已根据各种费用分配表及相关凭证记入产品成本明细账。

(a) 甲产品生产费用分配。甲产品月末在产品数量较多,而且各月月末之间在产品数量变化也较大,同时产品成本中各项费用的比重又相差不多,因而采用约当产量比例法在完工产品和在产品之间分配生产费用,见表 5-9。

表 5-9　产品成本明细账

产品:甲产品　　　　　　　　　　　　　　　　　　　　　完工程度:40%
完工产品数量:700　　　　　　　　　　　　　　投料方式:生产开始时一次投料
在产品数量:250　　　　　20××年 6 月　　　　　　　　　　　　单位:元

月	日	摘　　要	直接材料	直接人工	制造费用	合　计
6	1	月初在产品成本	5 694	2 688	1 000	9 382
6	30	耗用材料	29 456			29 456
		工资及福利费		12 312		12 312
		辅助生产成本			4 500	4 500
		制造费用			6 500	6 500
6	30	生产费用合计	35 150	15 000	12 000	62 150
		约当生产总量	950	800	800	
		单位成本	37	18.75	15	70.75
6	30	结转完工产品成本	25 900	13 125	10 500	49 525
6	30	月末在产品成本	9 250	1 875	1 500	12 625

表 5-9 有关数据计算。

约当生产总量(原材料):700+250=950(件)

约当生产总量(工资及福利费):700+250×40%=800(件)

月末在产品材料费用:250×37=9 250(元)

月末在产品工资及福利费:250×40%×18.75=1 875(元)

月末在产品制造费用:250×40%×15=1 500(元)

本月完工产品材料费用:35 150-9 250=25 900(元)

本月完工产品工资及福利费:15 000-1 875=13 125(元)

本月完工产品制造费用:12 000-1 500=10 500(元)

本月产成品总成本:25 900+13 125+10 500=49 525(元)

根据甲产品完工总成本,编制结转完工产品成本会计分录。

　　借:库存商品——甲产品　　　　　　　　　49 525
　　　　贷:基本生产成本——甲产品　　　　　　　　49 525

(b) 乙产品费用分配。乙产品本月全部完工,不存在分配问题,本月生产费用总额全部由完工产品承担,如表 5-10 所示。

表 5-10 产品成本明细账

产品名称:乙产品　　　　20××年6月　　　　完工数量:200件　　　　单位:元

月	日	摘　　要	直接材料	直接人工	制造费用	合　计
6	1	月初在产品成本	—	—	—	—
	30	耗用材料	21 344			21 344
		工资及福利费		8 208		8 208
		辅助生产费用			3 000	3 000
		制造费用			3 070	3 070
6	30	生产费用合计	21 344	8 208	6 070	35 622
6	30	单位成本	106.72	41.04	30.35	178.11
6	30	结转完工产品成本	21 344	8 208	6 070	35 622

结转本月完工产品成本,编制会计分录如下。

借:库存商品——乙产品　　　　　　　　　　　35 622
　　贷:基本生产成本——乙产品　　　　　　　　　35 622

⑧ 根据产品成本明细账,编制产品成本汇总表,如表 5-11 所示。

表 5-11 产品成本汇总表

编制单位:××公司　　　　20××年6月　　　　　　　　　　单位:元

产品名称	产量/件	直接材料	直接人工	制造费用	总成本	单位成本
甲产品	700	25 900	13 125	10 500	49 525	70.75
乙产品	200	21 344	8 208	6 070	35 622	178.11
合　计	—	47 244	21 333	16 570	85 147	—

任务三　产品成本计算的基本方法和辅助方法

一、产品成本计算的基本方法

为了适应各种类型生产的特点和管理要求,在产品成本计算工作中有三种不同的产品成本计算对象,与之相联系的三种不同的产品成本计算方法有品种法、分批法和分步法。这三种方法是产品成本计算的基本方法。

(一)品种法

品种法是以产品品种(不分批、不分步)为成本计算对象的产品成本计算方法。该方法适用于单步骤生产或管理上不要求分步骤计算成本的单步骤大量大批生产的企业。由于大量大批生产,不可能等全部产品完工以后再计算产品的实际成本,所以需要按月计算产品成本,即成本计算期与会计报告期一致,但与生产周期不一致。

多步骤生产的企业期末一般有在产品,因此,需要在本期完工产品和期末在产品之间分配生产费用。

(二)分批法

分批法是以产品批别(或单件)为成本计算对象的产品成本计算方法。该方法适用于单步骤生产或管理上不要求分步骤计算成本的多步骤小批单件生产的企业。由于以产品批别为成本核算对象,只有在该批产品全部完工以后,才能准确计算出该批产品的实际成本。因此,分批法的成本计算期不能确定,即成本计算期与会计报告期不一定一致,与生产周期一致。

当一批产品完工后,全部为产成品,明细账中归集的生产费用全部为完工产品成本,所以,在分批法下,不需要在本期完工产品和期末在产品之间分配生产费用。

(三)分步法

分步法是以产品生产步骤为成本计算对象的产品成本计算方法。该方法适用于管理上要求分步骤计算成本的多步骤大量大批生产的企业。与品种法相同,由于大量大批生产,不可能等全部产品完工以后再计算产品的实际成本,所以需要按月计算产品成本,即成本计算期与会计报告期一致,但与生产周期不一致。

采用多步骤生产的企业一般情况下期末有在产品,因此,需要在本期完工产品和期末在产品之间分配生产费用。

二、产品成本计算的辅助方法

在实际工作中,除了上述三种产品成本核算基本方法外,根据企业的具体情况,还可以采用其他辅助方法。从计算产品实际成本的角度来说,这些方法并不是必不可少的,因此称为辅助方法。但是,对于某些企业来说,辅助方法也很重要,具体有以下几种。

(一)分类法

在产品品种、规格繁多的企业,为了简化成本核算工作,可以采用分类法。分类的成本核算对象是产品的类别,即将产品的某一类别视为某一品种,按照品种法的基本原理计算出各类产品的实际总成本,然后再采用系数法等计算出类内各种产品的实际总成本和单位成本。

(二)定额法

在定额管理基础工作比较好的企业,为了配合和加强生产费用和产品成本的定额管理,将成本核算和成本控制结合起来,可以采用定额法。定额法将符合定额的费用和脱离定额的差异分别核算,以本期完工产品的定额成本为基础,加减脱离定额的差异、材料成本差异和定额变动差异来求得实际成本,解决了成本的日常控制问题。

(三)标准成本法

标准成本法是指以预先制定的标准成本为基础,用标准成本与实际成本进行比较,核算和分析成本差异的一种产品成本计算方法,也是加强成本控制、评价经济业绩的一种成本控制制度。它的核心是按标准成本记录和反映产品成本的形成过程和结果,并借以实现对成本的控制。

成本管理小故事

煮蛋的学问

一家日本餐厅和一家中国餐厅都卖煮鸡蛋,两家餐厅的蛋都一样受欢迎,价钱也一样,但日本餐厅赚的钱却比中国餐厅多,旁人疑惑不解。成本控制专家对日本餐厅和中国餐厅煮蛋的过程进行比较,终于找到了答案。

日本餐厅的煮蛋方式:用一个长、宽、高各4厘米的特制容器,放进鸡蛋,加水(估计只能加50毫升左右),盖上盖子,打火,1分钟左右水开,再过3分钟关火,利用余热煮3分钟。

中国餐厅的煮蛋方式:打开液化气,放上锅,添进一瓢凉水(大约250毫升),放进鸡蛋,盖锅盖,3分钟左右水开,再煮大约10分钟,关火。

专家计算的结果:前者起码节约4/5的水、2/3以上的煤气和将近一半的时间,所以日本餐厅在水和煤气上就比中国餐厅节省了将近70%的成本,并且日本餐厅利用节省的一半时间为顾客提供了更快捷的服务。

项目六　产品成本计算方法——分批法

引言

不同企业的生产过程有不同的特点,其成本管理的要求也不一样,这对成本计算具体方法的选择带来了很大的影响。只有根据企业生产的特点和成本管理的不同要求,选择不同的成本计算方法,才能正确地计算产品成本。

学习目标

1. 掌握分批法的适用范围和特点;
2. 掌握分批法的成本计算程序和运用;
3. 掌握简化的分批法的使用。

案例导入

海天工厂属于小批生产的企业,20××年成立,只设有一个基本生产车间,按生产任务通知单组织生产,1月份投产了 A 产品,2月份投产了 B 产品,3月份继续对前两个月投产的产品进行加工外,还投产 C 和 D 两种新产品。月末完工产品已经交产成品仓库。各种产品生产情况见表6-1。

表6-1　海天工厂各种产品生产情况表

20××年3月

批　号	产品名称	批量/件	投产与完工情况
101	A产品	8	1月投产,本月月末全部完工
201	B产品	10	2月投产,本月月末全部未完工
301	C产品	10	本月投产,本月月末已完工6件
401	D产品	20	本月投产,本月月末提前完工4件

问题:

1. 如何运用分批法计算 A、B、C、D 四种产品的成本?
2. 如何运用简化的分批法计算 A、B、C、D 四种产品的成本?

任务一　分批法的适用范围和特点

一、分批法的含义

分批法是以产品批别或购货单位订单作为成本计算对象,归集和分配生产费用,计算产品成本的一种方法。在小批、单件生产的企业,生产活动大多是根据购货单位的订单组织的,按产品批别计算产品成本,往往与按订单计算产品成本相一致,因此分批法又称订单法。

二、分批法的适用范围

分批法主要适用于小批、单件生产,管理上不要求分步骤计算成本的多步骤生产。例如,重型机械、船舶、精密仪器、专用设备、专用工具、服装、印刷、工具模具制造、修理、新产品试制等企业或车间。

使用分批法计算成本的企业,其生产的产品应具有可辨识性、独一无二性,产品数量相对较小或每一生产批次可以截然分开。

三、分批法的特点

(一)成本计算对象

分批法的成本计算对象是产品批别或购货单位的订单,但具体组织生产、计算成本的产品批别和批量,不一定与订单完全一致,具体如下。

(1)如果一张订单中要求生产多种产品,为了便于考核分析各种产品的成本计划执行情况,加强生产管理,应将订单按照产品的品种划分成几个批别组织生产。

(2)如果一张订单中只要求生产一种产品,但该产品是价值较高、生产周期较长的大型复杂产品(如万吨轮),也可以将订单按产品的零部件分为几个批别组织生产。

(3)如果在同一时期的几张订单要求生产相同的产品,为了更加经济合理地组织生产,也可以将相同产品的订单合并为一批组织生产。

(4)如果一张订单中只要求生产一种产品,但数量较大,超过企业的生产负荷能力而不便于集中一次投产,或者购货单位要求分批交货,也可将订单分为几个批别组织生产。

按照产品批别组织生产时,生产计划部门签发"生产任务通知单",通知车间、采购、会计等部门。在"生产任务通知单"中对该批生产任务进行编号,称为产品批号(生产令号)。生产车间按生产令号组织生产,采购部门按生产令号储备、发放材料,会计部门按"生产任务通知单"中的生产令号开设基本生产成本明细账。分批法的成本核算对象产品批号即为生产令号,在单件、小批生产的企业,生产令号具有核心作用。

(二)成本计算期

分批法是以每批或每件产品的生产周期作为成本计算期。

采用分批法计算产品成本时,要按月归集各订单或批次的实际生产费用,但由于产品成本要在各批产品完工后才能计算出来,有的批次当月投产,当月完工;有的批次要经过数月甚至数年才能完工。完工产品的成本计算因各批次的生产周期而异,成本计算是不定期的。采用分批法时,成本计算期与产品的生产周期一致,而与会计报告期不一致。

(三)生产费用在完工产品和月末在产品之间的分配

若企业是单件生产,不存在完工产品与月末在产品之间分配生产费用的问题。

若企业是小批生产,整批产品完工程度一致,不需要在完工产品和月末在产品之间分配生产费用。小批生产的企业,如果各订单或批次的产品全部完工,则归集的生产费用构成该批完工产品的总成本;如果各订单或批次的产品全部未完工,则归集的生产费用构成该批产品的月末在产品成本。这种情况通常只有费用在各批产品之间的分配,而不存在费用在完工产品和在产品之间的分配。因此,分批法一般不存在完工产品和月末在产品之间分配生产费用的问题。

如果产品批量较大、购货单位要求分次交货时,就会出现批内产品跨月陆续完工的情况,这时就需要将生产费用在完工产品与月末在产品之间进行分配。具体分两种情况,不同情况下分配方法不同。

(1)如果跨月完工的数量较少,即月末完工产品数量占批量比重较小,则采用简化的方法确定完工产品成本。月末完工产品数量较小,为简化成本计算工作,可以采用定额单位成本、计划单位成本或近期同种产品的实际单位成本计算完工产品成本。待该批产品全部完工时,再计算全部产品的实际总成本和单位成本。完工时,对之前已经结转的按定额单位成本、计划单位成本或近期同种产品的实际单位成本计算完工产品成本,不再做账面调整。

(2)如果跨月完工的数量较多,即月末完工产品数量占批量比重较大时,就需要采用一定的方法(例如约当产量法、定额比例法)在完工产品与月末在产品之间分配生产费用。

采取分批法的企业,为使同一批产品同时完工,避免跨月陆续完工的情况,减少完工产品和月末在产品之间分配费用的工作,生产企业应在合理组织生产的前提下,适当地缩小产品的生产批量。

任务二 分批法的成本计算程序与应用

一、分批法的成本计算程序

（一）设置生产成本明细账

每批产品投产时，根据"生产任务通知单"的生产批号（生产令号），按产品批别设置生产成本明细账，按成本项目开设专栏，用以对各批产品归集生产费用、计算产品成本。

（二）按成本项目归集和分配生产费用

月末，对企业当月发生的生产费用，按产品批别进行归集和分配，具体如下。

（1）归集分配要素费用。对生产过程中发生的各项要素费用进行审核、归集和分配，编制各种要素费用分配表，按产品批别分成本项目据以登记已设置的成本明细账（"产品成本明细账""辅助生产成本明细账""制造费用明细账"）。

（2）分配辅助生产费用。在设有辅助生产单位的企业，月末应将汇集的辅助生产费用分配给各受益对象，包括直接分配给产品的生产成本和基本生产单位的制造费用等。

（3）分配基本生产单位制造费用。基本生产单位的制造费用，应由该生产单位的各批产品成本负担，平时发生制造费用，通过制造费用账户加以归集，月末应将归集的基本生产部门发生的制造费用按规定的方法分配计入各批产品的生产成本。

（三）生产费用在完工产品和月末在产品之间分配

采用分批法计算产品成本，月末一般不需要在本月完工产品和月末在产品之间分配生产费用。若出现产品跨月陆续完工的情况，需要不同情况不同处理。如果跨月完工的数量较少，采用定额单位成本、计划单位成本或近期同种产品的实际单位成本计算完工产品成本；如果跨月完工的数量较多，选用恰当的方法在完工产品和月末在产品之间分配生产费用。

（四）结转完工产品成本

期末，根据成本计算结果，结转本期完工产品的实际总成本。

分批法与品种法的成本计算程序基本相同，只是在分批法下，产品成本明细账按产品批别或订单设置，以此为成本计算对象进行费用的归集与分配。

二、分批法的应用

（一）企业基本情况

【例6-1】 大华工厂属于小批生产企业，设有一个基本生产车间，按生产任务通知单

(生产令号)组织生产。6月份除了继续对4月份、5月份投产的产品进行加工外,还投产了两个新产品。月末完工产品已经交产成品仓库。有关资料如表6-2～表6-4所示。要求按分批法计算产品成本。

(1) 各种产品生产情况如表6-2所示。

表6-2　大华工厂各种产品生产情况表

20××年6月　　　　　　　　　　　　　　　　　单位:件

批号	产品名称	批量/件	投产与完工情况
402	A产品	8	4月投产,本月月末全部完工
503	B产品	10	5月投产,本月月末全部未完工
601	C产品	10	本月投产,本月月末已完工6件
602	D产品	20	本月投产,本月月末提前完工4件

(2) 月初在产品成本如表6-3所示。

表6-3　大华工厂月初在产品成本资料表

20××年6月　　　　　　　　　　　　　　　　　单位:元

批号	月份	直接材料	直接人工	制造费用	合计
402	4月	2 800	800	1 310	4 910
	5月	1 060	550	1 030	2 640
	5月累计	3 860	1 350	2 340	7 550
503	5月	2 880	1 990	2 010	6 880

(3) 根据各种费用分配表,汇总各批产品本月的生产费用,如表6-4所示。

表6-4　大华工厂本月的生产费用表

20××年6月　　　　　　　　　　　　　　　　　单位:元

批号	产品名称	直接材料	直接人工	制造费用	合计
402	A产品	1 000	2 460	2 900	6 360
503	B产品	1 200	2 100	1 860	5 160
601	C产品	4 580	3 180	2 020	9 780
602	D产品	2 590	2 390	3 160	8 140

(二) 成本计算程序

1. 设置成本计算对象和账户

该厂以产品批别为成本计算对象,设置:402批次A产品、503批次B产品、601批次C产品、602批次D产品四个基本生产成本明细账(产品成本计算单);成本项目包括直接材料、直接人工和制造费用。

2. 归集和分配生产费用

本月发生的材料费用、人工费用和其他费用,均可按产品的批次加以区分,直接记入各批次产品生产成本明细账,不需要在各成本计算对象之间分配费用。本月发生的各种间接费用已由"制造费用"明细账汇集,按各批产品的实际工时进行分配。

本月各种直接费用资料已记入各成本计算单,见表6-5～表6-8,会计分录省略。本月发生的制造费用(费用明细账和分配表、会计分录略)也已分别记入各批次的成本计算单。

表6-5 大华工厂产品成本明细账

产品批号:402　　　　　订货单位:大发工厂　　　　投产日期:4月2日
产品名称:A产品　　　　产品批量:8件　　　　　　完工日期:6月30日
　　　　　　　　　　　　　　　　　　　　　　　　单位:元

月份	摘　要	直接材料	直接人工	制造费用	合　计
4	本月发生	2 800	800	1 310	4 910
5	本月发生	1 060	550	1 030	2 640
	本月累计	3 860	1 350	2 340	7 550
6	本月发生	1 000	2 460	2 900	6 360
	本月累计	4 860	3 810	5 240	13 910
	完工产品总成本	4 860	3 810	5 240	13 910
	完工产品单位成本	607.50	476.25	655.00	1 738.75

表6-6 大华工厂产品成本明细账

产品批号:503　　　　　订货单位:大山工厂　　　　投产日期:5月3日
产品名称:B产品　　　　产品批量:10件　　　　　　完工日期:
　　　　　　　　　　　　　　　　　　　　　　　　单位:元

月份	摘　要	直接材料	直接人工	制造费用	合　计
5	本月发生	2 880	1 990	2 010	6 880
6	本月发生	1 200	2 100	1 860	5 160
6	本月累计(月末在产品成本)	4 080	4 090	3 870	12 040

3. 生产费用在完工产品与在产品之间的分配

601批号C产品本月月末已完工6件,其余4件为在产品。原材料在生产开始时一次投入,在产品完工程度为50%,按约当产量法在完工产品与在产品之间分配生产费用。

602批号D产品本月月末提前完工4件,其余16件为在产品。为了简化计算,完工产品按定额成本计价,每件定额成本为:直接材料210元,直接人工185元,制造费用260元,合计655元。

4. 结转完工产品成本

本月完工产品成本的计算和结转,如表6-9所示。

表6-7 大华工厂产品成本计算单

产品批号:601　　　　订货单位:天山工厂　　　　投产日期:6月1日
产品名称:C产品　　　产品批量:10件　　　　　 完工日期:(本月完工6件)

单位:元

摘　要	直接材料	直接人工	制造费用	合　计
1. 本月生产费用合计	4 580	3 180	2 020	9 780
2. 完工产品数量/件	6	6	6	6
3. 月末在产品约当量	4	2	2	—
4. 约当总量/件	10	8	8	—
5. 单位成本(分配率)	458	397.50	252.50	1 108
6. 完工产品成本	2 748	2 385	1 515	6 648
7. 月末在产品成本	1 832	795	505	3 132

表6-8 大华工厂产品成本计算单

产品批号:602　　　　订货单位:天宝工厂　　　　投产日期:6月2日
产品名称:D产品　　　产品批量:20件　　　　　 完工日期:(本月完工4件)

单位:元

摘　要	直接材料	直接人工	制造费用	合　计
1. 本月生产费用合计	2 590	2 390	3 160	8 140
2. 完工产品数量/件	4	4	4	4
3. 完工产品单位定额成本	210	185	260	655
4. 完工产品成本	840	740	1 040	2 620
5. 月末在产品成本	1 750	1 650	2 120	5 520

表6-9 大华工厂完工产品成本汇总表

单位:元

成本项目	A产品(8件)		C产品(6件)		D产品(4件)	
	总成本	单位成本	总成本	单位成本	总成本	单位成本
直接材料	4 860	607.50	2 748	458	840	210
直接人工	3 810	476.25	2 385	397.50	740	185
制造费用	5 240	655.00	1 515	252.50	1 040	260
合　计	13 910	1 738.75	6 648	1 108	2 620	655

根据完工产品成本汇总表编制会计分录,结转完工产品成本。

借:库存商品——A产品　　　　　　　　　　　　13 910
　　　　　　——C产品　　　　　　　　　　　　 6 648
　　　　　　——D产品　　　　　　　　　　　　 2 620

贷：基本生产成本——402批A产品　　　　　13 910
　　　　　　　——601批C产品　　　　　　6 648
　　　　　　　——602批D产品　　　　　　2 620

任务三　简化分批法

一、简化分批法的含义和适用范围

在单件、小批生产的企业或车间中，同一月份投产的产品批别往往很多，有的多至几十批，甚至几百批，月末有的批别能完工，有的不能完工。如果将发生的各项间接计入费用按月分配给各批产品，不管各批产品是否已经完工，核算工作量都非常繁重。为了简化核算工作，在投产批数多而且月末未完工的批数较多时，可以采用不分批计算在产品成本的简化分批法。

简化分批法又称不分批计算在产品成本的分批法，指在各批产品完工以前，各批产品成本明细账内不必按月分配、登记各项间接计入费用，只需按月登记直接计入费用和生产工时，将各批产品的间接计入费用累计起来，登记在基本生产成本二级账中，只有当月末出现完工产品时，才在各批完工产品间分配间接计入费用，计算有完工产品批次的产品成本，而对于各批未完工的在产品，不分配间接计入费用，不计算各批产品在产品成本的一种成本计算方法。

这种方法适用于各月间接计入费用水平相差不多时，在同一月份投产批数较多，而且月末未完工的批数也较多的企业或车间。在简化分批法中，月末完工的批别都需要分配间接计入费用，当投产批数多但月末完工批数也多时，用这种方法计算产品成本并未减少核算工作量，便不再适用。

二、简化分批法的特点

和分批法相比，简化分批法具有以下特点。

（一）增设基本生产成本二级账

简化分批法按产品批别设置基本生产成本明细账（产品成本计算单），按生产单位设置基本生产成本二级账，二者均增设生产工时专栏。

简化分批法必须设置基本生产成本二级账，其作用在于以下两点。

（1）按月反映全部各批产品的累计生产费用（包括直接计入费用和间接计入费用）和累计生产工时。即二级账中按成本项目反映全部产品的月初在产品成本、本月生产费用、累计生产费用，按生产工时反映全部产品的月初在产品工时、本月生产工时、累计生产工时。

（2）有完工产品的月份，计算和登记累计间接计入费用分配率。按照累计间接计入费用分配率和完工各批产品的累计生产总工时,计算和登记完工各批产品应负担的累计间接计入费用,并计算完工各批产品的总成本和月末各批在产品的总成本。

(二) 简化间接计入费用的分配

全部各批产品的完工产品应负担的间接计入费用和全部各批产品的在产品应负担的间接计入费用,均以总数反映在基本生产成本二级账中。各批产品中,对各批完工产品分配间接计入费用,对未完工批别不分配间接计入费用,未完工批别也不分批计算在产品成本。

三、简化分批法的成本计算程序

(一) 设置账簿

按生产单位设置基本生产成本二级账,账内按成本项目和生产工时设置专栏,用以登记全部各批产品的累计生产费用、累计工时。按产品批别设置基本生产成本明细账,增设生产工时专栏。

(二) 按月归集和分配要素费用、生产部门费用及生产工时

根据相关费用分配表、明细账和工时记录,分别登记基本生产成本二级账和基本生产成本明细账。

基本生产成本明细账(产品成本计算单),平时账内只登记直接计入费用(如直接材料)和生产工时。间接计入费用(如制造费用),不在各批产品之间进行分配,暂不登记。

基本生产成本二级账,与基本生产成本明细账(产品成本计算单)平行登记,分成本项目登记全部各批产品的直接计入费用、间接计入费用及生产工时,并按成本项目累计起来。月终,将二级账内的本月直接计入费用和生产工时与基本生产成本明细账(产品成本计算单)进行核对。

(三) 计算累计间接计入费用分配率,分配间接计入费用

有完工产品的月份,间接计入费用需要在各批完工产品之间分配,由累计间接计入费用分配率和完工产品累计生产工时计算得出。计算公式如下:

$$累计间接计入费用分配率 = \frac{全部产品累计间接计入费用}{全部产品累计工时}$$

$$某批次完工产品应负担的间接计入费用 = 该批次完工产品累计工时 \times 产品累计间接计入费用分配率$$

各批完工产品之间、完工批别与月末在产品批别之间,以及某批产品的完工产品与月末在产品之间分配某项间接计入费用,采用的是同一间接计入费用分配率。

(四) 计算完工产品成本

月末,未完工批次产品,不登记累计间接计入费用分配率,不分配间接计入费用,不计算在产品成本;完工产品的批次,登记累计间接计入费用分配率,按照其累计工时的比

例分配并登记间接计入费用,计算该批次完工产品成本和在产品成本(部分完工)。本月完工产品从基本生产成本二级账分配转入的间接计入费用,加上基本生产成本明细账(产品成本计算单)中原记录的直接计入费用,就是本月完工产品总成本。

基本生产成本二级账,有完工产品的月份登记累计间接计入费用分配率,汇总基本生产成本明细账(产品成本计算单)中各批完工产品的生产工时、直接计入费用和间接计入费用,登记至基本生产成本二级账,计算本月完工各批产品的总成本和总生产工时。

(五)结转完工产品成本

根据基本生产成本明细账(产品成本计算单)和产品入库单,编制产成品入库分录。

四、简化分批法的应用

(一)企业基本情况

【例 6-2】 天宝工厂为小批生产类型企业,设有一个基本生产车间和一个辅助生产车间,根据客户订单生产 A、B、C、D、E 五种产品。该厂产品种类和批次都较多,为了简化成本计算,采用累计费用分配率分配间接计入费用,成本计算采用简化的分批法。天宝工厂本年 6 月份生产的产品品种及批次如表 6-10 所示。

表 6-10 天宝工厂产品批次明细表

20××年6月

批次	产品名称	批量/件	投产日期	完工日期	本月实际生产工时
401	A产品	5	4月6日	6月5日	1 000
402	B产品	10	4月16日	6月15日	2 000
503	C产品	10	5月8日	6月20日	3 000
504	D产品	15	5月19日	月末尚未完工	2 000
605	E产品	10	6月25日	月末尚未完工	1 000

(二)成本计算程序

1. 设置基本生产成本二级账及基本生产成本明细账(产品成本计算单)

天宝工厂以前月份投产本月尚未完工的 401、402、503、504 等批次产品,已设置"产品生产成本明细账",并登记了以前月份发生的直接计入费用,如表 6-14 至表 6-17 所示;本月投产的 605 批次产品,应新设置"产品生产成本明细账",如表 6-18 所示。

该厂设置的"基本生产成本二级账"如表 6-13 所示。

制造费用明细账、修理车间辅助生产成本明细账、管理费用明细账等从略。

2. 登记本月发生的生产费用

(1)材料费用

该厂产品生产直接耗用的材料可直接计入各批产品,不需分配,本月发生的材料费用如表 6-11 所示。

表 6-11　天宝工厂发出材料汇总表

20××年 6 月　　　　　　　　　　　　　　　　　　　　　　　单位:元

材 料 用 途	原材料	低值易耗品	合　计
产品生产直接消耗	80 000		80 000
其中:504 批 D 产品	50 000		50 000
605 批 E 产品	30 000		30 000
基本生产车间一般消耗	6 000	4 000	10 000
辅助生产车间消耗	1 000		1 000
厂部管理部门消耗	2 000	4 000	6 000
合　计	89 000	8 000	97 000

根据发出材料汇总表编制会计分录,并登记有关总账和明细账。

借:基本生产成本——504 批 D 产品　　　　　50 000
　　　　　　　　——605 批 E 产品　　　　　30 000
　　制造费用——基本生产车间　　　　　　　10 000
　　辅助生产成本——修理车间　　　　　　　 1 000
　　管理费用　　　　　　　　　　　　　　　 6 000
　贷:原材料　　　　　　　　　　　　　　　　89 000
　　　低值易耗品　　　　　　　　　　　　　　8 000

(2) 工资及提取的福利费

该厂"工资及福利费汇总表"如表 6-12 所示。采用简单的分批法,产品生产工人工资不需在各批次产品之间分配,只需根据工资及福利费汇总表编制会计分录,并登记有关总账和二级账。

表 6-12　天宝工厂工资及福利费汇总表

20××年 6 月　　　　　　　　　　　　　　　　　　　　　　　单位:元

人 员 类 别	工　资	福 利 费	合　计
生产产品的工人	54 600	7 600	62 200
基本生产车间管理人员	5 000	700	5 700
辅助生产人员	3 000	420	3 420
厂部管理人员	8 000	1 180	9 180
合　计	70 600	9 900	80 500

根据工资及福利费汇总表编制会计分录。

借:基本生产成本——基本生产车间　　　　　62 200

制造费用——基本生产车间	5 700	
辅助生产成本——修理车间	3 420	
管理费用	9 180	
贷：应付职工薪酬——工资		70 600
——福利费		9 900

(3) 其他费用

该厂本月发生的其他费用已分别记入制造费用明细账、辅助生产成本明细账和管理费用明细账，分录的编制和明细账的登记从略。

3. 分配辅助生产费用

根据"辅助生产成本"明细账提供的资料，分配辅助生产费用，编制会计分录，并登记有关总账和明细账。

该厂本月修理车间共发生费用 8 000 元，修理总工时为 800 小时，其中基本生产车间 600 小时，厂部管理部门 200 小时。按生产工时采用直接分配法进行分配。

　　分配率＝8 000÷800＝10(元/小时)

　　基本生产车间负担费用＝10×600＝6 000(元)

　　厂部管理部门负担费用＝10×200＝2 000(元)

编制会计分录如下。

借：制造费用——基本生产车间	6 000	
管理费用	2 000	
贷：辅助生产成本——修理车间		8 000

4. 分配制造费用

根据制造费用明细账提供的资料，本月基本生产车间共发生费用 48 000 元。采用简化的分批法，制造费用不需在各批次产品之间进行分配，全部转入基本生产成本二级账，编制会计分录，并登记有关总账和二级账。

编制会计分录如下。

借：基本生产成本——基本生产车间	48 000	
贷：制造费用——基本生产车间		48 000

5. 计算累计间接计入费用分配率

根据基本生产成本二级账表 6-12 提供的资料，本月各批次产品累计工时为 30 000 小时，累计直接人工费用为 222 000 元，累计制造费用为 135 000 元，全部产品累计间接计入费用分配率计算如下：

　　直接人工分配率＝222 000÷30 000＝7.4(元/小时)

　　制造费用分配率＝135 000÷30 000＝4.5(元/小时)

6. 分配结转本月完工产品应负担的间接计入费用

根据累计间接计入费用分配率和本月完工批次产品生产成本明细账登记的累计工时(见表 6-14 至表 6-16)，计算本月完工批次产品应负担的间接计入费用如下。

直接人工项目：

　　401 批次 A 产品：7 300×7.4＝54 020(元)

402 批次 B 产品:7 300×7.4=54 020(元)

503 批次 C 产品:9 200×7.4=68 080(元)

制造费用项目:

401 批次 A 产品:7 300×4.5=32 850(元)

402 批次 B 产品:7 300×4.5=32 850(元)

503 批次 C 产品:9 200×4.5=41 400(元)

根据上述计算结果,将本月完工产品应负担的间接计入费用,从基本生产二级账转入各完工批次产品生产成本明细账;同时根据有关凭证登记基本生产成本二级账和产品生产成本明细账如表 6-13 至表 6-18 所示。

表 6-13 天宝工厂基本生产成本二级账

生产单位:基本生产车间　　　　　　　　　　　　　　　　　　　　　　　　单位:元

20××年		凭证	摘　要	直接材料	生产工时	直接人工	制造费用	合　计
月	日							
5	31	略	月末在产品成本	122 000	21 000	159 800	87 000	368 800
6	30		材料费用分配表	80 000				80 000
6	30		工资及福利分配表		9 000	62 200		62 200
6	30		转入制造费用				48 000	48 000
6	30		本月累计费用	202 000	30 000	222 000	135 000	559 000
6	30		间接费用分配率			7.4	4.5	
6	30		完工产品总成本	104 500	23 800	176 120	107 100	387 720
6	30		月末在产品成本	97 500	6 200	45 880	27 900	171 280

表 6-14 天宝工厂产品成本明细账

产品批号:401　　　　　产品批量:5 件　　　　　投产日期:4 月 6 日
产品名称:A 产品　　　　金额单位:元　　　　　　完工日期:6 月 5 日

20××年		凭证	摘　要	直接材料	生产工时	直接人工	制造费用	合　计
月	日							
4	30	略	本月发生	18 500	4 200			
5	31		本月发生		2 100			
5	31		本月累计	18 500	6 300			
6	30		本月发生		1 000			
6	30		本月累计	18 500	7 300			
6	30		间接费用分配率			7.4	4.5	
6	30		完工产品总成本	18 500	7 300	54 020	32 850	105 370
6	30		完工产品单位成本	3 700		10 804	6 570	21 074

表6-15　天宝工厂产品成本明细账

产品批号：402　　　产品批量：10件　　　投产日期：4月16日
产品名称：B产品　　金额单位：元　　　　完工日期：6月15日

20××年		凭证	摘要	直接材料	生产工时	直接人工	制造费用	合计
月	日							
4	30	略	本月发生	30 200	2 100			
5	31		本月发生	10 300	3 200			
5	31		本月累计	40 500	5 300			
6	30		本月发生		2 000			
6	30		本月累计	40 500	7 300			
6	30		间接费用分配率			7.4	4.5	
6	30		完工产品总成本	40 500	7 300	54 020	32 850	127 370
6	30		完工产品单位成本	4 050		5 402	3 285	12 737

表6-16　天宝工厂产品成本明细账

产品批号：503　　　产品批量：10件　　　投产日期：5月8日
产品名称：C产品　　金额单位：元　　　　完工日期：6月20日

20××年		凭证	摘要	直接材料	生产工时	直接人工	制造费用	合计
月	日							
5	31	略	本月发生	45 500	6 200			
6	30		本月发生		3 000			
6	30		本月累计	45 500	9 200			
6	30		间接费用分配率			7.4	4.5	
6	30		完工产品总成本	45 500	9 200	68 080	41 400	154 980
6	30		完工产品单位成本	4 550		6 808	4 140	15 498

表6-17　天宝工厂产品成本明细账

产品批号：504　　　产品批量：15件　　　投产日期：5月19日
产品名称：D产品　　金额单位：元　　　　完工日期：

20××年		凭证	摘要	直接材料	生产工时	直接人工	制造费用	合计
月	日							
5	31	略	本月发生	17 500	3 200			
6	30		本月发生	50 000	2 000			
6	30		本月累计	67 500	5 200			

表 6-18　天宝工厂产品成本明细账

产品批号：605　　　　　　产品批量：10 件　　　　　　投产日期：6 月 25 日
产品名称：E 产品　　　　　金额单位：元　　　　　　　完工日期：

20××年		凭证	摘　要	直接材料	生产工时	直接人工	制造费用	合　计
月	日							
6	30	略	本月发生	30 000	1 000			

7. 编制完工产品成本汇总表，结转本月完工产品成本

根据成本计算结果，编制完工产品成本汇总表，如表 6-19 所示。

表 6-19　天宝工厂完工产品成本汇总表

20××年 6 月　　　　　　　　　　　　　　　　　单位：元

批次	产品	产量/件	完工产品总成本				完工产品单位成本
			直接材料	直接人工	制造费用	合　计	
401	A 产品	5	18 500	54 020	32 850	105 370	21 074
402	B 产品	10	40 500	54 020	32 850	127 370	12 737
503	C 产品	10	45 500	68 080	41 400	154 980	15 498
合　计		—	104 500	176 120	107 100	387 720	—

根据完工产品成本汇总表编制会计分录如下。

借：库存商品——A 产品　　　　　　　　　　105 370
　　　　　　——B 产品　　　　　　　　　　127 370
　　　　　　——C 产品　　　　　　　　　　154 980
　贷：基本生产成本——401 批 A 产品　　　　105 370
　　　　　　　　　——402 批 B 产品　　　　127 370
　　　　　　　　　——503 批 C 产品　　　　154 980

各批产品成本明细账登记完毕，其中完工产品的"生产工时"以及各个成本项目的费用，应分别汇总计入基本生产成本二级账，同时计算、登记全部各批完工产品的总成本和全部各批在产品的总成本。

五、简化分批法的优缺点

（一）简化分批法的优点

简化分批法减少了间接费用在各批产品之间进行分配的工作量，月末未完工的批数较多，而完工的批数较少，核算工作就越简化。采用简化分批法，各批产品之间分配间接计入费用的工作和完工产品与月末在产品之间分配生产费用的工作，都是利用累计间接计入费用分配率，待到产品完工时，合并一起进行的。

(二)简化的分批法的缺点

首先,在各月间接费用水平相差悬殊的情况下,采用简化分批法会影响各月产品成本的正确性。

其次,如果月末未完工产品的批数不多,也不宜采用这一方法。因为在这种情况下,绝大多数的产品批数仍然要分配登记各项间接费用,核算的工作量并未大量减少,但计算的正确性却会受到影响。

成本管理小故事

情侣苹果的故事

元旦那天,某高校饭堂前一位老妇守着两筐大苹果叫卖,1元钱一个(成本8角钱),因为天寒,问者寥寥。一教授见此情形,上前与老妇商量几句,然后走到附近商店花3元钱买来节日用的红彩带,与老妇一起将苹果两两一扎捆在一起,接着高声叫卖:"情侣苹果哟!五元一对!"经过的情侣们甚觉新鲜,用红彩带扎在一起的一对苹果看起来很有趣,因而买者甚众,不一会儿200个苹果就卖光了。扣除3元红彩带的费用,老妇还多赚了297元,老妇对教授感激不尽。

项目七　产品成本计算方法——分步法

引言

不同企业的生产过程有不同的特点,其成本管理的要求也不一样。这对成本计算的具体方法带来了很大的影响。只有根据企业生产的特点和成本管理的不同要求,选择不同的成本计算方法,才能正确地计算产品成本。

学习目标

1. 掌握分步法的适用范围和特点;
2. 掌握逐步结转分步法的适用范围和特点;
3. 掌握逐步结转分步法的计算程序和应用;
4. 掌握平行结转分步法的适用范围和特点;
5. 掌握平行结转分步法的计算程序和应用。

案例导入

海宝工厂设有三个基本生产车间,大量生产丙产品(见表 7-1)。第一车间投入原材料加工生产出 A 半成品,完工后按实际成本直接交给第二车间继续加工。第二车间对 A 半成品进一步加工为 B 半成品,B 半成品通过半成品仓库收发。第三车间从半成品仓库领出 B 半成品继续加工为甲产成品,完工后全部交产成品仓库。半成品仓库发出的 B 半成品采用加权平均法计算其实际成本。

表 7-1　海宝工厂产量记录

20××年12月　　　　　　　　　　　　　　　单位:件

项　目	第一车间	第二车间	第三车间
月初在产品	60	50	30
本月投产或上步转入	600	560	520
本月完工转出	560	530	500
月末在产品	100	80	50
在产品完工程度/%	50	50	60

问题：
1. 该厂采用逐步结转分步法如何计算丙产品成本？
2. 该厂采用平行结转分步法如何计算丙产品成本？

任务一　分步法的适用范围和特点

一、分步法的含义和适用范围

（一）分步法的含义和分类

分步法是指以产品的品种及其所经过的生产步骤作为成本计算对象，归集生产费用，计算产品成本的方法。

采用分步法计算产品成本时，由于各个企业生产工艺过程的特点和成本管理对各步骤成本资料的不同要求（是否要计算各步骤的半成品成本），以及简化成本计算工作的考虑，各生产步骤成本的计算和结转有两种不同的方法：逐步结转分步法和平行结转分步法。

（二）分步法的适用范围

产品成本计算的分步法适用于大量大批多步骤生产、管理上要求分步骤计算成本的企业，如冶金、纺织、造纸以及大量大批生产的机械制造等。在这些企业中，产品生产可以分为若干个生产步骤进行。例如钢铁企业生产可分为炼铁、炼钢、轧钢等步骤；纺织企业生产可分为纺纱、织布、印染等步骤；造纸企业生产可分为制浆、制纸、包装等步骤；机械制造企业可分为铸造、加工、装配等步骤。

二、分步法的特点

（一）成本计算对象

分步法的成本计算对象是产品的品种及其所经过的各个生产步骤。

采用分步法计算产品成本时，产品成本明细账（产品成本计算单）应按产品的生产步骤和产品品种设置。如果企业只生产一种产品，成本计算对象就是该种产品及其所经过的各个生产步骤；如果企业生产多种产品，成本计算对象就是各种产成品及其所经过的各个生产步骤，产品成本明细账应按产品品种和各个步骤设置。在进行成本计算时，应按步骤分产品归集和分配生产费用，对各生产步骤、各种产品发生的直接计入费用，应直接计入各成本计算对象；对发生的间接计入费用，应采用一定的标准分配计入各成本计算对象。

（二）成本计算期

采用分步法计算产品成本一般都是按月定期进行。因为在大量大批生产的企业里，原材料投入后，经过各个生产步骤的加工，生产过程中始终有一定的在产品，成本计算一般在每月月末进行。因此，按月定期计算产品成本，成本计算期与会计报告期一致，与生产周期不一致。

（三）生产费用在完工产品与在产品之间的分配

在大量大批多步骤生产的企业中，由于生产过程长，生产可以间断，而且产品往往都是跨月陆续完工，在月末计算完工产品成本时，各生产步骤一般都存在未完工的在产品。因此，计算完工产品成本和月末在产品成本，还需要采用约当产量法、定额成本法、定额比例法等适当的分配方法，将归集在成本计算单中的费用，在完工产品与在产品之间进行分配，计算出完工产品成本和月末在产品成本。

（四）各步骤之间半成品或产成品成本的结转

在多步骤生产企业，产品生产是分步骤进行的，从原材料投入生产开始，每经过一个生产步骤的加工就形成一种半成品。因此，为了计算各种产品的产成品成本，还需要按照产品品种，结转各步骤成本。这正是分步法与其他成本计算方法的不同，各步骤之间的成本结转问题，是分步法的一个重要特点。

任务二　逐步结转分步法

一、逐步结转分步法的含义和适用范围

（一）逐步结转分步法的含义

逐步结转分步法是逐步计算并结转各生产步骤半成品成本，直到最后生产步骤计算出产成品成本的分步法。计算各生产步骤所产半成品成本，是逐步结转分步法的显著特点。因此，逐步结转分步法又称计算半成品成本的分步法。

逐步结转分步法按半成品成本在下一生产步骤成本计算单中反映方法的不同，又可分为逐步综合结转分步法和逐步分项结转分步法两种。

（二）逐步结转分步法的适用范围

逐步结转分步法适用于大量大批连续式多步骤生产的企业，例如纺织、冶金、造纸、化工等。在这些企业中，各生产步骤要计算上一步骤转的半成品成本，并在此基础上计算本步骤产出的半成品或产成品的成本，半成品成本随着半成品实物在各步骤之间结转，能够提供各步骤完整的生产费用资料和半成品成本资料。半成品或者对外销售，或者为企业生产的几种产品所耗用，或者进行同行业成本的评比，它们需要计算半成品的

成本。例如：机械厂所产的铸件，可用来生产各种机械产品；造纸厂所产的纸浆，采用不同的配料，可以加工制成各种不同的纸品；合成氨作为化肥工业成本评比重要指标之一，须要计算其成本。

二、逐步结转分步法的特点

逐步结转分步法除具有分步法的一般特点外，还具有以下特点。

（一）能够提供各种产成品及其所经过的各生产步骤的半成品成本资料

产品成本计算要按各个生产步骤的产品品种设置成本计算单，前面的各步骤为半成品，最后步骤为产成品。计算产品成本时，可以按品种法计算各个生产步骤的半成品成本和最后步骤的产成品成本。分步法实际上是几个品种法的连续应用。

（二）按狭义在产品分配生产费用

月末各生产步骤将生产费用在本月完工产品与月末在产品之间进行分配时，生产费用是本步骤发生的费用加上上步骤转入的半成品成本。本月完工产品，是指本生产步骤已经完工的半成品（最后生产步骤为产成品），包括本步骤完工入库（产成品库或半成品库）和直接转入下一生产步骤继续加工的。月末在产品，是狭义的在产品，指本生产步骤正在加工尚未完工的在制品，即实际结存在各步骤的在产品。

（三）半成品成本的结转与半成品实物的转移相一致

上一生产步骤的半成品成本，随着半成品实物的转移而结转到下一生产步骤的相同的产品成本计算单。各步骤生产的半成品完工以后，如果通过半成品仓库收发，就要设置"自制半成品"账户及其明细账核算。

（四）综合结转法根据需要进行成本还原

采用综合结转法结转成本，各步骤所耗半成品成本是以"直接材料"或"自制半成品"项目反映的。这样计算出来的产品成本，显然不符合企业产品成本结构的实际情况。因此，如果管理上要求从整个企业的角度分析和考核产品成本的构成和水平，就需要进行成本还原。

三、逐步结转分步法的计算程序

（一）按品种法计入料、工、费成本项目

按照品种法的程序和方法，将各项生产费用计入按产品品种和各步骤半成品设置的产品成本计算单上的直接材料和加工费用（包括直接人工和制造费用）成本项目。

（二）计算第一步在产品成本和半产品成本

月末，将第一步产品（半成品）成本计算单中所归集的生产费用合计数，采用适当的方法，在完工半成品和月末在产品之间进行分配，计算出完工半成品成本和月末在产品成本。如果半成品完工后，直接转入下一步骤继续加工，半成品成本在各步骤成本计算单之间直接转移。

（三）计算后续步骤在产品成本和半产品成本，最后步骤计算完工产品成本

将第一步完工半成品成本结转到第二步的直接材料或自制半成品成本项目，加上第二步的加工费用，计算出第二步完工半成品成本和月末在产品成本。随着半成品实物的转移，将第二步的半成品成本转入第三步，这样按照生产步骤逐步计算并且结转半成品成本，直到最后步骤计算出完工产成品成本。

逐步结转分步法的计算程序，如图7-1所示。

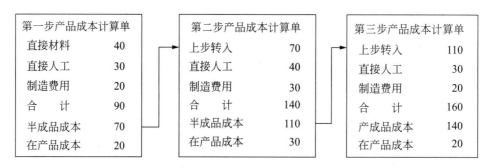

图7-1　半成品直接转移成本结转程序

如果半成品完工后，不直接转入下一步骤，而是通过半成品仓库收发，则应增设"自制半成品"账户及其明细账进行核算。在下一步骤领用半成品时，按照发出存货的计价方法进行计价。这时，逐步结转分步法的成本计算程序如图7-2所示。

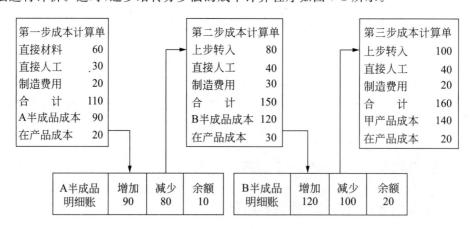

图7-2　半成品入库成本结转程序

四、逐步综合结转分步法的运用

(一) 逐步综合结转分步法的含义及计算方法

逐步综合结转分步法,是将上一生产步骤转入下一生产步骤的半成品成本,不分成本项目,全部记入下一生产步骤产品成本明细账中的"直接材料"成本项目或专设的"自制半成品"成本项目,综合反映各步骤所耗上一生产步骤所产半成品成本。半成品成本的综合结转,可按上一步骤所产半成品的实际成本结转,也可按企业确定的半成品计划成本或定额成本结转。

采用半成品按实际成本综合结转时,各步骤耗用上一步骤的半成品成本,应根据所耗用半成品的数量乘以半成品的实际单位成本计算。各月所产半成品的实际单位成本不同,所耗半成品的成本,要同材料核算一样,采用先进先出法或加权平均法等方法计算。现以全月一次加权平均法为例,其计算公式为

$$加权平均单位成本 = \frac{月初结存半成品实际成本 + 本月收入半成品实际成本}{月初结存半成品数量 + 本月收入半成品数量}$$

本月发出半成品成本 = 本月发出半成品数量 × 加权平均单位成本

月末结存半成品成本 = 月末结存半成品数量 × 加权平均单位成本

(二) 逐步综合结转分步法的实例

1. 企业基本情况

【例 7-1】 天宝工厂设有 3 个基本生产车间,分别是第一车间、第二车间和第三车间,大量生产甲产品,三个车间按顺序加工完成该产品。第一车间投入原材料加工生产出 A 半成品,完工后按实际成本直接交给第二车间继续加工。第二车间对 A 半成品进一步加工为 B 半成品,B 半成品通过半成品仓库收发。第三车间从半成品仓库领出 B 半成品继续加工为甲产成品,完工后全部交产成品仓库。半成品仓库发出的 B 半成品采用全月一次加权平均法计算其实际成本。该厂采用逐步综合结转分步法计算甲产品成本。

2. 成本资料

天宝工厂以甲产品及其所经过的加工步骤的 A 半成品、B 半成品为成本计算对象,设置基本生产成本明细账(产品成本计算单),并按直接材料、直接人工和制造费用三个成本项目设专栏核算。

该厂各生产步骤(车间)完工产品和月末在产品之间的费用分配,均采用约当产量法。甲产品原材料在第一车间生产开始时一次投入,第二车间和第三车间转入的 A 半成品、B 半成品也都在各该生产步骤生产开始时一次投入。

该厂本月各生产车间发生的费用,已经在各成本计算对象进行了分配。本月各生产车间产量记录资料如表 7-2 所示,月初在产品成本和本月发生的生产费用资料如表 7-3 所示。

表 7-2　天宝工厂产量记录

20××年8月　　　　　　　　　　　　　　　　　　　单位:件

项目	第一车间	第二车间	第三车间
月初在产品	60	50	30
本月投产或上步转入	600	560	520
本月完工转出	560	530	500
月末在产品	100	80	50
在产品完工程度/%	50	50	60

表 7-3　天宝工厂生产费用资料

20××年8月　　　　　　　　　　　　　　　　　　　单位:元

项目	第一车间		第二车间		第三车间	
	月初在产品成本	本月生产费用	月初在产品成本	本月生产费用	月初在产品成本	本月生产费用
直接材料	520	4 760	—	—	—	—
自制半成品	—	—	800	—	780	—
直接人工	150	2 900	220	3 200	160	900
制造费用	180	1 650	200	2 080	180	880
合计	850	9 310	1 220	5 280	1 120	1 780

3. 产品成本计算程序

(1) 设置产品成本明细账

根据该工厂产品生产实际情况,设置 A 半成品、B 半成品和甲产品基本生产成本明细账(产品成本计算单),如表7-4、表7-5、表7-7所示。

(2) 计算第一车间本月所产 A 半成品的实际成本

根据表 7-2、表 7-3 资料,将 A 半成品月初在产品成本和本月发生的费用以及产量记录,记入 A 半成品生产成本明细账表 7-4,并计算完工 A 半成品成本和月末 A 在产品成本。

第一车间完工半成品和在产品成本的计算如下。

① "直接材料"项目:

在产品直接材料约当产量 $=100\times 100\% =100$(件)

直接材料分配率 $=\dfrac{520+4\ 760}{560+100}=8$(元/件)

完工 A 半成品直接材料费用 $=8\times 560=4\ 480$(元)

A 在产品直接材料费用 $=8\times 100=800$(元)

② "直接人工"项目:

在产品直接人工和制造费用约当产量 $=100\times 50\% =50$(件)

$$直接人工分配率=\frac{150+2\,900}{560+50}=5(元/件)$$

$$完工A半成品直接人工费用=5\times560=2\,800(元)$$

$$A在产品直接人工费用=5\times50=250(元)$$

③ "制造费用"项目:

$$制造费用分配率=\frac{180+1\,650}{560+50}=3(元/件)$$

$$完工A半成品制造费用=3\times560=1\,680(元)$$

$$A在产品制造费用=3\times50=150(元)$$

$$本月完工A半成品成本=4\,480+2\,800+1\,680=8\,960(元)$$

$$月末A在产品成本=800+250+150=1\,200(元)$$

第一车间所产A半成品直接转入第二车间,不通过半成品库收发。因此,第一车间完工A半成品成本应直接转入第二车间B半成品成本计算单,不需进行总分类核算。第一车间A半成品生产成本明细账如表7-4所示。

表7-4 天宝工厂第一车间基本生产成本明细账

产品:A半成品　　　　20××年8月　　　　完工:560件
月末在产品:100件　　完工程度:50%　　　单位:元

摘　要	直接材料	直接人工	制造费用	合　计
月初在产品成本	520	150	180	850
本月本步骤发生费用	4 760	2 900	1 650	9 310
生产费用合计	5 280	3 050	1 830	10 160
本月完工产品数量	560	560	560	560
月末在产品约当量	100	50	50	—
约当总量	660	610	610	—
单位成本(分配率)	8	5	3	16
完工半成品成本	4 480	2 800	1 680	8 960
月末在产品成本	800	250	150	1 200

(3) 计算第二车间本月所产B半成品的成本

根据表7-2、表7-3资料及第一车间转来的半成品成本,登记第二车间半成品成本,并计算B半成品成本。第二车间完工半成品和在产品成本计算如下。

① "直接材料"项目:

$$在产品直接材料或自制半成品约当产量=80\times100\%=80(件)$$

$$直接材料或自制半成品分配率=\frac{800+8\,960}{530+80}=16(元/件)$$

$$完工B半成品直接材料费用=16\times530=8\,480(元)$$

$$A在产品直接材料费用=16\times80=1\,280(元)$$

项目七　产品成本计算方法——分步法

② "直接人工"项目：

在产品直接人工和制造费用约当产量＝80×50％＝40(件)

直接人工分配率＝$\frac{220+3\,200}{530+40}$＝6(元/件)

完工B半成品直接人工费用＝6×530＝3 180(元)

B在产品直接人工费用＝6×40＝240(元)

③ "制造费用"项目：

制造费用分配率＝$\frac{200+2\,080}{530+40}$＝4(元/件)

完工B半成品制造费用＝4×530＝2 120(元)

B在产品制造费用＝4×40＝160(元)

本月完工B半成品成本＝8 480+3 180+2 120＝13 780(元)

月末B在产品成本＝1 280+240+160＝1 680(元)

第二车间B半成品生产成本明细账如表7-5所示。

表7-5 天宝工厂第二车间基本生产成本明细账

产品：B半成品　　　　　20××年8月　　　　　完工：530件
月末在产品：80件　　　　完工程度：50％　　　　单位：元

摘　　要	自制A半成品	直接人工	制造费用	合　　计
月初在产品成本	800	220	200	1 220
本月上步骤转入费用	8 960	—	—	8 960
本月本步骤发生费用	—	3 200	2 080	5 280
生产费用合计	9 760	3 420	2 280	15 460
本月完工产品数量	530	530	530	530
月末在产品约当量	80	40	40	—
约当总量	610	570	570	—
单位成本(分配率)	16	6	4	26
完工半成品成本	8 480	3 180	2 120	13 780
月末在产品成本	1 280	240	160	1 680

由于第二车间所产的B半成品通过半成品库收发，所以应根据半成品入库凭证和结转完工入库半成品，编制会计分录如下。

借：原材料——B半成品　　　　　　　　　　13 780

　　贷：基本生产成本——第二车间（B半成品）　　　13 780

根据第二车间成本计算单、半成品入库凭证，以及第三车间领用B半成品的凭证，登记自制半成品明细账，如表7-6所示。

表 7-6 天宝工厂自制半成品明细账

产品:B 半成品　　　　　　　　　20××年 8 月　　　　　　　　　单位:元

20××年		凭证	摘要	收入		发出		结存		
月	日			数量	金额	数量	金额	数量	单价	金额
8	1	略	月初结存					120	26	3 120
8	31		本月完工入库	530	13 780			650	26	16 900
8	31		生产领用			520	13 520	130	26	3 380

根据月初结存半成品成本资料和本月完工入库半成品资料,采用全月一次加权平均计算出 B 半成品单位成本(见表 7-6),并根据第三车间领用数量,计算出领用半成品的成本。根据半成品出库单,结转第三车间领用 B 半成品成本,编制会计分录如下。

　　借:基本生产成本——第三车间(甲产品)　　　13 520
　　　　贷:原材料——B 半成品　　　　　　　　　　　　　13 520

(4) 计算第三车间本月所产甲产品的成本

在第三车间产品生产成本明细账(表 7-7)中,登记月初在产品成本和本月本生产步骤发生费用,同时登记从半成品仓库领用的 B 半成品成本 13 520 元(是根据加权平均单位成本和领用数量计算的),并计算甲产品成本。第三车间完工产成品和在产品成本计算如下。

① "直接材料"项目:

在产品直接材料或自制半成品约当产量＝50×100%＝50(件)

直接材料或自制半成品分配率＝$\frac{780+13\,520}{500+50}$＝26(元/件)

完工甲产品直接材料费用＝26×500＝13 000(元)

甲在产品直接材料费用＝26×50＝1 300(元)

② "直接人工"项目:

在产品直接人工和制造费用约当产量＝50×60%＝30(件)

直接人工分配率＝$\frac{160+900}{500+30}$＝2(元/件)

完工甲产品直接人工费用＝2×500＝1 000(元)

甲在产品直接人工费用＝2×30＝60(元)

③ "制造费用"项目:

制造费用分配率＝$\frac{180+880}{500+30}$＝2(元/件)

完工甲产品制造费用＝2×500＝1 000(元)

甲在产品制造费用＝2×30＝60(元)

完工甲产品总成本＝13 000+1 000+1 000＝15 000(元)

月末甲在产品成本＝1 300+60+60＝1 420(元)

根据完工产品交库单和成本计算结果,编制完工入库甲产品的会计分录如下。

借：库存商品——甲产品　　　　　　　　　　　　　　　15 000
　　贷：基本生产成本——第三车间（甲产品）　　　　　　15 000

第三车间甲产品生产成本明细账如表7-7所示。

表7-7　天宝工厂第三车间基本生产成本明细账

产品：甲产品　　　　　　　20××年8月　　　　　　　完工：500件
月末在产品：50件　　　　　完工程度：60%　　　　　　单位：元

摘　要	自制B半成品	直接人工	制造费用	合　计
月初在产品成本	780	160	180	1 120
本月上一生产步骤转入费用	13 520	—	—	13 520
本月本生产步骤发生费用	—	900	880	1 780
生产费用合计	14 300	1 060	1 060	16 420
本月完工产品数量	500	500	500	500
月末在产品约当量	50	30	30	—
约当总量	550	530	530	
单位成本(分配率)	26	2	2	30
完工产品成本	13 000	1 000	1 000	15 000
月末在产品成本	1 300	60	60	1 420

采用半成品按计划成本综合结转时，半成品的日常收发均按计划成本核算，在月末计算出半成品实际成本以后，再计算半成品的成本差异率，将耗用半成品的计划成本调整为实际成本。具体计算及核算方法与按计划成本进行原材料的日常核算相同，不再详述。

（三）逐步综合结转分步法的成本还原

1. 成本还原的意义

逐步结转分步法采用综合结转方式时，上一生产步骤转入的自制半成品成本，综合登记在下一生产步骤产品生产成本明细账中的"直接材料"或"自制半成品"成本项目。这样计算出来的产成品成本，不能提供按原始成本项目反映的成本资料。在生产步骤较多的情况下，逐步综合结转以后，表现在产成品成本中的绝大部分费用是最后一个步骤所耗半成品的费用，人工费用和制造费用只是最后一个步骤的费用，在产成品成本中所占的比重很小。因此，如果管理上要求从整个企业的角度分析和考核产品成本的结构和水平时，需要采用适当的方法，将综合结转计算出的产成品成本进行成本还原。

2. 成本还原的含义和方法

成本还原的方法，是从最后一个生产步骤开始，将其所耗用的上一生产步骤自制半成品的综合成本，按照上一生产步骤所产半成品的成本构成，自后向前逐步分解还原为直接材料、直接人工、制造费用等原来成本项目的成本，直到第一生产步骤为止；然后，将各生产步骤相同成本项目的成本数额加以汇总，求得成本还原以后产成品的实际总成本,即按原来成本项目反映的产品成本。成本还原恢复了产成品成本的原始构成情况,且还原前的总成本等于还原后的总成本。

成本还原常用的方法有:成本项目比重还原法和成本还原率法。

3. 成本项目比重还原法

成本项目比重还原法,是按半成品成本项目占全部成本的比重还原的方法。具体做法如下。

(1) 计算各步骤(最后步骤除外)完工半成品中各成本项目占完工半成品成本的比重。

(2) 将产成品成本中的半成品成本乘以前一步骤该种半成品的各成本项目的比重,就可把半成品综合成本进行分解,还原为原始成本项目。如果成本计算不是两步,而是两步以上,那么第一次成本还原后,还有未还原的半成品成本,这时应将未还原的半成品成本乘以前一步骤该种半成品的各成本项目的比重,以此类推,直到半成品成本还原为原始成本项目为止。

(3) 各步骤半成品成本分解后,将各步骤相同的成本项目数额相加,即可求得按原始成本项目反映的产成品成本。计算公式为

$$某成本项目的比重 = \frac{上一步骤本月完工半成品各成本项目金额}{上一步骤本月完工半成品成本}$$

还原为上一步骤各成本项目金额=产成品中半成品成本×该成本项目的比重

【例 7-2】 仍以天宝工厂本月完工入库甲产品 500 件,实际总成本 15 000 元为例,进行成本还原。本例中,有三个生产步骤,需要进行二次成本还原。还原步骤如下。

(1) 对产成品所耗第二步骤 B 半成品成本还原

① 计算第二步骤本月完工的 B 半成品成本 13 780 元中各成本项目的比重。

自制 B 半成品成本比重=8 480÷13 780=0.615 4

直接人工费用比重=3 180÷13 780=0.230 8

制造费用比重=2 120÷13 780=0.153 8

② 用计算出的各成本项目的比重,分别乘以产成品中的自制半成品成本 13 000 元(即甲产品成本中的 B 半成品成本)。还原为各成本项目的计算如下:

A 半成品成本=13 000×0.615 4=8 000(元)

直接人工成本=13 000×0.230 8=3 000(元)

制造费用=13 000×0.153 8=2 000(元)

(2) 对产成品所耗第一步骤 A 半成品成本还原

在 B 半成品成本还原中分解出的 A 半成品成本 8 000 元,它不是原始的成本项目,其中包含了直接材料、直接人工、制造费用等内容。因此,需要按照相同的还原方法,将分解出的 A 半成品成本作进一步的分解。A 半成品成本的还原过程与 B 半成品成本的还原过程相同。

① 计算第一步骤本月完工的 A 半成品成本 8 960 元中各成本项目的比重。

直接材料费用比重=4 480÷8 960=0.50

直接人工费用比重=2 800÷8 960=0.312 5

制造费用比重=1 680÷8 960=0.187 5

② 用上述各成本项目的比重,分别乘以产成品中的 A 半成品成本 8 000 元,还原为各成本项目的计算如下:

直接材料费用＝8 000×0.50＝4 000(元)
直接人工费用＝8 000×0.312 5＝2 500(元)
制造费用＝8 000×0.187 5＝1 500(元)

(3) 将分解后的各成本项目的金额相加,就计算出还原后的产成品成本

上述计算过程和结果如表 7-8 所示。

表 7-8　天宝工厂产成品成本还原计算表

产品:甲产品　　　产量:500 件　　　20ⅩⅩ年 8 月　　　　单位:元

摘要		行序	B 半成品成本	A 半成品成本	直接材料	直接人工	制造费用	合计
还原前产成品成本		(1)	13 000	—	—	1 000	1 000	15 000
本月产 B 半成品	成本	(2)		8 480	3 180	2 120		13 780
	比重	(3)		0.615 4	—	0.230 8	0.153 8	1
产成品中 B 半成品成本还原		(4)	−13 000	8 000		3 000	2 000	0
本月产 A 半成品	成本	(5)	—		4 480	2 800	1 680	8 960
	比重	(6)			0.50	0.312 5	0.187 5	1
产成品中 A 半成品成本还原		(7)		−8 000	4 000	2 500	1 500	0
还原后产成品成本 [(1)+(4)+(7)]		(8)	—	—	4 000	6 500	4 500	15 000
单位成本		(9)	—	—	8	13	9	30

4. 成本还原率法

成本还原率法是根据本月产成品成本中耗费上一步骤半成品的综合成本占上一步骤本月所产半成品成本的比率,分别乘以上一步骤本月所产该种半成品各成本项目的金额,即对耗用半成品的综合成本进行分解、还原的方法。

如果成本计算不是两步,而是多步,则要按上述方法进行多次还原,以此类推,直到半成品综合成本还原为原始成本项目为止。计算公式为

$$成本还原率 = \frac{本月完工产品中耗费上一步骤半成品成本}{上一步骤本月完工该种半成品总成本}$$

$$还原为上一步骤各成本项目金额 = 上一步骤本月完工半成品各成本项目金额 \times 成本还原率$$

【例 7-3】 仍以天宝工厂本月完工入库甲产品 500 件,实际总成本为 15 000 元为例,进行成本还原。

(1) 计算 B 半成品成本还原率。

本月第三车间所产甲产品成本中,所耗上一步骤(第二车间)所产 B 半成品的成本为

13 000 元,第二车间本月所产 B 半成品的总成本为 13 780 元。

$$B 半成品成本还原率 = 13\,000 \div 13\,780 = 0.943\,4$$

(2) 用 B 半成品成本还原率分别乘以本月所产 B 半成品成本 13 780 元中各个成本项目的成本,分解出:

$$A 半成品成本 = 8\,480 \times 0.943\,4 = 8\,000(元)$$
$$直接人工成本 = 3\,180 \times 0.943\,4 = 3\,000(元)$$
$$制造费用 = 2\,120 \times 0.943\,4 = 2\,000(元)$$

(3) 计算 A 半成品成本还原率。

对分解出的 A 半成品成本 8 000 元要进一步还原,本月第一车间所产 A 半成品总成本为 8 960 元。

$$A 半成品成本还原率 = 8\,000 \div 8\,960 = 0.892\,9$$

(4) 用 A 半成品成本还原率分别乘以本月所产 A 半成品成本 8 960 元中各个成本项目的成本,分解出:

$$直接材料 = 4\,480 \times 0.892\,9 = 4\,000(元)$$
$$直接人工成本 = 2\,800 \times 0.892\,9 = 2\,500(元)$$
$$制造费用 = 1\,680 \times 0.892\,9 = 1\,500(元)$$

(5) 将分解后的各成本项目的金额分别相加,就计算出还原后的产成品成本。

上述计算过程和结果如表 7-9 所示。

表 7-9 天宝工厂产成品成本还原计算表

产品:甲产品　　　产量:500 件　　　20×× 年 8 月　　　金额:元

摘要	成本还原率	B 半成品成本	A 半成品成本	直接材料	直接人工	制造费用	合计
(1) 还原前产品总成本		13 000	—		1 000	1 000	15 000
(2) 本月产 B 半成品成本			8 480	—	3 180	2 120	13 780
(3) B 半成品成本还原	0.943 4	−13 000	8 000		3 000	2 000	0
(4) 本月产 A 半成品成本		—	4 480	2 800	1 680		8 960
(5) A 半成品成本还原	0.892 9		−8 000	4 000	2 500	1 500	0
(6) 还原后产品总成本 [(1)+(3)+(5)]			—	4 000	6 500	4 500	15 000
(7) 还原后单位成本		—	—	8	13	9	30

五、逐步分项结转分步法的运用

(一) 逐步分项结转分步法的含义

逐步分项结转分步法是将上一生产步骤转入下一生产步骤的半成品成本,按其原始成本项目分别记入下一生产步骤产品成本明细账中对应的成本项目之中，分项反映各生产步骤所耗上一生产步骤所产半成品成本。如果半成品通过半成品库收发，在自制半成品明细账中登记半成品成本，也要按成本项目分别登记。为反映所耗用上一步骤半成品的成本，成本计算单各成本项目中，应将所耗用的上一步骤的半成品成本与本步骤发生的成本分开反映。

（二）逐步分项结转分步法的实例

1. 企业基本情况

【例 7-4】 仍以天宝工厂本月生产的甲产品的成本计算为例。天宝工厂设有 3 个基本生产车间，分别是第一车间、第二车间和第三车间，大量生产甲产品，三个车间按顺序加工完成该产品。第一车间投入原材料加工生产出 A 半成品，完工后按实际成本直接交给第二车间继续加工。第二车间对 A 半成品进一步加工为 B 半成品，B 半成品通过半成品仓库收发。第三车间从半成品仓库领出 B 半成品继续加工为甲产成品，完工后全部交产成品仓库。半成品仓库发出的 B 半成品采用加权平均法计算其实际成本。该厂采用逐步分项结转分步法计算甲产品成本。

该厂各生产步骤（车间）完工产品和月末在产品之间的费用分配，均采用约当产量法。甲产品原材料在第一车间生产开始时一次投入，第二和第三车间转入的 A 半成品、B 半成品也都在各该生产步骤生产开始时一次投入。

本月各生产车间产量记录资料如表 7-10 所示，月初在产品成本和本月发生的生产费用资料如表 7-11 所示。

表 7-10　天宝工厂产量记录

20××年 8 月　　　　　　　　　　　　　　　　　　单位：件

项　　目	第一车间	第二车间	第三车间
月初在产品	60	50	30
本月投产或上步转入	600	560	520
本月完工转出	560	530	500
月末在产品	100	80	50
在产品完工程度/%	50	50	60

表 7-11　天宝工厂生产费用资料

20××年 8 月　　　　　　　　　　　　　　　　　　单位：件

项　　目	第一车间	第二车间	第三车间
月初在产品成本	850	1 220	1 120
其中：1. 直接材料（半成品）	520	400	350
（1）上步转入		400	350
（2）本步发生	520	—	—

续表

项　目	第一车间	第二车间	第三车间
2. 直接人工	150	470	380
（1）上步转入		250	220
（2）本步发生	150	220	160
3. 制造费用	180	350	390
（1）上步转入		150	210
（2）本步发生	180	200	180
本月本步生产费用	9 310	5 280	1 780
其中：直接材料	4 760	—	—
直接人工	2 900	3 200	900
制造费用	1 650	2 080	880

2. 成本计算程序

（1）设置基本生产明细账

根据该工厂产品生产实际情况，设置 A 半成品、B 半成品和甲产品基本生产成本明细账（产品成本计算单），如表 7-12～表 7-14 所示。

（2）计算第一车间本月所产 A 半成品的实际成本

计算第一车间本月所产 A 半成品的实际成本，逐步结转分步法中的综合结转与分项结转，在成本计算程序上是完全相同的，如表 7-12 所示。

表 7-12　天宝工厂第一车间基本生产成本明细账

产品：A 半成品　　　　　　　　20××年8月　　　　　　　　完工：560 件
月末在产品：100 件　　　　　　完工程度：50%　　　　　　　单位：元

摘　要	直接材料	直接人工	制造费用	合　计
月初在产品成本	520	150	180	850
本月本步骤发生费用	4 760	2 900	1 650	9 310
生产费用合计	5 280	3 050	1 830	10 160
本月完工产品数量	560	560	560	560
月末在产品约当量	100	50	50	—
约当总量	660	610	610	—
单位成本（分配率）	8	5	3	16
完工半成品成本	4 480	2 800	1 680	8 960
月末在产品成本	800	250	150	1 200

(3) 计算第二车间本月所产 B 半成品的成本

计算第二车间所产 B 半成品成本时,要先确定由第一车间结转来的 A 半成品成本。本月由第一车间转入的半成品成本,应当按其原始成本项目,分别在第二车间产品生产成本明细账中对应的成本项目栏内登记。为了与第二车间追加发生的成本相区别,每个成本项目内都分为"上步转入"和"本步发生"两栏。

为什么一个成本项目内要分为上步转入和本步发生两栏呢?这是因为,对于月末在产品成本来说,上步转入的半成品成本已经全部投入,应当与本月完工产品(半成品或产成品)同等分配生产费用。而本步发生的生产费用尚未全部投入,应当在计算在产品的约当产量后,再与本月完工产品一道分配生产费用。这样,在采用分项结转时,产品生产成本明细账的每一个成本项目,都区分为上步转入费用和本步发生费用,有利于正确计算月末在产品成本。

现将各成本项目记录的费用,在完工半成品(产成品)和月末在产品之间进行分配,计算如下。

① 分配各成本项目中的 A 半成品费用:

$$在产品各成本项目约当产量 = 80 \times 100\% = 80(件)$$

$$直接材料单位成本 = \frac{400 + 4\,480}{530 + 80} = 8(元/件)$$

$$完工 B 半成品直接材料成本 = 8 \times 530 = 4\,240(元)$$

$$B 在产品直接材料成本 = 8 \times 80 = 640(元)$$

$$单位半成品直接人工成本 = \frac{250 + 2\,800}{530 + 80} = 5(元/件)$$

$$完工 B 半成品直接人工成本 = 5 \times 530 = 2\,650(元)$$

$$B 在产品直接人工成本 = 5 \times 80 = 400(元)$$

$$单位半成品制造费用 = \frac{150 + 1\,680}{530 + 80} = 3(元/件)$$

$$完工 B 半成品制造费用 = 3 \times 530 = 1\,590(元)$$

$$B 在产品制造费用 = 3 \times 80 = 240(元)$$

② 分配各成本项目中的"本月本步骤发生费用"部分:

$$单位半成品直接人工成本 = \frac{220 + 3\,200}{530 + 40} = 6(元/件)$$

$$在产品直接人工和制造费用约当产量 = 80 \times 50\% = 40(件)$$

$$完工 B 半成品直接人工成本 = 6 \times 530 = 3\,180(元)$$

$$B 在产品直接人工成本 = 6 \times 40 = 240(元)$$

$$单位半成品制造费用 = \frac{200 + 2\,080}{530 + 40} = 4(元/件)$$

$$完工 B 半成品制造费用 = 4 \times 530 = 2\,120(元)$$

$$B 在产品制造费用 = 4 \times 40 = 160(元)$$

③ 根据以上计算结果,登记第二车间产品生产成本明细账,如表 7-13 所示。

表 7-13　天宝工厂第二车间基本生产成本明细账

产品：B 半成品　　　　　　　　20××年 8 月　　　　　　　　完工：530 件
月末在产品：80 件　　　　　　 完工程度：50%　　　　　　　 单位：元

摘　要	直接材料		直接人工		制造费用		合　计
	上步转入	本步发生	上步转入	本步发生	上步转入	本步发生	
月初在产品成本	400		250	220	150	200	1 220
本月上步骤转入费用	4 480		2 800		1 680		8 960
本月本步骤发生费用				3 200		2 080	5 280
生产费用合计	4 880		3 050	3 420	1 830	2 280	15 460
本月完工产品数量	530		530	530	530	530	530
月末在产品约当量	80		80	40	80	40	—
约当总量	610		610	570	610	570	
单位成本（分配率）	8		5	6	3	4	26
完工半成品成本	4 240		2 650	3 180	1 590	2 120	13 780
月末在产品成本	640		400	240	240	160	1 680

说明：同一个成本项目的单位成本（分配率）、完工半成品成本、月末在产品成本的全部金额应等于"上步转入"费用加上"本步发生"费用之和。

由于第二车间的 B 半成品通过仓库收发，根据成本计算结果，编制结转本月完工入库 B 半成品成本的会计分录如下。

借：原材料——B 半成品　　　　　　　　　　　　13 780
　　贷：基本生产成本——第二车间（B 半成品）　　　13 780

根据第二车间成本计算单、半成品入库凭证，以及第三车间领用 B 半成品的凭证，登记自制半成品明细账，如表 7-14 所示。

表 7-14　天宝工厂自制半成品明细账

产品：B 半成品　　　　　　　　20××年 8 月　　　　　　　　单位：元

摘　要	数　量	金额合计	其　中		
			直接材料	直接人工	制造费用
月初结存	120	3 120	960	1 320	840
本月二车间完工入库	530	13 780	4 240	5 830	3 710
合　计	650	16 900	5 200	7 150	4 550
加权平均单位成本		26	8	11	7
本月三车间生产领用	520	13 520	4 160	5 720	3 640
月末结存	130	3 380	1 040	1 430	910

根据月初结存半成品成本资料和本月完工入库半成品资料,采用全月一次加权平均法计算出B半成品单位成本(见表7-13),并根据第三车间领用数量,计算出领用半成品的成本。根据半成品出库单,结转第三车间领用B半成品成本,编制会计分录如下。

借:基本生产成本——第三车间(甲产品)　　　　　13 520
　　贷:原材料——B半成品　　　　　　　　　　　　　　　　13 520

(4) 计算第三车间本月所产甲产品的成本

第三车间成本计算方法与第二车间基本相同。在第三车间产品生产成本明细账(见表7-15)中,登记月初在产品成本和本月本步发生费用,同时登记从半成品仓库领用的B半成品成本13 520元,并计算甲产品成本。第三车间完工产成品和在产品成本计算如下。

① 分配各成本项目中的B半成品费用:

在产品各成本项目约当产量 $=50\times100\%=50$(件)

单位产品直接材料成本 $=\dfrac{350+4\,160}{500+50}=8.2$(元/件)

完工甲产品直接材料成本 $=8.2\times500=4\,100$(元)

甲在产品直接材料成本 $=8.2\times50=410$(元)

单位产品直接人工成本 $=\dfrac{220+5\,720}{500+50}=10.8$(元/件)

完工甲产品直接人工成本 $=10.8\times500=5\,400$(元)

甲在产品直接人工成本 $=10.8\times50=540$(元)

单位产品制造费用 $=\dfrac{210+3\,640}{500+50}=7$(元/件)

完工甲产品制造费用 $=7\times500=3\,500$(元)

甲在产品制造费用 $=7\times50=350$(元)

② 分配各成本项目中的"本月本步骤发生费用"部分:

在产品直接人工和制造费用约当产量 $=50\times60\%=30$(件)

单位产品直接人工成本 $=\dfrac{160+900}{500+30}=2$(元/件)

完工甲产品直接人工成本 $=2\times500=1\,000$(元)

甲在产品直接人工成本 $=2\times30=60$(元)

单位产品制造费用 $=\dfrac{180+880}{500+30}=2$(元/件)

完工甲产品制造费用 $=2\times500=1\,000$(元)

甲在产品制造费用 $=2\times30=60$(元)

完工甲产品总成本 $=4\,100+(5\,400+1\,000)+(3\,500+1\,000)=15\,000$(元)

月末甲在产品成本 $=410+(540+60)+(350+60)=1\,420$(元)

③ 根据以上计算结果,登记第三车间产品生产成本明细账,如表7-15所示。

表 7-15 天宝工厂第三车间基本生产成本明细账

产品:甲产品　　　　　　　　20××年8月　　　　　　　　完工:500件
月末在产品:50件　　　　　　完工程度:60%　　　　　　　单位:元

摘　要	直接材料		直接人工		制造费用		合　计
	上步转入	本步发生	上步转入	本步发生	上步转入	本步发生	
月初在产品成本	350		220	160	210	180	1 120
本月上步骤转入费用	4 160		5 720		3 640		13 520
本月本步骤发生费用				900		880	1 780
生产费用合计	4 510		5 940	1 060	3 850	1 060	16 420
本月完工产品数量	500		500	500	500	500	500
月末在产品约当量	50		50	30	50	30	—
约当总量	550		550	530	550	530	—
单位成本(分配率)	8.2		10.8	2	7	2	30
完工产品成本	4 100		5 400	1 000	3 500	1 000	15 000
月末在产品成本	410		540	60	350	60	1 420

说明:同一个成本项目的单位成本(分配率)、完工产品成本、月末在产品成本的全部金额应等于"上步转入"费用加上"本步发生"费用之和。

根据表 7-15 的成本计算结果,编制"天宝工厂完工产品成本汇总表",如表 7-16 所示。

表 7-16 天宝工厂完工产品成本汇总表

产品:甲产品　　　　产量:500件　　　20××年8月　　　　　　单位:元

项　目	直接材料	直接人工	制造费用	合　计
完工产品总成本	4 100	6 400 (5 400+1 000)	4 500 (3 500+1 000)	15 000
完工产品单位成本	8.2	12.8	9	30

根据完工产品交库单和成本计算结果,编制完工入库甲产品的会计分录如下。
　　借:库存商品——甲产品　　　　　　　　　　15 000
　　　　贷:基本生产成本——第三车间(甲产品)　　15 000

从计算结果看,成本还原后的逐步综合结转分步法和逐步分项结转分步法的总成本和单位成本完全相同,但两者的成本构成并不相同。主要原因是产成品成本还原计算表中产成品所耗半成品各项费用由本月所产半成品的成本构成还原计算得出,没有考虑以前月份所产半成品的成本,也就是月初结存半成品成本构成的影响。而上述例题各步骤产品成本计算单中产成品(半成品)所耗半成品各项费用,是按其原始成本项目分项转入的,其中包含了以前月份所产半成品的成本。

任务三　平行结转分步法

一、平行结转分步法的含义和适用范围

（一）平行结转分步法的含义

平行结转分步法又称不计算半成品成本分步法。它是指在计算产品成本时，各生产步骤不计算本步骤所产半成品成本，也不计算本步骤耗用上一步骤半成品成本，只计算本步骤所发生的生产费用和这些费用中应计入产成品成本的份额，并且将各生产步骤应计入相同产成品的份额平行结转汇总，计算产成品成本的一种分步法。

（二）平行结转分步法的适用范围

平行结转分步法主要适用于在成本管理上要求分步骤归集生产费用，但不需要计算半成品成本的大量大批装配式多步骤生产的企业，特别是没有半成品对外销售的企业。在这些企业中，如果各生产步骤所产半成品种类比较多，又很少或不准备对外销售，为简化和加速成本计算工作，可以采用平行结转分步法。

二、平行结转分步法的特点

在大量大批多步骤生产的企业中，平行结转分步法除具有分步法的一般特点外，还具有以下特点。

1. 各步骤之间不结转半成品成本

在生产过程中，各步骤之间只进行实物转移，不结转半成品成本。各生产步骤只汇集本步骤发生的生产费用。

2. 不计算各步骤半成品成本

不论半成品在各生产步骤之间是直接转移还是通过半成品库收发，均不通过"原材料——自制半成品"账户进行总分类核算。

3. 按广义在产品分配生产费用

为了正确计算各步骤应计入产成品成本的份额，月末应将各步骤发生的生产费用在完工产品与在产品之间进行分配。这里的生产费用只指本步骤发生的费用，没有上步骤转入的费用。

本月完工产品是指企业最后步骤完工的产成品。完工产品成本是各生产步骤的生产费用中应计入产成品成本的份额。

广义的在产品包括本步骤正在加工中的在制品（即狭义在产品），也包括本步骤已经加工完成，并且转入以后各生产步骤，但尚未最终制成产成品的半成品。在产品成本也指广义在产品成本。

4. 汇总确定完工产品成本

汇总各生产步骤应计入产成品成本的份额,确定完工产品成本。

三、平行结转分步法的计算程序

(1) 按各生产步骤的各种产品设置基本生产成本明细账(产品成本计算单),归集其在本步骤发生的各项费用,但不包括其所耗用上一步骤的半成品成本。

(2) 月末采用一定的方法,将各生产步骤该产品所发生的费用,在最终完工产品与月末在产品(广义在产品)之间进行分配,确定各生产步骤应计入产成品成本的"份额"。

(3) 将各生产步骤应计入相同产成品成本的份额平行结转汇总,计算该种产成品的总成本和单位成本。

平行结转分步法的计算程序如图 7-3 所示。

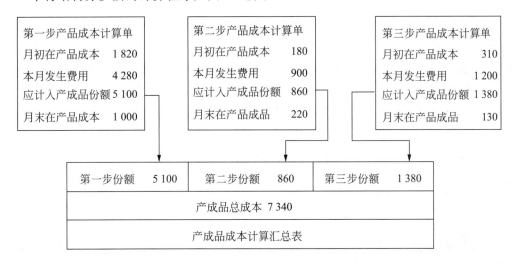

图 7-3 平行结转分步法计算程序图

四、产成品成本份额的计算

确定各步骤生产费用应计入产成品成本的份额,即每一生产步骤的生产费用在最终完工产成品与广义在产品之间的分配,在实际工作中,通常采用约当产量法、定额成本法或定额比例法计算。

平行结转分步法采用约当产量法计算产成品成本,主要体现在生产费用在完工产品与在产品之间分配时,要求被分配的生产费用必须是本步骤发生的,完工产品与在产品则是全厂范围的,即将各步骤生产费用在最终完工产成品与广义在产品之间进行分配。因此,在产品不能局限于本步骤完工,还应包括后面步骤领用的但尚未最后完工的本步骤自制半成品。各步骤生产费用中应计入产成品成本份额的计算公式如下:

$$某步骤应计入产成品成本的份额 = 最后步骤完工产成品数量 \times 单位产成品耗用该步骤半成品数量 \times 该步骤半成品单位成本$$

$$某步骤半成品单位成本 = \frac{该步骤月初在产品成本 + 该步骤本月发生费用}{该步骤完工半成品的约当总量}$$

$$某步骤完工半成品的约当总量 = 最后步骤产成品耗用该步骤半成品的数量 + 该步骤月末狭义在产品约当产量 + 该步骤已完工仍留在半成品库和转入以后各步骤但尚未最后完工的半成品数量$$

某步骤在产品成本 = 该步骤生产费用合计 − 该步骤应计入产成品成本的份额

五、平行结转分步法的运用

（一）企业基本情况

【例7-5】 天宝工厂设有3个基本生产车间，分别是第一车间、第二车间和第三车间，大量生产甲产品，三个车间按顺序加工完成该产品，采用平行结转分步法计算甲产品成本。原材料在生产开始时一次投入，自制半成品不出售也不通过半成品仓库收发，而是由上一步骤直接转入下一步骤，每件产成品耗用各车间完工半成品一件，生产费用在完工产品与月末在产品之间采用约当产量法进行分配。本月各生产车间产量记录资料如表7-17所示，月初在产品成本和本月发生的生产费用资料如表7-18所示。

表7-17 天宝工厂产量记录

20××年8月　　　　　　　　　　　　　　　　单位：件

项目	第一车间	第二车间	第三车间
月初在产品	60	50	20
本月投产或上步转入	600	560	530
本月完工转出	560	530	500
月末在产品	100	80	50
在产品完工程度/%	50	50	60

表7-18 天宝工厂生产费用资料

20××年8月　　　　　　　　　　　　　　　　单位：元

项目	第一车间		第二车间		第三车间	
	月初在产品成本	本月生产费用	月初在产品成本	本月生产费用	月初在产品成本	本月生产费用
直接材料	1 080	4 760	—	—	—	—
直接人工	500	2 900	340	3 200	160	900
制造费用	390	1 650	280	2 080	180	880
合计	1 970	9 310	620	5 280	340	1 780

(二)成本计算程序

首先,按生产步骤设置产品成本计算单,同时根据表 7-17、表 7-18 的资料,登记月初在产品成本和本月发生费用,如表 7-19~表 7-21 所示。

其次,采用平行结转分步法计算甲产品成本。

1. 第一车间产品成本计算

(1) 计算约当总量。

分配直接材料的约当总量 $=500 \times 1+100+80+50=500+230=730$(件)

分配加工费用的约当总量 $=500 \times 1+100 \times 50\%+80+50=500+180=680$(件)

(2) 计算应计入产成品成本的份额。

① "直接材料"项目:

$$直接材料单位成本 = \frac{1\,080+4\,760}{730} = 8(元/件)$$

应计入产成品成本的份额 $=500 \times 1 \times 8 = 4\,000$(元)

广义在产品成本 $=230 \times 8 = 1\,840$(元)

② "直接人工"项目:

$$直接人工单位成本 = \frac{500+2\,900}{680} = 5(元/件)$$

应计入产成品成本的份额 $=500 \times 1 \times 5 = 2\,500$(元)

广义在产品成本 $=180 \times 5 = 900$(元)

③ "制造费用"项目:

$$制造费用单位成本 = \frac{390+1\,650}{680} = 3(元/件)$$

应计入产成品成本的份额 $=500 \times 1 \times 3 = 1\,500$(元)

广义在产品成本 $=180 \times 3 = 540$(元)

(3) 按以上计算结果编制第一车间产品生产成本明细账如表 7-19 所示。

表 7-19 天宝工厂第一车间产品生产成本明细账

产品:甲成品　　　　　　　　20×× 年 8 月　　　　　　　　单位:元

摘 要	直接材料	直接人工	制造费用	合 计
月初在产品成本	1 080	500	390	1 970
本月发生生产费用	4 760	2 900	1 650	9 310
生产费用合计	5 840	3 400	2 040	11 280
本月最终产成品数量/件	500	500	500	500
本步骤在产品约当量/件	100	50	50	—
已交下步未完工半成品数量/件	130	130	130	—
约当总量/件	730	680	680	—

续表

摘　要	直接材料	直接人工	制造费用	合　计
单位成本	8	5	3	16
应计入产成品成本的份额	4 000	2 500	1 500	8 000
月末在产品成本	1 840	900	540	3 280

2. 第二车间产品成本计算

(1) 计算约当总量。

分配加工费用的约当总量＝500×1＋80×50％＋50＝500＋90＝590(件)

(2) 计算应计入产成品成本的份额。

① "直接人工"项目：

$$直接人工单位成本 = \frac{340 + 3\,200}{590} = 6(元/件)$$

应计入产成品成本的份额＝500×1×6＝3 000(元)

广义在产品成本＝90×6＝540(元)

② "制造费用"项目：

$$制造费用单位成本 = \frac{280 + 2\,080}{590} = 4(元/件)$$

应计入产成品成本的份额＝500×1×4＝2 000(元)

广义在产品成本＝90×4＝360(元)

(3) 按以上计算结果编制第二车间产品生产成本明细账如表7-20所示。

表7-20　天宝工厂第二车间基本生产成本明细账

产品：甲成品　　　　　　　　20××年8月　　　　　　　　　　单位：元

摘　要	直接材料	直接人工	制造费用	合　计
月初在产品成本		340	280	620
本月发生生产费用		3 200	2 080	5 280
生产费用合计		3 540	2 360	5 900
本月最终产成品数量		500	500	500
本步骤在产品约当量		40	40	
已交下步未完工半成品数量		50	50	—
约当总量		590	590	—
单位成本		6	4	10
应计入产成品成本的份额		3 000	2 000	5 000
月末在产品成本		540	360	900

3. 第三车间产品成本计算

(1) 计算约当总量。

分配加工费用的约当总量＝500×1＋50×60％＝500＋30＝530(件)

(2)计算应计入产成品成本的份额。

①"直接人工"项目：

$$直接人工单位成本 = \frac{160+900}{530} = 2(元/件)$$

$$应计入产成品成本的份额 = 500 \times 1 \times 2 = 1\ 000(元)$$

$$广义在产品成本 = 30 \times 2 = 60(元)$$

②"制造费用"项目：

$$制造费用单位成本 = \frac{180+880}{530} = 2(元/件)$$

$$应计入产成品成本的份额 = 500 \times 1 \times 2 = 1\ 000(元)$$

$$广义在产品成本 = 30 \times 2 = 60(元)$$

(3)按以上计算结果编制第三车间产品生产成本明细账如表7-21所示。

表7-21 天宝工厂第三车间基本生产成本明细账

产品：甲成品　　　　　　　　20××年8月　　　　　　　　单位：元

摘　要	直接材料	直接人工	制造费用	合　计
月初在产品成本		160	180	340
本月发生生产费用		900	880	1 780
生产费用合计		1 060	1 060	2 120
本月最终产成品数量		500	500	500
本步骤在产品约当量		30	30	—
已交下步未完工半成品数量		0	0	—
约当总量		530	530	—
单位成本		2	2	4
应计入产成品成本的份额		1 000	1 000	2 000
月末在产品成本		60	60	120

将各生产步骤(生产车间)应计入相同产成品成本的份额汇总，编制产品成本计算汇总表，如表7-22所示。

表7-22 天宝工厂产品成本计算汇总表

产品：甲成品　　　产量：500件　　　20××年8月　　　　　单位：元

摘　要	直接材料	直接人工	制造费用	合　计
第一步骤计入份额	4 000	2 500	1 500	8 000
第二步骤计入份额		3 000	2 000	5 000
第三步骤计入份额		1 000	1 000	2 000
产成品总成本	4 000	6 500	4 500	15 000
产成品单位成本	8	13	9	30

根据产品成本计算汇总表，编制结转本月完工入库甲产品成本的会计分录如下。

借：库存商品——甲产品　　　　　　　　　　　　15 000
　　贷：基本生产成本——第一车间（甲产品）　　　　8 000
　　　　　　　　　　——第二车间（甲产品）　　　　5 000
　　　　　　　　　　——第三车间（甲产品）　　　　2 000

知识链接

分步法的生产步骤

　　分步法的生产步骤是根据企业的生产特点和管理的要求划分的。在实际工作中，产品成本计算的分步与实际的产品生产步骤的划分不一定完全一致。为了简化成本计算工作，可以只对管理上有必要分步计算成本的生产步骤单独设置产品成本计算单，单独计算成本；管理上不要求计算成本的生产步骤，则可以与其他生产步骤合并设置产品成本计算单，合并计算成本。

　　在按生产步骤设立车间的企业中，一般情况下分步计算成本也就是分车间计算成本。但是如果企业生产规模很小，管理上不要求分车间计算成本，也可以将几个车间合并为一个步骤计算成本。相反，如果企业生产规模很大，车间内又分成几个生产步骤，而管理上又要求分步计算成本，这时，也可以在车间内再分步计算成本。因此，分步计算成本不一定就是分车间计算成本。总之，企业应根据成本管理对于各生产步骤成本资料的不同要求和简化计算成本工作的原则，确定成本计算对象的产品品种及其生产步骤。

项目八 产品成本计算方法——分类法

引言

一个企业生产的产品品种或规格繁多,若按每一种产品计算成本,无疑工作量会很繁重。如果产品的生产工艺、性能、结构相似,成本会计人员可以通过一定的会计核算方法分类进行成本计算,达到简化成本计算工作的目的。

学习目标

1. 了解分类法的特点和适用范围;
1. 熟悉分类法的成本核算程序;
2. 掌握联产品的成本计算方法;
3. 掌握副产品的成本计算方法;
4. 了解等级产品的方法成本计算。

案例导入

联华电子厂是大量大批单步骤生产电子产品的企业,设有第一、第二两个基本生产车间,大量生产不同规格型号的电子元件,其中 A、B、C 三种产品的生产工艺过程,产品的性能、结构相似。如何对这三种产品进行成本核算?

任务一 分类法的特点和适用范围

一、分类法的概念

产品成本计算分类法是将生产的产品分为若干类别,以各产品类别作为成本计算对象,归集生产费用,先计算各类完工产品总成本,再按一定标准分配计算每类产品内各种产品成本的一种成本计算的辅助方法。

二、分类法的特点

与产品成本计算的品种法、分步法、分批法比较,分类法具有以下特点。

1. 成本计算的对象是产品的类别

分类法以产品的类别作为成本计算对象，设置成本明细账，归集该类产品的生产费用。平时发生各项生产费用，属于直接费用，则直接计入各类产品成本，属于各类产品共同耗用的费用，则采用一定的分配标准分配计入各类产品成本。在计算出各类产品总成本后，还应选择适当方法，将各类产品总成本在类内各种不同规格型号的产品之间进行分配，计算各种不同规格型号的产品的实际总成本和单位成本。

2. 成本计算期可以和生产周期一致也可以不一致

分类法的成本计算期，要根据企业的生产特点及管理要求来确定。如果是大批量生产，结合品种法或分步法进行成本计算，则应定期在月末进行成本计算；如果属于单件小批生产，与分批法结合运用，成本计算期可不按月，而与生产周期一致。

3. 生产费用一般需要在完工产品和在产品之间分配

采用分类法计算产品成本，如果月末在产品数量较多，应将该类产品生产费用总额在完工产品和月末在产品之间进行分配。如果属于单件小批生产，分类法在与分批法结合运用时，则可能不需要将生产费用在完工产品和在产品之间分配。

采用分类法计算产品成本，成本核算对象虽然是产品的类别，但最终还是要计算出各种产品的成本，以产品类别作为成本核算对象是为了简化成本计算工作。运用分类法，在计算各类产品成本的同时，还要结合运用品种法或分批法、分步法等成本计算的基本方法。成本计算期的确定、生产费用在本月完工产品和月末在产品之间的分配等，都取决于它所依托的成本计算的基本方法。因此，分类法并不是一种独立的基本成本计算方法，它要根据各类产品的生产工艺特点和管理的要求，与品种法、分批法、分步法结合使用，因此分类法是成本计算的辅助方法。

三、分类法的适用范围

分类法主要适用于产品品种、规格繁多，并且可以按照一定要求和标准划分为不同类别的企业或车间。分类法与企业生产类型没有直接联系，它可以在各种类型的生产中应用，只要企业生产的产品可以按照其性质、用途、生产工艺过程和原材料消耗等方面的特点划分为一定类别，包括同类产品、联产品以及副产品等的成本计算，都可以采用分类法。例如，钢铁厂生产的各种型号和规格的生铁、钢锭和钢材，针织厂生产的各种不同种类和规格的针织品，灯泡厂生产的各种不同类别和瓦数的灯泡，食品厂生产的各种饼干和面包，等等。它们的生产类型有所不同，但都可以采用分类法计算成本。

有些工业企业，特别是化工企业，利用相同的原材料，在同一生产过程中，同时生产出的几种使用价值不同，但具有同等地位的主要产品，这些产品称为联产品。例如，炼焦企业在同一生产过程中生产出来的焦炭和煤气，炼油企业在生产过程中将原油加工提炼，生产出来的汽油、煤油和柴油等。这些联产品，所用原料和工艺技术过程相同，因而适宜采用分类法计算成本。

此外，企业可能生产一些零星产品，例如，为协作单位生产少量的零部件，或自制少量材料和工具等。这些零星产品,虽然所用原材料和工艺过程不一定完全相近,但其品种规格多,且数量少,费用比重小。为了简化核算工作,也可以把它们归为几类,采用分类法计算成本。

值得注意的是,有些工业企业,特别是轻工企业,有时可能生产出品种相同,但质量不同的产品。如果这些产品所用的原材料和工艺技术过程完全相同,质量上的差别是由于工人操作所造成,那么,这些质量等级不同的产品的单位成本应该是相同,而不能把分类法原理应用到这些产品的成本计算中。也就是说,不能按照它们的售价不同分配费用,为不同等级的产品确定不同的单位成本。否则就会掩盖次级产品由于售价较低造成的损失,不利于企业加强成本管理,提高产品质量。如果不同质量的产品,是由于所用原材料的质量或工艺技术上的要求不同而产生的,那么,这些产品应是同一品种不同规格的产品,可归为一类,采用分类法计算成本。

四、分类法的优缺点

采用分类法计算产品成本,领料单、工时记录等原始凭证和原始记录可以只按产品类别填列,在各种费用分配表中可以只按产品类别分配费用。产品成本明细账可以只按产品类别开立,从而不仅能简化成本计算工作,而且能够在产品品种、规格繁多的情况下,分类掌握产品成本的情况。

但是,由于在类内各种产品成本的计算中,不论是间接计入费用还是直接计入的费用,都是按一定的分配标准按比例进行分配的,因而,计算结果有一定的假定性。因此,在分类法下,产品的分类和分配标准(或系数)的选定是否适当,是一个关键性的问题。在产品的分类上,应以所耗原材料和工艺技术过程是否相近为标准。因为,所耗原材料和工艺技术过程相近的各种产品,成本水平也往往接近。在对产品分类时,类距既不能定得过小,使成本计算工作复杂化;也不能定得过大,造成成本计算上的"大锅烩",影响成本计算的正确性。在产品结构、所耗原材料或工艺技术发生较大变动时,应及时修订分配系数,或另选分配标准,以保证成本计算的正确性。

五、分类法的成本计算程序

分类法的成本计算程序如下。

(1) 合理确定产品类别,按产品类别设立产品成本明细账。

(2) 按产品类别归集产品的生产费用,并按产品的生产类型和成本管理的要求选用所要结合使用的成本计算的基本方法,结合品种法、分批法或分步法计算各类产品成本。

(3) 选择合理的分配标准,分别将每类产品的成本,在类内的各种产品之间进行分配,计算每类产品内各种产品的成本。同类产品内各种产品之间分配费用的标准,一般有定额消耗量、定额费用、售价以及产品的体积、长度和重量等。在选择费用的分配标准时,主要应考虑与产品各项耗费的高低有密切联系的分配标准。

六、每类产品内部各规格产品成本分配方法

每类产品内部各种规格产品成本的计算,通常采用的分配标准有定额消耗量、定额成本、计划成本、产品售价、产品的重量或体积等。类内产品成本的计算,一般采用系数法和定额比例法。

(一)系数法

采用分类法时,一般将类内产品的分配标准折合为系数,按系数分配计算类内各种产品成本。确定系数的具体做法是,在同类产品中选择一种产量大、生产稳定或规格折中的产品作为标准产品,把这种产品的分配标准系数确定为1,以其他产品的单位产品的分配标准数据与标准产品相比,求出的比例即为其他产品的系数。按系数法进行成本分配的计算程序及公式如下。

(1) 计算某种产品综合系数
某种产品综合系数=该种产品的定额成本(售价)÷类内标准产品的定额成本(售价)

(2) 在此基础上,计算产品总系数
某种产品综合总系数=该种产品产量×该种产品综合系数

(3) 在计算出综合总系数后,按成本项目分别进行费用分配

$$\frac{某成本项目}{费用分配率} = \frac{某类产品某成本}{项目费用总额} \div 总系数之和$$

$$\frac{某种产品应分配的}{某成本项目费用} = \frac{该种产品}{综合总系数} \times \frac{某成本项目}{费用分配率}$$

(4) 按单项系数进行费用分配的计算公式

$$\frac{如直接材料}{成本系数} = \frac{某种产品的分配标准}{(如直接材料定额成本)} \div \frac{标准产品的分配标准}{(如直接材料定额成本)}$$

(5) 计算出单项系数后,据以计算产品总系数
某种产品直接材料总系数=该种产品产量×该种产品直接材料成本系数

(6) 分类法下类内产品成本的计算
某种产品直接人工项目总系数=该种产品产量×该种产品直接人工项目成本系数
某种产品其他成本项目总系数=该种产品产量×该种产品其他成本项目系数

(7) 在计算出总系数后,进行直接材料费用和其他各项费用分配

$$\frac{直接材料}{费用分配率} = \frac{某类产品直接}{材料费用总额} \div \frac{类内各种产品直接}{材料总系数之和}$$

【例8-1】 联华电子厂生产的产品品种、规格繁多,其中A、B、C三种产品的生产工艺过程及使用的原材料都相同,只是规格不同,所以可以划分为一类进行产品成本计算,这类产品成为甲类产品。该类产品的直接材料费用按照各种产品的原材料系数进行分配,原材料系数按直接材料定额成本确定,直接工资等其他费用项目均按各种产品定额工时系数分配。该类产品中A产品为标准产品。有关产品产量、分配标准和成本资料等见表8-1~表8-3。

表 8-1　单位产品直接材料消耗定额和计划单价

产品类别	产品品种	直接材料名称或编号	消耗定额/千克	计划单价/元
甲类	A产品	101	90	1.00
		205	50	1.40
		310	20	1.50
	B产品	101	75	1.00
		205	45	1.40
		310	22	1.50
	C产品	101	69	1.00
		205	60	1.40
		310	50	1.50

表 8-2　产量和定额工时资料

产品类别	产品品种	计量单位	产量	单位产品工时定额
甲类	A	件	500	110
	B	件	400	165
	C	件	120	154

表 8-3　甲类产品成本计算单　　　　　　　　　　　　　　　单位:元

月	日	项目	直接材料	直接工资	制造费用	合计
3	1	在产品成本（定额成本）	3 140	2 850	5 380	11 370
3	31	本月发生费用	403 080	119 330	107 007	629 417
3	31	合计	406 220	122 180	112 387	640 787
3	31	完工产品成本	391 560	119 192	107 780	618 532
3	31	在产品成本（定额成本）	14 660	2 988	4 607	22 255

首先,计算材料费用系数和定额工时系数,见表 8-4。

表 8-4　直接材料费用系数计算表

产品类别	产品品种	单位产品直接材料费用				直接材料费用系数	单位产品定额工时系数
		原材料名称或编号	消耗定额/千克①	计划单价/元②	定额成本/元③＝①×②		
甲类	A（标准产品）	101	90	1.00	90	1	1
		205	50	1.40	70		
		310	20	1.50	30		
		小计			190		

续表

产品类别	产品品种	单位产品直接材料费用				直接材料费用系数	单位产品定额工时系数
		原材料名称或编号	消耗定额/千克①	计划单价/元②	定额成本/元③=①×②		
甲类	B	101	75	1.00	75	171/190 =0.9	165/110=1.5
		205	45	1.40	63		
		310	22	1.50	33		
		小计			171		
	C	101	69	1.00	69	228/190 =1.2	154/110=1.4
		205	60	1.40	84		
		310	50	1.50	75		
		小计			228		

其次,根据材料费用系数、定额工时系数及甲类产品成本计算单的相关资料,分配计算甲类产品中各种完工产品成本,见表 8-5。

表 8-5 甲类完工产品成本计算单

项目	产量	直接材料系数	直接材料总系数	单位产品定额工时系数	定额工时总系数	应分配的费用				单位成本
						直接材料	直接人工	制造费用	合计	
	①	②	③=①×②	④	⑤=①×④	⑥=③×分配率	⑦=⑤×分配率	⑧=⑤×分配率	⑨=⑥+⑦+⑧	⑩=⑨÷①
分配率						390	94	85		
A 产品	500	1	500	1	500	195 000	47 000	42 500	284 500	569
B 产品	400	0.9	360	1.5	600	140 400	56 400	51 000	247 800	619.50
C 产品	120	1.2	144	1.4	168	56 160	15 792	14 280	86 232	718.60
合计	—	—	1 004	—	1 268	391 560	119 192	107 780	618 532	

备注:直接材料分配率=391 569÷1 004=390
直接人工分配率=119 192÷1 268=94
制造费用分配率=107 780÷1 268=85

(二)定额比例法

按定额比例法进行类内产品成本分配,是指在计算出类内产品的总成本后,按类内各种产品的定额比例进行成本分配,从而计算出类内每一种产品成本的一种方法。

【例 8-2】 某企业生产甲、乙、丙、丁四种产品。根据产品的生产特点,可将这四种产品作为一类产品计算成本,这类产品称为 A 类产品。在 A 类产品完工产品和在产品之间进行费用分配以及分配计算类内四种产品成本时,均采用定额比例法,直接材料费用按材料定额成本分配,其他费用项目按定额工时分配。A 类产品实际成本计算单资料见表 8-6,有关 A 类产品产量、定额资料见表 8-7。

表 8-6 A 类产品实际成本计算单   单位:元

项　目	直接材料	直接工资	制造费用	合　计
月初在产品成本	5 814	678	825	7 317
本月发生生产费用	66 302	36 442	32 455	135 199
合　计	72 116	37 120	33 280	142 516

表 8-7 A 类产品产量及定额资料

产品名称		产量/件	材料定额成本/元		定额工时/小时	
			单位定额	总成本	工时定额	合　计
产成品	甲	200	50	10 000	15	3 000
	乙	150	80	12 000	18	2 700
	丙	300	70	21 000	19	5 700
	丁	550	40	22 000	21	11 550
	小计	—	—	65 000	—	22 950
在产品	甲	60	50	3 000	7	420
	乙	70	80	5 600	9	630
	丙	65	70	4 550	10	650
	丁	95	40	3 800	10	950
	小计	—	—	16 950	—	2 650
合　计				81 950		25 600

A 类产品成本计算具体程序如下。

首先,将 A 类产品成本计算单中归集的总生产费用在 A 类完工产品和在产品之间进行分配,计算出 A 类完工产品总成本;然后,再将计算出的 A 类完工产品的总成本在类内的甲、乙、丙、丁四种产品之间进行分配,计算出甲、乙、丙、丁各种产品的成本。具体计算结果见表 8-8。

表 8-8 A 类产品分配表   单位:元

项　目	产量	直接材料		定额工时	直接人工	制造费用	合　计
		定额成本	实际成本				
月初在产品成本			5 814	3 120	678	825	7 317
本月发生生产费用			66 302		36 442	32 455	135 199
合　计		81 950	72 116	25 600	37 120	33 280	142 516

续表

项目		产量	直接材料		定额工时	直接人工	制造费用	合计
			定额成本	实际成本				
费用分配率				0.88		1.45	1.30	
			①	②=①×0.88	③	④=③×1.45	⑤=③×1.3	⑥=②+④+⑤
月末在产品成本			16 950	14 916	2 650	3 842.50	3 445	22 203.50
完工产品成本	总成本		65 000	57 200	22 950	33 277.50	29 835	120 312.50
	甲产品	200	10 000	8 800	3 000	4 350	3 900	17 050
	乙产品	150	12 000	10 560	2 700	3 915	3 510	17 985
	丙产品	300	21 000	18 480	5 700	8 265	7 410	34 155
	丁产品	550	22 000	19 360	11 550	16 747.50	15 015	51 122.50

备注：直接材料分配率＝72 116÷81 950＝0.88
直接人工分配率＝37 120÷25 600＝1.45
制造费用分配率＝32 455÷25 600＝1.30

任务二　联产品的成本计算

联产品是使用同样的原材料，在同一生产过程中同时生产出来的各种产品，并且这些产品都是企业的主要产品。联产品分离前的联合成本计算，可采用前述分类法进行。计算出联合成本之后，需要将其在各种联产品之间进行分配，分配时可根据企业具体情况确定应采用的分配方法，常用的分配方法包括以下两种。

一、实物计量分配法

实物计量分配法是指将联合成本按各联产品实物量（如重量、长度和容积）进行分配的一种方法。其计算公式如下：

联产品分配率＝联合成本÷各种联产品实物量之和

某种产品应分配的联合成本＝该种联产品实物数量×联合成本分配率

【例8-3】某企业生产A、B、C三种联产品，本期发生的联合成本为348 000元。根据各种产品重量可进行联合成本分配，计算结果见表8-9。

表8-9　联合成本分配表

单位：元

产品名称	产量/千克	分配率	应分配成本
A产品	450		156 600

续表

产品名称	产量/千克	分配率	应分配成本
B产品	260	348	90 480
C产品	290		100 920
合　计	1 000		348 000

二、标准产量比例法

标准产量比例法也称系数分配法。它是根据各种联产品实际产量，按系数将其折算为标准产量来分配联合成本的一种方法。具体程序是：先确定各种联产品的系数，然后用每种产品的产量乘上各自的系数，计算出标准产量；再将联合成本除以各种联产品标准产量之和，求得联合成本分配率；最后，用联合成本分配率乘以每种产品的标准产量，计算出各种联产品应负担的联合成本。

【例 8-4】　某企业利用同一种原材料，在同一工艺过程中生产出甲、乙、丙、丁四种主要产品。进行联合成本分配时，以产品售价为标准确定系数，以甲产品为标准产品，其系数确定为1；甲产品分离后还要继续加工。联产品的有关资料见表8-10和表8-11。

联产品成本计算程序如下。

(1) 编制联产品成本计算单，见表8-12。

(2) 编制甲产品成本汇总计算表，见表8-13。

为了编制甲产品成本汇总计算表，需要将表8-12中计算的各种产品分配的联合成本，依据表8-11中各成本项目比重进行分离。具体计算结果见表8-13。

表 8-10　联产品产量、售价和系数计算表

产品名称	产量/千克	单位售价/元	系数
甲产品	1 800	10	1
乙产品	600	12	1.20
丙产品	900	8	0.80
丁产品	300	4	1.40

表 8-11　联产品成本资料　　　　　　　　　　　单位：元

项　目	直接材料	直接工资	制造费用	合　计
分离前的联合成本	23 400	5 620	1 724	30 744
各成本项目占总成本比重/%	76.10	18.30	5.60	100
分离后甲产品加工成本	810	195	105	1 110

表 8-12 联产品成本计算单　　　　　　　　　　　　　　　　　　单位:元

产品名称	产量/千克 ①	系数 ②	标准产量 ③=①×②	联合成本 ④	分配率 ⑤=④/③	应分配的联合成本 ⑥=③×⑤
甲产品	1 800	1	1 800			15 120
乙产品	600	1.20	720			6 048
丙产品	900	0.80	720			6 048
丁产品	300	1.40	420			3 528
合　计	—	—	3 660	30 744	8.40	30 744

表 8-13 甲产品成本汇总计算表　　　　　　　　　　　　　　　　单位:元

项　目	分配的联合成本 比重% ①	分配的联合成本 金额 ②=①×总金额	分离后的加工成本 ③	总成本 ④=②+③	单位成本 ⑤=④÷产量
直接材料	76.10	11 506.32	810	12 316.32	6.84
直接人工	18.30	2 766.96	195	2 961.96	1.65
制造费用	5.60	846.72	105	951.72	0.53
合　计	100	15 120	1 110	16 230	9.02

任务三　副产品的成本计算

一、副产品成本计算的特点

　　副产品是工业企业在主要产品的生产过程中附带生产出来的非主要产品。例如,在原油的加工过程中产生的渣油、石油焦;制皂过程中产生的甘油等。并非所有工业企业在产品生产过程中都会生产出副产品。

　　副产品和主要产品是企业在同一生产过程中生产出来的。副产品虽然不是企业的主要产品,所占的费用比重不大,但也有一定的经济价值。副产品有的可以直接对外销售,有的经过适当加工以后,也可以对外销售,因此,为了加强成本核算和成本管理,企业应当正确计算副产品成本。

　　与主产品比较,副产品一般价值较低,成本计算通常可以采用简化的方法。为了简化核算工作,对副产品可以不单独计算成本。可以采用与分类法相类似的方法计算成本,将副产品与主产品合为一类作为一个成本核算对象,设置生产成本明细账,归集主产品和副产品共同发生的各项生产费用,计算该类产品的总成本;然后,将副产品按照一定的方法计价,从总成本中扣除(一般是在总成本的原材料项目中扣除),以主副产品总成本扣除副产品成本以后的余额,作为主产品的实际总成本。

副产品的计价主要有两种方法：一是按照企业制订的副产品计划（或定额）成本计价；二是按照副产品的售价减去销售税金和销售利润（按正常利润率计算）以后的余额计价。为了简化计算，采用上述方法计算确定的副产品成本时，通常将副产品成本从主副产品总成本中的直接材料项目中扣除，以求得主产品的总成本。

有的副产品与主产品分离后，还需要单独进行加工。例如，在制皂过程中产生的含有甘油的盐水，在与主产品分离后，还要加入某些辅助材料，经进一步加工，才能生产出甘油。在这种情况下，还应根据副产品加工生产的特点和管理的要求单独计算成本。

副产品成本的合理计价，对于正确计算主、副产品的成本十分重要。副产品成本的计价既不能过高，也不能过低，否则不仅不能正确反映副产品的成本，还会影响主产成本的正确性。

二、副产品成本按照计划单位成本计价

为了简化副产品成本计算工作，副产品成本可以按照计划单位成本计价。

副产品与主产品分离后，如果可以直接对外出售，则事先制订副产品计划单位成本，期末将副产品数量乘以计划单位成本，计算出副产品的总成本，然后从主、副产品总成本中扣除；如果副产品需要进一步加工，但加工处理所需的时间不长，并且是在同一车间内进行的，为了简化计算，副产品进一步加工所发生的费用也可以以全部归集在主产品生产成本明细账中，期末将副产品数量乘以计划单位成本，计算出副产品的总成本，然后从主、副产品总成本中扣除。

【例 8-5】 华燕工厂 20×× 年 8 月在生产甲产品时产生的 A 副产品，A 副产品与甲产品分离后，可以直接出售。本月生产的 5 000 件甲产品已全部完工，没有月末在产品，甲产品生产成本明细账（见表 8-14）归集的生产费用合计为 1 100 000 元，其中，直接材料 560 000 元，直接人工 320 000 元，制造费用 220 000 元。本月附带生产 A 产品 200 件已全部入库，计划单位成本为 90 元，其中，直接材料 50 元，直接人工 30 元，制造费用 10 元。根据上述资料，A 产品和甲产品成本可以计算如下：

$$A 产品总成本 = 200 \times 90 = 18\ 000（元）$$

其中：直接材料项目 $= 200 \times 50 = 10\ 000$（元）

直接人工项目 $= 200 \times 30 = 6\ 000$（元）

制造费用项目 $= 200 \times 10 = 2\ 000$（元）

甲产品总成本 $= 1\ 100\ 000 - 18\ 000 = 1\ 082\ 000$（元）

表 8-14 华燕工厂产品成本明细账

编制单位：华燕工厂　　　　　　20×× 年 8 月　　　　　　产品名称：甲　　单位：元

摘　　要	直接材料	直接人工	制造费用	合　计
生产费用合计	560 000	320 000	220 000	1 100 000
结转本月完工 A 产品成本	10 000	6 000	2 000	18 000

项目八　产品成本计算方法——分类法

续表

摘 要	直接材料	直接人工	制造费用	合 计
本月完工产品总成本	550 000	314 000	218 000	1 082 000
本月完工甲产品单位成本	110	62.80	43.6	216.4

根据成本计算结果,编制结转完工入库甲产品和A产品成本的会计分录如下。

借:库存商品——甲产品　　　　　　1 082 000
　　　　　　——A产品　　　　　　　　18 000
　贷:基本生产成本——甲产品　　　　　　　　1 100 000

三、副产品成本按照售价减去销售税金和销售利润后的余额计价

为了简化副产品成本计算工作,副产品成本可以按照售价减去销售税金和销售利润后的余额计价。

副产品与主产品分离后,不需要经过任何加工,就可以直接对外出售时,这种情况下,副产品成本可以按照副产品的售价减去销售税金和销售利润后的余额计价,从主、副产品总成本中扣除;如果副产品需要进一步加工,但加工处理所需的时间不长,并且是在同一车间内进行的,为了简化计算,副产品进一步加工所发生的费用也可以以全部归集在主产品生产成本明细账中,期末按照副产品的售价减去销售税金和销售利润后的余额,计算出副产品的总成本,然后从主、副产品总成本中扣除。

【例8-6】 接例8-5 华燕工厂20××年8月在生产甲产品的同时,附带生产出副产品A产品。本月生产的5 000件甲产品已全部完工,没有月末在产品,甲产品生产成本明细账(见表8-15)归集的生产费用合计为1 100 000元,其中,直接材料560 000元,直接人工320 000元,制造费用220 000元。本月附带生产A产品100件已全部入库,A产品每件售价100元,销售环节应交税金每件5元,华燕工厂产品正常销售利润率为10%。A产品成本从甲产品直接材料项目中扣除。根据上述资料,A产品和甲产品成本可以计算如下。

A产品成本:

　　　　A产品单位成本=100－5－100×10%＝85(元)
　　　　A产品总成本=100×85＝8 500(元)

甲产品成本:

　　　　甲产品总成本=1 100 000－8 500＝1 091 500(元)
　　　　甲产品单位成本=1 091 500÷5 000＝218.30(元)

根据成本计算结果,编制结转完工入库甲产品和A产品成本的会计分录如下。

借:库存商品——甲产品　　　　　　1 091 500
　　　　　　——A产品　　　　　　　　8 500
　贷:基本生产成本——甲产品　　　　　　　　1 100 000

表 8-15　华燕工厂产品成本明细账

产品名称:甲
编制单位:华燕工厂　　　　　　　　　20××年 8 月　　　　　　　　　单位:元

摘　要	直接材料	直接人工	制造费用	合　计
生产费用合计	560 000	320 000	220 000	1 100 000
结转本月完工 A 产品成本	8 500			8 500
本月完工产品总成本	551 500	320 000	220 000	1 091 500
本月完工甲产品单位成本	110.3	64	44	218.30

有些副产品与主产品分离以后,还需要加入某些辅助材料,单独进行加工,经进一步加工成另一种产品后再出售,而且加工可能与主产品不在同一车间,或者虽在同一车间,但加工时间较长,加工费用较高。此时,副产品成本若仍然按照计划单位成本或按售价减去销售税金和销售利润计价,则不能准确反映副产品成本,在这种情况下,还应根据副产品加工生产的特点和管理的要求单独计算成本。

【例 8-7】 华燕工厂20××年 8 月在生产甲产品的同时,附带生产出副产品 B 产品,企业需要进一步将 B 产品加工成乙产品,甲、乙产品都是单步骤的大量生产,在同一车间进行。乙产品的原料 B 产品按固定单价每件 0.5 元计价,甲、乙产品月初、月末在产品均按原料的定额费用计价。甲、乙两种产品的成本计算程序如下。

(1)分配各种生产费用。

原料和辅助材料为直接计入费用,直接计入各产品成本明细账。工资及福利费、制造费用按生产工时比例在甲、乙两种产品之间分配,分配结果详见表 8-16。

表 8-16　工资、制造费用分配表

编制单位:华燕工厂　　　　　　　　　20××年 8 月　　　　　　　　　单位:元

项　目	工时/小时	工资及福利费	制造费用
本月发生额	15 000	9 000	12 000
分配率		0.6	0.8
甲产品	14 500	8 700	11 600
乙产品	500	300	400
合　计	15 000	9 000	12 000

(2)根据有关费用分配表、产品产量月报表,以及在产品定额资料,登记甲产品成本明细账。详见表 8-17。

项目八　产品成本计算方法——分类法

表 8-17 华燕工厂产品成本明细账

产品名称:甲产品(主产品)

编制单位:华燕工厂　　　　　　　20××年8月　　　　　　　　　单位:元

摘　要	产量/件	原料	辅助材料	工资及福利费	制造费用	成本合计
月初在产品(定额成本)		24 000				24 000
本月生产费用		485 000	3 000	8 700	11 600	508 300
扣减副产品原料 12 000 件(每件 0.5 元)		−6 000				−6 000
合　计		503 000	3 000	8 700	11 600	526 300
产成品	20 000	478 000	3 000	8 700	11 600	501 300
单位定额成本		23.90	0.15	0.44	0.58	25.07
月末在产品(定额成本)		25 000				25 000

（3）根据甲产品成本明细账有关费用分配表、产品产量月报,以及在产品定额资料,登记乙产品的成本明细账。详见表 8-18。

表 8-18 华燕工厂产品成本明细账

产品名称:乙产品(副产品)

编制单位:华燕工厂　　　　　　　20××年8月　　　　　　　　　单位:元

摘　要	产量/公斤	原料	辅助材料	工资及福利费	制造费用	成本合计
月初在产品(定额成本)		800				800
本月生产费用		6 000	400	300	400	7 100
合计		6 800	400	300	400	7 900
产成品	2 000	6 200	400	300	400	7 300
单位定额成本		3.10	0.20	0.15	0.20	3.65
月末在产品(定额成本)		600				600

（4）根据成本计算结果,编制结转完工入库产品成本的会计分录如下。

借:库存商品——甲产品　　　　501 300
　　　　　　——乙产品　　　　　7 300
　贷:基本生产成本——甲产品　　501 300
　　　　　　　　——乙产品　　　7 300

任务四　等级产品的成本计算

等级产品是指品种相同,但在质量上有差别的产品。等级产品和联产品、副产品不同,虽然它们都是经过同一生产过程,使用同种原料,但联产品和副产品生产出来的是不同品种的产品,等级产品则为同一品种而质量有差别的产品,质量好的等级高,质量差的等级低。按照导致产品质量差别的原因不同,等级产品可以分为两种:一种是由于材料质量、工艺过程不同或由于自然原因造成的等级产品;另一种是由于经营管理或技术操作原因形成的等级产品,如织布时出现的跳线布等。等级低的产品质量差,售价低。

从原则上讲,产品等级不同,产品成本不应产生差别,等级高的产品售价高,利润大;等级低的产品售价低,利润小,正好说明企业产品质量所产生的经济效果。但也有一些特殊情况,由于原材料质量和工艺技术上的各种原因,造成等级产品在技术上目前还难以控制,例如电子元件产品,就是这种情况。

等级产品成本的计算通常可以采用分类法,按一定标准在各种等级品之间进行成本分配,可以按照实物数量比例分配,也可按照一定系数比例分配。等级产品的成本计算,应根据企业的具体情况加以确定。如果是由于材料质量、工艺过程本身等特点或自然原因造成的,计算产品成本时,可将各种等级产品作为一类产品,计算类内产品的联合成本,再根据各种等级品的售价等标准确定系数,将各等级产品产量折合为标准产量,采用标准产量比例法分配联合成本,以分配的联合成本作为各等级产品的成本。如果是由于生产管理不当、操作失误造成的等级产品,因为等级品用料相同,工艺过程也相同,则其成本也应相同,所以,应采用实际产量比例法,将等级产品的联合成本直接按各等级产品实际产量平均计算,从而使各等级产品单位成本水平一致。

成本管理小故事

不拉马的士兵

一位年轻有为的炮兵军官上任伊始,到下属部队视察训练情况。他在几个部队发现相同的情况:在一个单位训练中,总有一名士兵自始至终站在大炮的炮管下面,纹丝不动。军官不解,询问原因,得到的答案是:训练条例就是这样要求的!

军官回去后反复查阅军事文献,终于发现,长期以来,炮兵的训练条例仍遵循非机械化时代的规则。在过去,大炮是由马车运载到前线的,站在炮管下的士兵的任务是负责拉住马的缰绳,以便在大炮发射后调整由于后坐力产生的距离偏差,减少再次瞄准所需的时间。现在大炮的自动化和机械化程度很高,已经不再需要这样一个角色,马车拉炮也早就不存在了,但训练条例没有及时调整,因此才出现了"不拉马的士兵"。军官的发现使他获得了国防部的嘉奖。

第三篇
成本控制与成本考核

　　企业生产经营的主要目的是获取最大的利润,为了实现企业的经营目标,就必须对企业的各项经营活动加以控制,成本控制是现代企业管理的核心环节。成本控制的过程是运用系统工程的原理对企业在生产经营过程中发生的各种耗费进行计算、调节和监督的过程,也是一个发现薄弱环节,挖掘内部潜力,寻找一切可能降低成本途径的过程。

　　20世纪90年代,许多公司发现了成本控制的重要性,尤其在激烈的竞争中,企业通过实行有组织、全面的成本控制,可以扭转不断下降的销售趋势,并恢复市场份额,在市场竞争中谋得一席之地。本篇将介绍企业如何通过定额成本法和标准成本法进行成本控制。

　　成本考核指定期考查审核成本目标实现情况和成本计划指标的完成结果,全面评价成本管理工作的成绩。成本考核的作用是评价各责任中心特别是成本中心业绩,促使各责任中心对所控制的成本承担责任,借以控制和降低各种产品的生产成本。

项目九　产品成本计算方法——定额成本法

引言

成本仅按实际成本法进行核算,不利于降低成本、提高成本管理水平。因此,应事先制定产品的定额成本,当生产费用发生时,就能及时提供实际发生的费用脱离定额耗费的差异额,让管理者及时采取措施,控制生产费用的发生额,及时对产品成本进行控制和管理,有效发挥成本核算对于节约费用、降低成本的作用。

学习目标

1. 了解定额法的含义、特点;
2. 理解定额法的适用范围和优缺点;
3. 掌握定额法下产品实际成本的计算程序和计算方法;
4. 掌握定额成本法的账务处理。

案例导入

红星有限公司是一家生产钢材的企业,2019年11月发生了以下费用:实际耗用原材料1 000万元,支付本月生产工人工资100万元,制造费用150万元。定额耗用原材料800万元,支付生产工人工资95万元,制造费用155万元。

问题:请问实际耗用与定额耗用的差异是多少?为什么会产生这些差异?

任务一　定额成本法的特点和适用范围

一、定额成本法的概念

定额成本法是以事先制定的产品定额成本为标准,在生产费用发生时,及时提供实际发生的费用脱离定额耗费的差异额,让管理者及时采取措施,控制生产费用,并且根据定额和差异额计算产品实际成本的一种成本计算和控制的方法。

产品成本计算的品种法、分批法、分步法和分类法,对于生产费用的日常核算,都是按照其实际发生额进行,产品的实际成本也都是根据实际生产费用计算的。因此,生产费用和产品成本脱离定额的差异及其发生的原因,只有在月末时通过实际资料与定额资料的对比、分析才以得到反映,而无法在生产费用实际发生的时候就得到反映,这不利于加强定额管理,不能及时对产品成本进行控制和管理,无法更有效地发挥成本核算对于节约费用、降低成本的作用。

产品成本计算的定额法,可以克服上述几种成本计算方法的缺点,解决及时反映与监督生产费用和产品成本脱离定额的差异,把产品成本的计划、控制、核算和分析结合在一起,以便加强成本管理,提高成本管理水平。

采用定额法计算产品成本,其核算成本的基本原理是:产品的实际成本由定额成本、脱离定额差异和定额变动差异三个因素组成。

计算产品实际成本的基本公式为

产品实际成本＝产品定额成本±脱离定额成本±定额变动差异

1. 定额成本

定额成本是指根据企业现行材料消耗定额、工时定额、费用定额以及其他有关资料计算的一种成本控制目标。产品定额成本的制订过程也是对产品成本事前控制的过程。定额成本是计算产品实际成本的基础,也是企业对生产费用进行事中控制和事后分析的依据。

企业制定的定额成本和计划成本都是成本控制的目标,定额成本和计划成本的制订过程都是对产品成本进行事前控制的过程,但定额成本和计划成本有不同之处。定额成本是根据企业现行消耗定额制定的,随着生产技术的进步和劳动生产率的提高,消耗定额必须不断修订,定额成本在年度内有可能因企业消耗定额的修订而变动;计划成本是根据企业计划期(通常为年度)内的平均消耗定额制定的,在计划期(年度)内,计划成本通常是不变的。同时,计划成本是企业计划年度内成本控制的目标,是考核和分析企业成本计划完成与否的依据;而定额成本是计算产品实际成本的基础,是生产费用日常(事中)控制的依据。

2. 脱离定额差异

脱离定额差异是指产品生产过程中各项实际发生的生产费用脱离现行定额的差异。脱离定额差异反映了企业各项生产费用支出的合理程度和执行现行定额的工作质量。从含义来看,脱离定额的差异应当包括材料成本差异,但在实际工作中,为了便于产品成本的分析和考核,一般单独计算产品成本应负担的材料成本差异。

脱离定额差异＝(实际消耗量－定额消耗量)×材料计划单位成本

3. 材料成本差异

采用定额法计算产品成本的企业,原材料的日常核算是按计划成本计价来组织的,所以原材料项目的脱离定额差异,只指消耗数量的差异(量差),其金额为原材料实际消耗数量与定额消耗数量的差异与材料计划单位成本的乘积,并不包括材料成本差异(价差)。因此,为了准确计算产品实际成本,应当单独计算产品成本应负担的材料成本差异,材料成本差异额是产品按计划单位成本和材料实际消耗量计算的材料总成本,与材料成本差异率的乘积。

材料成本差异额＝材料实际消耗量×计划单位成本×材料成本差异率

4. 定额变动差异

定额变动差异是指由于修订定额而产生的新旧定额之间的差异,它是定额自身变动的结果,与生产费用支出的节约与超支无关。企业年度内修订定额一般在月初进行,在有定额变动的月份,本月投入产品的定额成本是按新定额计算的,只有月初在产品的定额成本是按旧定额计算的。因此,定额变动差异是指月初在产品账面定额成本与按新定额计算的定额成本之间的差异。

定额变动差异＝月初在产品账面定额成本－月初在产品新定额成本

二、定额成本法的特点

(一) 事前制定产品的定额成本

定额法与产品成本计算的品种法、分批法、分步法和分类法不同,它是以产品的定额成本为基础来计算产品实际成本的。采用定额法计算产品成本,企业必须事前制定产品的各项消耗定额和费用定额,并以现行消耗定额和费用定额为依据,制定产品的定额成本,作为降低产品成本、节约费用支出的目标。

(二) 符合定额的费用和脱离定额的差异分别核算

采用定额法计算产品成本,在生产费用发生的当时,应将符合定额的费用和脱离定额的差异分别核算,及时揭示实际生产费用脱离定额的差异,以加强生产费用和产品成本的日常核算、分析和控制。

(三) 以定额成本为基础,加减各种成本差异求得实际成本

定额法是一种成本计算和成本管理相结合的方法,作为成本计算方法,它应当计算出产品的实际成本。在品种法、分批法、分步法和分类法下,本月完工产品的实际成本,是根据月初在产品实际成本,加上本月实际发生的生产费用,减去月末在产品实际成本的计算公式求得的。在定额法下,本月完工产品的实际成本是以本月完工产品定额成本为基础,加上或减去本月完工产品应负担的脱离定额差异、材料成本差异、定额变动差异等成本差异求得的,为成本的定期考核和分析提供数据。

三、定额成本法的适用范围

定额法是为了加强成本管理,进行成本控制而采用的一种成本计算与管理相结合的方法,它不是成本计算的基本方法,它是成本计算的辅助方法,需要和成本计算的基本方法结合使用。定额法企业生产类型没有直接联系。

定额法适用于已制定一整套完整的定额管理制度,产品定型,各项生产费用消耗定额稳定、准确,财会人员基本知识、基本技能较强的企业,主要是大批量生产的企业。定额法最早应用于大量大批生产的机械制造企业,后来逐渐扩大到具备上述条件的其他企业。

由于定额法的成本计算对象既可以是最终完工产品,也可以是半成品,所以定额法既可以在整个企业运用,又可以只运用于企业中的某些车间。整个企业运用定额法时,

各车间之间半成品流转仍然要采用分步法,即多阶段生产中运用定额法往往要与其他成本计算方法结合使用,才能计算出产品的成本。

四、定额成本法计算程序

(一)制定定额成本

定额成本是企业的目标成本,是用来控制成本的标准,也是核算产品实际成本的基础,因此,在使用定额法核算之前,首先要制定相应的定额成本。

采用定额法计算产品成本,应当根据企业现行原材料、动力、工时等消耗定额,并根据各项消耗定额和原材料的计划单价、计划的工资率(计划每小时生产工资)或计件工资单位、制造费用率(计划每小时制造费用)等资料,计算产品的各项费用定额和产品的单位定额成本。定额成本制定后,要编制各种产品的定额成本表。为了便于进行成本分析和考核,定额成本采用的成本项目和计算方法,应当与计划成本、实际成本采用的成本项目和计算方法一致。

制定定额成本依据的现行定额,是指企业从月初起施行的定额。在有定额变动的月份,应当根据变动以后的定额,调整月初在产品的定额成本,计算定额变动差异。

(二)脱离定额差异的核算

脱离定额差异的核算就是在发生直接材料、直接人工、制造费用等生产费用时,符合定额的费用编制定额凭证,脱离定额的差异编制差异凭证,并在有关的费用分配表和明细分类账中分别予以登记并汇总,以便及时正确地核算和分析生产费用脱离定额的差异,控制生产费用支出。采用定额法计算成本的关键是要进行脱离定额差异的核算,以便及时分析差异产生的原因,确定差异的责任,并及时采取措施进行处理。

(三)在本月完工产品和月末在产品之间分配成本差异

在定额法成本下,成本的日常核算是将定额成本与各种成本差异分别核算的,因而完工产品与月末在产品的费用分配,应按定额成本和各种成本差异分别进行,先计算完工产品和月末产品的定额成本,后分配计算完工产品和月末在产品的各种成本差异。

月末,企业应将月初结转和本月发生的直接材料、直接人工、制造费用等生产费用脱离定额差异,材料成本差异和定额变动差异分别汇总,按照企业确定的成本计算方法,在本月完工产品和月末在产品之间进行分配。实际成本计算工作中为了简化成本核算工作,材料成本差异和定额变动差异可以全部由本月完工产品成本负担,月末在产品只分摊脱离定额差异。

(四)计算本月完工产品的实际总成本和单位成本

月末,根据完工产品的定额成本,加减应负担的各种成本差异,即可计算完工产品的实际成本;本月完工产品的实际总成本除以完工产品总产量,即为本月完工产品的实际单位成本。根据月末在产品的定额成本,加减应负担的各种成本差异,即为月末在产品的实际成本。

五、定额成本法的优缺点

(一) 定额法的优点

(1) 能够在各该耗费和费用发生的当时反映和监督脱离定额(或计划)的差异,加强成本控制,从而及时、有效地节约生产耗费,降低产品成本。

(2) 便于进行产品成本的定期分析,有利于进一步挖掘降低成本的潜力。

(3) 有利于提高成本的定额管理和计划管理工作的水平。

(4) 能够比较合理和简便地解决完工产品和月末在产品之间分配费用(即分配各种差异)的问题。

(二) 定额法的缺点

由于要制定定额成本,单独计算脱离定额的差异,在定额变动时还要修订定额成本并计算定额变动差异,以本月完工产品的定额成本为基础,加上或减去各项成本差异,计算出本月完工产品的实际总成本,因而计算的工作量比较大。定额资料若不准确,则会影响成本计算的准确性。

任务二　定额成本的制定

一、定额成本的制定方法

采用定额成本法计算产品成本,企业必须制定产品的原材料、燃料和动力、工时等消耗定额,并根据各项消耗定额和原材料的计划单价、计划的工资率(计划每小时生产工资)或计件工资单价、制造费用率(计划每小时制造费用)等资料,计算产品的各项费用定额和产品的单位定额成本,公式如下:

直接材料定额成本＝单位产品原材料消耗定额×原材料计划单价
直接人工定额成本＝单位产品工时消耗定额×计划工资率
制造费用定额成本＝单位产品工时消耗定额×计划制造费用率

生产工人工资和制造费用,通常是按生产工时比例分配计入生产成本的,因而其计划单价通常是计划的每小时各项费用额。各项费用定额的合计数,就是单位产品的定额成本。

单位产品的定额成本＝直接材料定额成本＋直接人工定额成本＋制造费用定额成本

【例9-1】　某电机厂大批量生产电机,定额资料完整,具备应用定额法的条件。有关定额资料如下:

单台电机的定额材料消耗量为210公斤,每台计划单价12元,单台电机的定额工时200工时,每小时计划工资率16元,每小时计划制造费用率3元。则

直接材料定额成本＝210×12＝2 520(元)

直接人工定额成本＝200×16＝3 200(元)

制造费用定额成本＝单200×3＝600(元)

单位产品的定额成本＝2 520＋3 200＋600＝6 320(元)

由上述可知,所谓产品的定额成本,也就是根据各种有关的现行定额计算的成本。制定定额成本,可以使企业的成本控制和考核更加有效,更加符合实际,从而保证成本计划的完成。

产品的定额成本通常由企业的财会部门会同企业计划、技术、生产等部门共同制定。由于各个企业产品生产工艺过程不同,产品定额成本的计算程序也不尽相同。例如,机械制造企业的产品一般由许多零件、部件组成。如果产品的零件、部件不多,一般可以先计算各种零件、部件的定额成本,最后汇总计算产成品的定额成本。如果产品的零件、部件比较多,为了简化成本计算工作,也可以不逐一计算各种零件的定额成本,而是根据记录各种零件原材料消耗定额和工时定额的"零件定额卡",以及原材料计划单价、计划小时工资和计划小时费用率,计算各部件的定额成本,再汇总计算产成品的定额成本,或者根据"零件定额卡""部件定额卡",直接计算产品定额成本。

需要明确的是,采用定额成本法计算产品成本,编制定额成本计算表时,所采用的成本项目和成本计算方法,应与编制计划成本、计算实际成本时所采用的成本项目和成本计算方法一致,以便成本考核和成本分析工作的进行。

二、定额成本法的运用

【例 9-2】 华星工厂大量生产的 A、B、C 三种产品,采用定额法计算产品成本,产品定额成本具体计算程序如下:华星工厂先编制零件定额卡(见表 9-1)统计零件 LJ801 的定额成本,然后编制部件定额卡(见表 9-2)统计部件 BJ801 的定额成本,再编制产品消耗定额计算表统计 A 产品的定额成本(见表 9-3),最后编制产品消耗定额计算汇总表统计A、B、C 三种产品的定额成本(见表 9-4)。本月有关"零件定额卡""部件定额卡""产品消耗定额计算表"和"产品定额成本计算表"见表 9-1～表 9-4。

表 9-1 华星工厂零件定额卡

零件编号:LJ801

零件名称:LJ

编制单位:华星工厂　　　　　　　　　20××年8月　　　　　　　　　单位:元

材料编号	材料名称	计量单位	材料消耗定额
D200	M	千克	10
D201	N	千克	12
工序	工时定额		累计工时定额
1	8		8
2	6		14
3	6		20

表 9-2　华星工厂部件定额卡

部件名称：BJ801
编制单位：华星工厂　　　　　　　　　20××年8月　　　　　　　　　　　单位：元

工序或耗用零件名称	耗用零件数量	材料定额成本						材料金额合计	工时消耗定额
		M材料			N材料				
		数量	计划单价	金额	数量	计划单价	金额		
LJ801	2	20	10	200	24	15	360	560	40
LJ802	4	28	10	280	36	15	540	820	24
LJ803	2	12	10	120	16	15	240	360	10
组装									26
合　计		60	10	600	68	15	1 140	1 740	100

表 9-3　华星工厂产品消耗定额计算表

产品名称：A产品
编制单位：华星工厂　　　　　　　　　20××年8月　　　　　　　　　　　单位：元

工序或耗用部件名称	耗用部件数量	材料费用定额		工时消耗定额	
		部件定额	产品定额	部件定额	产品定额
BJ801	1	1 740	1 740	100	100
BJ802	2	1 560	3 120	120	240
BJ803	4	1 250	5 000	80	320
装配					150
合　计			9 860		810

表 9-4　华星工厂产品消耗定额计算汇总表

编制单位：华星工厂　　　　　　　　　20××年8月　　　　　　　　　　　单位：元

产品名称	直接料定额成本	工时消耗定额	直接人工		制造费用		定额成本合计
			计划工资率	定额成本	计划费用率	定额成本	
A产品	9 860	810	8	6 480	3	2 430	18 770
B产品	3 750	620	8	4 960	3	1 860	10 570
C产品	5 420	680	8	5 440	3	2 040	12 900

任务三　脱离定额差异的计算

一、脱离定额差异的含义

脱离定额差异是指生产过程中，各项生产费用的实际支出脱离现行定额或预算的数额。采用定额成本法计算产品生产成本,企业在发生生产费用时,应当为符合定额的费用和脱离定额的差异分别编制定额凭证和差异凭证,并在有关费用分配表和生产成本明细账(产品成本计算单)中分别予以登记,将符合定额的费用和脱离定额的差异分别核算。这样,就能及时正确地核算和分析生产费用脱离定额的差异,控制生产费用支出。因此,对脱离定额差异的核算是定额成本法的重要特征。为了防止生产费用的超支,避免浪费和损失,差异凭证填制以后,还必须按照规定办理审批手续。在有条件的企业,可以将脱离定额差异的日常核算同车间或班组经济责任制结合起来,依靠各生产环节的职工控制生产费用。

产品定额成本应当按照企业规定的成本项目制定,脱离定额的差异也应当按照成本项目分别核算。

二、直接材料费用脱离定额差异的计算

在产品成本项目中,原材料费用(包括自制半成品费用)一般占有较大比重,且属于直接计入费用,因而更有必要在费用发生时就按产品核算定额费用和脱离定额的差异,并以不同的凭证予以反映。

直接材料费用脱离定额的差异包括材料耗用量差异(量差)和材料价格差异,这里仅指材料耗用量差异(量差),即生产过程中产品实际耗用材料数量与其定额耗用量之间的差异。用公式表示为

$$直接材料费用脱离定额差异 = \sum [(材料实际耗用量 - 材料定额耗用量) \times 材料计划单价]$$

在实际工作中,计算直接材料费用脱离定额差异,一般使用限额领料单法、切割法和盘存法等。

(一)限额领料单法

为了控制材料的领用,采用定额法计算产品成本时,应当实行限额领料单制度。对于符合定额的原材料应当根据"限额领料单"领用;由于增加产品产量而需要增加用料,应按规定程序办理追加限额手续,属于定额内用料,可以根据"限额领料单"领用;减少产品产量时,应当扣减"限额领料单"上的领料限额。

除增加产品产量发生的增加用料以外,由于其他原因发生的超额用料,属于材料脱离定额的差异,应当用专设的"超额材料领料单"等差异凭证,经过一定的审批手续领料,实际操作上为了减少凭证的种类,这些差异凭证也可用普通领料单代替,但应以不同的颜色或加盖专用的戳记,以资区别。采用代用材料或利用废料时,应在"限额领料单"中注明,并在原定限额内扣除。生产任务完成后,应当根据车间余料填制"退料单",办理退料手续或假退料手续。"超额材料领料单"上的材料数额,属于材料脱离定额的超支差异;"退料单"中所列材料数额和"限额领料单"中的材料余额,都是材料脱离定额的节约差异。

应当指出的是,原材料脱离定额差异是产品生产中实际用料脱离现行定额而形成的成本差异,而限额法并不能完全控制用料,上述差异凭证所反映的差异往往只是领料差异,而不一定是用料差异。这是因为投产的产品数量不一定等于规定的产品的数量,所

领原材料的数量也不一定等于原材料的实际消耗量,即期初、期末车间可能有余料。

【例9-3】 华星工厂限额领料单规定的D产品数量为2 000件,每件产品的原材料消耗定额为8公斤,则领料限额为16 000公斤;本月实际领料15 500公斤,领料差异为少领500公斤。现假定有以下三种情况。

第一种情况:本期投产产品数量和符合限额领料单规定的产品数量,即也是2 000件,且期初、期末均无余料。则上述少领500公斤的领料差异就是用料脱离定额的节约差异。

第二种情况:本期投产产品数量仍为2 000件,但车间期初余料为300公斤,期末余料为400公斤。则

$$原材料定额消耗量=2\ 000\times 8=16\ 000(公斤)$$
$$原材料实际消耗量=15\ 500+300-400=15\ 400(公斤)$$
$$原材料脱离定额差异=15\ 400-16\ 000=-600(公斤)(节约)$$

第三种情况:本期投产产品数量为1 900件,车间期初余料为300公斤,期末余料为400公斤。则

$$原材料定额消耗量=1\ 900\times 8=15\ 200(公斤)$$
$$原材料实际消耗量=15\ 500+300-400=15\ 400(公斤)$$
$$原材料脱离定额差异=15\ 400-15\ 200=+200(公斤)(超支)$$

由此可见,只有投产产品数量等于规定的产品批量,且期初、期末均无余料或期初、期末余料数量相等时,领料(或发料)差异才是用料脱离定额的差异。

(二)切割法

产品生产过程中,对于一些贵重材料或经常大量使用的,且又需要经过在准备车间或下料工段切割后才能进一步进行加工的材料,例如,板材、棒材等,还应采用"材料切割核算单"计算材料脱离定额的差异,核算用料差异,控制用料。

"材料切割核算单"应当按切割材料的批别开立,在单中要填明发出切割材料的种类、数量、消耗定额以及应切割的毛坯数量;切割完成后,再填写实际切割成的毛坯数量和材料的实际消耗量;此后,根据切割的毛坯数量和消耗定额,计算出材料的定额耗用量后,可以与实际耗用量相比较,确定脱离定额的差异。材料定额消耗量、脱离定额的差异,以及发生差异的原因应明确填入单中,并由主管人员签证。

【例9-4】 华星工厂L002"材料切割核算单"见表9-5,其中有关数字的计算过程如下:

$$应切割数量=130\div 10=13$$
$$材料定额耗用量=12\times 10=120(千克)$$
$$废料定额回收量=12\times 0.5=6(千克)$$
$$材料脱离定额差异=(130-120)\times 20=200(元)$$
$$废料脱离定额差异=(6-8)\times 5=-10(元)$$

表9-5中,材料脱离定额差异200元为不利(超支)差异。由于废料回收价值可以冲减材料费用,实际回收废料8千克,比定额回收废料6千克多了2千克,可以多冲减材料费用10元,因此用负数表示。由于废料脱离定额差异是在减少了切割数量1件(13-12)以后形成的,华星工厂E产品L002材料多回收废料10元不能评价为有利(节约)差异。只有

实际切割成毛坯数量大于或等于应切割毛坯的数量,才可以将超定额回收废料的差异认定为有利(节约)差异。

表 9-5 华星工厂材料切割核算单

材料编号和名称:L002　　　计量单位:千克　　　计划单价:20 元
产品名称:E 产品　　　　　零件编号名称:LJU401　图纸号:8016
机床号:JC5165　　　　　　　　　　　　　　　　　切割人:张小林
切割日期:　　　　　　　　完工日期:20××年 8 月 8 日
编制单位:华星工厂　　　　20××年 8 月　　　　　金额单位:元

发料数量		退回余料数量		材料实际消耗量		废料实际回收量
136		6		130		8
单位产品消耗定额		单位回收废料定额		应切割成毛坯数量	实际切割成毛坯数量	材料定额消耗量	废料定额回收量
10		0.5		13	12	120	6
材料脱离定额差异		废料脱离定额差异			脱离差异原因	责任者
数量	金额	数量	单价	金额	技术不熟练且未按设计图纸切割,减少了毛边,减少了毛坯	张小林
10	200	−2	5	−10		

(三) 盘存法

盘存法是指通过定期盘存的方法核算材料脱离定额差异。企业大量生产,在不能按照上述方法计算原材料脱离定额差异的情况下,除仍要使用限额领料单等定额凭证和超额领料单等差异凭证,以便控制日常材料的实际消耗外,应定期(按工作班、工作日或按周、旬等)通过盘存的方法核算差异。

材料脱离定额差异是材料实际消耗量与定额消耗量的差异。材料实际消耗量是被本期投产产品消耗的,定期消耗量也应当按本期投产的产品数量来计算。因此,盘存法核算材料脱离定额差异的程序如下。

(1) 根据"产品入库单"等凭证记录的完工产品数量和实地盘存(或账面结存)确定的在产品数量,计算出本期投产产品数量。

　　本期投产产品数量=本期完工产品数量+期末在产品数量−期初在产品数量

(2) 用本期投产产品数量乘以单位产品材料定额消耗量,计算出原材料定额消耗量;再根据"限额领料单""超额材料领料单""退料单"等领、退料凭证和车间余料盘存数量,计算材料实际消耗量。

(3) 将材料实际消耗量与定额消耗量比较,计算出材料脱离定额的差异。

这种方法一般适用于原材料在生产开始时一次投入的产品。

【例 9-5】 华星工厂生产的丁产品原材料在生产开始时一次投入,单位产品 A 材料消耗定额为 25 千克,N 材料计划单位成本为 15 元。甲产品期初在产品 50 件,"产品交库单"汇总的本期完工入库产品为 800 件,期末实地盘点确定的在产品为 40 件。根据"限额领料单"记录,本期甲产品领用 N 材料为 21 000 千克,根据车间材料盘存资料,N 材料车间期初余料为 100 千克,期末余料为 90 千克。材料脱离定额的差异计算如下:

本期投产丁产品数量＝800＋50－40＝910(件)
本期 N 材料定额消耗量＝910×25＝20 250(千克)
本期 N 材料实际消耗量＝21 000＋100－90＝21 010(千克)
本期材料脱离定额差异＝(21 010－20 250)×15＝760×15＝1 140(元)

计算结果表明,丁产品材料消耗量超支 760 千克,材料脱离定额差异为超支 1 140 元。

对于原材料的定额消耗量和脱离定额的差异,企业应分批或定期汇总各种产品(各成本核算对象)材料脱离定额差异,编制原材料定额费用和脱离定额差异汇总表。表中应填明该批或该种产品所耗各种原材料的定额消耗量、定额费用和脱离定额的差异,并分析说明差异产生的主要原因。该表既可作为登记产品生产成本明细账(产品成本计算单)的依据,又可以用于汇总反映和分析材料消耗定额的执行情况,还可以报送有关领导或向有关人员公布,以便根据差异发生的原因采取措施,进一步挖掘降低原材料的潜力。

【例 9-6】 华星工厂生产的甲产品本月实际投产量为 100 件,根据单位产品材料定额成本(见表 9-5)和实际消耗材料数量汇总编制的"直接材料费用定额和脱离定额差异汇总表"(见表 9-6)。

表 9-6 直接材料费用定额和脱离定额差异汇总表

产品名称:甲产品　　　　　　　　　　　　　　　　　　　　　　投产量:100 件
编制单位:华星工厂　　　　　　　　　20××年 8 月　　　　　　　　单位:元

材料名称	材料编号	计量单位	计划单价	定额耗用量		实际耗用量		脱离定额差异	
				单位定额	耗用量	金　额	耗用量	金　额	数量	金　额
A 材料	A001	千克	40	100	10 000	400 000	9 800	392 000	－200	－8 000
B 材料	B002	千克	50	120	12 000	600 000	11 700	585 000	－300	－15 000
其他材料				320		32 000		33 500		1 500
合　计						1 032 000		1 010 500		－21 500

三、直接人工脱离定额差异的计算

(一) 计件工资制度下直接人工脱离定额差异的计算

在计件工资形式下,生产工人工资属于直接计入费用,在计件单价不变时,按计件单价支付的生产工人工资(及提取的福利费)就是定额工资,没有脱离定额的差异。因此,在计件工资制下,脱离定额的差异往往只指因工作条件变化而在计件单价之外支付的工资、津贴、补贴等。

在计件工资制下直接人工脱离定额差异的核算与原材料类似,企业应当将符合定额的工资,反映在产量记录中;脱离定额的差异应当单独设置"工资补付单"等凭证,予以反映,单中也应填明差异发生的原因,并经过一定的审批手续。

(二) 计时工资制度下直接人工脱离定额差异的计算

在计时工资制下,直接人工一般为间接计入费用,其脱离定额的差异不能在平时分产品(成本核算对象)计算,只有在月末确定本月实际直接人工费用总额和产品生产总工时以后,才能计算。有关计算公式如下:

计划小时工资率＝计划产量的定额直接人工费用÷计划产量的定额生产工时

实际小时工资率＝实际直接人工费用总额÷实际生产总工时

某产品定额直接人工费用＝该产品实际完成的定额生产工时×计划小时工资率

某产品实际直接人工费用＝该产品实际生产工时×实际小时工资率

某产品直接人工脱离定额的差异＝该产品实际直接人工费用—该产品定额直接人工费用

【例9-7】 华星工厂本月甲、乙、丙三种产品定额生产工时为20 000 小时,其中,甲产品6 000 小时,乙产品7 500 小时,丙产品6 500 小时;本月三种产品实际完成工时19 500 小时,其中,甲产品6 200 小时,乙产品7 600 小时,丙产品5 700 小时;本月实际产品生产工人工资为159 900 元,提取的福利费为22 386 元,合计为182 286 元;本月计划小时工资率为8 元(见表9-7);实际小时工资率为8.2 元(159 900÷19 500)。

根据上述资料计算,编制"直接人工费用定额和脱离定额差异汇总表"(见表9-7)。

表 9-7 华星工厂直接人工费用定额和脱离定额差异汇总表

编制单位:华星工厂　　　　　　　　20××年8月　　　　　　　　单位:元

产品名称	定额人工费用			实际人工费用			脱离定额差异
	定额工时/小时	计划小时工资率	定额工资	实际工时/小时	实际小时工资率	实际工资	
甲产品	6 000		48 000	6 200		50 840	2 840
乙产品	7 500		60 000	7 600		62 320	2 320
丙产品	6 500		52 000	5 700		46 740	−5 260
合　计	20 000	8	160 000	19 500	8.2	159 900	−100

从以上计算可以看出,要降低单位产品的计时工资,必须降低每小时工资率和单位产品的生产工时。为此,企业不仅要严格控制工资总额,使之不超过计划;还要充分利用工时,使生产工时总额不低于计划;并且要控制单位产品的工时耗费,使之不超过工时定额。为了降低单位产品的计时工资费用,在定额法下,应加强日常控制,通过核算工时脱离定额差异的方法,监督生产工时的利用情况和工时消耗定额的执行情况。为此,在日常核算中,要按照产品核算定额工时、实际工时和工时脱离定额的差异,并及时分析发生差异的原因。

在定额法下,不论采用哪一种工资形式,都应根据上述核算资料,按照成本计算对象汇总编制定额生产工资和脱离定额差异,汇总反映产品的定额工资、实际工资、工资脱离定额的差异及其产生的原因(在计时工资形式下,还应汇总反映各种产品工时脱离定额的情况)等资料,以考核和分析各种产品工资定额的执行情况,并据以计算产品成本中的工资费用。

四、制造费用脱离定额差异的计算

制造费用是生产单位为生产产品和提供劳务所发生的间接费用,制造费用脱离定额的差异不能在平时分产品(成本核算对象)计算,只有在月末确定实际制造费用总额以后,才能比照计时工资制下直接人工费用的计算公式确定。这样就无法在费用发生的当时,直接按照产品进行脱离定额差异的核算。因此,对制造费用的日常控制和监督,主要是根据制订的费用计划(或预算)进行的。可以比照上述计时工资制度下,直接人工费用脱离定额差异的核算方法计算确定。

对于制造费用中的材料费用,也可以采用"限额领料单""超额领料单"等定额凭证和差异凭证进行控制;对生产工具、零星费用,则可采用"领用手册""费用定额卡"等凭证进行控制。在这些凭证中,先要填明领用的计划数,然后登记实际发生数和脱离计划的差异。对于超计划领用,也要经过一定的审批手续。

在核算完定额制造费用和脱离定额差异之后,应将这些核算资料按照成本计算对象汇总,编制定额制造费用和脱离定额差异汇总表。

【例9-8】华星工厂本月各种产品定额生产工时和实际完成工时见例9-7;本月实际制造费用总额为60 450元,本月制造费用计划分配率为每小时3元(见表9-8);实际分配率为每小时3.1元(60 450÷19 500)。根据上述资料计算,编制"制造费用定额和脱离定额差异汇总表"(见表9-8)。

表9-8 华星工厂制造费用定额和脱离定额差异汇总表

编制单位:华星工厂　　　　　　　　　20××年8月　　　　　　　　　单位:元

产品名称	定额制造费用			实际制造费用			脱离定额差异
	完成工时/小时	计划小时费用率	定额费用	实际工时/小时	实际小时费用率	实际费用	
甲产品	6 000		18 000	6 200		19 220	1 220
乙产品	7 500		22 500	7 600		23 560	1 060
丙产品	6 500		19 500	5 700		17 670	−1 830
合　计	20 000	3	60 000	19 500	3.1	60 450	450

任务四　材料成本差异的分配

一、定额法下材料成本差异的含义

采用定额法计算产品成本的企业,为了便于对产品成本的考核和分析,日常原材料的收发核算以按计划成本计价为依据,平时所发生的原材料费用,包括原材料定额费用和原材料脱离定额的差异,都是按照原材料的计划单位成本计算的。前面所计算的原材料项目脱离定额的差异,仅指材料消耗数量的差异(量差),差异金额即原材料实际消耗数量与定额消耗数量的差异与材料计划单位成本的乘积,并不包括材料价差差异。因此,为了准确计算产品实际成本,应当单独计算产品成本应负担的材料成本差异,定额法下材料成本差异是产品所耗原材料应负担的成本差异,即所耗原材料的价差。

二、材料成本差异的分配方法

采用定额法计算产品成本的企业,在月末计算产品的实际成本时,还应当计算和分配本月消耗材料应当负担的成本差异,其计算公式为

某产品应分配的材料成本差异＝(该产品材料定额成本 ± 材料脱离定额差异)
× 材料成本差异率

【例 9-9】 接例 9-6 华星工厂甲产品本月所耗直接材料费用定额成本为 1 032 000 元(见表 9-6),材料脱离定额的差异为节约 21 500 元(见表 9-6),本月材料成本差异率为节约 1.5%。甲产品本月应负担的材料成本差异可以计算如下：

(1 032 000－2 500)×(－1.5％)＝485 000×(－1.5％)＝－5 820(元)

在实际工作中,材料成本差异的计算和分配是通过编制"耗用材料汇总表"或"材料成本差异分配表"进行的。上述计算式中的 485 000 元,也就是本月"耗用材料汇总表"中甲产品消耗材料的计划总成本(实际耗用量乘以材料计划单位成本)。

任务五　定额变动差异的计算

一、定额变动差异的含义

定额变动差异是指因修订消耗定额或生产耗费的计划价格而产生的新旧定额之间的差额。定额变动差异与脱离定额差异是不同的,定额变动差异是定额本身变动的结果,它与生产中费用支出的节约或浪费无关;而脱离定额差异则反映生产费用支出符合定额的程度。

随着经济的发展、生产技术条件的变化、劳动生产率的提高等,企业的各项消耗定额、生产耗费的计划价格,应随之加以修订,以保证各项定额能够准确有效地对生产经营活动进行控制和监督。在消耗定额或计划价格修订以后,定额成本也应随之及时修订。

消耗定额和定额成本一般在月初、季初或年初定期进行修订。在定额变动的月份,其月初在产品的定额成本并未修订,它仍然是按照旧定额计算的。因此,需要按新定额计算月初在产品的定额变动差异,以调整月初在产品的定额成本。

二、定额变动差异的计算方法

月初在产品定额变动差异可以根据消耗定额发生变动的在产品盘存数量(或在产品台账的账面结存数量)和修订后的定额消耗量,计算出月初在产品新的定额消耗量和新的定额成本;再与修订前月初在产品定额成本比较,计算出定额变动差异。这种计算要按照产品构成的零部件和工序进行,当构成产品的零部件种类较多时,计算工作量比较大。为了简化计算工作,也可以根据变动前后单位产品的定额成本(分成本项目的成本),计算一个定额变动系数,再据以确定月初在产品定额变动差异。采用这种方法的计算公式如下:

$$定额变动系数 = \frac{按新定额计算的单位产品费用}{按旧定额计算的单位产品费用}$$

月初在产品定额变动差异=按旧定额计算的月初在产品费用×(1-定额变动系数)

【例 9-10】 华星工厂甲产品本月起实行新的原材料消耗定额,甲产品单位产品旧的原材料费用定额为 10 863 元,新的原材料费用定额为 10 320 元。该产品月初在产品按旧定额计算的原材料定额费用为 217 263 元。月初的产品定额变动差异计算结果如下:

$$定额变动系数 = 10\ 320 \div 10\ 863 \approx 95\%$$

$$月初在产品定额变动差异 = 217\ 263 \times (1 - 95\%) = 10\ 863(元)$$

采用定额变动系数法来计算月初在产品定额变动差异虽然较为简便,但由于和系数是按照单位产品计算,而不是按照产品的零、部件计算的,因而它只适宜在零、部件成套生成或零、部件成套性较大的情况下采用。也就是说,在零、部件成套性较差的情况下,采用定额变动系数法,就会影响计算结果的正确法。例如,某产品只是部分零、部件的消耗定额作了修订,如果零、部件生产不成套,月初在产品所包括的零、部件又都不是消耗定额发生变动的零、部件。这时,采用上述方法计算,则会使本来不应有定额变动差异的月初在产品定额成本,不正确地做了调整。

企业各种消耗定额的变动,一般表现为不断下降的趋势,因而月初在产品定额变动差异,通常表现为月初在产品定额成本的降低。在这种情况下,一方面,应从月初在产品定额成本上升中扣除该项差异;另一方面,由于该差异是月初在产品生产费用的实际支出,因此还应将该项差异计入本月产品成本。相反,若消耗定额不是下降,而是提高,那么,在计算出定额变动差异后,应将此差项加入月初在产品定额成本之中,同时从本月产品成本上升中予以扣除;因为实际上并未发生这部分支出,月初在产品定额变动差异是定额本身变动的结果,与生产费用的节约与浪费无关。也就是说,月初在产品定额成本调整的数额与计入产品实际成本的定额变动差异之和应当等于零。甲产品月初在产品成本调整减少了 9 250 元,甲产品实际成本中就应当加上定额变动差异 9 250 元。

定额变动差异一般应按照定额成本比例,在完工产品和月末在产品之间进行分配。因为这种差异不是当月工作的结果,不应全部计入当月完工产品成本。但是,若定额变动差异数额较小,或者期初在产品本月全部完工,那么,定额变动差异也可以全部由完工产品负担,月末在产品不再负担。

任务六 定额成本法的运用

一、产品实际成本的计算

在定额成本法下,产品实际成本的计算,也应在产品成本明细账中按照成本项目分别进行。但为了适应定额法的要求,所采用的产品成本明细账以及各种费用分配表或汇总表,都应按照定额消耗量、定额费用和各种差异分设专栏或专行,以便按照前述方式,以定额成本为基础,加减各种差异计算产品实际成本。

在有月初在产品定额变动差异时,产品实际成本的计算分式应补充为

产品实际成本＝按现行定额计算的产品定额成本±脱离现行定额差异
±材料成本差异±月初在产品定额变动差异

二、定额法的运用

(一) 登记本月发生生产费用

采用定额成本法,在产品生产成本明细账(产品成本计算单)中,各成本项目应按定额成本、脱离定额差异、定额变动差异、材料成本差异分设专栏加以记录。本月实际发生的生产费用,将符合定额的费用和脱离定额的差异分别核算,编制有关会计分录,记入产品生产成本明细账(产品成本计算单)中的相应项目。

【例 9-11】 根据本章例 9-6～例 9-10 所列资料编制有关会计分录,登记华星工厂甲产品生产成本明细账。

月初在产品定额调整不属于实际发生费用,可以直接记入甲产品生产成本明细账相应栏内,不应编制会计分录。

有关会计分录如下:

(1) 结转甲产品生产领用材料计划成本。例 9-6 中华星工厂甲产品本月耗用材料实际成本 1 010 500 元,材料定额成本为 1 032 000 元,脱离定额差异－21 500 元。

借:基本生产成本——甲产品(定额成本)　　　　　　1 032 000
　　　　　　　　——甲产品(脱离定额差异)　　　　　－21 500
　　贷:原材料　　　　　　　　　　　　　　　　　　　　　　　　1 010 500

(2) 分配工资和提取的应付福利费。例 9-7 中华星工厂甲产品本月工资费用实际为 50 840 元,提取的福利费为 7 117.6 元;定额工资 48 000 元,提取的福利费为 6 720 元;工资脱离定额差异 2 840 元,福利费脱离定额差异 397.6 元。

借:基本生产成本——甲产品(定额成本)　　　　　　　48 000
　　　　　　　　——甲产品(脱离定额差异)　　　　　　2 840
　　贷:应付职工薪酬——应付工资　　　　　　　　　　　　　　　50 840
借:基本生产成本——甲产品(定额成本)　　　　　　　6 720

　　　　　　——甲产品(脱离定额差异)　　　　　　　　　　397.6
　　　　贷:应付职工薪酬——应付福利费　　　　　　　　　　7 117.6

(3) 分配结转制造费用。例 9-8 中华星工厂甲产品本月实际制造费用为 19 220 元。定额制造费用 18 000 元,脱离定额差异 1 220 元。

　　　　借:基本生产成本——甲产品(定额成本)　　　　　　18 000
　　　　　　　　　　——甲产品(脱离定额差异)　　　　　　1 220
　　　　贷:制造费用　　　　　　　　　　　　　　　　　　19 220

(4) 分配结转材料成本差异。例 9-9 中华星工厂甲产品应负担的材料成本差异为节约 5 820 元。

　　　　借:基本生产成本——甲产品(材料成本差异)　　　　－5 820
　　　　贷:材料成本差异　　　　　　　　　　　　　　　　－5 820

(二) 分配脱离定额差异

登记本月生产费用后,应将月初在产品成本、月初在产品定额变动和本月生产费用各相同项目分别汇总,计算出生产费用合计数(见表 9-9)。生产费用合计数包括定额成本、脱离定额差异、材料成本差异和定额变动差异。为了简化计算,材料成本差异和定额变动差异可以全部由完工产品成本负担,脱离定额差异则要在本月完工产品和月末在产品之间进行分配。

脱离定额差异通常可以按照本月完工产品和月末在产品定额成本的比例分配,华星工厂甲产品脱离定额差异的分配计算过程如下。

1. 直接材料项目

　　直接材料脱离定额差异分配率=(-24 768)÷1 238 400=-2%
　　完工产品分摊的脱离定额差异=1 135 200×(-2%)=-22 704(元)
　　月末在产品分摊的脱离定额差异=103 200×(-2%)=-2 064(元)

2. 直接人工项目

　　直接人工脱离定额差异分配率=3 939.84÷65 664=6%
　　完工产品分摊的脱离定额差异=60 192×6%=3 611.52(元)
　　月末在产品分摊的脱离定额差异=5 472×6%=328.32(元)

3. 制造费用项目

　　制造费用脱离定额差异分配率=1 512÷21 600=7%
　　完工产品分摊的脱离定额差异=19 800×7%=1 386(元)
　　月末在产品分摊的脱离定额差异=1 800×7%=126(元)

4. 本月完工产品分配脱离定额差异

本月完工产品分配脱离定额差异=(-22 704)+3 611.52+1 386=-17 706.48(元)

5. 月末在产品分配脱离定额差异

　　月末在产品分配脱离定额差异=(-2 064)+328.32+126=1 609.68(元)
上述计算结果在甲产品"产品成本计算单"中的登记见表 9-9。

(三) 计算结转完工产品实际成本

通过上述计算和分配,华星工厂本月完工甲产品110件的实际总成本为1 202 528.52元,即

$$1\ 117\ 539 + 63\ 803.52 + 21\ 186 = 1\ 202\ 528.52(元)$$

根据成本计算结果,编制结转本月完工入库甲产品成本的会计分录如下。

借:库存商品——甲产品　　　　　　　　　　　1 202 528.52
　贷:基本生产成本——甲产品(定额成本)　　　　1 215 192
　　　　　　　　——甲产品(脱离定额差异)　　　−17 706.48
　　　　　　　　——甲产品(材料成本差异)　　　−5 820
　　　　　　　　——甲产品(定额变动差异)　　　10 863

表 9-9 华星工厂产品成本计算单

产品:甲产品　　　　　　　　　　　　　　　　　　　　　　　产量:120件
编制单位:华星工厂　　　　　　20××年8月　　　　　　　　单位:元

项　目	行次	直接材料	直接人工	制造费用	合　计
一、月初在产品成本					
定额成本	1	217 263	10 944	3 600	231 807
脱离定额差异	2	−3 268	702.24	392	−2 173.76
二、月初在产品定额调整					
定额成本调整	3	−10 863	0	0	−10 863
定额变动差异	4	10 863	0	0	10 863
三、本月发生生产费用					
定额成本	5	1 032 000	54 720	18 000	1 104 720
脱离定额差异	6	−21 500	3 237.6	1 120	−17 142.4
材料成本差异	7	−5 820			−5 820
四、生产费用合计					
定额成本	8	1 238 400	65 664	21 600	1 325 664
脱离定额差异	9	−24 768	3 939.84	1 512	−19 316.16
材料成本差异	10	−5 820			−5 820
定额变动差异	11	10 863	0	0	10 863
五、差异分配率	12	−2%	6%	7%	
六、完工产品成本					
定额成本	13	1 135 200	60 192	19 800	1 215 192
脱离定额差异	14	−22 704	3 611.52	1 386	−17 706.48
材料成本差异	15	−5 820			−5 820
定额变动差异	16	10 863	0	0	10 863

续表

项　　目	行次	直接材料	直接人工	制造费用	合　　计
实际成本	17	1 117 539	63 803.52	21 186	1 202 528.52
七、月末在产品					
定额成本	18	103 200	5 472	1 800	110 472
脱离定额差异	19	－2 064	328.32	126	1 609.68

表 9-9 中，各行数字的计算式如下：

(1) 1 行、2 行来自上月产品成本计算单

(2) 3 行、4 行根据月初在产品定额调整数计算，3 行＋4 行＝0

(3) 5 行据本月投产量和现行定额计算

(4) 8 行＝1 行＋3 行＋5 行

(5) 9 行＝2 行＋6 行

(6) 10 行＝7 行

(7) 11 行＝4 行

(8) 12 行＝9 行÷8 行×100％

或　　＝9 行÷(3 行＋18 行)×100％

(9) 13 行根据本月完工产品产量和现行定额计算

(10) 14 行＝13 行×12 行

(11) 15 行＝10 行

(12) 16 行＝11 行

(13) 17 行＝13 行＋14 行＋15 行＋16 行

(14) 18 行根据月末在产品盘存数量和现行定额计算，或＝8 行－13 行

(15) 19 行＝9 行－14 行，或＝18 行×12 行

成本管理小故事

打破传统——给老菜提身价

某酒店新推出的菜单中，改良了多款老菜，不仅给食客带来了新鲜感，而且让酒店从中小赚了一把。一道菜是响油鳝糊，以前都是将鳝鱼做好后直接上桌，菜品售价是 38 元。改良后的菜品，借鉴烤鸭的上菜方式，给这款老菜增加了四种配料，分别是荷叶饼、京葱丝、香菜和黄瓜丁。菜肴上桌后，用荷叶饼夹食鳝糊、京葱丝、香菜和黄瓜丁。改良后菜肴的成本仅仅增加了 2 元，但菜的售价却涨到了 58 元，一份菜就多赚了 18 元，而且食客还特别喜欢。

还有一道菜是上汤豆苗，一般售价 20 元左右。改良后将做好的上汤豆苗用烧烫的石锅盛装，再磕上一个生鸡蛋，一道窝蛋石锅上汤豆苗就完成了。还是原来的做法，还是原来的用量，只不过把容器换成了石锅，又加入了一个生鸡蛋，而这道菜的售价却卖到 32 元。

项目十 产品成本计算方法——标准成本法

引言

标准成本是早期管理会计的主要支柱之一。美国工业在南北战争以后有很大的发展,许多工厂发展成为生产多种产品的大企业。但是由于企业管理落后,劳动生产率较低,许多工厂的产量大大低于额定生产能力。为了改进管理,一些工程技术人员和管理者进行了各种试验,努力把科学技术的最新成就应用于生产管理,大大提高了劳动生产率,并因此形成了一套科学管理制度。

学习目标

1. 理解标准成本的内容、特点和作用;
2. 了解标准成本的种类及标准成本的制定;
3. 掌握各项成本差异的计算和分析;
4. 掌握标准成本法的账务处理。

案例导入

A 厂本期生产产品 500 件,共消耗原材料 1 000 公斤,该材料售价 60 元/公斤,企业制订的标准价格为 55 元/公斤。单位产品标准耗用量为 2.1 公斤,则该产品的直接材料成本差异是多少?

任务一 标准成本法的内容和特点

一、标准成本制度的形成

标准成本制度又称"标准成本会计",指用标准成本与实际成本比较,及时记录和分析成本差异、衡量生产工作效率高低的一种成本制度。它是为了克服实际成本计算不能及时提供有效的成本控制信息而制订的一种成本计算方法。标准成本制度是将成本的计划、控制、计算和分析相结合的会计信息系统和成本控制系统。1903 年泰勒在《工厂管理》提出的产品标准操作程序及时间定额是标准成本法的基础。1904 年美国效率工程师哈尔顿·爱默森首先在美国铁道公司应用标准成本法。1911年美国会计师卡特·哈里逊设计出一套完整的标准成本制度。从此标准成本会计就脱离实验阶段而进入实施阶段，并被逐渐完善和广泛推广。

从成本会计的角度看，成本的控制比单纯的成本核算更有意义，在企业的日常经营过程中，如何控制成本历来都是企业管理部门非常重视的问题。标准成本制度就是一种行之有效的成本控制方法。

二、标准成本法的基本内容

（一）标准成本制度

标准成本制度通常适用于产品的制造成本，包括直接材料、直接人工和间接制造费用等，这是因为产品制造是经常的重复性活动，易于建立和制定成本标准。

（二）差异计算与分析

标准成本制度强调标准成本必须按成本习性划分为变动成本和固定成本两类，以便对它们分别采用不同的方法进行控制。标准成本的制订，通常只对单位产品制造成本的直接材料、直接人工和制造费用三大项目进行，并分别记录和分析这三个项目的成本差异。实际成本低于标准成本，其差异说明成本节约；反之，说明成本超支。为了及时反映产品成本差异，对记入"生产成本"账户的直接材料、直接人工、制造费用和从"生产成本"账户转出的自制半成品、产成品成本，及留存在生产成本账户的在制品成本，都按标准成本计价，成本差异随着实际费用的发生而随时分别揭示记录，记入各产品成本差异账户，于月终将属于已出售产品的成本差异转入"主营业务成本"账户。采用标准成本制度，有利于控制材料耗用量，充分利用生产设备，提高劳动生产率，节约生产管理费用，增加企业盈利。

在制造成本中，平时将实际耗费与有关标准相比较，并且按成本项目分别计算差异。包括原材料项目的量差与价差的计算分析；直接人工项目的工时利用差异、工资率差异的计算分析；制造费用项目的耗费差异、效率差异等计算分析。

（三）差异处理

期末，将标准成本和成本差异重新组合，最终确定与产品销售相匹配的产品销售成本，以便计算和确定产品销售利润。

三、实施标准成本制度的步骤和应具备的前提条件

1. 实施标准成本的步骤

（1）正确制定成本标准。
（2）揭示实际消耗与成本标准的差异。
（3）积累实际成本资料并计算实际成本。

(4) 计算实际产量的标准成本。
(5) 通过标准成本和实际成本的比较,计算标准成本差异,分析成本差异原因。
(6) 进行标准成本及其成本差异的账务处理。

2. 实施标准成本制度应具备的前提条件

(1) 完善的成本管理基础工作

首先,必须确定产品的标准成本,要求构成产品的零部件、半成品、耗用的原材料和人工、消耗价格、开工率、使用的设备、工艺方法等必须标准化。其次,生产管理应科学化,要有健全的原始记录、完备的计量和检验制度,以确定工时定额和工作效率。

(2) 健全成本管理组织

在企业中,应设立成本责任中心,将标准成本作为各成本中心的成本目标并对实际成本进行控制。同时,必须健全有关实施标准成本制度的组织,配备精通生产技术和成本会计的人员。

(3) 树立成本意识

根据标准成本计算成本管理,实际上是依靠人的积极性,如果企业的管理者及实施标准成本的人员不具备明确的成本意识,实施标准成本的效果就难以发挥。

四、标准成本制度的特点和作用

标准成本制度是把成本的计划、控制、计算和分析相结合的一种会计信息系统和成本控制系统。在西方工业企业中得到了广泛应用,并取得明显效益。

1. 标准成本制度的特点

(1) 预先制定所生产的各种产品应该发生的各项目成本,也称标准成本,作为员工努力的目标以及衡量实际节约或超支的尺度,成本事前控制作用。

(2) 在生产过程中将成本的实际消耗与标准消耗进行比较,及时揭示和分析脱离成本标准的差异,并迅速采取措施加以改进,以加强成本的事中控制。

(3) 每月终了按实际产量乘以各项目的成本标准,将求得的标准成本同计算出来的实际成本相比较,揭示各成本差异,分析差异原因,查明责任归属,评价业绩,制定有效措施,以避免不合理支出和损失的再次发生,为未来的成本管理工作指出努力的方向,实现成本的事后控制。

2. 标准成本制度的作用

(1) 有利于增强员工的成本意识

标准成本制度要求在基层管理者参与下,用科学的方法制定成本标准,作为员工努力的目标和业绩评估的尺度,这对于促使广大员工关心成本计算,增强成本意识,努力完成预定目标有积极作用。

(2) 有利于成本控制

标准成本制度通过事前制定的成本标准,限制各种消耗和费用的发生,是企业各部门的努力目标,也是正常生产经营条件下衡量成本水平的适当尺度。通过比较标准成本与实际成本之间的差异,企业管理部门可以针对非正常的低效率因素采取必要措施,避免或减少不必要的耗费和浪费,进而达到有效控制成本的目的。

(3) 有利于正确评价业绩

以标准成本作为评估业绩的尺度,能正确评价企业的工作质量。各成本中心之间的半成品内部转移价格的确定,也是以标准成本或在标准成本基础上加一定比例确定,可以避免各成本中心的责任成本受外界因素的影响,有利于正确评价企业的业绩。

(4) 简化日常账务处理

运用标准成本制度,企业的原材料、在产品、产成品及产品销售成本均可以按照标准成本入账,期末不用等待实际成本结算后才编制报表,成本差异账户的余额到期末根据企业生产的具体情况一并处理,从而避免各项费用分配计算的冗长程序,极大地简化了账务处理。

任务二　标准成本的种类及其制定

一、标准成本的分类

(一) 理想标准成本和正常标准成本

标准成本按其制定所根据的生产技术和经营管理水平,分为理想标准成本和正常标准成本。

1. 理想标准成本

理想标准成本是指在最优的生产条件下,利用现有的规模和设备能够达到的最低成本。制定理想标准成本的依据,是理论上的业绩标准、生产要素的理想价格和可能实现的最高生产经营能力利用水平。理论业绩标准是指在生产过程中毫无技术浪费时生产要素消耗量,最熟练的工人全力以赴工作、不存在废品损失和停工时间等条件下可能实现的最优业绩。最高生产经营能力利用水平是指理论上可能达到的设备利用程度,只扣除不可避免的机器修理、改换品种、调整设备等时间,而不考虑产品销路不佳、生产技术故障等造成的影响。理想价格是指原材料、劳动力等生产要素在计划期间最低的价格水平。因此,这种标准是"工厂的极乐世界",很难成为现实,即使暂时出现也不可能持久。它的主要用途是提供一个完美无缺的目标,揭示实际成本下降的潜力。因其提出的要求太高,不能作为考核的依据。

2. 正常标准成本

正常标准成本是指在效率良好的条件下,根据下期一般应该发生的生产要素消耗量、预计价格和预计生产经营能力利用程度制定出来的标准成本。在制定这种标准成本时,把生产经营活动中一般难以避免的损耗和低效率等情况也计算在内,使之切合下期的实际情况,成为切实可行的控制标准。要达到这种标准不是没有困难,但它们是可能达到的。从具体数量上看,它应大于理想标准成本,但又小于历史平均水平,实施以后实际成本更大的可能是逆差而不是顺差,是要经过努力才能达到的一种标准,因而可以调动职工的积极性。

在标准成本系统中,广泛使用正常的标准成本。它具有以下特点:它是用科学方法根据客观实验和过去实践经充分研究后制定出来的,具有客观性和科学性;它排除了各种偶然性和意外情况,又保留了目前条件下难以避免的损失,代表正常情况下的消耗水平,具有现实性;它是应该发生的成本,可以作为评价业绩的尺度,成为督促职工去努力争取的目标,具有激励性;它可以在工艺技术水平和管理有效性水平变化不大时持续使用,不需要经常修订,具有稳定性。

(二)现行标准成本和基本标准成本

标准成本按其适用期,分为现行标准成本和基本标准成本。

1. 现行标准成本

现行标准成本是指根据其适用期间应该发生的价格、效率和生产经营能力利用程度等预计的标准成本。在这些决定因素变化时,需要按照改变了的情况加以修订。这种标准成本可以成为评价实际成本的依据,也可以用来对存货和销货成本计价。

2. 基本标准成本

基本标准成本是指一经制定,只要生产的基本条件无重大变化,就不予变动的一种标准成本。所谓生产的基本条件的重大变化是指产品的物理结构变化,重要原材料和劳动力价格的重要变化,生产技术和工艺的根本变化等。只有这些条件发生变化,基本标准成本才需要修订。由于市场供求变化导致的售价变化和生产经营能力利用程度的变化,由于工作方法改变而引起的效率变化等,不属于生产的基本条件变化,对此不需要修订基本标准成本。基本标准成本与各期实际成本对比,可反映成本变动的趋势。由于基本标准成本不按各期实际修订,不宜用于直接评价工作效率和成本控制的有效性。

二、标准成本的制定

制定标准成本是实施标准成本制度的起点,直接关系到成本控制的成效。为了确保标准的质量,相关部门和个人,如行政管理部门、采购部门、技术部门、劳动工资部门、生产部门等都应共同参与标准成本的制定。要对企业的生产经营条件进行全面的测评,以历史成本资料为基础,结合经济环境、技术水平、市场供求关系的变化进行必要的调整和修订。

从管理控制的角度出发,控制成本的有利时机是在成本发生的时候,而不是最终结算的时候。所以,企业应对生产经营过程中的直接材料、直接人工和制造费用等成本项目分别制定标准成本,以便确定单位产品的标准成本。其基本的模式如下:

$$标准成本 = 用量标准 \times 价格标准$$

(一)直接材料标准成本

设定直接材料用量标准,要求对企业每一项作业的必要投入量进行全面的研究,同时综合考虑产品设计要求、质量标准、生产过程中不可避免的正常损耗以及次品、废品耗用的原材料等因素后,确定在当前生产条件和技术水平下单位产品的材料用量,不同产品的直接材料用量标准应分别记录,同一产品不同生产步骤的材料用量也应分别记录。

将各生产步骤的标准材料用量汇总,就可得出单位产品的标准材料用量。

直接材料的价格标准,包括购入材料的发票价、附带成本、相关税金。制定材料价格标准需由采购部门作必要的市场调查,在保证原料质量的前提下,选择价格条件最为优惠的供应商,同时还应考虑最佳订货量及相关折扣、运输方式、赊账条件以及供应商是否能按时按量交送资料等相关因素。当单位产品的直接材料用量标准及价格标准都确定后,就可得出单位产品的直接材料标准成本。

$$单位产品直接材料标准成本 = \sum(各种材料标准用量 \times 各种材料标准价格)$$

(二)直接人工标准成本

直接人工标准成本的制定同样从价格和用量两个方面进行。

直接人工的"价格"标准是指标准工资率。采用计件工资制的企业,其标准工资率指单位产品的应付工资;采用计时工资制的企业,则指单位工时的应付工资;采用工资制的企业,则需要用工资总额按标准人工小时分配后确定。

直接人工的"用量"标准是指在现有的正常生产经营条件下,生产单位产品所需耗用的工时数,其中包括生产直接耗用工时、设备故障及日常维修停工时间、员工必要的休息时间。直接人工的数量标准被认为是最难确定的成本标准项目,企业管理部门需要对生产过程中的每项作业进行全面分析,剔除不必要的因素,确定最具效率的生产方式。在实际工作中,员工的工作效率、技术水平、工作状态参差不齐,企业管理应在平均水平基础上确定直接人工的标准工时,以使直接人工用量标准成为合理的、先进的标准,保证成本控制的效果。

单位产品的直接人工用量标准及工资率标准都已确定后,就可得出单位产品的直接人工标准成本。

$$单位产品的直接人工标准 = 标准工资率 \times 标准工时数$$

(三)制造费用标准成本

制造费用标准成本具有两个特点:第一,与直接材料和直接人工不同,制造费用无法追溯到具体的产品项目上;第二,直接材料和直接人工都是变动成本,制造费用则包含了固定性制造费用和变动性制造费用两部分。

制造费用标准成本是在企业正常生产经营条件下,生产单位产品所发生的制造费用成本。与直接材料和直接人工的标准成本数据一样,制造费用标准成本一方面用于确定产品成本,另一方面用于与实际制造费用比较,以便企业管理部门进行成本规划和控制。制造费用由固定性制造费用和变动性制造费用两部分组成,制造费用标准成本自然也由固定性制造费用和变动性制造费用两部分组成。

制定制造费用标准成本,首先要编制预算,即确定相关期间的制造费用总额。标准成本与预算成本的区别,在于前者是单位产品成本,后者是成本总额。企业在分别编制固定性和变动性制造费用预算后,再按制造费用分配基础进行分配。

制造费用分配率即制造费用的价格标准,以分配率乘以生产单位的标准工时,即可得单位产品的制造费用标准成本。

制造费用分配率=（变动性/固定性）制造费用预算成本÷制造费用分配基础
（变动性/固定性）制造费用=（变动性/固定性）制造费用分配率×标准工时

1. 变动性制造费用标准成本

变动性制造费用与直接材料、直接人工一样，随着企业产量水平的变动而变动。企业在编制变动性制造费用预算时，采用弹性预算的形式，按不同的生产水平确定成本水平。

2. 固定性制造费用标准成本

固定性制造费用在相关生产水平范围内，不会随着产量水平的变动而变动，因此没有单独编制弹性预算，其他程序与制定变动性制造费用的程序完全相同。

【例10-1】 华星工厂生产甲产品，本月计划生产2 200件，实际生产2 000件，本月投产，本月全部完工。甲产品的标准成本资料如下：

单件甲产品材料耗用量标准是耗用A材料80千克，每千克标准单价60元；耗用B材料140千克，每千克标准单价40元。单位产品的标准工时为200小时，标准工资率为190元，标准固定费用率为20元，标准变动费用率为15元。

甲产品单位产品标准成本的计算如表10-1所示。

表10-1 单位产品标准成本计算表

产品名称：甲产品
编制单位：华星工厂　　　　　　　　20××年　　　　　　　　　　　单位：元

成本项目	标准数量	标准价格	标准成本
直接材料			10 400
其中：A材料	80	60	4 800
B材料	140	40	5 600
直接人工	200	190	38 000
制造费用			700
其中：变动费用	20	15	300
固定费用	20	20	400
标准单位成本			49 100

任务三　成本差异的计算和分析

制定各成本项目的标准成本之后，标准成本制度的第二步就是进行成本差异分析。在生产经营过程中，由于各种原因，实际成本发生额会高于或低于标准成本，其间的差额即为成本差异。如果实际成本低于标准成本，说明成本的实际开支低于预期水平，形成有利差异；反之，则说明成本开支高于预期，形成不利差异。成本差异的出现，可能是由于标准过高或过低造成的，在这种情况下，企业管理部门应进行差异分析，针对其性质找出差异发生的原因，尤其是不利差异，应明确差异是否可以控制、由谁负责控制、如何控制、尽可能消除或减少不利差异,同时扩大有利差异,以便有效控制成本。

标准成本包括直接材料标准成本、直接人工标准成本、变动性制造费用标准成本和固定性制造费用标准成本四部分,成本差异同样由直接材料成本差异、直接人工成本差异、变动性制造费用成本差异、固定性制造费用成本差异四部分组成。如前所述,每个标准成本项目均可以分解为用量标准和价格标准,成本差异也相应地分为数量差异和价格差异。成本差异计算的通用模式如图10-1所示。

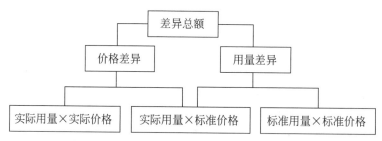

图10-1 成本差异计算的通用模式

价格差异和用量差异往往在不同的时点发生,由不同的部门负责。例如,直接材料的价格差异发生在采购材料时,一般情况下由采购部门负责;用量差异则发生在生产加工时,一般情况下应由生产部门负责。将成本差异分解为价格差异和用量差异两部分,便于对不同的差异进行分析,明确差异产生的原因和责任,及时采取不同的针对性措施。成本差异应及早引起企业管理部门的重视,相关问题越早得到解决,成本控制措施的效果就越显著;越往后拖延,差异发生的原因和责任越难认定,成本控制的成效越低,对企业经营效率的负面影响也越大。

一、直接材料成本差异

直接材料成本差异分解为直接材料价格差异和直接材料用量差异。

(一)直接材料价格差异

直接材料价格差异是采购过程中形成的标准价格与实际价格之间的差异。其计算公式为

直接材料价格差异=实际用量×实际价格-实际用量×标准价格
　　　　　　　　=实际用量×(实际价格-标准价格)

导致直接材料价格差异的因素很多,如采购批量、送货方式、供应商根据购货量提供的购货折扣、购入材料的等级、采购时间是否充裕等。其中任何一个因素与预期存在偏差,都会导致价格差异。一般而言,直接材料差异由采购部门负责,但其他相关部门的决策活动也可能导致材料价格差异。例如,生产部门临时更改或制订新的生产计划,要求采购部门以最快速度提供所需的原材料,采购人员因此无法选择价格较低廉的运输方式,也无法按最优惠条件采购原材料,这种情况下发生的直接材料价格差异就应由生产部门负责。

(二) 直接材料用量差异

直接材料用量差异是生产过程中形成的标准用量和实际用量之间的差异。其计算公式为

$$直接材料用量差异 = 实际用量 \times 标准价格 - 标准用量 \times 标准价格$$
$$= 标准价格 \times (实际用量 - 标准用量)$$

如果直接材料的实际用量超过标准用量,即形成不利差异。反之,则是有利差异。导致直接材料用量不利差异的因素很多,如设备故障、原材料质量不佳、员工技术不熟练、管理部门监管不力、产品质量标准提高等。由于材料用量差异是在生产加工产品、耗费原材料过程中形成的,一般而言,应由生产部门负责。但在某些情况下,材料用量差异是属于生产部门不可控因素造成的,例如采购部门为了获得较优惠的采购价格,购入了质量等级或规格不符合要求的原材料,从而导致了加工过程中过度的材料消耗,这种情况下发生的材料用量差异就应由采购部门负责。

【例 10-2】 接例 10-1,华星工厂生产甲产品,本月计划生产 2 200 件,实际生产 2 000 件,本月投产,本月全部完工,并于当月销售 1 500 件。每件不含税售价 700 元,增值税税率 17%。甲产品的标准成本资料如下。

单件甲产品材料耗用量标准是耗用 A 材料 8 千克,每千克标准单价 6 元;耗用 B 材料 14 千克,每千克标准单价 4 元。单位产品的标准工时为 20 小时,标准工资率为 19 元,固定性制造费用标准分配率为 2 元,变动性制造费用标准分配率为 1.5 元。

本月发生的有关资料如下。
(1) 本月实际耗用 A 材料 18 000 千克,每千克 5.5 元,B 材料 29 000 千克,每千克 4.5 元。
(2) 本月份生产工人的工资总额为 820 000 元,生产工时为 41 000 小时。
(3) 本月实际发生变动制造费用 57 400 元,固定制造费用 73 800 元。

华星工厂直接材料成本差异计算如下:
直接材料用量差异 = $6 \times (18\ 000 - 2\ 000 \times 8) + 4 \times (29\ 000 - 2\ 000 \times 14) = 16\ 000$(元)
直接材料价格差异 = $18\ 000 \times (5.5 - 6) + 29\ 000 \times (4.5 - 4) = 5\ 500$(元)
直接材料标准成本差异合计 = $16\ 000 + 5\ 500 = 21\ 500$(元)

二、直接人工成本差异

直接人工成本差异的确定方式与直接材料相似,区别在于价格差异称为工资率差异、用量差异则称为人工小时差异或直接人工效率差异。

(一) 直接人工工资率差异

如果企业实际支付的工资率偏离了预定的标准工资率,就会产生直接人工工资率差异。其计算公式为

$$直接人工工资率差异 = 实际工时 \times 实际工资率 - 实际工时 \times 标准工资率$$
$$= 实际工时 \times (实际工资率 - 标准工资率)$$

一般而言,工资率是聘用合同载明的条款之一,实际支付与预算额不会出现差异。

但仍有许多因素会导致直接人工工资率差异。例如,企业的人力资源管理不当,在生产经营中降级或升级使用员工,从而引起平均工资率的变动;员工人数的增加或薪酬的增加;总体工资水平变动等。

(二)直接人工效率差异

直接人工效率差异为生产过程中耗用的实际工时数偏离标准工时数形成的差异。其计算公式为

直接人工效率差异＝实际工时×标准工资率－标准工时×标准工资率

＝标准工资率×(实际工时－标准工时)

员工生产经验不足、原材料质量不符合要求、设备运转不正常、一线管理人员监管不力、工作环境条件不佳、引进新设备或生产方法等诸多因素都会导致直接人工效率差异。通常效率差异由生产部门负责,但由于生产部门不可控因素(如材料质量问题)导致的效率低下,则应由相关部门负责。

例10-2中,华星工厂直接人工成本差异计算如下:

实际工资率＝820 000÷41 000＝20(元/小时)

直接人工工资率差异＝41 000×(20－19)＝41 000(元)

直接人工效率差异＝19×(41 000－2 000×20)＝19 000(元)

直接工资标准成本差异合计＝41 000＋19 000＝60 000(元)

三、变动性制造费用差异

变动性制造费用差异分析可以分解为价格差异与数量差异两部分。价格差异是由变动性制造费用的分配偏离了标准分配率造成的,也称变动性制造费用耗费差异;数量差异则是由实际耗用工时偏离标准工时数造成的,也称变动性制造费用效率差异。

(一)变动性制造费用耗费差异

变动性制造费用耗费差异＝实际工时×变动性制造费用实际分配率

－实际工时×变动性制造费用标准分配率

＝实际工时×(变动性制造费用实际分配率

－变动性制造费用标准分配率)

变动性制造费用耗费差异,可能是由于实际价格水平高于变动性制造费用预算,造成各项变动性制造费用的实际成本高于标准成本,也可能是由于制造费用项目的过度使用或浪费形成不利差异。

(二)变动性制造费用效率差异

变动性制造费用效率差异＝实际工时×变动性制造费用标准分配率

－标准工时×变动性制造费用标准分配率

＝变动性制造费用标准分配率×(实际工时－标准工时)

变动性制造费用效率差异产生的原因与直接人工效率差异基本相同。

例 10-2 中,华星工厂变动性制造费成本差异计算如下:
变动性制造费用实际分配率＝57 400÷41 000＝1.4(元/小时)
变动性制造费用耗费差异＝41 000×(1.4－1.5)＝－4 100(元)
变动性制造费用效率差异＝1.5×(41 000－2 000×20)＝1 500(元)
变动性制造费用标准成本差异合计＝－4 100＋1 500＝－2 600(元)

四、固定性制造费用差异

固定性制造费用差异在企业一定相关范围内生产经营水平是稳定的,对其实施控制要通过固定预算进行,固定性制造费用差异分为固定性制造耗费差异和固定性制造费用数量差异。
标准固定性制造费用＝固定性制造费用标准分配率×标准工时
固定性制造费用标准分配率＝预算固定性制造费用÷预算工时

(一)固定性制造费用耗费差异

固定性制造费用开支差异也称固定性制造费用预算差异,是实际发生的固定性制造费用和固定性制造费用预算之间的差额。
固定性制造费用耗费差异＝实际分配率×实际工时－标准分配率×标准工时
＝固定性制造费用实际发生额－固定性制造费用预算额

固定性制造费用包括管理人员工资、保险费、厂房设备折旧等项目。这些项目在相关生产活动范围内不会随业务量水平的变动而变化,只会受长期决策的影响而相应变动。一般情况下,固定性制造费用与预算成本的差异不大。

(二)固定性制造费用数量差异

固定性制造费用数量差异也称固定性制造费用能量差异,它是预算产量标准固定性制造费用与实际产量标准固定性制造费用之间的差额。其计算公式为
固定性制造费用数量差异＝预算产量标准固定性制造费用－实际产量标准固定性制造费用
＝固定性制造费用分标准配率×(预算产量标准工时
－实际产量标准工时)

如果企业出现固定性制造费用数量差异,说明生产能力的利用程度与预算不一致。生产能力超额利用,实际标准工时会大于生产能力,形成有利差异;反之,则是生产能力没有得到充分利用,形成不利差异。

固定性制造费用的数量差异分析还可以继续深化,将数量差异分成数量效率差异和数量产能差异两部分。

1. 数量效率差异

数量效率差异是在实际产量水平下,实际工时与标准工时不符导致的差异。其计算公式为
固定性制造费用数量效率差异＝标准分配率×实际工时－标准分配率×标准工时
＝(实际工时－标准工时)×标准分配率

数量效率差异的确定方法和形成原因,均类似于直接人工效率差异。

2. 数量产能差异

数量产能差异表示企业利用生产能力的情况。如果预算生产水平高于实际水平,说明企业未能充分利用生产能力,形成不利差异。反之,则形成有利差异。

固定性制造费用数量产能差异＝标准分配率×预算工时－标准分配率×标准工时
　　　　　　　　　　　　＝(预算工时－实际工时)×标准分配率

综合数量效率差异和数量产能差异,两者之和为固定性制造费用数量差异;固定性制造费用数量差异与固定性制造费用效率差异之和,就是固定性制造费用成本差异。

值得注意的是,企业管理部门运用标准成本制度对各成本项目进行差异分析的出发点是积极的,而不是消极的。其目的不是为了限制各层次的管理人员,而是为了帮助和支持各级生产及管理人员,按照预算计划进行生产活动,实现企业总体目标。现实经营情况与预算计划不一致是一个重要的"信号",提醒企业管理部门注意并加以必要的分析,也就是所谓的"例外管理"。但无论预算计划的编制程序如何周密,都只是一个预测指标,在编制时不可能完全准确地预测到会导致各成本变动的因素。只有在极个别情况下,标准成本与实际成本完全吻合。企业管理部门如果对所有偏离预算计划的项目都做详细分析研究,将耗费大量时间和精力。因此,企业管理部门需要借助统计分析等手段,对偏离预算计划的项目进行筛选,确定重要的差异,有针对性地进行成本控制与管理。差异分析越及时、越详细,对企业成本有效控制的帮助就越大。

例 10-2 中,华星工厂固定性制造费成本差异计算如下:

固定性制造费用实际分配率＝73 800÷41 000＝1.8(元/小时)

固定性制造费用耗费差异＝73 800－2×2 200×20＝－14 200(元)

固定性制造费用数量差异＝2×(2 200×20－2 000×20)＝8 000(元)

其中:固定性制造费用数量效率差异＝(41 000－2 000×20)×2＝2 000(元)

固定性制造费用数量产能差异＝(2 200×20－41 000)×2＝6 000(元)

固定性制造费用标准成本差异合计＝－14 200＋2 000＋6 000＝6 200(元)

任务四　标准成本法的账务处理

一、标准成本法核算程序

(1)确定成本计算对象和成本计算基本方法。

(2)制定单位产品的标准成本。

(3)在生产费用实际发生时,将实际消耗与标准相比较,计算其标准成本和标准成本差异,汇总编制差异凭证,并向外汇报。

(4)根据差异编制会计分录,并登记有关总分类账户和明细分类账户。

(5)期末,按标准成本从基本生产成本账户转出完工成本。

(6) 分摊产品成本差异,并编制成本差异汇总表,将产品销售成本转化为实际成本。

二、标准成本法下应设置的会计科目

在采用标准成本法的企业中,为了归集和分配各种差异,应增设"产品成本差异"总账科目,并分设"直接材料用量差异""直接材料价格差异""直接人工效率差异""直接人工工资率差异""变动制造费用效率差异""变动制造费用耗费差异""固定制造费用耗费差异""固定性制造费用数量效率差异""固定性制造费用数量产能差异"明细科目。

以上成本差异科目的借方登记超支差异,贷方登记节约差异和差异转出额(超支差异用蓝字转出,节约差异用红字转出)。

三、标准成本法下账务处理

(一) 成本差异的记录

1. 直接材料差异

直接材料差异分为直接材料价格差异和直接材料用量差异。根据标准成本制度,成本差异应及时确认、及时分析的原则,价格差异在材料购入时予以记录,用量差异则应在原材料耗用时进行登记。原材料、在产品账户均按标准成本记账,其实际成本分为标准成本和成本差异两部分入账。

例 10-2 中,华星工厂直接材料成本差异账务处理如下。

借:生产成本——甲产品　　　　　208 000(标准成本 2 000×104)
　　直接材料数量差异　　　　　　 16 000
　　直接材料价格差异　　　　　　 5 500
　贷:原材料　　　　　　　　　　　229 500(实际成本)

2. 直接人工成本差异

直接人工成本差异分为直接人工工资率差异和直接人工效率差异。由于直接人工成本支付与耗费几乎同时发生,与直接材料不同,不存在先购入、再储存、再耗用、再转移储存形式的情况,故直接人工成本的两种差异应同时入账。

例 10-2 中,华星工厂直接人工成本差异账务处理如下。

借:生产成本——甲产品　　　　　760 000(标准成本 2 000×380)
　　直接人工工资率差异　　　　　 41 000
　　直接人工效率差异　　　　　　 190 00
　贷:应付职工薪酬　　　　　　　　820 000(实际成本)

3. 变动性制造费用差异

变动性制造费用成本差异分为变动性制造费用耗费差异和变动性制造费用效率差异两部分。

例10-2中,华星工厂变动性制造费用成本差异账务处理如下。

(1) 变动性制造费用发生时,会计分录如下。

借:变动性制造费用　　　　　　　　　57 400
　　贷:银行存款或相关账户　　　　　　　　57 400

(2) 将变动性制造费用结转至产品成本,会计分录如下。

借:生产成本——甲产品　　　　　60 000(标准成本2 000×30)
　　变动性制造费用效率差异　　　　1 500
　　贷:变动性制造费用耗费差异　　　　　　4 100
　　　　变动性制造费用　　　　　　　　　57 400(实际成本)

4. 固定性制造费用成本差异

固定性制造费用成本差异分为固定性制造费用耗费差异和固定性制造费用数量差异两部分,记账方式与变动性制造费用及成本差异相似,实际发生的费用按标准成本记入生产成本,差额按其性质分别借记或贷记成本差异账户。

例10-2中,华星工厂固定性制造费用成本差异账务处理如下。

(1) 固定性制造费用发生时,会计分录如下。

借:固定性制造费用　　　　　　　　　73 800
　　贷:银行存款或相关账户　　　　　　　　73 800

(2) 将固定性制造费用结转至生产成本,会计分录如下。

借:生产成本——甲产品　　　　　80 000(标准成本2 000×40)
　　固定性制造费用数量效率差异　　2 000
　　固定性制造费用数量产能差异　　6 000
　　贷:固定性制造费用耗费差异　　　　　14 200
　　　　固定性制造费用　　　　　　　　　73 800(实际成本)

(二) 成本差异的期末账务处理

上述各例说明,企业对直接材料、直接人工、变动性制造费用及固定性制造费用的差异进行相关记录之后,各成本差异账户根据记录差异的性质,出现了借方或贷方余额。对成本差异账户期末余额的处理有两种方法,对这两种方法的选择取决于企业管理部门对差异的分析与评价。

1. 直接记入已售商品销售成本

如果管理部门认为,所制定的标准成本合理,能够代表现有产量下的成本水平,而成本差异的数额不大,可以将各成本差异账户的余额直接转入产品销售成本,并将差异作为评价管理人员绩效的指标之一。

例10-2中,华星工厂有关产品完工结转入库,销售收入,结转销售成本,成本差异期末处理业务账务处理如下。

产品完工结转入库,会计分录如下。

借:库存商品(标准成本2 000×554)　1 108 000
　　贷:生产成本　　　　　　　　　　　　1 108 000

取得销售收入,会计分录如下。
借:银行存款　　　　　　　　　　　　　1 228 500
　　贷:主营业务收入　　　　　　　　　　　　1 050 000
　　　　应交税费——应交增值税(销项税额)　178 500
结转销售成本,会计分录如下。
借:主营业务成本　　　　　　　　　　　　831 000
　　贷:库存商品　　　　　　　　　　　　　　831 000
期末各项成本差异,直接记入已售商品成本,会计分录如下。
借:直接材料数量差异　　　　　　　　　　16 000
　　直接材料价格差异　　　　　　　　　　 5 500
　　直接人工工资率差异　　　　　　　　　41 000
　　直接人工效率差异　　　　　　　　　 190 000
　　变动性制造费用效率差异　　　　　　 　1 500
　　固定性制造费用数量效率差异　　　　　 2 000
　　固定性制造费用数量产能差异　　　　　 6 000
　　贷:主营业务成本　　　　　　　　　　　 243 700
　　　　变动性制造费用耗费差异　　　　　　 4 100
　　　　固定性制造费用耗费差异　　　　　　14 200

2. 作为存货成本项目

如果成本差异数额较大,应将其作为存货项目,按比率分配于在产品、产成品和产品销售成本三部分,同时,企业管理部门应分析所制定成本标准的合理性、可行性,并做必要的调整。

由于成本差异余额被分配到了在产品、产成品和产品销售成本中,在期末的财务报表上,在产品和产成品的余额为标准成本加上按比例分配的成本差异之和。企业的生产成本受多方面因素的影响,这些因素有相当一部分是属于企业管理部门可以控制的。成本会计人员的职责之一,就是向企业管理部门及时提供相关信息,帮助企业管理部门进行成本控制,标准成本制度是较为有效的管理手段。通过比照实际成本与标准成本,企业管理部门可以对成本差异进行分析与评价,采取必要手段,以达到成本控制的目的。

成本管理小故事

河 边 钓 鱼

某日,有一个人在河边钓鱼,他钓了非常多的鱼,每钓上一条鱼就拿尺量一量。只要比尺长的鱼,他都丢回河里。旁观人见了不解地问:"别人都希望钓到大鱼,你为什么将大鱼都丢回河里呢?"这人不慌不忙地说:"因为我家的锅只有尺这么宽,太大的鱼装不下。"

项目十一　责任成本与成本考核

引言

　　成本是一项综合性的价值指标。从产品的设计、生产、销售等环节是否流畅,到日常人力、物力、财力的耗费是否节约,直至企业各级、各部门工作的优劣,都会直接或间接地影响到成本的变化。为了监督和评价各部门、各单位成本计划的完成情况,促使其履行有关的经济责任,保证目标成本的实现,应建立定期的成本考核制度。

　　事实上,预算等计划形式要想真正起作用,业绩报告等反馈信息必不可少。管理者需要将实际数与预算数相比较,以控制企业当期的业绩并改善经营前景,而这些业绩报告要以责任会计为基础编制。

学习目标

1. 了解责任中心的分类,不同责任中心的特点;
2. 掌握责任成本的计算方法;
3. 掌握成本考核的主要工作内容;
4. 掌握责任成本的考核方法。

案例导入

　　德尔玛食品店有一个小烘烤房,以很低廉的价格销售咖啡和烘烤食品(例如,一杯咖啡和一个面包圈的价格为4元)。烘烤房的基本目标是将客户吸引到商店来,并使商店洋溢着烘烤的香气。每个会计年度,烘烤房的成本都超过了收入。请问,烘烤房应当作为成本中心还是利润中心核算?

任务一　分权与责任中心

　　由于经营方式和所有制形式向多样化、多元化方向发展,企业的规模不断扩大,一个管理层次众多的集中管理企业往往无法实现有效的信息传递、控制和协调;同时,企业组织的扩大和复杂性的增加,使企业高层管理者既不可能具体了解企业正在进行的生产经营活动情况,也不可能为企业未来的生产经营活动做出决策;更重要的是,依靠企业高层的少数几个人经营管理一个庞大的企业,已显得越来越力不从心。为了提高企业的经营效率和竞争能力,分权管理已成为现代企业管理的基本模式。

随着企业的日益壮大,大多数企业由许多不同职能的子单位构成。例如,一家生产性企业通常拥有采购、生产、销售、运输、会计及人事等多个部门,而生产部门和销售部门又常常根据生产线和销售地区划分为更多的分部门。企业的这种组织形式使管理人员和员工各自从事专门的工作,产生了清晰的管理职责的分割,从而建立了责任区域。分权管理的主要表现形式是部门化,通常采用统一领导、分级管理的原则,在其内部合理划分责任单位,让责任单位承担相应的经管责任,并赋予相应的权限,促使企业内部各单位各尽其责并协调配合。分权管理思想的发展,一方面,使企业的日常经营管理决策权不断下放,从而达到了决策的有效性;另一方面,企业经营管理的责任也随着经营决策权的下放层层落实到各级管理部门,使各级管理部门在充分享有经营决策权的同时,也对其经营管理的有效性承担经济责任。在这种情况下,成本考核要求责任者对所控制的成本负责任,同时与奖惩制度相结合。这种权责范围就是各个责任单位能够对其经济活动进行严格控制的区域,也即"责任中心"。

换言之,责任中心实际上是指企业内部按各自生产经营的特点和一定的控制范围,由其主管人员对其可控制的生产经营活动负责并拥有相应权力的内部单位。就企业内部单位而言,生产经营活动通常具有自身的特点及相应的控制范围,如生产车间,其生产经营活动的特点是进行产品的生产,控制的对象是产品的生产成本;而一个分厂的生产经营活动除了产品生产外,还包括产品销售等,因此,控制的对象不仅有产品的生产成本,还有收入和利润等。因此,不同的内部单位,因生产经营活动的特点及相应的控制范围不同,可以成为不同的责任中心。划分责任中心的目的是充分调动一切积极因素,使各中心在其权责范围内,恪尽职守,努力工作,然后按成绩优劣进行奖惩,从而真正提高企业的整体经济效益,增强企业的竞争能力。

综上所述,责任中心是为完成某种责任而设立的特定部门,其基本特征是权、责、利相结合。具体地说,责任中心具有以下特征。

(1) 拥有与企业总体管理自主权相协调,与其管理职能相适应的经营决策权,使其能在最恰当的时刻对企业遇到的问题做出最恰当的决策。

(2) 承担与其经营权相适应的经济责任。有什么样的决策权,就需承担什么样的经济责任,这是对有效使用其权利的一种制约。

(3) 建立与责任相配套的利益机构,将管理人员的个人利益与其管理业绩联系起来,从而调动全体管理人员和职工的工作热情和责任心。

(4) 各责任中心的局部利益必须与企业整体利益一致,不能为了各责任中心的局部利益而影响企业的整体利益。

责任中心根据其控制区域和权责范围的大小,一般可分为成本中心、利润中心和投资中心三种类型。

一、成本中心

成本中心是指只能控制成本从而只对成本负责的责任中心。成本中心有狭义和广义之分。狭义的成本中心是指对产品生产或劳务提供资源的耗费负责的责任中心,也即生产产品或提供劳务的责任中心;广义的成本中心除狭义的成本中心外,还包括那些非生产性的以控制经营管理费用为主的责任中心,即费用中心。

成本中心的特点是没有经营权或销售权,无法控制收益,因而其责任只是对在其职权范围内发生的成本或费用负责,成本中心的目标也是在保质保量完成生产任务或搞好管理工作的前提下控制及降低成本和费用。企业中的某一生产部门,比如组装或精加工部,就是成本中心的实例。生产部门的管理人员不制定价格或做出经营决策,但可以控制生产成本。因此,成本控制的好坏是对成本中心管理者评价的主要依据。

成本中心是应用最广泛的一种责任中心形式,上至工厂一级,下至车间、工段、班组,甚至个人都可划分为成本中心。由于成本中心的规模大小不一,所以各成本中心控制、考核的内容也不一样。

二、利润中心

利润中心是对利润负责的中心,既要对收入负责,又要对成本费用负责。利润中心有以下两种形式。

1. 自然形成的利润中心

自然形成的利润中心虽然是企业内部的一个责任单位,但它既可向企业内部其他责任单位提供产品和劳务,又可直接向外界市场销售产品和提供劳务,获得收入并赚取利润。分公司、分厂就是自然利润中心的实例。

2. 人为划分的利润中心

人为划分的利润中心一般不直接对外销售,只对本企业内部各责任单位提供产品或劳务,但需按"内部转移价格"进行内部核算,实现等价交换,并确认其成本、收入和利润。企业中的各个成本中心,只要对其提供的产品或劳务制定内部转移价格,就是人为的利润中心。

建立"人为"利润中心的主要目的是为了明确划分经济责任,正确评价各责任中心的业绩。由于能够为成本中心相互提供的产品或劳务规定一个适当的内部转移价格,使得这些成本中心可以取得收入进而评价其业绩。因此,大多数成本中心总能转化为人为的利润中心。

一个部门或责任中心是否为利润中心,关键的因素是要用独立的经营决策权,即生产何种产品、生产多少、用什么材料等都可由利润中心决定,否则就无法对其收入和成本负责。所以,与成本中心相比,利润中心往往处于较高的层次,其权利更大,但责任也更重。对于利润中心来说,营业利润是评价其管理者业绩的一项重要指标。

建立利润中心的主要目的是通过授予必要的经营权和确立利润这一综合性指标推

动和促进各责任中心扩大销售、节约成本,努力实现自己的利润目标,使企业有限的资金得到最有效的利用。同时,通过利润这一综合性指标的考核,将各利润中心的经营业绩与其经济效益紧密挂钩,有效地调动全体职工的积极性,从而形成从上到下,群策群力,为实现企业目标而共同努力的风气。

三、投资中心

投资中心是既对成本、收入和利润负责,又对其投资及其利用效益负责的责任中心。与投资中心相比,利润中心只有短期的经营决策权,而投资中心除此之外还拥有长期投资决策权,因此,投资中心在责任中心中处于最高层次,它具有最大的决策权,也承担最大的责任。投资中心着重考核的是投资效益,这类责任中心一般为子公司或分公司。

投资中心实质上也是利润中心,但它的控制区域和职权范围比一般的利润中心要大得多。它与利润中心的主要区别是利润中心没有投资决策权,因而它是在企业确定投资方向后进行的具体的经营;而投资中心则拥有投资决策权,即当企业总部将一定数额的资本交给投资中心后,应投资什么、生产什么产品等都是投资中心的职责,企业总部一般不予干涉,但投资中心必须对其投资的收益负责。所以,投资中心包括了利润中心的特点,但比利润中心的范围大,特别是要更多考虑长期效益。如企业的分部经常被认为是投资中心,投资中心的管理者除了控制成本和进行价格决策外,还有权进行投资决策,比如开设一家工厂,保持或停产某一生产线。因此,营业利润和某种类型的投资报酬率都将成为评价投资中心管理者的重要指标。

为了准确地计算出各投资中心的经济效益,必须对各投资中心共同使用的资产划分清楚;对共同发生的成本应按适当的标准进行分配;各投资中心之间互相调剂使用的现金、存货、固定资产等,均应计息清偿,实行有偿使用。只有这样,才符合责任会计的要求,才能正确计算、评价与考核各投资中心的经济效益和工作业绩。

综上所述,成本中心、利润中心和投资中心并非各自孤立存在,每个责任中心必须对其分工负责的指标向其上一级责任中心承担经管责任。例如,最基层的成本中心(如班组)应就其经管的可控成本,向其上层的成本中心(如车间)负责;上层的成本中心(如车间)则就其本身的可控成本和下属转来的责任成本,一并向利润中心(如分厂)负责;利润中心(如分厂)则就其本身经营的收入、成本(包括下属单位转来的责任成本)和贡献毛益(或税前利润),向投资中心(如事业部)负责;投资中心(如事业部)则就其经管的投资报酬率和剩余收益,向总经理或董事会负责。这样,企业的各种类型和层次的责任中心,就形成一个"连锁责任"网络,促使每个责任中心为保证经营目标一致性的实现而协调工作。

任务二 责任成本

虽然责任中心的规模大小不一,各责任中心控制的区域和权责范围也不一样,但不论层次高低,所负责任大小,责任中心都有成本发生。

责任成本是指由特定的责任中心所发生的耗费。当将企业的经营责任层层落实到各责任中心后,就需要对各责任中心发生的耗费进行核算,以正确反映各责任中心的经营业绩,这种以责任中心为对象进行归集的成本叫作责任成本。责任成本是企业目标成本管理的核心。它可作为评价责任者成本责任的履行情况,考核成本经营绩效的依据。将其与经济利益相结合,就能达到控制成本费用、提高经济效益的目的。

一、责任成本的特点

责任成本与产品成本有很大的不同,其主要区别如下。

(1)成本核算的对象不同。产品成本是以一定种类或批次的产品为对象归集产品的生产耗费;而责任成本是以责任中心为对象归集的生产或经营管理费用。

(2)成本核算的原则不同。产品成本的核算原则是谁受益,谁承担;而责任成本的核算原则是谁负责,谁承担。

(3)成本核算的内容不同。产品成本既包括可控成本,又包括不可控成本,只要应归属于产品的,都是产品成本;而责任成本只包括可控成本,不可控成本只作为参考指标。

(4)成本核算的目的不同。产品成本核算能为考核成本计划完成情况及计算利润、制定产品价格提供依据,是实施经济核算制的重要手段;而责任成本核算则是为了评价和考核责任核算的执行情况,是进行成本控制和成本考核的重要手段。

分清产品成本与责任成本的区别,是责任中心成本核算的一个基本前提。责任成本与产品成本虽然有许多不同点,但是它们之间也有密切的联系。首先,两者核算的原始成本信息是相同的,只是加工整理的主体不同;其次,责任成本控制的有效与否将直接影响产品成本的耗费水平,虽然责任成本和产品成本控制的角度不一样,但它们的总目标是一致的;最后,在不存在不可控成本的前提下,一定时期的责任成本总额和一定时期的产品成本总额是相等的。

二、责任成本的计算

为了正确计算各责任中心的责任成本,提高成本控制的有效性,须将成本划分为可控成本和不可控成本。

(一)可控成本与不可控成本

可控成本是相对于不可控成本而言的。凡是责任中心能控制的耗费,称为可控成本,凡责任中心不能控制的耗费则称为不可控成本。对某一个责任中心来说,可控成本应具备以下几个条件。

(1)能预知将发生的各种成本费用。

(2)能确切计算所发生的成本费用。

(3)能够对发生的成本进行调节和控制。

某个责任中心的各项可控制成本之和,即为该中心的责任成本。

必须注意的是,成本的可控性是就特定的责任中心、特定的期间和特定的权限而言的,因而,可控成本与不可控成本的划分不是绝对的,而是相对的。首先,某项成本的责任中心是可控的,但相对另一责任中心却是不可控的。例如,直接材料的耗用量,对生产部门来说是可控的,但对供应部门来说却是不可控的。其次,有些成本在这个时间是可控的,而在另一个时间可能是不可控的。例如,在建造新厂房之前,管理部门可以决定厂房规模的大小,成本的多少,此时,新厂房的建造成本是可控的,但厂房一旦建成,则厂房的建造成本就为不可控成本。再次,可控性还与特定的权限有关,有些费用对下一级责任中心来说是不可控成本,但对于上一级责任中心来说,往往是可控的。如制造费用中的固定费用,对生产车间来说是不可控的,但对厂部来说却是可控的。

由此可见,对责任中心进行成本考核,应以其可控成本为主要依据,不可控成本仅为参考。

(二)责任成本的计算方法

责任成本的计算与产品成本的计算是两个不同的核算体系,产品成本以产品品种等为核算对象,将各种产品在各责任中心所发生的料工费加总起来,就是生产各该产品的生产成本,而责任成本则以各责任中心为核算对象,将各责任中心为生产各种产品所发生的料工费加总起来,就构成责任成本。所以,根据责任成本核算的特点,应建立责任成本核算体系,以保证责任成本计算的顺利进行。

责任成本核算体系包括以下内容。

(1) 责任中心的明确划分。

(2) 根据责任成本计算的要求搞好各项基础工作,如原始凭证的设计、填制、计量设备的购置,内部零部件转移价格的制定等。

(3) 各种内部控制制度的建立和完善等。

【例 11-1】 某公司生产甲、乙、丙三种产品,每种产品都需要经过 A、B 两个基本生产车间加工,另有 C 辅助生产车间提供劳务,其发生的费用按一定的比例分配计入产品成本。A、B、C 三个车间均为成本中心,某年度根据料工费耗用的原始凭证以及有关的分配表计算的产品成本如表 11-1 所示。

表 11-1　产品成本计算表　　　　　单位:元

项　目	甲产品	乙产品	丙产品	合　计
直接材料	80 000	100 000	120 000	300 000
制造费用(辅助车间转来)	22 000	35 000	40 000	97 000
制造费用(生产车间发生)	28 000	45 000	50 000	123 000
总成本	170 000	230 000	280 000	680 000

各车间只对各该车间的成本负责,可计算各生产成本的责任成本,如表 11-2 所示。

表 11-2　责任成本的计算　　　　　　　　　　　　单位:元

项　　目	A 车间	B 车间	C 车间	合　计
可控成本:				
直接材料	147 000	108 000	45 000	300 000
直接工资	56 000	35 000	28 000	119 000
其他	61 000	41 000	16 000	121 000
可控成本小计	267 000	184 000	69 000	34 000
不可控成本	64 770	67 230	8 000	140 000
合　计	331 770	251 230	97 000	680 000

各责任中心将各月的责任成本加总起来,即为全年的责任成本,如果是成本中心,就以此作为生产业绩的考核依据,如果是利润中心或是投资中心,则将其与各责任中心的收入相配比,计算出利润作为考核经营业绩或投资业绩的依据。表 11-2 中计算的产品成本,仅表明是当月(年)发生的成本,再加上各产品的期初在产品成本,然后在完工产品与期末在产品之间进行分配,就可以计算出完工产品的成本和期末在产品的成本。

任务三　成本考核

成本考核是定期通过成本指标的对比,对目标成本的实现情况和成本预算指标的完成结果进行全面的审核和考评,是成本会计职能的重要组成部分,对于降低成本,促进成本工作水平的提高,具有十分重要的意义。

成本考核是目标成本管理的重要环节,成本考核必须同目标成本责任制结合起来,才能使成本目标落到实处。目标成本责任制的核心是责、权、利相结合,如不进行考核,成本责任便无法实施,成本目标就无法落实。所以,按归口分级管理的渠道进行目标成本的考核过程,就是对目标成本管理成果的检查过程。只有经常检查考核,才能奖惩分明,激励降本增效的积极性,促进目标成本管理的健康发展。

在实行成本责任制的企业,成本考核是评价各责任中心特别是成本中心业绩的主要手段,通过考核,可以促进各责任中心控制和降低各项耗费,控制和降低各种产品的生产成本和经营管理费用。成本考核工作主要包括编制和修订责任成本预算、确定成本考核指标及分析和考评最终业绩等方面的内容。

一、编制和修订责任成本预算

责任成本预算是根据预定的生产量,生产消耗标准和成本标准运用弹性预算方法编制各责任中心的责任成本预算,严格地遵守和完成各责任成本预算是各责任中心应履行的职责。

弹性预算是编制预算时，预先估计到预算期间业务量可能发生的变动，编制出一套能适应多种业务量的成本费用预算，以便分别反映各责任中心在不同业务量的情况下所应开支的责任成本。

编制弹性预算的基本原理是，按照成本性态，将所有的成本划分为固定成本和变动成本。由于固定成本在相关范围内一般是不随业务量的增减而变动，而变动成本是随着业务量的增减而成比例的变动，因此，在编制弹性预算时，只需将变动成本部分按业务量的变动加以调整即可。

弹性预算的编制方法有列表法和公式法两种。

（一）列表法

列表法是按照生产能力利用程度不同，用列表的方式编制弹性预算，也称多水平编制方法。

【例 11-2】 某公司预计在 2012 年正常生产销售 A 产品 5 000 件，单位售价 300 元，单位变动成本构成如下：

直接材料　　　　　　　　　　　　　　　　100 元
直接人工　　　　　　　　　　　　　　　　30 元
变动制造费用　　　　　　　　　　　　　　5 元

预计年固定制造费用为 80 000 元。

根据上述资料，分别确定 A 产品产销量为 4 000 件、5 000 件、6 000 件、7 000 件和 8 000 件时制造成本的控制水平，编成弹性预算，如表 11-3 所示。

表 11-3　弹性预算　　　　　　　　　　　　　　　单位：元

项　目	分配率	4 000 件	5 000 件	6 000 件	7 000 件	8 000 件
直接材料	100	400 000	500 000	600 000	700 000	800 000
直接人工	30	120 000	150 000	180 000	210 000	240 000
变动制造费用	5	20 000	25 000	30 000	35 000	40 000
固定制造费用		80 000	80 000	80 000	80 000	80 000
合　计		620 000	755 000	890 000	1 025 000	1 160 000

（二）公式法

公式法是根据预计的固定费用总额和变动费用率编制弹性预算的公式。其计算公式为

制造成本预算总额 ＝ 固定制造费用 ＋ 变动制造费用率 × 产品产销量

承例 11-2 的资料。当 A 产品的产销量为 6 000 件时，其制造成本预算总额可计算如下：

$$80\ 000 + 135 \times 6\ 000 = 890\ 000（元）$$

可见，编制弹性预算后，就可以根据实际产销量水平，选用相应产销量水平的预算数与实际支出数进行对比。

如果该企业实际生产销售 A 产品 6 000 件，实际总成本为 900 000 元，其中直接材料 597 000 元，直接人工 168 000 元，变动制造费用 28 800 元，固定制造费用 106 200 元。现

根据 A 产品的实际产销量水平,选择相应的预算数进行对比,其结果如表 11-4 所示。

表 11-4　实际与预算对比（6 000 件）　　　　　　　　单位:元

项　目	实际数	预算数	差　异
直接材料	597 000	600 000	－3 000
直接人工	168 000	180 000	－12 000
变动制造费用	28 800	30 000	－1 200
固定制造费用	106 200	80 000	＋26 200
合　计	900 000	890 000	＋10 000

将实际成本与弹性预算进行比较,可以看出,直接材料、直接人工和变动制造费用都是节约的,总成本超支是由固定制造费用超支引起的。因而,弹性预算能清楚合理地表明企业实际工作业绩的好坏。

责任中心预算是各责任中心业绩控制和考核的重要依据。责任成本预算应按各责任中心的预定业务量进行编制,并按实际发生的业务量进行调整。如前所述,责任成本包括变动成本和固定成本两部分。变动成本和固定成本应分别计算,即首先根据业务量和单位标准成本计算出变动成本总额,然后加上固定成本总额即为总责任成本。

在编制责任成本预算时,为了正确评价各责任中心的经营业绩,应注意以下两个问题:一是当实际业务量与计划业务量不一致时,责任成本预算应按实际业务量予以调整;二是当企业和市场环境发生变化时,应不断地修订产品生产消耗的标准成本,以不断适应环境的变化。

二、确定成本考核指标

进行成本考核的关键在于成本考核指标的制定。企业产品的预算成本或目标完成后,应进行归口分级管理,层层分解至每一个有关部门,明确其经济责任和经济利益,定期考核兑现,成本考核的指标主要集中在目标成本完成情况,包括目标成本降低额和目标成本降低率两个指标。

（一）目标成本降低额

目标成本降低额是一个绝对数指标,它以绝对数形式反映目标成本的完成情况。这一指标的计算公式如下:

$$目标成本降低额＝预算成本－实际成本$$

【例 11-3】　假如例 11-1 中 A,B,C,三个责任中心的责任成本预算分别为 300 000 元、172 000 元和 89 000 元,则 A,B,C,三个责任中心的目标成本节约额可计算如下:

A 责任中心目标成本降低额＝300 000－267 000＝33 000(元)

B 责任中心目标成本降低额＝172 000－184 000＝－12 000(元)

C 责任中心目标成本降低额＝89 000－89 000＝0

其中,正数为节约额,负数为超支额。

（二）目标成本降低率

目标成本降低率是一个相对数指标，它以相对数形式反映目标成本的完成情况。这一指标的计算分式如下：

$$目标成本降低率 = 目标成本节约额 / 目标成本 \times 100\%$$

根据上例资料及目标成本降低额的计算结果，各成本中心的目标成本降低率计算如下：

A 责任中心目标成本降低率＝33 000/300 000×100％＝11％

B 责任中心目标成本降低率＝－12 000/172 000×100％＝－6.98％

C 责任中心目标成本降低率＝0/89 000×100％＝0

在进行责任成本考核时，还应注意区分可控成本和不可控成本，不可控成本不应计入其责任成本。还需注意的是，如果预算产量与实际产量不一致，应先按弹性预算的方法调整预算指标，再进行考核。

【例 11-4】 某企业的一车间生产 A 产品，预算产量 500 件，其成本预算资料如表 11-5 所示。

表 11-5　A 产品成本预算

成本项目	标准单价	标准用量	标准成本/元
直接材料	3 元/千克	5 千克/件	15
直接人工	8 元/小时	1 小时/件	8
合　计			23

当年实际生产 A 产品 550 件，实际发生的成本资料如表 11-6 所示。

表 11-6　A 产品实际成本　　　　　　　　　　　　　单位：元

成本项目	实际单价	实际用量	实际单位成本/元	实际总成本/元
直接材料	3.50 元/千克	4.80 千克/件	16.80	9 240
直接人工	8.20 元/小时	1.1 小时/件	9.02	4 961
合　计			25.82	14 201

从上述资料可知，一车间 A 产品的预算总成本为 11 500 元（23×500），实际总成本为 14 201 元，实际成本超支了 2 701 元。然而对一车间来说，由于材料单价和人工单价是可控的成本，因而，应该按标准单价和实际用量计算确定一车间的责任成本，作为其考核业绩的依据。

一车间的责任成本＝（3×4.80＋8×1.10）×550＝12 760（元）

在评价该成本中心的业绩时，还应按弹性预算的方法，根据实际产量对预算成本进行调整，从而做出合理的评价。

调整后的预算成本＝23×550＝12 650（元）

目标成本降低额＝12 650－12 760＝－110（元）（超支）

目标成本降低率＝－110÷12 650＝－0.87％（超支）

三、分析和考评最终业绩

目标成本节约额和目标成本节约率两个指标是相辅相成的,在评价一个责任中心的经营业绩时必须综合考核两个指标的结果。从上述指标的计算中可以看出,A责任中心目标成本完成情况较好,目标成本节约额为33 000元,目标成本节约率11%,均已完成预算;B责任中心目标成本完成情况较差,目标成本超支额12 000元,目标成本超支率6.98%,均未完成预算;C责任中心既不超支,也不节约,正好完成预算。根据这一计算结果,如果没有其他环境影响,则可得出如下结论:A责任中心的成本控制是有效的,业绩是好的;B责任中心成本控制较差,业绩也较差;C责任中心则一般。但在实际工作中,还应考虑一些具体情况,例如几种产品耗用的材料是否相同;标准成本前次修订时间的长短,因为如果标准成本很久没有修订,很难适应环境的变化,这样以过时的标准来衡量现在的工作业绩,就会失之偏颇;以及有无特殊情况或不可预计或不可控情况的发生。只有综合考虑了各个方面因素的影响,业绩评价才能做到公正、合理,收到良好的效果。

需要说明的是,对于可控的间接费用,各责任中心还应将其划分为固定费用与变动费用两部分分别进行考核,固定费用总额在一定范围内一般不随产量的增减而变动,当实际支出与预算数有较大差异时,应视为不合理超支。变动费用按产量或有关业务量增减比例调整后,实际支出数仍有较大超支差异,就隐含着不合理现象。

总之,责任中心的成本考核应以可控成本作为重点,编制各责任中心的业绩报告,据此可使各责任中心负责人全面了解与其有关的成本。根据业绩报告,可以进一步对差异形成的原因和责任进行剖析,充分发挥信息的反馈作用。这将有助于各个责任中心积极采取措施、巩固成绩、消除缺点,促使其可控成本不断降低,并根据各自的特点,为实现企业总体目标互相协调、卓有成效地开展有关活动,以最大限度地提高企业生产经营的经济效益。

成本管理小故事

弥 勒 佛

去过庙里的人都知道,一进庙门,首先看到的往往是笑脸迎客的弥勒佛,而在他的背面,则是黑口黑脸的韦陀。但相传在很久以前,他们并不在同一个庙里,而是分别掌管不同的庙。

弥勒佛热情快乐,所以来的人非常多,但他什么都不在乎,丢三落四,没有好好管理账务,所以庙里总是入不敷出。而韦陀虽然管账是一把好手,但成天阴着脸,过于严肃,搞得人越来越少,最后香火断绝。

佛祖在查香火的时候发现了这个问题,就将他们俩放在同一个庙里,由弥勒佛负责公关,笑迎八方客,于是香火大旺。而韦陀铁面无私,锱铢必较,则让他负责财务,严格把关。在两人的分工合作下,庙里呈现一派欣欣向荣的景象。

项目十二　工业企业成本报表的编制和分析

引言

工业企业和主管企业的上级机构（或公司）利用成本报表可以分析和考核企业成本计划的执行情况，促使企业降低成本、节约费用，从而提高企业的经济效益，增加国家的财政收入。通过对成本报表的分析，还可以揭示工业企业在生产、技术和经营管理方面的水平。此外，成本报表提供的实际成本资料还可以为企业确定产品价格，进行成本和利润的预测，制定有关的生产经营决策，以及编制成本和利润等计划提供重要数据。

我们在前几个项目中一起学习了生产费用的归集与分配，并能够结合企业生产类型的特点，采用不同的核算方法计算产品的成本，但这些方法只是归集和计算出了产品的成本，并没有形成更高质量的资料来满足经营管理的需要。为此，本项目将要学习的是将日常核算的成本资料分类、综合，以书面报告的形式编制成本报表，分析成本升降的原因，以便决策者及时了解成本的相关数据，进行各种预测和决策，提高企业成本管理的质量。

学习目标

1. 了解成本报表的作用、种类、编制原则和要求、编制依据；
2. 掌握成本分析的方法；
3. 掌握产品成本报表和主要成品单位成本表的编制方法；
4. 掌握制造费用明细表和期间费用明细表的编制方法。

案例导入

李丽在某公司实习，公司主要生产甲、乙、丙三种产品，其中，甲、乙两种产品为可比产品，丙产品为不可比产品。财务经理将本年有关产品产量成本资料（见表12-1）交给李丽，让她根据这些数据编制按产品品种类别反映的产品生产成本表和主要产品单位成本表，并对报表进行分析评价。

表 12-1　产品产量成本资料

20××年度　　　　　　　　　　　　　　　　　　　　金额单位：元

项　　目	甲产品	乙产品	丙产品
产品产量/件			
本年计划	2 160	1 008	960
本年实际	2 500	1 000	1 000
产品单位成本			
上年实际平均	600	500	
本年计划	582	490	555
本年实际平均	579	491	530

通过本项目的学习,你也可以完成上述任务,并了解和掌握多种成本报表的编制及分析方法。

任务一　成本报表概述

一、成本报表编制的意义

成本是综合反映企业生产技术和经营、管理工作水平的一项重要质量指标。成本指标的综合性特点,以及它同其他各项技术、经济指标的关系,决定了企业必须加强成本管理,降低产品成本,节约各项费用支出,提高经济效益。从工业企业来说,需要调动企业领导人员以及各车间、各部门广大职工群众加强成本管理的积极性,为了增强成本意识,就必须让他们了解企业成本的状况,并把降低成本的任务与其本职工作联系起来,落实到行动中。为了让他们了解成本,会计部门就要正确、及时地反映成本费用的支出情况,特别是有针对性地编报成本报表,向他们提供有关的成本资料。

编制和分析成本报表是成本会计工作的一项重要内容。按照企业会计准则的要求,企业不再对外编报成本费用报表,但这并不意味着企业内部不需要成本报表。随着企业经营机制的转变和企业市场竞争的加剧,成本高低将成为衡量乃至决定企业前途和命运的重要因素;为了加强企业内部的成本管理,企业应科学地设计和填报管理所需要的各种成本报表。

成本报表是根据日常产品成本核算和期间费用核算资料及其他有关相关资料定期编制的,用以反映企业一定期间成本水平及期间费用构成情况,以考核成本费用计划执行情况的书面报告文件。

正确、及时地编报成本报表,对加强成本管理和节约费用支出具有以下重要意义。

(1)通过成本报表,企业职工可以了解到自己完成成本计划的业绩、经验和差距,并能了解到整个企业成本计划的执行情况,以便监督企业的经济活动。

（2）企业的各级管理部门可从成本报表中了解费用预算的执行情况，各成本项目的变动趋势和成本降低任务的完成动态等资料，检查企业成本计划的执行情况，考核企业成本工作绩效，对企业成本工作进行评价，及时找出经营管理中存在的缺陷，以便采取相应的改进措施。

（3）企业领导通过成本报表可以了解企业成本管理的现状和发展趋势，并与其他方面的信息联系起来加以综合分析，为企业的经营决策提供及时有效的依据。

（4）通过成本报表分析，可以揭示影响产品成本指标和费用项目变动的因素和原因，从生产技术、生产组织和经营管理等各个方面挖掘和动员节约费用支出和降低产品成本的潜力，提高企业的经济效益。

（5）成本报表提供的实际产品成本和费用支出的资料，不仅可以满足企业、车间和部门加强日常成本、费用管理的需要，而且是企业进行成本及利润的预测和决策，编制产品成本和各项费用计划，制定产品价格的重要依据。

二、成本报表的种类

根据我国现行会计制度规定，成本报表不作为企业向外报送的会计报表，它主要是为满足内部管理需要而编制的。因此，成本报表的种类、格式、项目、指标的设计和编制方法、编报日期、具体报送对象，国家都不作统一规定，由企业自行决定。主管企业的上级机构为了对本系统所属企业的成本管理工作进行指导，可以要求企业将其成本报表作为会计报表的附表上报。在这种情况下，企业成本报表的种类、格式、项目和编制方法，也可以由主管企业的上级机构合同企业共同商定。

根据会计核算一般原则的要求，会计部门除了定期编报全面反映成本计划期（包括产品成本计划和各项费用计划）完成情况的报表外，为了加强成本的日常管理，对于成本耗费的主要指标，也可以按旬、按周、按日，甚至按班编报，及时提供给有关部门负责人员，促使其及时地、有针对性地采取措施，解决生产经营中的问题。另外，为了将成本管理与技术管理相结合，分析成本升降的具体原因，寻求降低成本的途径和方法，并简化报表的种类和编制方法，也可将成本会计指标、统计指标和技术经济指标结合起来，合并编制报表。

为了加强成本工作的预见性，还可以在成本计划执行过程中，对未来时期能否完成成本计划进行预计，向有关部门和人员编报分析报告，及时沟通成本信息，以保证成本计划的完成或超额完成。总之，企业应当从实际情况出发，从管理的要求出发设计和编报成本报表，要注意报表内容的实用性，不拘泥于形式；要注意指标项目的简化，不搞烦琐计算，保证其针对性、正确性、及时性。

根据上述要求，以工业企业为例，成本报表一般应当编报产品成本表、主要产品单位成本表、制造费用明细表、期间费用明细表、主要成本消耗指标和技术经济指标表，以及成本计划预计完成情况表等。

从性质上进行分类，成本报表通常有以下三种类型。

（1）反映一定时期内各类资产耗费状况的报表，如生产费用表、制造费用表、管理费用表等。

(2) 反映一定生产经营对象成本状况的报表,如产品成本表等。
(3) 反映一定责任中心各类资产耗费状况的报表,如责任成本表。

三、成本报表编制的原则

成本报表属内部报表,由企业自行设计和填制,旨在为企业内部各阶层提供必要的信息。成本报表在特定环境下产生,它与企业特定的生产工艺特点和生产组织形式有密切的关系,不受外界因素的影响并且是一种综合性的报表,是会计核算资料与其他技术经济资料密切结合的产物,编制灵活、实用。

成本报表的这些特点决定了不同企业成本报表的种类、格式、内容、编制方法,编制周期不一定相同,不同企业间的成本报表不强调具有可比性。虽然成本报表属企业的内部报表,它也应该遵循以下原则。

(1) 适用性原则。不同企业管理者对成本信息的不同要求,决定了这些企业的成本报表的种类、内容、编制方法及编制周期的差异。因此,企业设计成本报表时,必须首先考虑企业对成本信息的要求,以满足企业经营决策的需要。

(2) 可能性原则。在设计成本报表时,除考虑企业管理者的需要,还要考虑企业的信息系统的数据提供能力。如果不考虑提供能力的限制,对成本资料有过精过细等不切实际的要求,据此设计的成本报表必将满足不了企业的需要。

(3) 成本效益原则。成本报表的产出效益是指为加工此报表所付出的代价与通过此报表的使用可能带来的收益之比。如果这个比值等于或大于"1"时,则产出效益为零或负值,说明没有必要编制此报表。

四、成本报表编制的要求

为了提高成本信息的质量,充分发挥成本报表的作用,成本报表的编制要计算准确,内容完整,编报及时。成本报表的编制要求如下。

(1) 真实性。即成本报表的指标数字必须真实可靠,能如实地反映企业实际发生的成本费用。

(2) 重要性。即对于重要的项目(如重要的成本、费用项目),在成本报表中应单独列示,以显示其重要性;对于次要的项目,可以合并反映。

(3) 正确性。即成本报表的指标数字要计算正确;各种成本报表之间、主表与附表之间、各项目之间,凡是有勾稽关系的数字,应相互一致;本期报表与上期报表之间有关的数字应相互衔接。

(4) 完整性。即应编制的各种成本报表必须齐全;应填列的指标和文字说明必须全面;表内项目和表外补充资料不论根据账簿资料直接填列,还是分析计算填列,都应当准确无缺,不得随意取舍。

(5) 及时性。即按规定日期报送成本报表,保证成本报表的及时性,以便各方面利用和分析成本报表,充分发挥成本报表的应有作用。

五、成本报表编制的依据

成本报表种类较多,指标体系较复杂,数据来源也比较复杂,明确成本报表指标的编制依据,有助于成本报表的编制。

一般而言,会计报表编制的主要依据是日常会计核算资料,成本报表的编制也不例外,成本报表指标各指标主要来源于成本费用的会计核算资料。但成本报表的特殊性决定了成本报表指标内容和构成中,超越了会计核算资料的约束,需要将一些非会计的数据资料加工成各种指标,在成本报表中予以揭示。

成本报表编制的主要依据主要有两个方面,即日常成本费用的会计核算资料和其他有关成本费用的资料。从资料的时效看,可分为当期资料与历史资料。日常成本费用的会计核算资料是成本报表资料来源的主要渠道,其构成内容可进一步划分为以下几方面:第一,会计账簿资料,它包括总分类账、明细分类账、备查账簿等。例如报表中的本期实际成本和本年累计实际情况资料,就来自各成本明细账。第二,会计凭证资料。会计账簿资料是成本报表资料的基本来源,但有些项目指标仍需根据会计凭证进行填报。第三,以前年度的会计文件资料。例如以前年度会计报表资料可用于填列一些与上年实际水平相比较的项目。第四,其他有关成本费用的资料主要指企业的统计、计划资料及业务核算资料。它主要用于填列一些与本年计划要求相比较的项目以及附在表后的一些有关的经济指标,如职工工资总额、全年平均职工人数,以及其他主要技术经济指标等。

任务二　产品成本报表的编制和分析

一、产品成本报表的分析方法

成本报表分析属于事后成本分析。它以成本报表所提供的、反映企业一定时期成本水平和构成情况的资料和有关的计划、核算资料为依据,运用科学的分析方法,通过分析各项指标的变动以及指标之间的相互关系,揭示企业各项成本指标计划的完成情况和原因,从而对企业一定时期的成本工作情况获得比较全面、本质的认识。

成本报表分析的方法是完成成本报表分析的重要手段,运用得当,将对成本分析的整个过程带来有利的影响。在成本分析中,可供采用的技术方法很多,具体采用什么方法,应根据分析的要求和掌握资料的情况而定。常用的分析方法有对比分析法、比率分析法、趋势分析法、因素分析法等。

(一) 对比分析法

对比分析法也称比较分析法,是指通过实际数与基数的对比来揭示实际数与基数之间的差异,借以了解经济活动的成绩和问题的一种分析方法。其主要作用在于揭示客观上存在的差距,并为进一步分析指出方向。通过工业企业各种成本报表的分析一般都要采用这种方法,因此,可以说是成本分析最基本的方法。对比分析法所比较的基数由于分析的目的不同而有所不同,实际工作中通常有以下几种形式。

(1) 以成本的实际指标与成本计划或定额指标对比,分析成本计划或定额的完成情况。

(2) 以本期实际成本指标与前期(上期、上年同期或历史上最好水平)的实际成本指标对比,观察企业成本指标的变动情况和变动趋势,了解企业生产经营工作的改进情况。

(3) 以本企业实际成本指标(或某项技术经济指标)与国内外同行业先进指标对比,可以发现与先进水平之间的差距等,推动企业改进经营管理。

采用对比分析法,应注意相比指标的可比性。进行对比的各项指标,必须是同质数量指标相对比,例如实际产品成本与计划产品成本对比,实际原材料费用与定额原材料费用对比;再有,在经济内容、计算方法、计算期和影响指标形成的客观条件等方面,应有可比的共同基础,若相比指标之间有不可比因素,应先按可比的口径进行调整,再进行对比。

根据分析的需要,对比分析法可采用不同的比较形式,如绝对数比较、增减数比较、指数比较等。例如上年产品单位成本为10元,本年单位成本9元;本年成本比上年降低1元;本年成本比上年降低10%。

(二) 比率分析法

比率分析法是通过计算相关指标之间的比率,考察企业经济活动相对效益的一种分析方法。采用这一方法,先要把对比的数值变成相对数,求出比率,再进行数量对比分析。具体形式有以下几种。

1. 相关指标比率分析法

相关指标比率分析法是通过计算两个性质不同而又相关的指标的比率进行数量分析的方法。例如将成本指标与反映生产、销售等生产经营成果的产值、销售收入、利润指标对比求出的产值成本率、销售成本率和成本利润率指标,就可据以分析和比较生产耗费的经济效益的好坏,揭示其与基数之间的差异。

2. 构成比率分析法

构成比率分析法是通过计算某项指标的各组成部门占总体的比重进行数量分析的方法。所谓构成比率,是指某项经济指标的各个组成部分占总体的比重。例如,将构成产品成本的各费用项目分别与产品成本总额相比,计算产品成本的构成比率;将构成管理费用的各项费用分别与管理费用总额相比,计算管理费用的构成比率,反映产品成本或经营管理费用的构成情况。然后将不同时期的成本构成比率相比较,通过观察产品成本构成的变动,掌握经济活动情况及其对产品成本的影响。

3. 动态比率分析法

动态比率分析法将不同时期同类指标的数值对比求出比率,进行动态比较,据以分析该项指标的增减速动和变动趋势,从中发现企业在生产经营方面的成绩或不足。

(三) 趋势分析法

趋势分析法是对企业连续几个会计期间的成本资料采用列表或绘制统计图的形式

反映,借以观察企业成本增减变动趋势及变动程度的一种分析方法。

【例12-1】 某企业生产的甲产品20×1—20×5年各年的单位成本如表12-2所示。

表12-2　A产品单位成本表

编制单位:××单位　　　　　　20×5年12月　　　　　　　　　单位:元

年度	20×1	20×2	20×3	20×4	20×5
单位成本	500	496	480	450	425

连续5年的A产品单位成本表明,A产品的单位成本总趋势是逐年降低的,为了进一步说明成本降低的程度,可计算两种趋势百分比。

(1) 定基百分比

定基百分比的计算方法是,选定某年为基年(假定以20×1年为基年),计算以后各年有关成本费用数与基年的成本费用数计算其比率,表明其他各年的成本费用占基年成本费用水平的百分比,借以考察成本费用变动趋势。仍以上例资料为例,定基百分比的计算结果如表12-3所示。

表12-3　定基百分比计算表

编制单位:××单位　　　　　　20×5年12月　　　　　　　　　单位:元

年度	20×1	20×2	20×3	20×4	20×5
单位成本变动	100%	99.2%	96%	90%	85%

上述计算结果表明,20×2年的单位成本比20×1年下降了0.8%,20×3年比20×1年下降了4%,20×4年比20×1年下降了10%,20×5年比20×1年下降了15%。

(2) 环比百分比

环比百分比的计算方法是,将本年有关成本费用数与上一年的成本费用数计算其比率,表明本年的成本费用占上一年成本费用水平的百分比,借以考察成本费用变动趋势。仍以上例资料为例,环比百分比的计算结果如表12-4所示。

表12-4　环比百分比计算表

编制单位:××单位　　　　　　20×5年12月　　　　　　　　　单位:元

年度	20×1	20×2	20×3	20×4	20×5
单位成本趋势	100%	99.2%	96.77%	93.75%	94.44%

上述计算结果表明,20×2年的成本比20×1年降低了0.8%,20×3年比20×2年降低了3.23%,20×4年比20×3年降低了6.25%,20×5年比20×4年降低了5.56%。由此可见,20×4年单位成本降低的幅度最大,应进一步查明原因。

(四) 因素分析法

因素分析法是把综合性指标分解为各个因素,研究诸因素变动对综合性指标变动影响程度的分析方法。因素分析按其综合指标中各构成因素的关系,又可分为简单因素分析和复杂因素分析。简单因素分析指综合指标的各构成因素之间没有直接的关系,分析某一因素的变动对综合指标的影响时,排除其他因素不至于造成错误的分析结果。复杂因素分析指综合指标的各构成因素之间有一定的连带关系,在这种特定关系中,每一因素都处在一定的地位,分析某一因素的变动对综合指标变动的影响时,排除了其他任何一个因素,都将会造成错误的分析结果。

因素分析法根据其分析特点可分为连环替代法和差额计算法两种。连环替代法是将分析指标分解为各个可以计量的因素,并根据各个因素之间的依存关系,顺次用各因素的比较值(通常为实际值)代替基准值(通常为标准值或计划值),据以测定各因素对指标的影响。差额计算法是连环替代法的一种简化形式,它是利用各因素的实际数与基准值之间的差额,计算各因素对分析指标的影响。

1. 连环替代法

连环替代法是用来计算几个相互联系的因素,某项因素的变动对综合经济指标变动影响程度的一种分析方法,例如工资费用超支,是由于产品产量的变动、单位产品工时的变动、每小时工资率的变动三个因素构成的,若分析其中一个因素变动对综合指标的影响,应同时考虑另两个因素。在此情况下,通常要用连环替代法进行分析。其分析程序如下。

(1) 确定分析指标的构成因素及指标与各因素的关系。

(2) 利用比较分析法,将分析指标的计算期数与基数对比,确定两者的差异,作为分析对象。

(3) 按照指标与各因素的关系,确定指标中各因素的排列顺序,连环计算替代测定各因素变动对计算指标变动的影响程度。计算程序以基数为计算基础,按照指标计算公式中所列因素的同一顺序,逐次以各因素的实际数替换其基数;每次替换后实际数就被保留下来。有几个因素就替换几次,直到所有因素都变成实际数为止;每次替换后都求出新的计算结果。将每次替换后的所得结果,与其相邻近的前一次计算结果相比较,两者的差额就是某一因素变动对综合经济指标变动的影响程度。

(4) 计算各因素变动影响数额的代数和。这个代数和应等于被分析指标计算期数与基数的总差异数。

假定某经济指标 M 受 A、B、C 三因素影响,关系式为 $M = A \times B \times C$。基期指标 M_0 由 A_0、B_0、C_0 组成,报告期指标 M_1,由 A_1、B_1、C_1 组成。即

$$M_0 = A_0 \times B_0 \times C_0 \qquad ①$$
$$M_1 = A_1 \times B_1 \times C_1$$

两个时期指标的差异数 $M_1 - M_0$ 即为分析对象。设连环替代顺序依次为 A、B、C,那么三因素变动对指标 M 变动的影响计算过程如下。

第一次替代,假定 A 变,B、C 保持基期不变。

$$M_2 = A_1 \times B_0 \times C_0 \qquad ②$$

第二次替代,假定 B 变,A 已变,报告期数不再变,C 保持基期不变。

$$M_3 = A_1 \times B_1 \times C_0 \qquad ③$$

第三次替代,假定 C 变,A、B 已变,报告期数均不再变,即得到报告期指标。

$$M_1 = A_1 \times B_1 \times C_1 \qquad ④$$

则有②－①＝$M_2 - M_0$ 表示 A 因素变动的影响。

③－②＝$M_3 - M_2$ 表示 B 因素变动的影响。

④－③＝$M_1 - M_3$ 表示 C 因素变动的影响。

最后，将 A、B、C 因素变动的影响程度相加。

$$(M_2 - M_0) + (M_3 - M_2) + (M_1 - M_3) = M_1 - M_0$$

分析结果与分析对象相符合。

【例 12-2】 假定某企业影响产品单位成本中直接材料费用变动的因素主要是单位产品材料消耗量(用量)和单位材料价格两个因素。资料如表 12-5 所示。

表 12-5 产品成本的直接材料费用表

编制单位：××单位　　　　　20××年12月　　　　　　单位：元

指　　标	单位	计划数	实际数	差异
产品产量	件	20	21	＋1
单位产品材料消耗量	公斤	18	17	－1
材料单价	元	10	12	＋2
材料费用总额	元	3 600	4 284	＋684

采用连环替代法分析产品成本的直接材料费用的差异情况，计算如下：

① 以计划数为基数　　　　　　20×18×10＝3 600(元)

② 第一次替换　　　　　　　　21×18×10＝3 780(元)

②－① 产量变动影响　　　　　3 780－3 600＝180(元)

③ 第二次替换　　　　　　　　21×17×10＝3 570(元)

③－② 单位产品材料消耗量变动影响　3 570－3 780＝－210(元)

④ 第三次替换　　　　　　　　21×17×12＝4 284(元)

④－③ 材料单价变动影响　　　4 284－3 570＝714(元)

　　　三个因素综合变动的影响＝180－210＋714＝684(元)

通过计算可以看出，虽然单位产品材料消耗量降低使材料费用节约 210 元，但由于产量增加，特别是材料单价升高，使材料费用增多 894 元。进一步分析应查明材料消耗节约和材料价格升高的原因，然后才能对企业材料费用总额变动情况做出评价。

从上述计算程序中，可以看出这一分析方法具有以下特点。

(1) 计算程序的连环性。上述计算是严格按照各因素的排列顺序，逐次以一个因素的实际数替换其基数。除第一次替换外，每个因素的替换都是在前一个因素替换的基础上进行的。

(2) 因素替换的顺序性。替代顺序一经确定不应随意变更。因为同一因素因替代顺序的不同对综合指标的影响程度将不相同，但所有构成因素综合影响程度不变。替代顺序确定的一般原则是：如果既有数量指标又有质量指标，先替代数量指标，后替代质量指标；如果既有实物量指标又有价值量指标，先替代实物量指标，后替代价值量指标；如果有几个数量指标和质量指标,要分清哪个是基本的因素,哪个是次要因素,然后根据它们的相互依存关系确定替换顺序。

(3) 计算条件的假定性。运用这一方法在测定某一因素变动影响时,是以假定其他因素不变为条件的。因此,计算结果只能说明是在某种假定条件下计算的结果。这种科学的抽象分析方法,是在确定事物内部各种因素影响程度时必不可少的。

2. 差额计算法

连环替代法还有一种简化的计算形式:差额计算法。运用差额计算法时,先将分析指标的计算期数与基数对比,确定指标的计算期数与基数之间的差异,然后按照各因素的排列顺序,依次求出各因素变动的影响程度。差额计算法的应用原理与连环替代法一样,只是计算程序不同。

假定某经济指标 M 受 A、B、C 三因素影响,关系式为 $M=A\times B\times C$。基期指标 M_0 由 A_0、B_0、C_0 组成,报告期指标 M_1,由 A_1、B_1、C_1 组成。即

$$M_0=A_0\times B_0\times C_0$$
$$M_1=A_1\times B_1\times C_1$$

采用差额计算法分析时,先将两个时期指标的差异数 M_1-M_0 确定为分析对象。然后按照 A、B、C 因素的排列顺序,依次求出 A、B、C 各因素变动的影响程度。A、B、C 三个因素变动对指标 M 变动的影响计算过程如下。

$(A_1-A_0)\times B_0\times C_0$ 表示 A 因素变动的影响。

$A_1\times(B_1-B_0)\times C_0$ 表示 B 因素变动的影响。

$A_1\times B_1\times(C_1-C_0)$ 表示 C 因素变动的影响。

最后,将 A、B、C 因素变动的影响程度相加,分析结果与分析对象相符合。

沿用上例数字资料,以差额计算法测定各因素影响程度如下。

(1) 分析对象。

$$4\,284-3\,600=684(元)$$

(2) 各因素影响程度。

① 产量变动影响 $=(21-20)\times 18\times 10=180(元)$

② 单位产量材料消耗量变动影响 $=21\times(17-18)\times 10=-210(元)$

③ 材料单价变动影响 $=21\times 17\times(12-10)=714(元)$

三个因素综合变动的影响 $=180-210+714=684(元)$

二、产品成本表的编制

产品成本表是反映企业在报告期内所产全部产品的总成本和各种主要产品单位成本及总成本的报表。利用产品成本表,可以考核和分析企业全部产品和各种主要产品成本计划的执行情况,以及可比产品成本降低计划的执行情况,对企业成本工作进行一般评价。

(一) 按品种反映的产品成本表的结构

按品种反映的产品成本表分为基本报表和补充资料两部分,基本报表又包括可比产

品成本和不可比产品成本。报表格式如表12-6所示。

表12-6 产品成本表(按品种反映)

编制单位:××工厂　　　　　　　20××年12月　　　　　　　单位:元

产品名称	计量单位	实际产量		单位成本				本月总成本			本年累计总成本		
		本月	本年累计	上年实际平均	本年计划	本月实际	本年累计实际平均	按上年实际平均单位成本计	按本年计划平均单位成本计	本月实际	按上年实际平均单位成本计	按本年计划单位成本计	本年实际
可比产品合计								19 400	19 100	18 850	270 000	266 000	269 400
其中:甲	件	50	500	84	82	83	81	4 200	4 100	4 150	42 000	41 000	40 500
乙	件	20	300	760	750	735	763	15 200	15 000	14 700	228 000	225 000	228 900
不可比产品合计									2 110	2 119		23 550	23 780
其中:丙	件	8	70		125	128	126		1 000	1 024		8 750	8 820
丁	件	3	40		370	365	374		1 110	1 095		14 800	14 960
全部产品成本									21 210	20 969		289 550	293 180

补充资料:1. 可比产品成本降低额600元(本年计划降低额为2 800元)。

2. 可比产品成本降低率0.222 2%(本年计划降低率为1.508 6%)。

3. 按现行价格计算的商品产值921 300元。

4. 产值成本率31.82元/百元(本年计划产值成本率为31元/百元)。

表中的可比产品是指企业过去曾经正式生产过,有完整的成本资料可以进行比较的产品;不可比产品是指企业本年度初次生产的新产品,或虽非初次生产,但以前仅属试制而未正式投产的产品,缺乏可比性的成本资料。

(二)按品种反映的产品成本表的编制

(1)"本月实际产量",根据本月产品、成本明细账或产成品明细账的产量记录填列。

(2)"本年累计实际产量",根据本月实际产量加上上月产品成本表所列本年累计实际产量填列。

(3)"上年实际平均单位成本",根据上年产品成本表所列全年累计实际平均单位成本填列。

(4)"本年计划单位成本",按本年成本计划填列。

(5)"本月实际单位成本",根据本月实际总成本除以本月实际产量计算填列。

(6)"本年累计实际平均单位成本",根据本年累计实际总成本除以本年累计实际产量计算填列。

(7)可比产品"按上年实际平均单位成本的本月总成本",根据本月实际产量乘以上年实际平均单位成本计算填列。

(8)可比产品和不可比产品"按本年计划单位成本计算的本月总成本",根据本月实际产量乘以本年计划单位成本计算填列。

(9)"本月实际总成本",应根据产品成本明细账所计算记录本月产成品成本填列。

(10)可比产品"按上年实际平均单位成本计算的本年累计总成本",根据本年累计实际产量乘以上年实际平均单位成本计算填列。

(11)可比产品和不可比产品"按本年计划单位成本计算的本年累计总成本",根据本年累计实际产量乘以本年计划成本计算填列。

(12)"本年累计实际总成本",根据产成品明细账本年各月产成品成本计算填列。如有不合格产品,应单列一行,注明"不合格产品",不能和合格产品合并填列。

表中补充资料包括可比产品成本降低额、可比产品成本降低率、按现行价格计算的商品产值和产值成本率,其中按现行价格计算的商品产值根据有关的统计资料填列,其他三项根据表中有关数字计算,计算公式如下:

可比产品成本降低额 = 可比产品按上年平均实际单位成本计算的本年累计总成本
　　　　　　　　　－本年累计实际总成本

$$可比产品成本降低率 = \frac{可比产品成本降低额}{可比产品按上年实际平均单位成本计算的本年累计总成本} \times 100\%$$

$$产值成本率(元/百元) = \frac{产品总成本}{商品产值} \times 100$$

上表中可比产品成本降低额和可比产品成本降低率计算如下:

可比产品成本降低额 = 270 000 − 269 400 = 600(元)

$$可比产品成本降低率 = \frac{600}{270\ 000} \times 100\% = 0.222\ 2\%$$

$$产值成本率 = \frac{293\ 180}{921\ 300} \times 100 = 31.82(元/百元)$$

(三)按成本项目反映的产品生产成本表的结构

按成本项目反映的产品生产成本表是按成本项目汇总反映工业企业在报告期内发生的全部生产费用以及产品生产成本合计数的报表。该表一般由生产费用和产品生产成本两部分构成。生产费用部分按成本项目反映报告期内发生的各种生产费用及其合计数;在此基础上加上在产品和自制半成品的期初余额,减去在产品和自制半成品的期末余额,算出产品生产成本的合计数。这些费用和成本,可按上年实际数、本年计划数、本月实际数和本年累计实际数,分栏反映。这种报表的格式如表12-7所示。

表 12-7　产品生产成本表(按成本项目反映)

编制单位:××工厂　　　　　　　　20××年12月　　　　　　　　单位:元

项　　目	上年实际	本年计划	本月实际	本年累计实际
生产费用				
直接材料费用	161 880	121 650	12 063	168 968
直接人工费用	53 270	42 920	4 120	57 440
制造费用	64 541	42 130	5 500	68 300
生产费用合计	279 691	206 700	21 683	294 708
加:在产品、自制半成品期初余额	1 666	1 200	1 360	546
减:在产品、自制半成品期末余额	546	1 550	2 074	2 074
产品生产成本合计	280 811	206 350	20 969	293 180

产品生产成本表按成本项目反映可以反映报告期内全部产品生产费用的支出情况和各种费用的构成情况;将本表本年累计实际生产费用及产品生产成本与本年计划数和上年实际数相比较,可以考核和分析年度生产费用及产品生产成本计划执行情况及本年比上年生产费用及产品生产成本的升降情况。

(四) 按成本项目反映的产品生产成本表的编制

(1) 上年实际数应根据上年12月本表的本年累计实际数填列。

(2) 本年计划数应根据成本计划有关资料填列。

(3) 本月实际数根据本月产品成本明细账所记录的本月生产费填列。

(4) 本年累计实际数应根据本月实际数,加上上月份本表的本年累计实际数计算填列。

(5) 按成本项目反映的本月各种生产费用数,根据各种产品成本明细账所记本月生产费用合计数,按照成本项目分别汇总填列。

(6) 期初、期末在产品、自制半成品的余额,根据各种产品成本明细账的期初、期末在产品成本和各种自制半成品明细账的期初、期末余额分别汇总填列。

(7) 产品生产成本合计数根据表中的生产费用合计数,加、减在产品、自制半成品期初、期末余额求得。

三、产品成本表的分析

利用产品成本表主要分析以下问题。

(一) 对全部产品成本计划的完成情况进行总括评价

通过总评价,可以对企业全部产品成本计划的完成情况有个总括的了解,并通过对影响计划完成情况因素的初步分析,为进一步分析指出方向。根据上述产品成本表资料编制分析表如表 12-8 所示。

表 12-8　本年累计全部产品成本计划完成情况分析表

编制单位：××工厂　　　　　　　20××年 12 月　　　　　　　　　　单位：元

产品名称	计划总成本	实际总成本	实际比计划升降额	实际比计划升降率/%
一、可比产品	266 000	269 400	+3 400	+1.28
其中：甲	41 000	40 500	−500	−1.22
乙	225 000	228 900	+3 900	+1.73
二、不可比产品	23 550	23 780	+230	+0.98
其中：丙	8 750	8 820	+70	+0.80
丁	14 800	14 960	+162	+1.09
合　计	289 550	293 180	+3 630	+1.25

通过计算表明，虽然本月全部产品总成本实际低于计划，但本年累计实际总成本却超过计划 3 630 元，升高 1.25%。其中，可比产品成本实际比计划超支 3 400 元，主要是乙产品成本超支 3 900 元，而甲产品成本是降低的；不可比产品成本实际比计划超支 230 元，丙、丁产品成本都超支了。显然，进一步分析的重点应查明乙产品成本超支的原因。

为了把企业产品的生产耗费和生产成果联系起来，综合评价企业生产经营的经济效益，在全部产品成本计划完成情况的总评价中，还应包括产值成本率指标的分析。从上述产品成本表补充资料中得知，本年累计实际产值成本率为 31.82 元/百元，比计划超支 0.82 元/百元，说明该企业生产耗费的经济效益有所下降。

（二）分析可比产品成本降低计划的完成情况

可比产品成本降低计划指标和计划完成情况的资料，分别反映在企业的成本计划和成本报表中。假定举例企业本年可比产品成本降低计划，详见表 12-9。

表 12-9　可比产品成本计划降低情况分析表

编制单位：××工厂　　　　　　　20××年 12 月　　　　　　　　　　单位：元

可比产品	全年计划产量(件)	单位成本		总成本		计划降低指标	
		上年实际平均	本年计划	按上年实际平均单位成本计算	按本年计划单位成本计算	降低额	降低率/%
甲	400	84	82	33 600	32 800	800	2.381 0
乙	200	760	750	152 000	150 000	2 000	1.315 8
合计	—	—	—	185 600	182 800	2 800	1.508 6

可比产品成本降低额 = 185 600 − 182 800 = 2 800(元)

可比产品成本降低率 = $\dfrac{2\ 800}{185\ 600} \times 100\% = 1.508\ 6\%$

可比产品成本降低实际完成情况，如表 12-10 所示。

表 12-10　可比产品成本实际降低情况分析表

编制单位：××工厂　　　　　　　　　20××年12月　　　　　　　　　单位：元

可比产品	全年实际产量（件）	单位成本		总成本		实际完成情况	
		上年实际平均	本年实际	按上年实际平均单位成本计算	本期实际	降低额	降低率/%
甲	500	84	81	42 000	40 500	1 500	3.571 4
乙	300	760	763	228 000	228 900	900	0.394 7
合计	—	—	—	270 000	269 400	600	0.222 2

分析可比产品成本降低计划的完成情况要分两个步骤。

1. 确定分析的对象

即以可比产品成本实际降低额、降低率指标与计划降低额、降低率指标进行对比，确定实际脱离计划的差异。

实际与计划比较如表 12-11 所示。

表 12-11　可比产品成本实际降低率指标与计划指标对比表

编制单位：××工厂　　　　　　　　　20××年12月　　　　　　　　　单位：元

项　目	计划	实际	差异
降低额	2 800	600	−2 200
降低率	1.51%	0.22%	−1.29%

从以上计算中可以看出，可比产品成本降低计划没有完成，实际比计划少降低 2 200 元，或降低率减少 1.29%。

2. 确定影响可比产品成本降低计划完成情况的因素和各因素的影响程度

影响可比产品成本降低计划完成情况的因素，概括起来有以下三个。

（1）产量变动的影响

成本降低计划是根据计划产量制订的，实际降低额和降低率都是根据实际产量计算的。因此，产量的增减，必然会影响可比产品成本降低计划的完成情况。但是，产量变动影响有其特点：假定其他条件不变，即产品品种构成和产品单位成本不变，单纯产量变动，只影响成本降低额，而不影响成本降低率。其变动金额的计算公式为

$$产量变动对成本降低额的影响 = \sum[(本年实际产量 - 本年计划产量) \times 上年单位成本] \times 计划降低率$$

按上例，可比产品成本计划降低率为 1.508 6%，由于产量变动，对降低额的影响值为

$$产量变动对成本降低额的影响 = [(500-400) \times 84 + (300-200) \times 760] \times 1.508 6\%$$
$$= 1 273.26(元)$$

（2）品种结构变动的影响

产品品种构成发生变动时，会影响可比产品成本降低额和降低率升高或降低。在分析中之所以要单独计量产品品种构成变动影响，目的在于揭示企业取得降低产品真实成

果的具体途径,从而对企业工作做出正确评价。

品种结构变动对成本降低额与降低率均有影响,其影响值可按下列公式计算:

品种结构对成本降低额的影响 $= \sum[$本年实际产量$\times($上年单位成本$-$计划单位成本$)]$
$-[\sum($本年实际产量$\times$上年单位成本$)\times$计划成本降低率$]$

品种结构对成本降低率的影响 $= \dfrac{\text{品种结构对成本降低额的影响}}{\sum(\text{本年实际产量}\times\text{上年单位成本})}$

根据上例资料和计算公式,由于品种结构变动对降低额与降低率的影响值计算结果如下:

品种结构变动对降低额的影响 $=500\times(84-82)+300\times(760-750)-(500\times84+300\times760)$
$\times 1.508\ 6\% = -73.26$

品种结构变动对降低率的影响 $=(-73.26)\div(500\times84+300\times760)=-0.027\%$

(3) 单位成本变动的影响

可比产品成本计划降低额是本年度计划成本比上年度(或以前年度)实际成本的降低数,而实际降低额则是本年度实际成本比上年度(或以前年度)实际成本的降低数。因此,当本年度可比产品实际单位成本比计划单位成本降低或升高时,必然会引起成本降低额和降低率的变动。产品单位成本的降低意味着生产中活劳动和物化劳动消耗的节约。因此,分析时应特别注意这一因素的变动影响。

单位成本变动影响的成本降低额和降低率可用下列公式计算:

单位成本变动对成本降低额的影响 $= \sum[$实际产量$\times($计划单位成本$-$实际单位成本$)]$

单位成本变动对成本降低率的影响 $= \dfrac{\text{单位成本变动对成本降低额的影响}}{\sum(\text{实际产量}\times\text{上年单位成本})}\times 100\%$

根据上例资料,由于单位成本变动对成本任务完成情况的影响程度计算如下:

单位成本变动对成本降低额的影响 $=500\times(82-81)+300\times(750-763)$
$=-3\ 400$

单位成本变动对成本降低比率的影响 $=(-3\ 400)\div(500\times84+300\times760)\times100\%$
$=-1.26\%$

通过上述计算,影响可比产品成本降低计划完成情况各因素的影响程度汇总如表 12-12 所示。

表 12-12 可比产品成本降低任务完成情况各因素影响程度分析表

编制单位:××工厂　　　　　　　　　　20××年12月

影响因素	对成本降低额的影响/元	对成本降低率的影响/%
产品产量	1 273.26	—
产品品种结构	−73.26	−0.027
产品单位成本	−3 400	−1.26
合　计	−2 200	−1.287

从分析可知,企业可比产品成本降低额和降低率都没有完成计划。成本降低额比计划少 2 200 元,成本降低率比计划少 1.287%。这是产品单位成本、产品产量和产品品种结构三个因素共同影响的结果。在这三个因素中,主要是产品单位成本没有完成计划的结果。由于产品单位成本的上升,使成本降低额减少 3 400 元,降低率减少 1.26%;由于产品产量的增加,使成本降低额增加 1 273.26 元;但是,在企业两种产品中,甲、乙产品的产量完成了计划,甲产品单位成本完成了计划,乙产品单位成本较计划超支 13 元,没有完成成本降低目标,对乙产品成本超支的原因应进一步分析。

任务三　主要产品单位成本表的编制和分析

一、主要产品单位成本表的结构

主要产品是指企业经常生产,在企业全部产品中所占比重较大,能概括反映企业生产经营面貌的产品。

主要产品单位成本表是反映企业在报告期内生产的各种主要产品单位成本构成情况的报表。该表应按主要产品分别编制,即每种主要产品编制一张报表,是对产品成本表所列各种主要产品成本的补充说明。该表按照成本项目分别反映各种主要产品的历史先进水平单位成本、上年实际平均单位成本、本年计划单位成本、本月实际单位成本和本年累计实际平均单位成本等指标。为了便于分析,该表还可以提供有关产品产量的资料。利用主要产品单位成本表可以反映企业各种主要产品的单位成本水平及其变动趋势,以及产品单位成本的构成情况,可以按照成本项目将本月实际和本年累计实际平均单位成本,与上年实际平均和历史先进水平进行对比,了解单位成本的变动情况,为进一步分析产品成本升降的原因、寻找降低产品成本的途径指明方向。

主要产品单位成本表的结构可以分设产量、单位成本和主要技术经济指标三部分,通常按月编制。格式如表 12-13、表 12-14 所示。

表 12-13　主要产品单位成本表

编制单位:××工厂　　　　　20××年12月　　　　　　本月计划产量:18 件
　　　　　　　　　　　　　　　　　　　　　　　　　　　本月实际产量:20 件
产品名称:甲　　　　　　　　计量单位:件　　　　　　　本年累计计划产量:200 件
产品规格:**　　　　　　　　销售单价:860 元　　　　　本年累计实际产量:300 件

成 本 项 目	历史先进水平	上年实际平均	本年计划	本月实际	本年累计实际平均
原材料	470	480	480	475	482
燃料及动力	37	52	48	40	53
工资及福利费	81	86	82	75	78
制造费用	140	142	140	145	150
产品单位成本	728	760	750	735	763

续表

主要技术经济指标	计量单位	耗用量	耗用量	耗用量	耗用量	耗用量
A 材料	公斤	19	21	20	18	18
B 材料	公斤	32	33	32	30	34

表 12-14　主要产品单位成本表

编制单位:××工厂　　　　20××年12月　　　　本月计划产量:40 件
　　　　　　　　　　　　　　　　　　　　　　　　本月实际产量:50 件
产品名称:乙　　　　　　　计量单位:件　　　　　本年累计计划产量:400 件
产品规格:**　　　　　　　销售单价:120 元　　　本年累计实际产量:500 件

成本项目	历史先进水平	上年实际平均	本年计划	本月实际	本年累计实际平均
原材料	42	43	42	43.5	42.5
燃料及动力	8	9	9	10	9.5
工资及福利费	12	13	13	13.5	13.5
制造费用	18	19	18	16	15.5
产品单位成本	80	84	82	83	81

主要技术经济指标	计量单位	耗用量	耗用量	耗用量	耗用量	耗用量
C 材料	公斤	6	7	6.5	6.2	6.4
D 材料	公斤	8	9	8.5	8	8.4

二、主要产品单位成本表的编制方法

主要产品单位成本表中各项数字填列方法如下。

（1）本月及本年累计计划产量应根据生产计划填列。

（2）本月及本年累计实际产量应根据产品成本明细账或产成品成本汇总表填列。

（3）销售单价应根据产品定价表填列。

（4）单位成本历史先进水平,应根据历史上该种产品成本最低年度本表的实际平均单位成本填列。

（5）上年实际平均单位成本,应根据上年度本表实际平均单位成本填列。

（6）本年计划单位成本,应根据本年度成本计划填列。

（7）本月实际单位成本,应根据产品成本明细账或产成品成本汇总表填列。

（8）本年累计实际平均成本,应根据该种产品成本明细账所记自年初至报告期末完工入库产品实际总成本除以累计实际产量计算填列。

(9) 主要技术经济指标,指该种产品主要原材料的耗用量,应根据业务技术核算资料填列。

三、主要产品单位成本表的分析

全部产品总成本计划完成情况的分析和主要产品成本降低任务完成情况的分析中,影响计划完成的主要因素都是单位成本。因此,应进一步分析产品单位成本计划的完成情况,查明产品单位成本升降的原因,寻求降低产品成本的途径。分析主要产品单位成本的意义,在于揭示各种产品单位成本及其各个成本项目的变动情况,尤其是各项消耗定额的执行情况;确定产品结构、工艺和操作方法的改变,以及有关技术经济指标变动对产品单位成本的影响,查明产品单位成本升降的具体原因。

对产品单位成本计划完成情况的分析中,重点分析两类产品:一是单位成本升降幅度较大的产品;二是在企业全部产品中所占比重较大的产品。在这两类产品中,又应重点分析升降幅度较大的和所占比重较大的成本项目。产品单位成本计划完成情况的分析主要依据主要产品单位成本表、成本计划和各项消耗定额资料,以及反映各项技术经济指标的业务技术资料等。分析的方法是先运用比较分析法,检查各种产品单位成本实际比计划、比上年实际、比历史最好水平的升降情况;然后运用因素分析法,按成本项目分析其增减变动,查明造成单位成本升降的具体原因。

为了在更大的范围内找差距、挖潜力,在可能的条件下,还可以组织厂际间同种类产品单位成本的对比分析。

(一) 主要产品单位成本计划完成情况的一般分析

根据表12-13、表12-14本年主要产品单位成本表提供的资料和其他有关资料,运用比较分析法的原理编制"产品单位成本计划完成情况分析表",见表12-15。

表12-15 产品单位成本计划完成情况分析表

编制单位:××工厂　　　　　　　　　20××年12月　　　　　　　　　单位:元

产品及成本项目	单位成本			与上年实际比		与本年计划比	
	上年实际	本年计划	本年实际	成本降低额	降低率/%	成本降低额	降低率/%
甲产品	760	750	763	3	0.4	13	1.7
其中:直接材料	532	528	535	3	0.6	−3	−0.7
直接人工	86	82	78	−8	−9.3	−4	−4.9
制造费用	142	140	150	8	5.6	10	7.1
乙产品	84	82	81	−3	−3.6	−1	−1.2
其中:直接材料	52	51	52	0	0	1	1.9
直接人工	13	13	13.5	0.5	3.8	0.5	3.8
制造费用	19	18	15.5	−3.5	−18.4	−2.5	−13.9

根据表 12-15 的计算结果,可以对主要产品单位成本计划的完成情况进行简要评价。

与上年实际比较,甲产品单位成本超支 3 元,超支率 0.4%,原因是直接材料和制造费用均比上年超支,直接材料超支 3 元,超支率 0.36%,制造费用超支 8 元,超支率 5.6%,但直接人工下降了 8 元,降低率 9.3%;才使整个单位成本超支比例不大。与本年计划比较,甲产品单位成本超支 13 元,超支率 1.7%,原因是直接材料和直接人工均比上年下降,直接材料降低 3 元,降低率 0.7%,直接人工降低 4 元,降低率 4.9%;但制造费用超支 10 元,超支率 7.1%,使整个单位成本超支。

与上年实际比较,乙产品的单位成本有所降低,降低额为 3 元,降低率为 3.6%;主要是单位产品成本中的制造费用降低幅度较大,降低额为 3.5 元,降低率为 18.4%;直接材料费用没变,但直接人工费用增加了 1 元,增长率 1.9%,影响了产品单位成本的降低幅度。与本年计划比较,乙产品单位成本降低 1 元,降低率为 1.2%,原因也是单位产品成本中的制造费用降低幅度较大,降低额为 2.5 元,降低率为 13.9%;直接材料费用和直接人工费用均增加了 2.5 元,增长率 3.8%。

(二)产品单位成本计划完成情况的因素分析

1. 直接材料项目的分析

产品成本构成中,原材料占有重要的地位,有些产品原材料成本占产品成本的比重比较大,降低材料成本是降低产品成本的重要途径,特别是直接材料费用占产品成本比重较大的产品,直接材料项目更应作为产品单位成本分析的重点。影响产品单位成本中直接材料费用变动的因素主要是单位产品材料消耗量(用量)和单位材料价格两个因素。分析这两个因素变动对材料成本的影响程度,根据连环替代法的原理,可以按下列公式计算:

$$\text{用量变动对材料成本的影响} = \left(\text{单位产品材料本年实际用量} - \text{单位产品材料本年计划用量} \right) \times \text{材料本年计划价格}$$

$$\text{价格变动对材料成本的影响} = \left(\text{材料本年实际价格} - \text{材料本年计划价格} \right) \times \text{单位产品材料本年实际用量}$$

分析产品单位成本计划完成情况时,本年材料计划用量和计划价格是比较的标准。如果与上年实际比较,则上年实际用量和上年材料价格是比较的标准,在计算材料用量和价格对材料成本的影响数额时,可将上述公式中的本年计划改为上年实际。分析产品单位成本中直接材料费用变动的原因,应当根据直接材料的具体组成内容以及各种材料消耗量和价格的资料,按照上述两个公式分别计算材料耗用量和价格变动对成本的影响,查明直接材料费用超支或节约的原因。

根据表 12-13 提供的资料,本年生产的甲产品与计划比较,原材料费用超支 1.98 元,超支率 0.42%。甲产品消耗 A、B 两种材料,根据各种材料耗用量和价格资料,用因素分析法编制"原材料费用分析表",如表 12-16 所示。

甲产品原材料费用实际比计划上升了 1.98 元,其中:

由于材料耗用量变动影响的材料费用变动额如下。

A 材料耗用量变动影响的材料费用变动额 = (18−20)×8 = −16(元)
B 材料耗用量变动影响的材料费用变动额 = (34−32)×10 = 20(元)
合计　　　　　　　　　　　　　　　　　4(元)

表 12-16　甲产品单位原材料费用分析表

编制单位:××工厂　　　　　　　　　20××年12月　　　　　　　　　单位:元

原材料名称	计量单位	耗用量		单价		原材料费用		差异	
		计划	实际	计划	实际	计划	实际	数量	金额
A	公斤	20	18	8	8.36	160	150.48	-2	-9.52
B	公斤	32	34	10	9.75	320	331.5	2	11.5
合计	—	—	—	—	—	480	481.98	—	1.98

由于材料价格变动影响的材料费用变动额如下。

A材料价格变动影响的材料费用变动额=(8.36-8)×18=6.48(元)

B材料价格变动影响的材料费用变动额=(9.75-10)×34=-8.50(元)

　　合计　　　　　　　　　　　　　　　　　　-2.02(元)

两因素变动共使甲产品原材料费用上升了1.98元(4-2.02)。

乙产品原材料费用分析与甲产品相似。

上述两因素中,原材料价格变动多源于外界,需结合市场供求和材料价格变动情况具体分析;影响单位产品原材料消耗数量变动的原因很多,如产品或产品零、部件结构的变化,材料质量的变化,原材料代用或配料比例的变化,原材料综合利用,原材料加工方法的改变等,材料消耗数量都会产生影响,进而影响产品成本中的材料费用。

2. 工资及福利费的项目分析

分析产品单位成本中的工资费用,必须按照不同的工资制度和工资费用计入成本的方法进行。在计件工资制度下,计件单价不变,除非生产工艺或劳动组织方面有所改变,单位成本中的工资费用一般也不变。在计时工资制度下,如果企业生产多种产品,产品成本中的工资费用一般是按生产工时比例分配计入的。这时产品单位成本中工资费用的多少,取决于生产单位产品的工时消耗和小时工资率两个因素。生产单位产品消耗的工时越少,成本中分摊的工资费用也越少,而小时工资率的变动则受计时工资总额和生产工时总数的影响,其变动原因需从这两个因素的总体去查明。基于这种原因,分析单位成本中的工资费用,应结合生产技术、工艺和劳动组织等方面的情况,重点查明单位产品生产工时和小时工资率变动的原因。

单位产品直接人工成本=单位产品工时消耗量×每小时工资率

可见,在计时工资制度下,影响产品成本中工资成本的基本因素,为单位产品工时消耗量和每小时工资率。其中,每小时工资率等于直接用工的工资总额除以工时消耗总额。它是反映直接生产工人平均工资水平的重要指标。小时工资率越高,单位产品中包括的工资费用也越高。单位产品的工时消耗量反映劳动生产率的高低。劳动生产率越高,单位产品的工时消耗则越少。提高劳动生产率是降低单位产品直接人工成本的主要途径。

工时消耗量及小时工资额变动对单位产品工资成本的影响程度可用下列公式计算求得:

工时消耗量变动的影响＝（单位产品计划工时－单位产品实际工时）×计划每小时工资率
每小时工资率变动的影响＝（计划每小时工资率－实际每小时工资率）×单位产品实际工时

上述公式是以本年计划作为比较标准的，比较标准为上年实际时，可将公式中的本年计划改为上年实际。

仍以甲产品为例，有关直接人工成本分析资料如表12-17所示。

表12-17 甲产品单位直接人工成本分析表

编制单位：××工厂　　　　　　　　20××年12月　　　　　　　　单位：元

项　目	本年计划	本年实际	降低额	单位产品工时变动影响	每小时工资率变动影响
单位产品工时消耗量	5	6	—	—	—
每小时工资率	16.4	13	—	—	—
单位产品直接人工成本	82	78	－4	16.4	－20.4

甲产品直接人工费用实际比计划降低了4元，其中：

由于单位产品工时变动影响的直接人工费用＝（6－5）×16.4＝16.4（元）
由于每小时工资率变动影响的直接人工费用＝（13－16.4）×6＝－20.4（元）
　　　　　　合计　　　　　　　　　　　　　　　　　　　－4（元）

两个因素变动共使甲产品直接人工费用降低了4元（16.4－20.4）。

分析结果表明，单位产品直接人工成本节约4元，是单位产品工时消耗量增加和每小时工资率降低共同作用的结果。其中，由于单位产品工时增加了1小时使单位产品直接人工成本增加了16.4元，每小时工资率减少了3.4元，使单位产品直接人工成本降低了20.4元。这说明企业工人劳动生产率（表现在单位产品工时消耗上）比计划有所下降，但由于工人平均每小时工资率的下降幅度超过了工人劳动生产率的下降幅度，使产品单位成本中的直接人工费用节约了4元。

乙产品成本中直接人工费分析方法与甲产品相似。

3. 制造费用项目的分析

制造费用是生产单位为生产产品和提供劳务所发生的各项间接费用，通常按照一定标准分配到该生产单位所生产的各种产品成本之中，分配标准通常是工时消耗量。影响产品成本中制造费用的基本因素，是单位产品工时消耗量和小时费用分配率。单位产品工时消耗量越多，小时费用分配率越高，该产品负担的制造费用也越多。按照因素分析法的原理，分析单位产品工时消耗和小时费用率两个因素变动对单位产品成本中制造费用的影响，计算公式如下：

单位产品工时消耗变动对成本的影响＝（单位产品本年实际工时－单位产品本年计划工时）×本年计划小时费用率小时费用率变动成本的影响

＝（本年实际小时费用率－本年计划小时费用率）×单位产品本年实际工时

上述公式是以本年计划作为比较标准的，比较标准为上年实际时，可将公式中的本年计划改为上年实际。

仍以甲产品为例，制造费用分析结果如表12-18所示。

表 12-18 甲产品单位制造费用分析表

编制单位：××工厂　　　　　　　20××年12月　　　　　　　　单位：元

项　目	本年计划	本年实际	降低额	工时消耗量变动影响	费用分配率变动影响
单位产品工时消耗量	5	6	1	—	—
小时费用分配率	28	25	－3	—	—
单位产品制造费用	140	150	10	28	－18

甲产品直接人工费用实际比计划上升了 10 元，其中：
由于单位产品工时变动影响的制造费用＝(6－5)×28＝28(元)
由于每小时工资率变动影响的制造费用＝(25－28)×6＝－18(元)
　　　合计　　　　　　　　　　　　　　　　　　10(元)
两因素变动共使甲产品制造费用上升了 10 元(28－18)。

分析结果表明，企业甲产品单位产品制造费用上升了 10 元，是单位产品工时消耗量增加和每小时制造费用率降低共同作用的结果。其中，由于单位产品工时增加了 1 小时使单位产品制造费用增加了 28 元，每小时制造费用率减少了 3 元，使单位产品直接人工成本降低了 18 元。这说明企业工人劳动生产率比计划有所下降，平均每小时制造费用率也有所下降，但由于工人劳动生产率下降的幅度超过了每小时制造费用率的下降幅度，使产品单位成本中的制造费用超支了 10 元。企业的劳动生产率还有待提高。

乙产品成本中制造费用分析方法与甲产品相似。

进行上述产品成本计划完成情况分析时，要注意以下几个问题。

(1) 成本计划本身的正确性。计划如果不正确、不科学，就难以作为衡量的标准和考核的依据。尤其是不可比产品，因为过去没有正式生产过，缺乏完整、可靠的成本资料作为制订计划的依据。

(2) 成本核算资料的真实性。如果成本计划是正确的，而成本核算资料不真实，也难以正确评价企业成本计划的完成程度和生产经营的经济效益。检查成本核算资料是否真实，关键是看生产费用的归集和分配是否严格遵守了规定的成本开支范围，是否正确划分了各个月份、各种产品以及完工产品与在产品之间的费用界限，有无乱计成本、少计成本等任意调剂成本的现象。

(3) 为了分清企业或车间在降低成本方面的主观努力和客观因素影响，划清经济责任，在评价企业成本工作时，应从实际成本中扣除客观因素对相关车间、部门工作的影响。

任务四　制造费用明细表的编制和分析

一、制造费用明细表的结构

制造费用明细表是反映企业在报告期内发生的全部制造费用及其构成情况的报表。制造费用明细账分别按照各生产单位设置，按成本项目反映。制造费用明细表的构成，是按照制造费用明细项目汇总反映。企业编制的各生产单位汇总的制造费用明细表,只汇总基本生产单位的制造费用,不包括辅助生产单位的制造费用。

制造费用明细表应当按照费用的明细项目提供制造费用的上年实际数、本年计划数、本月实际数和本年累计实际数等指标。利用制造费用明细表可以分析制造费用的构成和增减变动情况,考核制造费用预算的执行情况。为了加强费用管理,及时了解制造费用的发生情况,制造费用明细表一般应当按月编制,对于某些季节性生产企业,制造费用明细表也可以按年编制。制造费用明细表的一般格式如表12-19所示。

表12-19　制造费用明细表

编制单位:××工厂　　　　　　　　20××年12月　　　　　　　　单位:元

费用项目	上年实际	本年计划	本月实际	本年累计实际
1. 工资	75 000	84 375	7 500	86 250
2. 职工福利费	10 500	11 828	1 050	12 075
3. 折旧费	595 200	675 000	52 500	656 250
4. 租赁费	7 560	15 000	6 375	17 400
5. 修理费	60 000	67 500	8 250	75 000
6. 低值易耗品摊销	15 000	18 750	1 500	18 750
7. 水电费	11 500	120 000	7 500	126 000
8. 办公费	7 500	8 430	1 200	7 500
9. 差旅费	7 500	10 500	4 125	11 250
10. 运输费	4 500	12 000	375	7 500
11. 保险费	45 000	56 250	4 500	56 250
12. 设计制图费	3 750			
13. 试验检验费	3 750	4 500	375	3 750
14. 劳动保护费	11 250	15 000	3 750	15 000
15. 停工损失				
16. 在产品盘亏和毁损				
17. 其他				
合　计	959 010	1 099 133	99 000	1 092 975

二、制造费用明细表的编制

制造费用明细表按制造费用项目分别反映各项费用的上年实际数(或上年同期实际数)、本年计划数、本月实际数和本年累计实际数。

(1)上年实际数(或上年同期实际数)应根据上年本表(或上年同期本表)的累计实际数填列。

(2)本年计划数应根据成本计划中的制造费用计划填列。

(3)本月实际数应根据"制造费用"总账科目所属各基本生产车间制造费用明细账的

本月合计数填列。

(4) 本年累计实际数应根据制造费用明细账的本年累计数填列,也可以将本月实际数加上上月本表中本年累计实际数填列。

三、制造费用明细表的分析

对于产品成本中的制造费用项目的分析,要从制造费用的总额及构成情况,了解制造费用的变化,找出节约或超支的原因,为进一步降低制造费用指明方向。制造费用明细表的分析依据主要是制造费用预算、制造费用明细表和其他有关资料。

(一) 制造费用的比较分析

运用比较分析法,将本年(或月、季、半年)实际制造费用总额分别与上年实际制造费用总额和本年制造费用预算进行比较,查明两个年度制造费用总额的变化情况,查明制造费用预算执行情况,找出制造费用变动的趋势。

制造费用根据费用与产品产量的关系,可划分为固定费用和变动费用。固定费用是指在一定时间和一定业务量范围内,费用总额不随业务量变动而变动的相对固定的费用;变动费用是指在一定时间和一定业务量范围内,费用总额随业务量变动而成比例变动的费用。对制造费用进行比较分析时,为了使分析结果更准确可靠,分析制造费用变化的客观原因,可分别对固定性制造费用和变动性制造费用进行分析。在运用比较分析法进行分析时,固定性制造费用项目可以直接对比;变动性制造费用项目可以先按产品产量的变化情况,对本年预算数进行调整,再将本年实际数与调整后的预算数进行对比分析,从而更具有可比性。

如表 12-20 所示是分固定性制造费用和变动性制造费用编制的"制造费用分析表"格式。

表 12-20 制造费用分析表

实际产量为上年的 120%,为计划的 110%

编制单位:××工厂　　　　　　　　　20××年12月　　　　　　　　　单位:元

费用项目	本年实际		比较标准						脱离标准的差异			
			上年实际		本年预算		调整后的本年预算		与上年比		与预算比	
	总额	比重/%	总额	比重/%	总额	比重/%	总额	比重/%	差异额	差异率/%	差异额	差异率/%
一、固定性制造费用												
1.……												
2.……												
二、变动性制造费用												
1.……												
2.……												
制造费用总额												

（二）分析重点费用项目

对制造费用各个明细项目逐项分析应抓住分析的重点。着重分析实际脱离预算较大（或与上年比较差异额较大）的费用项目，以及在制造费用总额中数额较大，所占比重较大的费用项目。在分析重点费用项目数额变动的同时，应当进一步分析制造费用各明细项目构成比例（比重）的变化情况，检查费用构成变化的合理性。

任务五 期间费用明细表的编制和分析

一、期间费用明细表的结构

期间费用指不能直接归属于某个特定产品成本的费用，主要包括销售费用、管理费用和财务费用。期间费用在发生的当期全部计入当期损益，而不计入产品成本。期间费用明细表是反映企业一定会计期间内各项期间费用的发生额及其构成情况的报表，包括管理费用明细表、销售费用明细表和财务费用明细表。期间费用明细表通常按月编制。

期间费用明细表一般按照其费用项目，分别反映该费用项目的上年实际数（或上年同期实际数）、本年（月）计划数、本月实际数和本年累计实际数。利用期间费用明细表，可以分析该项期间费用的构成及增减变动情况，考核期间费用计划（预算）的执行情况。

（一）管理费用明细表

管理费用明细表是反映企业在报告期内发生的全部管理费用及其构成情况的报表，其格式如表 12-21 所示。

表 12-21　管理费用明细表

编制单位：××工厂　　　　　　　　20××年12月　　　　　　　　单位：元

费用项目	上年实际	本年计划	本月实际	本年累计实际
1. 公司经费	455 600	492 560	42 400	523 800
其中：工资	240 000	244 000	20 000	280 000
职工福利费	33 600	34 160	2 800	39 200
办公费	22 800	24 000	1 900	25 000
差旅费	18 000	20 000	1 800	22 000
折旧费	120 000	130 000	12 000	128 000
修理费	12 000	15 000	1 500	1 600
物料消耗	13 200	15 400	1 400	16 000
低值易耗品摊销	8 000	10 000	1 000	12 000
2. 工会经费	3 600	3 660	300	4 200
3. 职工教育经费	4 800	4 880	400	5 600

续表

费用项目	上年实际	本年计划	本月实际	本年累计实际
4. 劳动保险费	36 000	36 600	3 000	42 000
5. 待业保险费	24 000	24 400	2 000	28 000
6. 董事会费				
7. 咨询费				
8. 聘请中介机构费	12 000	16 000		17 000
9. 诉讼费				
10. 排污费	23 000	22 000	1 200	24 000
11. 技术转让费				
12. 研究与开发费				
13. 无形资产摊销	10 000	8 000	600	8 000
14. 业务招待费	30 000	32 000	3 000	36 000
15. 计提的坏账准备		2 000		3 600
16. 计提的存货跌价准备				
17. 存货盘亏、毁损和报废(减盘盈)				
18. 其他管理费用				
合 计	599 000	666 100	52 900	692 200

(二)销售费用明细表

销售费用明细表是反映企业在报告期内发生的全部销售费用及其构成情况的报表,其格式如表12-22所示。

表12-22 销售费用明细表

编制单位:××工厂　　　　　　20××年12月　　　　　　单位:元

费用项目	上年实际	本年计划	本月实际	本年累计实际
1. 专设销售机构费用	113 600	121 160	10 560	125 740
其中:工资	40 000	44 000	4 000	46 000
职工福利费	5 600	6 160	560	6 440
差旅费	12 000	12 000	1 400	13 500
办公费	24 000	25 000	2 200	24 800
业务费	4 000	4 200	400	4 300
租赁费				
折旧费	16 000	18 000	1 500	18 000
修理费	4 000	4 000		5 200

续表

费用项目	上年实际	本年计划	本月实际	本年累计实际
低值易耗品摊销	8 000	7 800	500	7 500
2. 运输费	35 000	38 000	3 200	39 000
3. 装卸费	12 000	15 000	1 300	1 000
4. 包装费	18 500	20 000	1 800	22 000
5. 保险费	30 000	24 000	2 000	24 000
6. 展览费				
7. 广告费	100 000	120 000	10 000	120 000
8. 其他				
合计	309 100	338 160	28 860	346 740

(三) 财务费用明细表

财务费用明细表是反映企业在报告期内发生的全部财务费用及其构成情况的报表,其格式如表12-23所示。

表12-23　财务费用明细表

编制单位:××工厂　　　　　　　　20××年12月　　　　　　　　单位:元

费用项目	上年实际	本年计划	本月实际	本年累计实际
1. 利息费用	135 000	150 000	12 000	155 000
减:利息收入	9 000	12 000	1 100	13 600
2. 汇兑损失				
减:汇兑收益				
3. 金融机构手续费	1 200	1 600	160	2 200
4. 其他筹资费用				
合计	127 200	139 600	11 060	143 600

二、期间费用明细表的编制方法

管理费用明细表、销售费用明细表和财务费用明细表按下列方法编制。

(1) 上年实际数应分别根据上年12月份各表本年累计实际数填列。

(2) 本年计划数应分别根据本年管理费用预算、销售费用预算和财务费用预算中确定的本年计划数额填列。

(3) 本月实际数应分别根据管理费用明细账、销售费用明细账和财务费用明细账本月发生额合计数填列。

(4) 本年累计数应分别根据管理费用明细账、销售费用明细账和财务费用明细账本年累计发生额合计数填列,也可以根据上月该表的本年累计实际数与本月该表的本月实际数之和填列。

三、期间费用明细表的分析

　　成本计划和费用预算包括产品成本计划和期间费用预算。成本费用计划完成情况的分析包括产品成本计划完成情况分析和期间费用预算执行情况分析。

　　对企业管理费用、财务费用和销售费用等期间费用预算执行情况的分析,在分析的对象、内容、方法和费用分析表的编制等方面,都与制造费用预算执行情况的分析基本相同。

　　管理费用、销售费用和财务费用,都是由许多具有不同经济性质和不同经济用途的费用组成的。这些费用支出的节约或浪费,往往与企业的行政管理部门和其他各部门工作的质量和有关责任制度、节约制度的贯彻执行情况密切相关。因此,向各有关部门编报上述报表,分析这些费用的支出情况,不仅是促进节约各项费用支出,杜绝一切铺张浪费,不断降低成本和增加盈利的重要途径,也是推动企业改进生产经营管理工作,提高工作效率的重要措施。

　　对上述各种费用进行分析,首先应根据表中资料以本年实际与本年计划相比较,确定实际脱离计划差异;然后分析差异的原因。由于各种费用所包括的费用项目具有不同的经济性质和用途,各项费用的变动又分别受不同因素影响,因此,在确定费用实际支出脱离计划差异时,应按各组成项目分别进行,而不能只检查各种费用总额计划的完成情况,不能用其中一些费用项目的节约抵补其他费用项目的超支。同时,要注意不同费用项目支出的特点,不能简单地把任何超过计划的费用支出都看作不合理;同样,对某些费用项目支出的减少也要作具体分析:有的可能是企业工作成绩,有的则可能是企业工作中的问题。不能孤立地看费用是超支了还是节约了,而要综合考虑其他有关情况,结合各项措施效果分析,结合各项费用支出的经济效益进行评价。

　　在按费用组成项目进行分析时,由于费用项目多,因此每次分析只能抓住重点,对其中费用支出占总支出比重较大的,或与计划相比发生较大偏差的项目进行分析。

　　分析时,除与本年实际与本年计划相比,检查计划完成情况外,为了从动态上观察、比较各项费用的变动情况和变动趋势,还应将本月实际与上年同期实际进行对比,以了解企业工作的改进情况,并将这一分析与推行经济责任制结合,与检查各项管理制度的执行情况结合,以推动企业改进经营管理,提高工作效率,降低各项费用支出。

成本管理小故事

失　眠

　　一个会计师患了失眠症,于是去找医生:"医生,我晚上无法睡着!"

　　医生说:"你有没有试过数绵羊呢?"

　　会计师:"啊!这就是问题所在。我数绵羊时出了错,结果花了3小时的时间想找出这个错误。"

成本核算与管理习题

项目一　成本核算与管理基础知识习题

一、单选题

1. 产品成本是指企业生产一定种类、一定数量的产品所支出的各项(　　)。
   A. 生产费用之和
   B. 生产经营管理费用总和
   C. 经营管理费用总和
   D. 料、工、费及经营管理费用总和

2. 成本会计最基础的职能是(　　)。
   A. 成本分析　　　B. 成本核算　　　C. 成本控制　　　D. 成本决策

3. 成本会计的对象是(　　)。
   A. 产品生产成本的形成
   B. 各项期间费用的支出和归集
   C. 生产费用和期间费用
   D. 各行业企业生产经营业务的成本和有关的期间费用

4. 工业企业的期间费用包括(　　)。
   A. 直接材料费和直接人工费
   B. 原材料费用、人工费用和制造费用
   C. 财务费用和管理费用
   D. 财务费用、管理费用和销售费用

5. 下列各项中,属于产品生产成本项目的是(　　)。
   A. 办公费用　　　B. 制造费用　　　C. 工资费用　　　D. 折旧费用

6. 下列各项中,属于工业企业费用要素的是(　　)。
   A. 直接材料
   B. 燃料及动力
   C. 折旧费
   D. 直接工资及福利费

7. 下列各项中,属于直接计入费用的有(　　)。
   A. 几种产品负担的制造费用
   B. 几种产品共同耗用的原材料费用
   C. 一种产品耗用的生产工人工资
   D. 几种产品共同负担的机器设备折旧费

8. 为了及时、正确地计算产品成本,企业应做好的各项基础工作不包括(　　)。
   A. 选择适当的成本计算方法
   B. 建立材料物资的计量、收发、领退和盘点制度
   C. 做好各项原始记录工作
   D. 定额的制定和修订
9. 为了正确计算产品成本,可以不进行(　　)项目中费用界限的划分。
   A. 各个月份的费用界限　　　　　B. 销售费用与管理费用的界限
   C. 各种产品的费用界限　　　　　D. 生产费用与期间费用的界限
10. 为了保证按每个成本计算对象正确地归集应负担的费用,必须将应由本期产品负担的生产费用正确地在(　　)。
    A. 各种产品之间进行分配
    B. 完工产品和在产品之间进行分配
    C. 盈利产品与亏损产品之间进行分配
    D. 可比产品与不可比产品之间进行分配
11. 下列各项中,不计入产品成本的费用是(　　)。
    A. 直接材料费用　　　　　　　　B. 辅助车间管理人员工资
    C. 车间厂房折旧费　　　　　　　D. 厂部办公楼折旧费
12. 对于废品较少的企业,无须单独核算废品损失的企业,发生的废品损失通过(　　)账户直接核算。
    A. 管理费用　　　B. 销售费用　　　C. 制造费用　　　D. 生产成本
13. 在企业已经设置了基本生产成本总账科目的情况下,不能再设置的总账科目是(　　)。
    A. 辅助生产成本　　B. 生产费用　　C. 制造费用　　D. 废品损失
14. 制造费用月末(　　)。
    A. 一般无余额　　　　　　　　　B. 余额方向不确定
    C. 有借方余额　　　　　　　　　D. 有贷方余额
15. 不形成产品价值,也不应计入产品成本的有(　　)。
    A. 废品损失　　　　　　　　　　B. 季节性停工损失
    C. "三包"损失　　　　　　　　　D. 固定资产修理期间的停工损失

二、多选题

1. 成本管理的主要内容包括(　　)。
   A. 成本预测和成本决策　　　　　B. 成本核算和成本分析
   C. 成本计划和成本分析　　　　　D. 成本控制和成本考核
2. 一般来说,企业应根据本单位(　　)等具体情况与条件来组织成本会计工作。
   A. 生产规模的大小　　　　　　　B. 生产经营业务的特点
   C. 成本计算方法　　　　　　　　D. 企业机构的设置
3. 要科学地组织成本会计工作,必须(　　)。
   A. 合理设置成本会计机构
   B. 配备成本会计人员

C. 按照成本会计有关的法规和制度进行工作
D. 编制成本计划

4. 下列各项中,属于成本会计核算和监督的内容有(　　)。
   A. 企业利润的实现及分配
   B. 盈余公积的提取
   C. 各项生产费用的支出和产品生产成本的形成
   D. 各项期间费用的支出和归集过程

5. 为了正确计算产品成本,必须正确划分以下几个方面的费用界限(　　)。
   A. 盈利产品和亏损产品　　　　B. 完工产品与在产品
   C. 生产费用与期间费用　　　　D. 各个会计期间

6. 下列各项中,不属于产品生产成本项目的是(　　)。
   A. 直接燃料及动力　　　　　　B. 工资费用
   C. 折旧费　　　　　　　　　　D. 直接材料

7. 应计入产品成本的费用是(　　)。
   A. 生产工人工资　　　　　　　B. 销售费用
   C. 生产产品所用动力费用　　　D. 管理费用

8. 对工业企业生产费用最基本的分类是(　　)。
   A. 劳动对象方面的费用　　　　B. 劳动手段方面的费用
   C. 费用要素　　　　　　　　　D. 产品生产成本项目

9. 工业企业成本核算的一般程序包括(　　)。
   A. 对企业的各项支出、费用进行严格地审核和控制
   B. 正确划分各个月份的费用界限
   C. 将生产费用在各种产品之间进行分配和归集
   D. 将生产费用在本月完工产品与月末在产品之间进行分配和归集

10. 为正确计算产品成本,在费用界限划分过程中应贯彻的原则是(　　)。
    A. 成本效益原则
    B. 受益原则
    C. 收付实现制原则
    D. 负担费用多少与受益程度成正比的原则

11. 在企业已经设置了基本生产成本总账科目的情况下,还可以设置的总账科目有(　　)。
    A. 基本生产成本　　　　　　　B. 生产费用
    C. 废品损失　　　　　　　　　D. 停工损失

12. 下列各项中,应计入产品成本的费用有(　　)。
    A. 车间办公费　　　　　　　　B. 季节性停工损失
    C. 车间设计制图费　　　　　　D. 在产品的盘亏损失

13. 属于工业企业成本核算中使用的会计账户有(　　)。
    A. 基本生产成本　　　　　　　B. 辅助生产成本
    C. 制造费用　　　　　　　　　D. 营业外支出

14. 产品成本项目中的原材料,包括直接用于产品生产的( )。
 A. 原材料 B. 修理用备件
 C. 辅助材料 D. 包装物
15. "基本生产成本"账户核算生产各种产成品、( )等所发生的各项费用。
 A. 自制半成品 B. 自制材料
 C. 自制工具 D. 自制设备

三、判断题
1. 工业企业成本会计的对象包括产品的生产成本和经营管理费用。 ( )
2. 成本会计的对象可以概括为各行业生产经营业务的成本。 ( )
3. 狭义的成本会计是指成本核算和成本分析。 ( )
4. 理论成本中不包括不形成产品价值的废品损失等内容。 ( )
5. 辅助生产成本科目月末应无余额。 ( )
6. 成本会计的对象是指成本会计核算和监督的内容。 ( )
7. 产品生产成本是指企业为生产一定种类、一定数量的产品所支出的各种生产经营管理费用的总和。 ( )
8. 直接生产费用既可能是直接计入费用,也可能是间接计入费用。 ( )
9. 在生产车间只生产一种产品的情况下,所有生产费用均为直接计入费用。 ( )
10. 企业设置了生产费用总账科目后,还需要再设置制造费用总账科目。 ( )

项目二 要素费用的归集与分配习题

一、单选题
1. 应在本月计算折旧费用的固定资产是( )。
 A. 以经营租赁方式租入的房屋 B. 本月内购进的机器设备
 C. 未使用的设备 D. 本月减少的设备
2. 某企业采用使用年限法计提折旧。某项固定资产原价为80 000元,预计净残值率为5%,预计使用年限为10年。该固定资产2007年8月购入并开始使用,2019年8月报废,报废时已提折旧为( )元。
 A. 78 200 B. 76 800 C. 80 000 D. 76 000
3. 生产车间领用的直接用于产品生产、有助于产品形成的辅助材料,应借记的账户为( )。
 A. 辅助生产成本 B. 制造费用
 C. 基本生产成本 D. 原材料
4. 在企业设置"燃料及动力"成本项目的情况下,生产车间发生的直接用于产品生产的燃料费用,应借记的账户是( )。
 A. 基本生产成本 B. 原材料 C. 燃料 D. 制造费用
5. 利息费用计入( )。
 A. 销售费用 B. 管理费用 C. 生产成本 D. 财务费用

6. 某企业固定资产采用使用年限法计提折旧,某类固定资产净残值率为5%,预计使用15年,则年折旧率为(　　)。

　　A. 6.67%　　　　　B. 6.33%　　　　　C. 5.37%　　　　　D. 6%

7. 企业支付下列(　　)时,不通过"税金及附加"核算。

　　A. 房产税　　　　　B. 土地使用税　　　C. 所得税　　　　　D. 车船使用税

8. 在企业生产产品成本中,"直接人工"项目不包括(　　)。

　　A. 直接参加生产的工人的工资　　　　B. 按生产工人工资计提的福利费
　　C. 直接参加生产的工人的计件工资　　D. 企业行政管理人员工资

9. 各项要素费用中的税金发生时,应在(　　)中列支。

　　A. 基本生产成本　　　　　　　　　　B. 税金及附加
　　C. 制造费用　　　　　　　　　　　　D. 销售费用

10. 某工业企业采用使用年限法计提折旧。某类固定资产的月折旧率为1%,该类固定资产的月初原值为3 000万元,当月增加固定资产的原值为300万元,当月减少固定资产原值为100万元,则当月该类固定资产应计提的折旧费为(　　)万元。

　　A. 29　　　　　　　B. 30　　　　　　　C. 32　　　　　　　D. 33

11. 生产车间耗用的机物料,应借记的账户是(　　)。

　　A. 基本生产成本　　　　　　　　　　B. 辅助生产成本
　　C. 制造费用　　　　　　　　　　　　D. 管理费用

12. 产品生产领用低值易耗品,应记入(　　)账户。

　　A. 制造费用　　　　　　　　　　　　B. 基本生产成本
　　C. 管理费用　　　　　　　　　　　　D. 辅助生产成本

13. 各种要素费用发生后,对于直接用于产品生产、专设成本项目的直接生产费用,应单独记入(　　)账户。

　　A. 制造费用　　　　　　　　　　　　B. 基本生产成本
　　C. 管理费用　　　　　　　　　　　　D. 辅助生产成本

14. 下列各项中不属于短期薪酬的是(　　)。

　　A. 辞退福利　　　　　　　　　　　　B. 工资及福利费
　　C. 住房公积金　　　　　　　　　　　D. 工会经费

15. 在实际工作中,一般先通过(　　)账户核算外购动力费用。

　　A. 银行存款　　　　　　　　　　　　B. 基本生产成本
　　C. 应付账款　　　　　　　　　　　　D. 辅助生产成本

二、多选题

1. 下列项目中,属于职工薪酬组成内容的有(　　)。

　　A. 短期薪酬　　　　　　　　　　　　B. 离职后福利
　　C. 辞退福利　　　　　　　　　　　　D. 其他长期职工福利

2. 发生下列各项费用时,可以直接借记"基本生产成本"账户的有(　　)。

　　A. 车间照明用电费　　　　　　　　　B. 构成产品实体的原材料费用
　　C. 车间管理人员工资　　　　　　　　D. 车间生产工人工资

3. 计入工资总额的奖金包括( )。
   A. 生产奖　　　　　　　　　　　B. 机关、事业单位的奖励工资
   C. 节约奖　　　　　　　　　　　D. 其他奖金
4. 下列各项中,属于当月应计提折旧的固定资产有( )。
   A. 闲置的厂房　　　　　　　　　B. 以经营租赁方式租入的设备
   C. 超龄使用的设备　　　　　　　D. 月份内报废的设备
5. 工业企业各种要素费用中的其他费用包括( )。
   A. 邮电费　　　B. 印刷费　　　C. 保险费　　　D. 差旅费
6. 下列固定资产中不计提折旧的有( )。
   A. 未使用的房屋和建筑物　　　　B. 不需用的固定资产
   C. 提前报废的固定资产　　　　　D. 新购置的机器设备
7. 计入产品的工资,按其受益对象应分别借记( )账户。
   A. 基本生产成本　　　　　　　　B. 制造费用
   C. 管理费用　　　　　　　　　　D. 辅助生产成本
8. 计入工资总额的津贴包括( )。
   A. 技术性津贴　　　　　　　　　B. 补偿职工特殊劳动消耗的津贴
   C. 保健性津贴　　　　　　　　　D. 其他津贴
9. ( )是工资费用核算的主要原始记录。
   A. 考勤记录　　B. 产量记录　　C. 工时记录　　D. 以上都不是
10. 折旧费用一般按使用固定资产的车间、部门分别记入( )等总账科目和所属明细账的借方。
    A. 制造费用　　B. 销售费用　　C. 管理费用　　D. 累计折旧

三、判断题

1. 企业发生的直接用于产品生产、专门设有成本项目的费用,应单独记入"基本生产成本"总账科目。　　　　　　　　　　　　　　　　　　　　　　　　　( )
2. 列入工资结算单的款项不一定都计入工资总额。　　　　　　　　　( )
3. 在按30日计算日工资率的企业中,节假日应按缺勤日计发工资。　　( )
4. 根据工人完成的产量和计件单价计算计件工资与根据工人完成的定额工时和小时工资率计算计件工资的原理是相同的。　　　　　　　　　　　　　　( )
5. 职工薪酬包括工资、奖金、津贴和补贴,不包括住房公积金。　　　( )
6. 按月实际工作日数计算工资时,法定节假日、双休日不付工资,缺勤期间的节假日、双休日不扣工资。　　　　　　　　　　　　　　　　　　　　　( )
7. 定额费用比例分配法是以原材料定额成本为分配标准来分配原材料的一种方法,适用于多种产品共同耗用多种材料的情况。　　　　　　　　　　　　( )
8. 某种产品材料定额消耗量等于该种产品实际产量乘以单位产品材料消耗定额。
　　　　　　　　　　　　　　　　　　　　　　　　　　　　　　　( )
9. 职工教育经费以工资总额为计提基数,按照1.5%,提取时记入"管理费用"账户。
　　　　　　　　　　　　　　　　　　　　　　　　　　　　　　　( )

10. 生产部门人员的职工薪酬,应借记"基本生产成本""辅助生产成本""制造费用""劳务成本"等账户,贷记"应付职工薪酬"账户。　　　　　　　　　　　（　　）

11. 每月按 20.83 天计算日工资率时,缺勤期间的节假日、星期天算缺勤,扣工资。
　　　　　　　　　　　　　　　　　　　　　　　　　　　　　（　　）

12. 每月固定按 30 天计算日工资率时,双休日和法定节假日视为出勤,应计付工资,但事假、病假等缺勤期间的节假日也视为缺勤,照样要扣工资。　　（　　）

13. 因为材料是产品成本的组成部分,所以企业各部门领用的材料,都应计入产品成本。　　　　　　　　　　　　　　　　　　　　　　　　　　　　（　　）

14. 用于产品生产、照明、取暖的动力费用,应计入各种产品成本明细账的"燃料及动力"成本项目。　　　　　　　　　　　　　　　　　　　　　　（　　）

15. 工业企业的各种费用按其经济用途分类,可以说明企业费用的具体用途,有利于核算与监督产品消耗定额和费用预算的执行情况,有利于加强成本管理和成本分析。
　　　　　　　　　　　　　　　　　　　　　　　　　　　　　（　　）

四、计算分析题

1. 某工业企业 9 月份生产甲、乙两种产品,耗用原材料 8 000 千克,每千克 5.4 元,本月产量为甲产品 500 件,乙产品 400 件。单件产品原材料消耗定额为:甲产品 6 千克,乙产品 5 千克。

要求:按原材料定额消耗量比例分配计算甲、乙产品实际耗用的原材料费用。

2. 某工业企业生产甲、乙两种产品共同耗用 A 种原料,耗用量无法按产品直接划分。甲产品投产 100 件,原料单件消耗定额为 10 公斤;乙产品投产 200 件,原料单件消耗定额为 4 公斤。甲、乙两种产品实际消耗总量为 1 782 公斤。A 原料计划单价为 2 元。原料成本差异率为 -2%。

要求:
(1) 按照定额消耗比例分配甲、乙两种产品的原料费用。
(2) 编制耗用原料的会计分录(在分录中列明产品名称和成本项目)。

3. 某工业企业某月 26 日通过银行支付外购电力费用 5 100 元。该月查明各车间、部门耗电度数为:基本生产车间动力用电 12 500 度,辅助生产车间动力用电 3 700 度,基本生产车间照明用电 2 300 度,辅助生产车间照明用电 1 100 度,行政管理部门照明用电 1 850 度。本月应付外购电力费用合计 5 148 元。

要求:
(1) 按照用电度数分配计算各车间、部门动力和照明用电费。
(2) 按照机器工时分配计算基本生产车间甲、乙两种产品的照明用电费。产品机器工时分别为:甲产品 1 150 工时;乙产品 850 工时。
(3) 编制该月份支付外购电力费用的会计分录(该企业外购动力费用通过"应付账款"科目结算)。
(4) 编制该月份分配外购电力费用的会计分录。该企业基本生产产品设有"燃料及动力"成本项目;辅助生产产品未设该成本项目("基本生产成本"科目要列示明细科目)。

4. 某工业企业某级工人加工 A、B 两种产品。A 产品工时定额为 25 分钟;B 产品工时定额为 35 分钟。该级工的小时工资率为 3.60 元。该工人某月加工 A 产品 300 件，B 产品 120 件。

要求：
(1) 计算该级工人所产 A、B 两种产品的计件工资单价。
(2) 按该工人该月 A、B 两种成品的产量和各该计件单价，计算其计件工资。
(3) 按该工人该月完成的定额工时和小时工资率，计算其计件工资。

5. 某工业企业某生产小组由 4 个不同等级工人组成，共同完成一项生产任务，共得计件工资 1 226.40 元。小组中每一工人的工资等级、日工资率和出勤天数见表 2-1。

表 2-1（习题） 小组工人工资资料　　　集体单位：××生产小组

工人姓名	等级	日工资率	出勤率
何 军	2	10	18
李 林	2	14	21
王 宏	3	14	16
张 进	4	18	18
合 计	—	—	73

要求：
(1) 根据每一工人的日工资率和出勤天数，计算作为分配标准的计时工资额。
(2) 按照算出的每人计时工资额的比例，分配计算每个应得的计件工资。

6. 某工业企业的基本生产车间生产工人的计时工资共计 16 620 元，规定按定额工时比例在 A、B 两种产品之间进行分配。这两种产品的工时定额为：A 产品 30 分钟，B 产品 15 分钟；投产的产品数量为：A 产品 9 500 件，B 产品 8 700 件；辅助生产车间（只提供一种劳务）生产工人工资 4 890 元；基本生产车间管理人员工资 2 790 元，辅助生产车间管理人员工资 1 340 元；行政管理部门人员工资 3 120 元，销售人员工资 970 元。应付工资总额 29 730 元。

要求：根据以上资料，编制分配工资费用的会计分录（基本生产车间生产工人工资要列示产品和成本项目，辅助生产车间生产工人工资要列示成本项目，辅助生产车间的制造费用通过"制造费用"科目核算，制造费用要按车间列示）。

7. 某工业企业 9 月份应付工资如下：直接用于基本生产产品（只生产一种 A 产品）28 900 元，直接用于辅助生产（只提供一种劳务——修理）10 100 元，用于基本生产和辅助生产的车间管理 12 300 元，用于企业管理部门 8 400 元，销售部门 4 200 元，合计 63 900 元。该企业按本月应付工资分配本月工资费用，按工资的 14% 计提职工福利费，并支付了福利费。

要求：编制 9 月计提及支付职工福利费的会计分录（涉及成本项目的会计科目要列示成本项目）。

8. 某企业房屋类固定资产原值为 500 000 元，其中基本生产车间使用 400 000 元，企业行政管理部门使用 100 000 元，净残值率为 10%，平均使用年限为 20 年。

要求：计算月折旧率、月折旧额并编制分配折旧额的会计分录。

项目三　辅助生产费用及生产损失的核算习题

一、单选题

1. 采用辅助生产费用分配的交互分配法，对外分配的费用总额是（　　）。
   A. 交互分配前的费用
   B. 交互分配前的费用加上交互分配转入的费用
   C. 交互分配前的费用减去交互分配转出的费用
   D. 交互分配前的费用加上交互分配转入的费用，减去交互分配转出的费用
2. 采用计划成本分配法分配辅助生产费用时，辅助生产车间实际发生的费用应该是（　　）。
   A. 该车间待分配费用减去分配转出的费用
   B. 该车间待分配费用加上分配转入的费用
   C. 该车间待分配费用加上分配转出的费用减去分配转入的费用
   D. 该车间待分配费用加上分配转入的费用减去分配转出的费用
3. 辅助生产费用直接分配法的特点是将辅助生产费用（　　）。
   A. 直接计入辅助生产提供的劳务成本
   B. 直接分配给所有受益的车间、部门
   C. 直接记入"辅助生产成本"账户
   D. 直接分配给辅助生产以外的各受益单位
4. 辅助生产车间完工的修理用备件入库时，应借记的账户是（　　）。
   A. 低值易耗品　　　　　　　　　B. 基本生产成本
   C. 辅助生产成本　　　　　　　　D. 原材料
5. 下列方法中，属于辅助生产费用分配方法的是（　　）。
   A. 定额成本法　　　　　　　　　B. 计划成本分配法
   C. 生产工时比例分配法　　　　　D. 机器工时比例分配法
6. 辅助生产交互分配后的实际费用，应在（　　）进行分配。
   A. 各基本生产车间　　　　　　　B. 各受益单位之间
   C. 辅助生产以外的受益单位之间　　D. 各辅助生产车间
7. 采用交互分配法分配辅助生产费用时，第一次交互分配是在（　　）之间进行的。
   A. 各受益的辅助生产车间　　　　B. 辅助生产车间以外的受益单位
   C. 各受益的基本生产车间　　　　D. 各受益的企业管理部门
8. 在各辅助生产车间相互提供劳务很少的情况下，适宜采用的辅助生产费用分配方法是（　　）。
   A. 直接分配法　　　　　　　　　B. 交互分配法
   C. 计划成本分配法　　　　　　　D. 代数分配法

9. 计划成本分配法是将辅助生产费用按照提供劳务的数量和计划单位成本（　　）进行分配的方法。

　　A. 在各受益单位之间

　　B. 先通过交互分配算出辅助生产的实际费用分配率,再按其对外部的受益单位

　　C. 在辅助生产车间以外的受益单位之间

　　D. 在辅助生产车间之间

10. 辅助生产车间发生的制造费用（　　）。

　　A. 必须通过"制造费用"总账账户核算

　　B. 不必通过"制造费用"总账账户核算

　　C. 根据具体情况,可记入"制造费用"总账账户,也可直接记入"辅助生产成本"账户

　　D. 首先记入"辅助生产成本"账户

11. 在辅助生产费用的各种分配方法中,分配结果最正确的是（　　）。

　　A. 交互分配法　　　　　　　　B. 直接分配法

　　C. 计划成本分配法　　　　　　D. 代数分配法

12. 按年度计划分配率分配制造费用的方法适用于（　　）。

　　A. 制造费用数额较大的企业　　B. 季节性生产企业

　　C. 基本生产车间规模较小的企业　　D. 制造费用数额较小的企业

13. 下列方法中,可能使"制造费用"账户有月末余额的是（　　）。

　　A. 生产工人工时比例分配法　　B. 按年度计划分配率分配法

　　C. 生产工人工资比例分配法　　D. 机器工时比例分配法

14. 基本生产车间机器设备的折旧费应记入（　　）账户的借方。

　　A. 累计折旧　　　　　　　　　B. 管理费用

　　C. 制造费用　　　　　　　　　D. 基本生产成本

15. 下列不属于制造费用的是（　　）。

　　A. 车间机物料消耗　　　　　　B. 融资租入固定资产的租赁费

　　C. 劳动保护费　　　　　　　　D. 车间购买办公用品费用

16. 机器工时比例分配法适用于（　　）。

　　A. 季节性生产的车间　　　　　B. 制造费用较多的车间

　　C. 机械化程度大致相同的各种产品　　D. 机械化程度较高的车间

17. 除了按年度计划分配率分配制造费用以外,"制造费用"账户月末（　　）。

　　A. 没有余额　　　　　　　　　B. 一定有借方余额

　　C. 一定有贷方余额　　　　　　D. 有借方或贷方余额

18. 某车间按年度计划分配率分配制造费用,其分配率为5元/小时。9月实际发生制造费用40 000元,定额工时9 000小时,9月初"制造费用"账户借方余额3 000元。则9月分配转入"基本生产成本"账户的金额是（　　）元。

　　A. 40 000　　　　　　　　　　B. 37 000

　　C. 45 000　　　　　　　　　　D. 43 000

19. 直接用于产品生产,但不便直接计入产品成本,因而没有专设成本项目的费用,以及间接用于产品生产的各项费用是指(　　)。
  A. 间接费用　　　　　　　　　　B. 直接费用
  C. 制造费用　　　　　　　　　　D. 财务费用

20. "废品损失"账户月末(　　)。
  A. 如果有余额,余额一定在贷方　　B. 如果有余额,余额一定在借方
  C. 一定没有余额　　　　　　　　D. 可能有借方或贷方余额

二、多选题

1. 在下列方法中,属于辅助生产费用分配方法的有(　　)。
  A. 交互分配法　　　　　　　　　B. 代数分配法
  C. 计划成本分配法　　　　　　　D. 直接分配法

2. 辅助生产费用分配转出时,可以(　　)。
  A. 借记"制造费用"账户　　　　　B. 借记"管理费用"账户
  C. 借记"在建工程"账户　　　　　D. 以上都对

3. 辅助生产车间发生的固定资产折旧费,可能借记的账户有(　　)。
  A. 制造费用　　　　　　　　　　B. 辅助生产成本
  C. 基本生产成本　　　　　　　　D. 管理费用

4. 辅助生产费用分配的交互分配法,具有以下特点(　　)。
  A. 核算工作量较大　　　　　　　B. 核算工作较简便
  C. 需计算两个费用分配率　　　　D. 核算结果不十分精确

5. 辅助生产车间不设"制造费用"账户核算是因为(　　)。
  A. 为了简化核算工作　　　　　　B. 制造费用很少
  C. 辅助生产车间不对外提供商品　D. 辅助生产车间规模很小

6. 采用代数分配法分配辅助生产费用(　　)。
  A. 能够提供正确的分配计算结果　B. 能够简化费用的分配计算工作
  C. 适用于实现电算化的企业　　　D. 便于分析考核各受益单位的成本

7. 制造费用的分配方法有(　　)。
  A. 生产工人工时比例分配法　　　B. 机器工时比例分配法
  C. 直接分配法　　　　　　　　　D. 生产工人工资比例分配法

8. 下列账户中,月末既可能有借方余额,也可能有贷方余额的是(　　)。
  A. 制造费用　　　　　　　　　　B. 基本生产成本
  C. 材料成本差异　　　　　　　　D. 本年利润

9. 下列项目中,属于制造费用的有(　　)。
  A. 生产车间的保险费　　　　　　B. 季节性停工损失
  C. 在产品盘亏和毁损　　　　　　D. 低值易耗品摊销

10. 分配制造费用时,可能借记的账户有(　　)。
  A. 管理费用　　　　　　　　　　B. 销售费用
  C. 辅助生产成本　　　　　　　　D. 基本生产成本

11. 基本生产车间发生下列（　　），应借记"制造费用"账户。
    A. 折旧费　　　　　　　　　　B. 修理费
    C. 机物料消耗　　　　　　　　D. 修理期间停工损失
12. 下面说法正确的有（　　）。
    A. 在只生产一种产品的车间中，制造费用直接计入产品成本
    B. 制造费用总账账户下可以不按辅助车间开设明细账
    C. 制造费用应按车间开设明细账
    D. 制造费用从该账户贷方转至"基本生产成本"账户借方
13. 按年度计划分配率分配制造费用，"制造费用"账户月末（　　）。
    A. 可能有月末余额　　　　　　B. 可能无月末余额
    C. 可能有借方余额　　　　　　D. 可能有贷方余额
14. 下列各项损失中，不属于废品损失的有（　　）。
    A. 产品销售后发现的废品由于包换发生的损失
    B. 产品入库以后发现的由于保管不善发生的废品的损失
    C. 降价出售不合格品的降价损失
    D. 产品销售后发现的废品由于包退发生的损失
15. 可修复废品必须同时具备的条件包括（　　）。
    A. 经过修复可以使用　　　　　B. 经过修复仍不能使用
    C. 所花费的修复费用在经济上合算　D. 可以修复，但在经济上不合算
16. 废品是指不符合规定的技术标准，不能按原定用途使用，或者需要加工修理才能使用的（　　）。
    A. 原材料　　　B. 在产品　　　C. 半成品　　　D. 产成品
17. "废品损失"账户借方应反映（　　）项目。
    A. 可修复废品的生产成本　　　B. 不可修复废品的生产成本
    C. 可修复废品的工资费用　　　D. 可修复废品的动力费用
18. 下列各项中，可用于计算不可修复废品的生产成本有（　　）。
    A. 按所耗实际费用计算　　　　B. 按所耗定额费用计算
    C. 按所耗实际费用扣除残值计算　D. 按所耗定额费用扣除残值计算
19. 制造费用的分配标准一般有（　　）。
    A. 直接人工工时　　　　　　　B. 机器工时
    C. 标准产量　　　　　　　　　D. 直接材料成本
20. 停工损失包括停工期间发生的（　　）。
    A. 原材料费用　　　　　　　　B. 燃料费用
    C. 生产工人工资　　　　　　　D. 应负担的制造费用

三、判断题

1. 在辅助生产车间的制造费用不通过"制造费用"科目核算的情况下，辅助生产车间发生的各项生产费用均可直接记入"辅助生产成本"科目。　　　　　　　（　　）
2. 在企业只有一个辅助生产车间的情况下，才能采用辅助生产费用分配的直接分

配法。( )

3. 采用交互分配法分配辅助生产费用,能够计算准确的对外分配的单位成本,因而能够提供准确的费用分配资料。( )

4. 在辅助生产车间的制造费用不通过"制造费用"科目核算的情况下,辅助生产成本明细账必须设置"制造费用"项目。( )

5. 辅助生产费用在月末要全部分配转出,因而"辅助生产成本"科目月末应无余额。( )

6. 采用按计划成本分配法分配辅助生产费用,不必在辅助生产车间之间进行交互分配。( )

7. 采用按计划成本分配法分配辅助生产费用时,将辅助生产成本差异全部计入管理费用,有利于简化费用分配工作,也有利于各受益单位的成本考核和分析。( )

8. 生产车间发生的直接生产费用,均应单独地记入"基本生产成本"科目。( )

9. 制造费用的按年度计划分配率分配法适用于季节性生产的企业。( )

10. "制造费用"科目年末一般应无余额。( )

11. 制造费用是工业企业为生产产品而发生的应该计入产品成本、但没有专设成本项目的各项生产费用。( )

12. 制造费用中既包括直接生产费用,也包括间接生产费用。( )

13. 在设立总厂、分厂、车间各级机构的企业中,分厂发生的没有专设成本项目的费用也是制造费用。( )

14. 可修复废品返修以前发生的生产费用,不是废品损失。( )

15. 企业各车间的制造费用应于月末进行汇总,在整个企业各种产品之间统一分配。( )

16. 凡是经过修理可以使用的废品,即为可修复废品。( )

17. 如果不可修复废品是在完工以后发现的,则可以按照合格品产量和废品的数量比例分配各项生产费用。( )

18. 在不单独核算废品损失的情况下,合格品的各个成本项目中均可能包括废品损失。( )

19. 结转不可修复废品的生产成本时,应借记"废品损失"科目,贷记"基本生产成本(废品损失项目)"科目。( )

20. 发生废品损失以后,可能会降低产品总成本。( )

四、计算分析题

1. 某企业设置蒸汽和运输两个辅助生产车间、部门。蒸汽车间本月发生的费用为19 000元,运输部门本月发生的费用为20 000元,辅助生产车间供应劳务数量如表3-1所示。

表3-1(习题) 辅助生产车间供应劳务数量表

受益单位	蒸汽/立方米	运输/公里
辅助生产车间——蒸汽		1 500
辅助生产车间——运输	1 000	

续表

受益单位	蒸汽/立方米	运输/公里
基本生产车间	16 000	30 000
行政管理部门	3 000	8 500
合 计	20 000	40 000

要求:采用直接分配法计算分配辅助生产费用并填写表 3-2,编制会计分录。

表 3-2(习题)　辅助生产费用分配表(直接分配法)

项　目		蒸汽车间		运输车间		合计金额/元
		蒸汽/立方米	金额/元	运输/公里	金额/元	
待分配费用						
辅助生产车间以外劳务量						
辅助生产费用分配率						
辅助生产部门	蒸汽车间					
	运输车间					
基本生产车间						
行政管理部门						
合　计						

2. 引用第 1 题的资料,采用交互分配法计算分配辅助生产费用并填写表 3-3,编制会计分录。

表 3-3(习题)　辅助生产费用分配表(交互分配法)

项　目		蒸汽车间			运输车间			合计/元
		劳务量/立方米	分配率	分配额/元	劳务量/公里	分配率	分配额/元	
待分配费用								
交互分配	蒸汽车间							
	运输车间							
对外分配费用								
对外分配	基本生产车间							
	行政管理部门							

3. 引用第 1 题的资料,采用代数分配法计算分配辅助生产费用并填写表 3-4 编制会计分录。

表 3-4（习题） 辅助生产费用分配表（代数分配法）

项　目		蒸汽车间		运输车间		费用合计/元
		数量/立方米	费用/元	数量/公里	费用/元	
劳务提供总量及金额						
用代数法算出的实际单位成本						
辅助生产车间	蒸汽车间	运输费				
		蒸汽费				
	运输车间	运输费				
		蒸汽费				
基本生产车间		运输费				
		蒸汽费				
行政管理部门		运输费				
		蒸汽费				
合　计						

4. 沿用第 1 题的资料，采用计划成本分配法计算分配辅助生产费用并填写表 3-5，编制会计分录。（计划单位成本：蒸汽每立方米 0.20 元，运输费每公里 1.00 元）

表 3-5（习题） 辅助生产费用分配表（计划成本法）

项　目			计划分配			成本差异分配			实际成本
			蒸汽	运输	小计	蒸汽	运输	小计	
劳务供应总量									
分配率									
分配费用/元									
辅助生产车间	蒸汽车间	数量							
		金额/元							
	运输车间	数量							
		金额/元							
基本生产车间		数量							
		金额/元							
行政管理部门		数量							
		金额/元							

5. 引用第 1 题的资料，采用顺序分配法计算分配辅助生产费用并填写表 3-6，编制会计分录。

表 3-6(习题)　辅助生产费用分配表(顺序分配法)

项　目	运输车间(先分配)		蒸汽车间(后分配)		费用合计/元
	数量/公里	费用/元	数量/立方米	费用/元	
车间本月发生的劳务及费用					
待分配费用					
辅助生产车间以外的劳务总量					
费用分配率					
辅助生产车间 运输车间					
辅助生产车间 蒸汽车间					
基本生产车间					
行政管理部门					
合　计					

6. 某企业基本生产车间生产甲、乙、丙 3 种产品,发生制造费用 90 000 元,甲产品的生产工时为 30 000 小时,乙产品的生产工时为 50 000 小时,丙产品的生产工时为 10 000 小时。

要求:按生产工人工时比例法分配制造费用,并填写表 3-7。

表 3-7(习题)　制造费用分配表

生产车间:×× 　　　　　　　××××年××月

产品名称	待分配金额/元	生产工时/小时	分配率	分配金额/元
甲产品				
乙产品				
丙产品				
合　计				

7. 某企业基本生产车间,生产甲、乙、丙三种产品,制造费用为 80 000 元,甲产品工人工资为 14 000 元,乙产品的工人工资为 10 000 元,丙产品的工人工资为 16 000 元。

要求:按生产工人工资比例法分配制造费用,并填写表 3-8。

表 3-8(习题)　制造费用分配表

生产车间:×× 　　　　　　　××××年××月

产品名称	待分配金额/元	生产工人工资/元	分配率	分配金额/元
甲产品				
乙产品				
丙产品				
合　计				

8. 某企业基本生产车间生产甲、乙、丙三种产品,发生制造费用 54 000 元,共耗机器工时 9 000 小时,其中甲产品耗机器工时 2 000 小时,乙产品耗机器工时 3 000 小时,丙产品耗机器工时 4 000 小时。要求:按机器工时比例法分配制造费用,并填写表 3-9。

表 3-9(习题)　制造费用分配表

生产车间:××　　　　　　　××××年××月

产品名称	待分配金额/元	机器工时/小时	分配率	分配金额/元
甲产品				
乙产品				
丙产品				
合　计				

9. 某车间全年制造费用计划数为 10 000 元,全年计划生产甲产品的定额工时为 600 小时,计划生产乙产品的定额工时为 400 小时;5 月实际产生的制造费用为 540 元,5 月甲产品实际消耗工时 25 小时,乙产品实际消耗工时 35 小时("制造费用"账户期初贷方余额为 120 元)。

要求:按年度计划分配率法分配制造费用,并填写表 3-10 和表 3-11。

表 3-10(习题)　制造费用分配表

生产车间:××　　　　　　　××××年××月

产品名称	本月实际生产工时/小时	计划分配率	本月分配额/元
甲产品			
乙产品			
合　计			

表 3-11(习题)　制造费用总账

××年		摘　要	借　方	贷　方	借或贷	余　额
月	日					
5	1	期初余额				
	31	本月实际发生的制造费用				
	31	月末分配转出				

承上,若到 12 月月底发现,全年制造费用实际发生额为 9 600 元。年终"制造费用"账户贷方余额为 400 元,按计划分配率分配,甲产品已承担 6 800 元,乙产品已承担 3 200 元。

要求:按分配比例进行调整,并编制会计分录。

10. 某企业本月生产 A 产品 300 件,生产过程中发现可修复废品 8 件,修复 8 件废品共耗材料费 150 元,应付工人工资 200 元,应分配制造费用 50 元,另用库存现金支付修复费用 80 元;废品残料入库,估价 90 元;经查明原因,过失人张三赔款 100 元,其余作为废品净损失处理。

要求:编制有关会计分录。

11. 某企业某月完工甲产品 1 000 件,在完工验收入库时发现,其中 200 件为不可修复废品。废品残值为 100 元,责任人赔偿 200 元。甲产品的成本资料如下:

直接材料(一次投料)　　8 000 元
直接人工　　　　　　　　3 000 元
制造费用　　　　　　　　2 000 元
合　　计　　　　　　　 13 000 元

要求:填写表 3-12 及编制会计分录(按废品所耗实际费用计算废品成本)。

表 3-12(习题)　废品损失计算表(按实际成本计算)

生产单位:××车间　　××××年××月　　产品名称:甲　　废品数量:200 件

项 目				
生产总成本/元				
分配数量/件				
分配率/(元/件)				
废品生产成本/元				
废料残值/元				
责任人赔偿/元				
废品净损失/元				

12. 某企业本月生产甲产品 30 件,生产过程中发现不可修复废品 8 件,该产品本月合格品与废品发生的共同费用如下:直接材料 1 500 元,直接人工 900 元,制造费用 1 200 元,合计 3 600 元。原材料系开工前一次投入,直接人工和制造费用按生产工时比例进行分配,总工时为 300 小时,其中废品生产小时为 80 小时。废品残料入库,估价 500 元。经查明原因,过失人李四应赔款 400 元,其余作为废品净损失处理。

要求:按废品所耗定额费用计算废品成本并编制会计分录。

13. 某企业由于意外断电停工两天,发生正在生产的甲产品停工损失 8 000 元,其中材料损失 3 000 元,工人薪酬损失 4 000 元,制造费用损失 1 000 元。查明原因后,由责任部门赔偿 1 000 元,其余计入产品成本。

要求:编制会计分录。

五、综合题

某企业设有机修、供电两个辅助生产车间。辅助生产车间的制造费用通过"制造费用"账户核算。基本生产成本和辅助生产成本明细账均设有"原材料""燃料及动力""工资及福利费""制造费用"四个成本项目。辅助生产费用分配采用按计划成本分配法。

20×9 年 9 月该企业辅助生产车间发生费用如下。

(1) 材料费用分配：机修车间领用修理用备件10 000元，领用消耗性材料3 000元；供电车间领用燃料8 000元，领用消耗性材料2 000元；共计23 000元（该企业不设置"燃料"科目）。

(2) 工资费用的分配：机修车间生产工人工资6 000元，车间管理人员工资2 000元；供电车间生产工人工资5 000元，车间管理人员工资2 000元；共计15 000元。

(3) 按照工资费用的14%计提职工福利费。

(4) 折旧费用分配：机修车间计提折旧费500元；供电车间计提折旧费800元；共计1 300元。

(5) 其他费用分配：机修车间发生其他费用3 000元；供电车间发生其他费用4 000元；共计7 000元（均通过银行办理转账结算）。

辅助生产车间提供产品和劳务的数量以及计划单位成本的资料如表3-13所示。

表3-13（习题） 辅助生产费用分配表　　　　　　　　　　2019年9月

项　目	机修车间		供电车间		费用合计
	数量/小时	费用	数量/度	费用	
待分配的数量和费用	5 500		40 000		
计划单位成本		5元		0.60元	
机修车间耗用动力电			2 000		
机修车间耗用照明电			1 000		
供电车间耗用修理费	500				
基本车间耗用动力费			25 000		
基本车间耗用照明电及修理费	4 000		5 000		
行政部门耗用照明电及修理费	1 000		7 000		
按计划成本分配合计					
辅助生产实际成本					
辅助生产成本差异					

要求：

(1) 根据辅助生产车间发生的各项费用，逐笔编制会计分录（"辅助生产成本"和"制造费用"账户均按生产车间列示明细账）。

(2) 根据有关资料，计算填列辅助生产费用分配表。

(3) 编制按计划成本分配辅助生产费用的会计分录，其中：机修车间耗用的修理用备件与修理工时相关，全部费用均按修理工时比例分配；供电车间按供电度数进行分配。

(4) 编制辅助生产车间结转制造费用的会计分录。

(5) 编制结转辅助生产成本差异的会计分录。

项目四 在产品与完工产品成本的核算习题

一、单选题

1. 分配加工费用时所采用的在产品完工率,是指产品(　　)与完工产品工时定额的比率。
   A. 所在工序的工时定额
   B. 前面各工序工时定额之和与所在工序工时定额之半的合计数
   C. 所在工序的累计工时定额
   D. 所在工序的工时定额之半

2. 某种产品经两道工序加工完成。工序的工时定额分别为24小时、16小时。各道工序的在产品在本道工序的加工程度按工时定额的50%计算。据此计算的第二道工序在产品累计工时定额为(　　)小时。
   A. 16   B. 20   C. 32   D. 40

3. 如果产品的消耗定额准确、稳定,各月月末在产品数量变化不大,产品成本中原材料费用所占比重较大,为了简化成本计算,月末在产品可以(　　)。
   A. 按定额原材料费用计价   B. 按定额成本计价
   C. 按所耗原材料费用计价   D. 按定额加工费用计价

4. 如果某种产品的月末在产品数量较大,各月在产品数量变化也较大,产品成本中各项费用的比重相差不多,生产费用在完工产品与月末在产品之间分配,应采用的方法是(　　)。
   A. 不计算在产品成本法   B. 约当产量法
   C. 在产品按完工产品计算法   D. 定额比例法

5. 如果产品成本中的原料费用所占比重很大,原料随着生产进度逐渐投入生产,为了简化成本计算工作,在分配完工产品与月末在产品费用时,应采用的方法是(　　)。
   A. 在产品按所耗原料费用计价,原料费用按约当产量比例分配
   B. 约当产量法
   C. 在产品按所耗原料费用计价
   D. 原料费用按约当产量比例分配

6. 某种产品的各项定额准确、稳定,其各月月末在产品数量变动不大,为了简化成本计算工作,其生产费用在完工产品与在产品之间进行分配应采用(　　)。
   A. 定额比例法   B. 约当产量法
   C. 在产品按定额成本计价法   D. 在产品按完工产品计算法

7. 某产品经三道工序加工而成。每道工序的工时定额分别为15小时、25小时、10小时。各道工序在产品在本道工序的加工程度按工时定额的50%计算。第三道工序的累计工时定额为(　　)小时。
   A. 10   B. 50   C. 45   D. 40

8. 某种产品经两道工序加工完成。第一道工序月末在产品数量为 100 件,完工程度为 20%;第二道工序的月末在产品数量为 200 件,完工程度为 70%。据此计算的月末在产品约当产量为(　　)件。

  A. 20　　　　　　B. 135　　　　　　C. 140　　　　　　D. 160

9. 某企业产品经过两道工序,各工序的工时定额分别为 30 小时和 40 小时,则第二道工序的完工率为(　　)。

  A. 68%　　　　　B. 69%　　　　　C. 70%　　　　　D. 71%

10. 约当产量法适用于(　　)的产品。

  A. 月末在产品数量较大　　　　　　B. 各月之间在产品数量变化较大
  C. 产品成本中各项费用比重相差不多　　D. 以上三项条件同时具备

11. 假设某企业某种产品本月完工 250 件,月末在产品 160 件,在产品完工程度为 40%,月初和本月发生的原材料费用共 56 520 元,原材料随着加工进度陆续投入,则完工产品和月末在产品的原材料费用分别为(　　)。

  A. 45 000 元和 11 250 元　　　　　B. 40 000 元和 16 250 元
  C. 45 000 元和 11 520 元　　　　　D. 34 298 元和 21 952 元

12. 如果企业定额管理基础较好,能够制定比较准确、稳定的消耗定额,各月月末在产品数量变化较大的产品,应采用(　　)。

  A. 定额比例法　　　　　　　　　B. 在产品按所耗原材料费用计价法
  C. 在产品按定额成本计价法　　　D. 在产品按固定成本计价

13. 在产品不计算成本法体现了成本核算的(　　)。

  A. 重要性原则　　　　　　　　　B. 实际成本原则
  C. 一致性原则　　　　　　　　　D. 可靠性原则

14. 不计在产品成本法适用于各月月末在产品数量很少价值很低的产品,这种产品每月发生的生产费用全部由(　　)负担。

  A. 最后一道工序产品　　　　　　B. 第一道工序产品
  C. 完工产品　　　　　　　　　　D. 以上都不是

15. 原材料在生产开始时一次投入的情况下,原材料费用可以按完工产品的(　　)和月末在产品的(　　)比例分配费用。

  A. 质量　品种　　　　　　　　　B. 产量　数量
  C. 品种　数量　　　　　　　　　D. 产量　质量

二、多选题

1. 约当产量法适用于分配(　　)。

  A. 直接材料　　　　　　　　　　B. 直接人工
  C. 制造费用　　　　　　　　　　D. 燃料及动力

2. 在确定生产费用在完工产品与在产品之间分配的方法时,应考虑的因素有(　　)。

  A. 各月在产品数量变化的大小　　B. 在产品数量的多少
  C. 定额管理基础的好坏　　　　　D. 各项费用比重的大小

3. 基本生产车间完工产品转出时,可能借记的账户有( )。
   A. 低值易耗品 B. 原材料
   C. 辅助生产成本 D. 库存商品
4. 分配计算完工产品和月末在产品的费用时,采用在产品按定额成本计价法所应具备的条件是( )。
   A. 定额管理基础较好 B. 产品的消耗定额比较稳定
   C. 各月月末在产品数量变化较小 D. 产品的消耗定额比较准确
5. 采用约当产量法,必须正确计算在产品的约当产量,而在产品约当产量计算正确与否取决于产品完工程度的测定,测定在产品完工程度的方法有( )。
   A. 按50%平均计算各工序完工率 B. 分工序分别计算完工率
   C. 按定额比例法计算 D. 按定额工时计算
6. 在产品按年初数固定计算法,适用于( )的产品。
   A. 各月月末在产品结存数量较少
   B. 各月月末在产品结存数量很多
   C. 各月月末在产品结存数量虽多,但各月之间变化不大
   D. 各月月末在产品数量变化较大
7. 生产费用在完工产品和月末在产品之间分配的方法有( )。
   A. 定额比例法 B. 按定额成本计价法
   C. 约当产量法 D. 不计算在产品成本法
8. 采用约当产量法分配完工产品和在产品费用,适用于( )产品。
   A. 月末在产品数量不大
   B. 月末在产品数量较大
   C. 产品成本中各项费用所占比重相差不多
   D. 月末在产品数量变动较大
9. 月初在产品费用与本月生产费用之和,等于( )两者之和。
   A. 本月完工产品费用 B. 月末在产品费用
   C. 本月合格品产品费用 D. 本月不合格品产品费用
10. 以下说法正确的是( )。
    A. 如果原材料为生产开始时一次投入,则在产品和完工产品所耗材料数量相同,因而在产品的投料程度为100%
    B. 如果原材料为随生产过程陆续投入,则材料的投料程度与生产工时的投入进度基本一致,则分配材料费用的在产品约当产量按在产品的完工程度折算
    C. 如果原材料为分阶段投入,并在每道工序开始时一次投入,则月末在产品的投料程度为100%
    D. 如果原材料为分阶段投入,并在每道工序开始时一次投入,则月末在产品的投料程度为在产品上道工序累计投入材料费用(或数量)与在产品在本工序投入材料费用(或数量)之和除以完工产品应投材料费用(或数量)

三、判断题

1. 企业所有产品均需要在月末将其生产费用的累计数在完工产品与在产品之间进行分配。（　　）
2. 狭义在产品是指正在某车间或某生产步骤中加工的在产品。（　　）
3. 某种产品采用在产品按固定成本计价法进行生产费用的分配,该产品12月份发生的生产费用等于完工产品成本。（　　）
4. 约当产量是指月末在产品数量按照完工程度折算的相当于完工产品的产量。（　　）
5. 各月月末在产品数量变化不大的产品,可以不计算月末在产品成本。（　　）
6. 采用在产品不计算成本法时,某种产品某月发生的生产费用之和,就是该月该种产品的完工产品成本。（　　）
7. 采用约当产量法分配原材料费用的完工率与分配加工费用的完工率有时是通用的。（　　）
8. 如果各月月末在产品数量较小,或者在产品数量虽大,但各月之间变化不大的产品,可以采用在产品按年初数固定计算法计算在产品成本。（　　）
9. 定额成本法适用于各项消耗定额或费用定额比较准确、稳定,各月月末在产品数量变化不大的产品。（　　）
10. 在产品成本按固定成本计价法确定时,某种产品本月发生的生产费用加上月初在产品成本构成本月完工产品的成本。（　　）

四、计算分析题

1. 某工业企业甲种产品的原材料在生产开始时一次投入,产品成本中的原材料费用所占比重很大,月末在产品按其所耗原材料费用计价。其8月初在产品费用为3 000元;该月生产费用为原材料12 000元,工资及福利费3 300元,制造费用6 000元。该月完工产品450件,月末在产品300件。

   要求:分配计算该月甲种产品的完工产品成本和月末在产品成本。

2. 某产品经两道工序完工,完工产品工时定额为40小时,第一道工序为30小时,第二道工序为10小时。每道工序在产品工时定额(本工序部分)按本工序工时定额的50%计算。

   要求:计算该产品第一、二道工序在产品的完工率。

3. 某产品本月发生的工资及福利费共为6 000元;该产品该月份完工1 375件;其各工序在产品的数量和完工率如表4-1所示。

表4-1(习题)　各工序在产品数量及完工率

工序	在产品数量/件	完工率/%
1	2 000	37.5
2	1 000	87.5

   要求:采用约当产量法,分配计算该产品完工产品和月末在产品的工资及福利费。

4. 某产品的原材料随着生产进度陆续投入,其完工产品和各工序的消耗定额,以及某月月末的在产品数量如表4-2所示。

表 4-2（习题） 各工序材料消耗定额及在产品数量表

工序	本工序原材料消耗定额/公斤	本工序在产品完工率/%	月末在产品数量/件	月末在产品约当产量/件
1	60		1 400	
2	40		900	
合计	100		—	

在产品在本工序的消耗定额按 50% 计算。该月月初在产品原材料费用为 2 610 元，本月原材料费用为 4 890 元。该月完工产品 1 860 件。

要求：

（1）按原材料投入的程度计算各工序在产品的完工率和该产品的月末在产品约当产量。

（2）采用约当产量法，分配计算完工产品和月末在产品的原材料费用。

5. 某工业企业 2019 年 9 月 A 产品成本明细账部分数据如表 4-3 所示。

表 4-3（习题） A 产品成本明细账

月	日	摘 要		原材料	工资及福利费	制造费用	合 计
8	31	余额		1 120	950	830	2 900
9	30	本月生产费用		8 890	7 660	6 632	23 182
9	30	累计					
9	30	分配率					
9	30	完工产品	定额	5 800	3 760		
9	30		实际				
9	30	月末在产品	定额	3 300	1 980		
9	30		实际				

该种产品采用定额比例法分配费用。原材料费用按定额费用比例分配；其他费用按定额工时比例分配。上列明细账"原材料"栏的"定额"行登记材料定额费用数，"工资及福利费"栏的"定额"行登记定额工时数。

要求：计算填列 A 产品成本明细账。

6. 某工业企业 C 产品的原材料随着生产进度陆续投入，其投入程度与加工进度完全一致，因而原材料费用和其他费用均按相同的约当产量比例分配。2019 年 9 月该种产品完工 100 件；月末在产品 80 件，完工程度为 40%，其有关数据如表 4-4 所示。

表 4-4（习题） C 产品成本计算表

月	日	摘 要	原材料	工资及福利费	制造费用	合 计
8	31	余额	350	200	250	800
9	30	本月生产费用	1 630	1 384	1 598	4 612
9	30	累计	1 980	1 584	1 848	5 412

要求：

(1) 计算各种费用分配率。

(2) 分配计算完工产品和月末在产品的各项费用和成本。

7. 某工业企业甲产品原材料费用定额为 6 元，原材料在零件投产时一次投入。该产品各项消耗定额比较准确、稳定，各月在产品数量变化不大，月末在产品按定额成本计价。该种产品各工序工时定额和 9 月末在产品数量如表 4-5 所示。

表 4-5（习题） 各工序工时定额及在产品数量表

产品名称	所在工序号	本工序工时定额	在产品数量/件
甲	1	1	400
甲	2	4	250
小 计		5	650

每道工序在产品的累计工时定额，按上道工序累计工时定额，加上本工序工时定额的 50% 计算。每小时费用定额为：工资及福利费 1.50 元；制造费用 2 元。该种产品 9 月初在产品和 9 月生产费用累计数为：原材料 10 000 元，工资及福利费 9 000 元，制造费用 12 000 元，共计 31 000 元。

要求：

(1) 计算月末在产品的定额原材料费用。

(2) 计算在产品各工序的累计工时定额。

(3) 计算月末在产品的定额工时。

(4) 计算月末在产品的定额工资及福利费和定额制造费用。

(5) 计算月末在产品定额成本。

(6) 计算完工产品成本。

8. 某种产品经三道工序完成，其材料在每道工序开始时分别一次投入，其各工序的材料消耗定额和 10 月末在产品数量如表 4-6 所示。

表 4-6（习题） 各工序材料消耗定额及在产品数量表

工序	本工序材料消耗定额/公斤	10 月末在产品数量/件
1	180	200
2	108	150
3	72	230
合计	360	—

该种产品 10 月初在产品原材料费用为 1 730 元，10 月原材料费用为 2 320 元；该月完工产品 900 件。

要求：

(1) 计算各工序按原材料消耗程度表示的完工率。

(2) 计算 10 月末在产品约当产量。

(3) 分配计算完工产品和月末在产品的原材料费用。

9. 某企业生产乙产品,需经过两道工序的加工才能完成。原材料随着生产进度逐步投入,原材料在第一道工序和第二道工序的消耗定额均为50元。本月完工乙产品1 200件,月末在产品为第一道工序600件,第二道工序400件。该月初在产品的原材料费用和本月原材料费用合计为132 000元。

要求:

(1) 计算在产品的约当产量。

(2) 按约当产量法分配计算乙产品的完工产品和月末在产品的原材料费用。

10. 某企业生产A产品,月初在产品直接材料费用30 000元,直接人工费用2 500元,制造费用1 500元。本月实际发生直接材料费用194 000元,直接人工费用25 000元,制造费用15 000元。完工产品5 000件,单件原材料费用定额30元,单件工时定额3.8小时。月末在产品400件,单件原材料费用定额25元,工时定额2.5小时。

要求:

(1) 根据以上资料,采用定额比例法编制完工产品与月末在产品费用分配表(见表4-7)。

(2) 写出完工产品成本和期末在产品成本的计算过程。

表4-7(习题)　完工产品与月末在产品费用分配表

产品:A产品　　　　　　　　　　　　　　　　　　　　　　　　　　　单位:元

项　目	直接材料	直接人工	制造费用	合　计
月初在产品成本	30 000	2 500	1 500	
本月投入生产费用	194 000	25 000	15 000	
本月生产费用合计数				
完工产品定额成本或定额工时				
月末在产品定额成本或定额工时				
费用分配率				
完工产品成本				
月末在产品成本				

11. 某企业生产A产品,本月生产费用累计数为15 000元,其中直接材料6 000元,直接人工5 000元,制造费用4 000元,本月完工产品数量为100件,月末在产品数量为200件。在产品投料程度为50%,加工程度为40%。

要求:

(1) 采用约当产量法计算完工产品与月末在产品的成本。

(2) 根据资料编制完工产品和在产品成本计算表(见表4-8)。

12. 某企业某月生产的B产品的期初在产品成本费用为1 000元,本期发生的生产费用为44 000元。本月完工1 000件,月末在产品100件,原材料在生产开始时一次投入,每件在产品直接材料费用定额为20元,单件在产品定额工时为4小时,计划每工时的费用分配率为直接人工3元/小时,制造费用2元/小时。

要求:按定额成本计算在产品成本法分配本月完工产品和月末在产品成本。

表 4-8(习题)　A 产品生产费用分配表

产品名称:A 产品　　　　　　　　2020 年 1 月　　　　　　　　单位:元
完工产品:100 件　　　　　　　　　　　　　　　　　　　　　在产品:200 件

摘　　要	直接材料	直接人工	制造费用	合　计
生产费用合计	6 000	5 000	4 000	15 000
在产品约当产量				
完工产品产量				
分配率(单位成本)				
完工产品总成本				
月末在产品成本				

项目五　产品成本计算方法——品种法习题

一、单选题

1. 下列方法中,属于产品成本计算辅助方法的是(　　)。
   A. 品种法　　　　B. 分批法　　　　C. 分步法　　　　D. 分类法
2. 在小批单件多步骤生产情况下,如果管理不要求分步计算产品成本,应采用的成本计算方法是(　　)。
   A. 分批法　　　　B. 分步法　　　　C. 分类法　　　　D. 定额成本法
3. 下列方法中最基本的成本计算方法是(　　)。
   A. 分步法　　　　B. 分批法　　　　C. 品种法　　　　D. 定额法
4. 选择产品成本计算基本方法时应考虑的因素是(　　)。
   A. 产品消耗定额是否准确、稳定
   B. 产品种类是否繁多
   C. 能够简化加速成本计算工作
   D. 生产工艺和生产组织特点及成本管理要求
5. 工业企业的(　　),是按照生产组织的特点来划分的。
   A. 单步骤生产　　B. 复杂生产　　　C. 多步骤生产　　D. 大量生产
6. 在大量大批多步骤生产的情况下,如果管理上不要求分步骤计算产品成本,其所采用的成本计算方法应是(　　)。
   A. 品种法　　　　B. 分批法　　　　C. 分步法　　　　D. 分类法
7. 品种法适用的生产组织是(　　)。
   A. 大量成批生产　　　　　　　　　　B. 大量大批生产

C. 大量小批生产　　　　　　　　D. 单件小批生产

8. 适用于大量大批的单步骤生产的产品成本计算方法是( )。

　　A. 品种法　　B. 分类法　　C. 分步法　　D. 分批法

9. 成本计算的基本方法和辅助方法之间的划分标准是( )。

　　A. 成本计算工作的繁简

　　B. 对于计算产品实际成本是否必不可少

　　C. 对成本管理作用的大小

　　D. 成本计算是否及时

10. 下列各项中,既是一种成本计算方法,又是一种成本管理方法的是( )。

　　A. 分类法　　B. 分批法　　C. 品种法　　D. 定额法

11. 在计算一种产品成本时( )。

　　A. 可能结合采用几种成本计算方法

　　B. 不可能结合采用几种成本计算方法

　　C. 可能同时采用几种成本计算方法

　　D. 必须结合采用几种成本计算方法

12. 以下各种成本计算方法中,属于辅助方法的有( )。

　　A. 品种法　　B. 分批法　　C. 标准成本法　　D. 分步法

13. 下面不是产品核算方法的主要区别是( )。

　　A. 成本核算对象

　　B. 生产周期

　　C. 成本核算期

　　D. 本期完工产品和期末在产品之间的费用分配

14. 下列说法错误的是( )。

　　A. 品种法成本计算期与会计报告期一致,与生产周期也一致

　　B. 分步法下成本计算期与会计报告期一致,但与生产周期不一致

　　C. 分批法下成本计算期与会计报告期不一定一致,与生产周期一致

　　D. 品种法成本计算期与会计报告期一致,但与生产周期不一致

15. 属于大量生产的企业有( )。

　　A. 专用设备　　B. 船舶　　C. 服装　　D. 造纸

二、多选题

1. 品种法适用于( )。

　　A. 小批单件单步骤生产

　　B. 单步骤生产

　　C. 管理上不要求分步骤计算产品成本的小批单件多步骤生产

　　D. 管理上不要求分步骤计算产品成本的大量大批多步骤生产

　　E. 管理上要求分步骤计算产品成本的大量大批多步骤生产

2. 成本计算方法应根据( )来确定。

　　A. 产品产量　　　　　　　　　　B. 生产组织的特点

C. 生产工艺的特点　　　　　　　　D. 成本管理要求

E. 生产规模大小

3. 下列方法中,属于产品成本计算的基本方法有(　　)。

   A. 品种法　　　　B. 分步法　　　　C. 分批法　　　　D. 定额法

4. 下列说法正确的有(　　)。

   A. 品种法适用于大量大批单步骤生产

   B. 品种法适用于小批单件单步骤生产

   C. 品种法适用于管理上不要求分步骤计算产品成本的大量大批多步骤生产

   D. 品种法适用于管理上不要求分步骤计算产品成本的小批单件多步骤生产

5. 受生产特点和管理的影响,在产品成本计算中有不同的成本计算对象,包括(　　)。

   A. 产品品种　　　　　　　　　　B. 产品类别

   C. 产品批别　　　　　　　　　　D. 产品生产步骤

6. 品种法的特点有(　　)。

   A. 成本计算对象就是产品的品种

   B. 品种法下应当按月计算产品成本

   C. 对于大量大批复杂生产的企业,月末一般在产品数量较多,需要采用适当的方法在完工产品和在产品之间分配

   D. 对于大量大批简单生产的企业,月末一般没有在产品或在产品很少,因而一般不计算月末在产品成本

7. 下列方法中,属于产品成本计算的辅助方法有(　　)。

   A. 分类法　　　　B. 分步法　　　　C. 分批法　　　　D. 定额法

8. 生产按组织方式,可以分为(　　)。

   A. 大量生产　　　B. 成批生产　　　C. 单件生产　　　D. 单步骤生产

9. 生产按照工艺过程的特点,可以分为(　　)。

   A. 简单生产　　　B. 成批生产　　　C. 单件生产　　　D. 复杂生产

10. 品种法的计算程序包括(　　)。

    A. 开设成本明细账　　　　　　　B. 计算并登记要素费用

    C. 分配并结转生产部门费用　　　D. 计算并结转完工产品成本

11. 关于品种法,下列说法不正确的是(　　)。

    A. 成本计算对象是产品的订单　　B. 按生产部门开设产品成本明细账

    C. 在月末一定有在产品　　　　　D. 成本计算期固定

12. 采用品种法在月末计算产品成本时,如果(　　),也可以不计算在产品成本。

    A. 没有在产品

    B. 在产品数量很少,且成本数额不大

    C. 在产品数量很少,且成本数额很大

    D. 在产品数量很多,且成本数额很大

13. 常见的品种法有(　　)。

    A. 复杂品种法　　B. 系数法　　　　C. 简单品种法　　D. 典型品种法

14. 关于品种法的分类,下列说法正确的有( )。
   A. 按照产品的生产类型和成本计算的繁简程度,可将品种法分为单一品种的品种法和多品种的品种法。
   B. 单一品种的品种法生产过程中发生的应记入产品成本的各种费用都是直接费用
   C. 单一品种的品种法不存在生产费用在各种产品间分配的问题
   D. 多品种的品种法不存在生产费用在各种产品间分配的问题
15. 品种法下设置的成本账簿包括( )。
   A. 按产品品种设置产品基本生产成本明细账
   B. 辅助生产成本明细账
   C. 制造费用明细账
   D. 管理费用明细账

三、判断题

1. 品种法是一种最基本的成本计算方法。 ( )
2. 划分产品成本计算基本方法的标志是成本计算对象。 ( )
3. 无论什么工业企业,无论什么生产类型的产品,也无论管理要求如何,最终都必须按照产品品种算出产品成本。 ( )
4. 生产按照工艺过程划分,可以分为大量生产、成批生产和单件生产三种类型。 ( )
5. 在品种法、分批法、分类法、标准成本法和变动成本法中,标准成本法和变动成本法属于辅助方法,其他方法属于基本方法。 ( )
6. 服装生产属于较为典型的成批生产组织方式。 ( )
7. 汽车和钟表企业的生产方式属于连续多步骤生产。 ( )
8. 在产品品种、规格繁多的企业,为了简化成本核算工作,可以采用分类法。 ( )
9. 标准成本法不仅是成本计算方法,也是加强成本控制、评价经济业绩的一种制度。 ( )
10. 辅助生产的供水、供汽、供电等单步骤的大量生产,不可以采用品种法计算成本。 ( )

四、计算分析题

某工业企业下设一个基本生产车间和一个辅助生产车间(机修车间),基本生产车间生产甲、乙两种产品。该企业是大量生产的企业,因半成品不对外销售,所以,管理上不要求计算半成品成本。因此,采用品种法计算产品成本。该企业实行一级成本核算,为了归集生产费用计算产品成本,设置了甲、乙两种产品的"基本生产成本"明细账和辅助生产车间的"辅助生产成本"明细账。"基本生产成本"明细账设置"直接材料""直接人工"和"制造费用"三个成本项目。辅助生产车间的制造费用不通过"制造费用"科目核算,发生时直接归集在"辅助生产成本"账户中。

1) 20××年9月生产车间发生的经济业务如下:

(1) 基本生产车间领有材料 50 000 元,其中:直接用于甲产品的 A 材料 10 000 元,直接用于乙产品的 B 材料 15 000 元,甲、乙产品共同耗用的 C 材料 20 000 元(按甲、乙产品的定额消耗量比例进行分配。甲产品的定额消耗量为 4 000 公斤,乙产品的定额消耗量为 1 000 公斤),车间的机物料消耗性材料 5 000 元;辅助生产车间领用材料 6 000 元;共计 56 000 元。

(2) 基本生产车间本月报废低值易耗品一批(劳动保护用品),实际成本为 2 000 元,残料入库,计价 100 元,采用五五摊销法进行核算。

(3) 基本生产车间的工人工资 20 000 元(按甲、乙产品耗用的生产工时比例进行分配,甲产品的生产工时为 6 000 小时,乙生产的生产工时为 2 000 小时),车间管理人员工资 4 000 元;辅助生产车间的工人工资 6 000 元,车间管理人员工资 1 500 元;共计 31 500 元。

(4) 发生的福利费,并未支付,其中按甲产品应承担的 2 100 元,乙产品应承担 700 元,车间管理人员福利费 560 元;辅助生产车间的福利费 1 050 元;共计 4 410 元。

(5) 基本生产车间月初在用固定资产原值 100 000 元,月末在用固定资产原值 120 000 元;辅助生产车间月初、月末在用固定资产原值均为 40 000 元;按月折旧率 1% 计提折旧。

(6) 基本生产车间发生其他货币支出 4 540 元,辅助生产车间发生其他货币支出 3 050 元,各项货币支出共计 7 590 元,并假定全用银行存款支付。

2) 本月辅助生产车间共完成修理工时 9 000 小时,其中:为基本生产车间提供 8 000 小时,为企业管理部门提供 1 000 小时。该企业辅助生产费用规定采用直接分配法按工时比例分配。

3) 基本生产车间的制造费用按生产工时比例在甲、乙产品之间进行分配。

4) 月初在产品生产成本:甲产品直接材料费用 16 000 元,直接人工费用 11 900 元,制造费用 16 600 元,合计 44 500 元;乙产品直接材料费用 9 500 元,直接人工费用 3 500 元,制造费用 5 000 元,共计 18 000 元。

5) 甲产品本月完工产成品 1 000 件,月末在产品 400 件,完工率为 40%,采用约当产量比例法分配完工产品和在产品的费用。甲产品的原材料在生产开始时一次投入。乙产品本月完工产成品 560 件。乙产品各月在产品数量变化不大,生产费用在产成品与在产品之间的分配,采用在产品按固定成本计价法。

要求:

(1) 编制各项要素费用分配的会计分录。

(2) 编制辅助生产费用分配的会计分录。

(3) 编制结转基本生产车间制造费用的会计分录。

(4) 计算并填列甲、乙产品成本明细账。

(5) 编制产成品成本汇总表;编制结转产成品成本的会计分录。

五、综合题

广州南华集团生产甲、乙两种产品,设有一个基本生产车间、两个辅助生产车间,20××年 8 月有关资料如下。

本月有关成本计算资料如下。

(1) 月初在产品成本:甲、乙两种产品的月初在产品成本如表 5-1 所示。

表 5-1(习题)　月初在产品成本资料表

20××年 8 月　　　　　　　　　　　　　　　　　　　　单位:元

摘　　要	直接材料	直接人工	制造费用	合　　计
甲产品月初在产品成本	164 000	32 470	3 675	200 145
乙产品月初在产品成本	123 740	16 400	3 350	143 490

(2) 本月生产数量:甲产品本月完工 500 件,月末在产品 100 件,实际生产工时 100 000 小时;乙产品本月完工 200 件。月末在产品 40 件,实际生产工时 50 000 小时。甲、乙两种产品的原材料都在生产开始时一次投入,加工费用发生比较均衡,月末在产品完工程度均为 50%。

(3) 本月发生生产费用如下。

① 本月发出材料汇总表如表 5-2 所示。

表 5-2(习题)　发出材料汇总表

20××年 8 月　　　　　　　　　　　　　　　　　　　　单位:元

领料部门和用途	材料类别			合　　计
	原材料	包装物	低值易耗品	
一、基本生产车间耗用				
甲产品耗用	800 000	10 000		810 000
乙产品耗用	600 000	4 000		604 000
甲、乙产品共同耗用	28 000			28 000
车间一般耗用	2 000		100	2 100
二、辅助生产车间耗用				
供电车间耗用	1 000			1 000
供热车间耗用	1 200			1 200
三、厂部管理部门耗用	1 200		400	1 600
合　　计	1 433 400	14 000	500	1 447 900

备注:生产甲、乙两种产品共同耗用的材料,按甲、乙两种产品直接耗用原材料的比例进行分配。

② 本月职工薪酬汇总表如表 5-3 所示。

③ 本月以现金支付的其他费用为 2 500 元,其中,基本生产车间办公费为 315 元;供电车间承担的市内交通费为 145 元;供热车间承担的外部加工费 480 元;厂部管理部门承担的办公费 1 360 元,材料市内运输费 200 元。

④ 本月以银行存款支付的其他费用为 14 700 元,其中,基本生产车间承担的办公费

表 5-3(习题)　职工薪酬汇总表

20××年8月　　　　　　　　　　　　　　　　　　　　　　　单位:元

人员类别	工资	福利费	合计
一、基本生产车间			
产品生产车间人员	420 000	58 800	478 800
车间管理人员	20 000	2 800	22 800
二、辅助生产车间			
供电车间	8 000	1 120	9 120
供热车间	7 000	980	7 980
三、厂部管理人员	40 000	5 600	45 600
合　计	495 000	69 300	564 300

用为7 000元;供电车间承担的外部修理费为2 300元;供热车间承担的办公费为400元;厂部管理部门负担的办公费为5 000元。

⑤ 本月应计提固定资产折旧费22 000元,其中,基本生产车间折旧10 000元,供电车间折旧2 000元,供热车间折旧4 000元,厂部管理部门折旧6 000元。

⑥ 根据账簿记录,本月应分摊财产保险费3 195元,其中供电车间承担800元,供热车间承担600元,基本生产车间承担1 195元,厂部管理部门承担600元。

(4) 有关费用分配方法如下。

① 共同耗用材料按甲、乙两种产品直接耗用原材料的比例分配。
② 工资及福利费按甲、乙两种产品的实际生产工时比例分配。
③ 辅助生产费用按计划成本分配法分配。
④ 制造费用按甲、乙两种产品的生产工时比例分配。
⑤ 采用约当产量法计算甲、乙两种产品的月末在产品。

本月供电和供热车间提供的劳务量如表5-4所示。每度电的计划成本为0.34元,每平方米供热的计划成本为3.50元;成本差异全部由管理费用承担。

表 5-4(习题)　本月供电和供热车间提供的劳务量表

受益部门	供电车间/度	供热车间/平方米
供电车间		400
供热车间	3 000	
产品生产	27 000	
一般耗费	6 000	3 000
厂部管理部门	10 000	1 100
合计	46 000	4 500

要求：

(1) 分配各项要素费用（见表 5-5～表 5-10）并编制会计分录。

表 5-5（习题） 甲、乙产品共同耗用材料分配表

20××年 8 月　　　　　　　　　　　　　　　　　　单位：元

产品名称	直接耗用原材料	分配率	分配共耗材料
甲产品			
乙产品			
合　计			

表 5-6（习题） 材料费用分配表

20××年 8 月　　　　　　　　　　　　　　　　　　单位：元

会计科目	明细科目	原材料	包装物	低值易耗品	合　计
基本生产成本	甲产品				
	乙产品				
	小　计				
辅助生产成本	供电车间				
	供热车间				
	小　计				
制造费用	基本生产车间				
管理费用					
合　计					

表 5-7（习题） 职工薪酬分配表

20××年 8 月　　　　　　　　　　　　　　　　　　单位：元

分配对象		工　资			福利费	
会计科目	明细科目	分配标准	分配率	分配额	分配率	分配额
基本生产成本	甲产品					
	乙产品					
	小　计					
辅助生产成本	供电车间					
	供热车间					
	小　计					
制造费用						
管理费用						
合　计						

表 5-8(习题)　折旧费用计算表

20××年 8 月　　　　　　　　　　　　　　　　　　　　　单位:元

会计科目	明细科目	费用项目	分配金额
合　计			

表 5-9(习题)　财产保险费分配表

20××年 8 月　　　　　　　　　　　　　　　　　　　　　单位:元

会计科目	明细科目	费用项目	分配金额
合　计			

表 5-10(习题)　其他费用分配表

20××年 8 月　　　　　　　　　　　　　　　　　　　　　单位:元

会计科目	明细科目	费用项目	分配金额
合　计			

(2)分配辅助生产费用(见表 5-11~表 5-14)并编制会计分录。

表 5-11(习题)　辅助生产成本明细账

车间名称:供电车间　　　　　　　　　　　　　　　　　　　单位:元

20××年		摘　要	直接材料	直接人工	制造费用	合　计
月	日					

续表

20××年		摘 要	直接材料	直接人工	制造费用	合 计
月	日					

表 5-12(习题)　辅助生产成本明细账

车间名称:供热车间　　　　　　　　　　　　　　　　　　　　　　　单位:元

20××年		摘 要	直接材料	直接人工	制造费用	合 计
月	日					

表 5-13(习题)　辅助生产费用分配表

20××年8月　　　　　　　　　　　　　　　　　　　　　　　　　　　单位:元

受益部门	供电(单位成本0.34元)		供热(单位成本3.50元)	
	用电度数	计划成本	供热方数	计划成本
一、辅助生产车间				
供电车间				
供热车间				
二、基本生产车间				
产品生产				
一般耗费				
三、厂部管理部门				
合　计				
实际成本				
成本差异				

表 5-14(习题)　产品生产用电分配表

20××年 8 月　　　　　　　　　　　　　　　　　　　　单位:元

产品	生产工时	分配率	分配金额

(3) 分配制造费用(见表 5-15、表 5-16)并编制会计分录。

表 5-15(习题)　制造费用明细账

车间名称:基本生产车间　　　　　　　　　　　　　　　　　　单位:元

| 20××年 | | 摘要 | 材料费 | 人工费 | 折旧费 | 其他 | 合计 |
月	日						

表 5-16(习题)　制造费用分配表

车间名称:基本生产车间　　　　　　　　　　　　　　　　　　单位:元

产品	生产工时	分配率	分配金额

(4) 计算甲、乙产品成本(见表 5-17、表 5-18)并填列明细账(见表 5-19、表 5-20)。

表 5-17(习题)　在产品约当产量计算表

产品名称:甲产品　　　　　　　　　　　　　　　　　　　　　单位:件

成本项目	在产品数量	投料程度	约当产量
直接材料			
直接人工			
制造费用			

表 5-18(习题)　在产品约当产量计算表

产品名称:乙产品　　　　　　　　　　　　　　　　　　　　　　　　单位:件

成本项目	在产品数量	投料程度	约当产量
直接材料			
直接人工			
制造费用			

表 5-19(习题)　基本生产成本明细账

产品名称:甲产品　　　　　　　　　　　　　　　　　　　　　　　　单位:元

20××年		摘　　要	直接材料	直接人工	制造费用	合　计
月	日					
		月初在产品成本				
		本月生产费用合计				
		本月累计				
		完工产品数量				
		月末在产品约当量				
		生产量合计				
		单位成本				
		完工产品总成本				
		月末在产品成本				

表 5-20(习题)　基本生产成本明细账

产品名称:乙产品　　　　　　　　　　　　　　　　　　　　　　　　单位:元

20××年		摘　　要	直接材料	直接人工	制造费用	合　计
月	日					
		月初在产品成本				
		本月生产费用合计				
		本月累计				
		完工产品数量				
		月末在产品约当量				
		生产量合计				
		单位成本				
		完工产品总成本				
		月末在产品成本				

(5) 编制完工产品成本计算表(见表 5-21),并结转完工产品成本。

表 5-21(习题)　完工产品成本计算表　　　　　　单位:元

成本项目	甲产品		乙产品	
	总成本	单位成本	总成本	单位成本
直接材料				
直接人工				
制造费用				
合　计				

项目六　产品成本计算方法——分批法习题

一、单选题

1. 简化分批法由于设置了基本生产成本二级账,因此基本生产成本明细账在产品完工前(　　)。
   A. 只登记间接计入费用
   B. 只登记直接计入费用
   C. 只登记间接计入费用和生产工时
   D. 只登记直接计入费用和生产工时

2. 在下列企业中,不可采用分批法计算产品成本的企业有(　　)。
   A. 印刷厂　　　　B. 重型机械厂　　　C. 船舶制造厂　　　D. 精密仪器厂

3. 在简化分批法下,累计间接计入费用分配率(　　)。
   A. 只是在各批产品之间分配累计间接计入费用的依据
   B. 只是在各批在产品之间分配累计间接计入费用的依据
   C. 只是完工产品与在产品之间分配累计间接计入费用的依据
   D. 既是各批产品之间、也是完工产品与在产品之间分配累计间接计入费用的依据

4. 用分批法计算产品成本,若是小批生产,出现批内跨月陆续完工的现象,并且批内完工产品数量较多时,完工产品与月末在产品成本的计算应采用(　　)。
   A. 计划成本法　　B. 定额成本法　　C. 交互分配法　　D. 约当产量法

5. 简化分批法之所以简化,是由于(　　)。
   A. 不计算在产品成本
   B. 不分批计算在产品成本
   C. 不分批计算完工产品成本
   D. 采用累计的费用分配率分配费用

6. 分批法的成本计算对象(　　)。
   A. 以产品批别为成本计算对象
   B. 以购货单位的订单为成本计算对象
   C. A 和 B 都对
   D. 以上都不对

7. 关于分批法的成本计算期,下列说法不正确的是(　　)。
   A. 分批法是以每批产品的生产周期作为成本计算期

B. 分批法是以每件产品的生产周期作为成本计算期

C. 采用分批法时,成本计算期与产品的生产周期一致

D. 采用分批法时,成本计算期与会计报告期一致

8. 采用累计分配法分配间接费用,是一种简化的分批法,月末未完工产品的间接费用( )。

    A. 全部分配   B. 部分分配   C. 全部保留   D. 部分保留

9. 分批法的成本核算程序与( )一致。

    A. 品种法   B. 分步法   C. 分类法   D. 定额法

10. 在小批、单件生产的企业,按产品批别计算产品成本,往往与按订单计算产品成本相一致,因此分批法又称( )。

    A. 分步法   B. 订单法   C. 分类法   D. 定额法

二、多选题

1. 分批法的特点是( )。

    A. 按产品的批别计算成本

    B. 间接计入费用月末必须全部进行分配

    C. 成本计算期与会计报告期不一致

    D. 一般不存在完工产品与月末在产品之间分配生产费用的问题

2. 简化分批法在月末( )。

    A. 在完工产品与在产品之间分配生产费用

    B. 只计算完工产品成本

    C. 只对完工产品分配间接计入费用

    D. 不分批计算在产品成本

3. 分批法适用范围是( )。

    A. 大批生产   B. 大量生产   C. 单件生产   D. 小批生产

4. 在简化分批法下( )。

    A. 在基本生产成本明细账中只登记直接计入费用和生产工时

    B. 必须设立基本生产成本二级账

    C. 产品完工之前,基本生产成本二级账只登记直接计入费用和生产工时

    D. 不分批计算在产品成本

5. 简化分批法的适用条件是( )。

    A. 各月间接计入费用水平相差不多   B. 同一月份投产产品的批次很少

    C. 同一月份投产产品的批次很多   D. 月末完工产品的批次较少

6. 使用分批法计算成本的企业,其生产的产品应具有( )特征。

    A. 产品具有可辨识性   B. 产品具有独一无二性

    C. 产品数量相对较小   D. 产品每一生产批次可以截然分开

7. 简化分批法设置基本生产成本二级账的作用包括( )。

    A. 按月反映全部各批产品的累计生产费用和累计生产工时

    B. 二级账中按成本项目反映全部产品的月初在产品成本、本月生产费用、累计生

产费用,按生产工时反映全部产品的月初在产品工时、本月生产工时、累计生产工时

C. 有完工产品的月份,计算和登记累计间接计入费用分配率

D. 有完工产品的月份,只计算完工各批产品的总成本

8. 简化分批法的优点包括( )。

A. 平时只计算完工各批产品的总成本

B. 简化了间接费用在各批产品之间进行分配的工作量

C. 如果月末未完工的批数较多,而完工的批数较少的情况下,核算工作就越简化

D. 有完工产品的月份,采用累计间接计入费用分配率方法,在未完工产品和完工产品之间分配间接费用

9. 简化分批法的缺点包括( )。

A. 在各月间接费用水平相差悬殊的情况下,采用该法会影响各月产品成本的正确性

B. 如果月末未完工产品的批数不多,也不宜采用这一方法

C. 如果月末未完工产品的批数不多,核算的工作量并未大量减少

D. 简化核算工作量

10. 下列说法正确的有( )。

A. 如果一张订单中要求生产多种产品,可以将订单按照产品的品种划分成几个批别组织生产

B. 如果一张订单中只要求生产一种产品,但该产品是价值较高、生产周期较长的大型复杂产品(如万吨轮),也可以将订单按产品的零部件分为几个批别组织生产

C. 如果在同一时期的几张订单要求生产相同的产品,也可以将相同产品的订单合并为一批组织生产

D. 如果一张订单中只要求生产一种产品,但数量较大,超过企业的生产负荷能力而不便于集中一次投产,或者购货单位要求分批交货,也可将订单分为几个批别组织生产。

三、判断题

1. 分批法的特点是不按产品的生产步骤而只按产品类别计算成本。 ( )

2. 为了使同一批产品同时完工,避免跨月陆续完工情况,减少在完工产品与月末在产品之间分配费用的工作,产品的批量越小越好。 ( )

3. 分批法一般是根据用户的订单组织生产的,在一份订单中即使存在多种产品也应合为一批组织生产。 ( )

4. 分批法下如果产品批量较大,出现批内跨月陆续完工和分次交货情况时,应该采取适当的方法计算完工产品成本与月末在产品成本。 ( )

5. 如果在一张订单中只订购一种产品,但这种产品数量较大,不便于集中一次投产,或者订货单位要求分批交货,也可以分为若干批组织生产,计算成本。 ( )

6. 分批法的成本计算应定期进行,成本计算期与某批次或订单产品的生产周期应保

持一致。（　）

7. 简化分批法对间接计入费用可采用累计分配率分配法在各批产品之间进行分配。（　）

8. 采用简化分批法，各批产品之间分配间接计入费用的工作和完工产品与月末在产品之间分配生产费用的工作，都是利用累计间接计入费用分配率，待到产品完工时，合并一起进行的。（　）

9. 采用简化分批法，必须按生产单位设置基本生产成本二级账。（　）

10. 在小批单件生产的企业或车间中，同一月份内投产的产品批数繁多而且月末未完工的批数也较多时，可以采用简化分批法。（　）

四、计算分析题

1. 目的：练习分批法。

资料：天山工厂按照订货单位的要求，小批生产 A、B、C 产品，采用分批法计算产品成本，设置"直接材料""直接人工""制造费用"三个成本项目，该厂 8 月各种产品生产情况和生产费用资料如表 6-1、表 6-2 所示。801 批号 B 产品完工 3 件按单位产品定额成本结转：直接材料 580 元，直接人工 430 元，制造费用 250 元，合计 1 260 元。

要求：按分批法计算产品成本，填写各批产品成本明细账，以及本月完工产品成本汇总表，如表 6-3～表 6-6 所示，同时编制结转完工产品的会计分录。

表 6-1（习题）　各种产品生产情况表

批号	产品名称	批量/件	投产与完工情况
701	A 产品	15	7 月 5 日投产，8 月 28 日全部完工
801	B 产品	10	8 月 4 日投产，8 月末完工 3 件
802	C 产品	22	8 月 6 日投产，8 月末全部未完工

表 6-2（习题）　各种产品生产费用情况表

项　目		直接材料	直接人工	制造费用	合　计
月初在产品成本（A 产品）		2 400	1 600	2 500	6 500
本月生产费用	A 产品	3 200	3 780	4 210	11 190
	B 产品	4 800	3 600	2 020	10 420
	C 产品	4 200	3 010	4 410	11 620

表 6-3（习题）　天山工厂产品成本明细账

产品批号：701　　　　　　订货单位：　　　　　　投产日期：7 月 5 日
产品名称：A 产品　　　　　产品批量：15 件　　　　完工日期：8 月 28 日

摘　要	直接材料	直接人工	制造费用	合　计

续表

摘 要	直接材料	直接人工	制造费用	合 计

表 6-4（习题）　天山工厂产品成本明细账

产品批号：801　　　　订货单位：　　　　投产日期：8 月 4 日
产品名称：B 产品　　　产品批量：10 件　　完工日期：（本月完工 3 件）

摘 要	直接材料	直接人工	制造费用	合 计

表 6-5（习题）　天山工厂产品成本明细账

产品批号：802　　　　订货单位：　　　　投产日期：8 月 6 日
产品名称：C 产品　　　产品批量：22 件　　完工日期：

摘 要	直接材料	直接人工	制造费用	合 计

表 6-6（习题）　天山工厂完工产品成本汇总表　　　　金额单位：元

成本项目	A 产品（15 件）		B 产品（3 件）	
	总成本	单位成本	总成本	单位成本
直接材料				
直接人工				
制造费用				
合　计				

2. 目的：练习简化分批法。

资料：某企业属于小型生产企业，产品批数多，同时月末有较多批号未完工，采用简化的分批法计算产品成本。各批号产品原材料在生产开始时一次投入，10 月有关成本资料如下。

（1）生产情况如表 6-7 所示。

表 6-7（习题） 产品生产情况表

批号	产　品	批量	投产日期	完 工 日 期
9001	A产品	10	9月6日	10月26日
9002	B产品	20	9月16日	10月31日完工11件
9003	C产品	12	9月26日	10月末全部未完工
1004	D产品	15	10月8日	10月末全部未完工

（2）月初在产品成本和生产工时如表 6-8 所示。

表 6-8（习题） 月初在产品成本和生产工时情况表

批号	产　品	直接材料/元	生产工时	直接人工/元	制造费用/元
9001	A产品	3 600	800		
9002	B产品	4 800	1 200		
9003	C产品	3 200	300		
合　计	—	11 600	2 300	1 082	1 856

（3）本月生产费用和生产工时如表 6-9 所示。

表 6-9（习题） 本月生产费用和生产工时情况表

批号	产　品	直接材料/元	生产工时	直接人工/元	制造费用/元
9001	A产品		1 200		
9002	B产品		3 100		
9003	C产品		1 600		
1004	D产品	2 280	1 650		
合　计	—	2 280	7 550	3 055	3 660

（4）10月末，完工产品生产工时为5 000小时，其中A产品为2 000小时，B产品为3 000小时。

要求：按简化的分批法计算产品成本，计算累计间接计入费用分配率，填写基本生产成本二级账和各批产品成本明细账，以及完工产品成本汇总表，如表6-10～表6-15所示，同时编制结转完工产品的会计分录。

表 6-10（习题） 基本生产成本二级账

生产单位：基本生产车间　　　　　　　　　　　　　　　　　　　　　　金额单位：元

20××年		凭证	摘　要	直接材料	生产工时	直接人工	制造费用	合　计
月	日							
10	1	略	月初在产品成本					
10	31		本月生产费用					

续表

| 20××年 | | 凭证 | 摘要 | 直接材料 | 生产工时 | 直接人工 | 制造费用 | 合计 |
月	日							
10	31		累计生产费用					
10	31		间接费用分配率					
10	31		完工产品总成本					
10	31		月末在产品成本					

直接人工累计间接计入费用分配率＝
制造费用累计间接计入费用分配率＝

表6-11（习题） 产品成本明细账

产品批号：9001　　　产品批量：10件　　　投产日期：9月6日
产品名称：A产品　　金额单位：元　　　　完工日期：10月26日

| 20××年 | | 凭证 | 摘要 | 直接材料 | 生产工时 | 直接人工 | 制造费用 | 合计 |
月	日							

表6-12（习题） 产品成本明细账

产品批号：9002　　　产品批量：20件　　　投产日期：9月16日
名称：B产品　　　　金额单位：元　　　　完工日期：10月末完工11件

| 20××年 | | 凭证 | 摘要 | 直接材料 | 生产工时 | 直接人工 | 制造费用 | 合计 |
月	日							

表 6-13(习题)　产品成本明细账

产品批号:9003　　　产品批量:12 件　　　投产日期:9 月 26 日
产品名称:C 产品　　金额单位:元　　　　完工日期:

20××年		凭证	摘要	直接材料	生产工时	直接人工	制造费用	合计
月	日							

表 6-14(习题)　产品成本明细账

产品批号:1004　　　产品批量:15 件　　　投产日期:10 月 8 日
产品名称:D 产品　　金额单位:元　　　　完工日期:

20××年		凭证	摘要	直接材料	生产工时	直接人工	制造费用	合计
月	日							

表 6-15(习题)　完工产品成本汇总表

20××年 10 月　　　　　　　　　　　　　　　　　金额单位:元

批次	产品	产量/件	完工产品总成本				完工产品单位成本
			直接材料	直接人工	制造费用	合计	
9001	A 产品						
9002	B 产品						
合　计							

项目七　产品成本计算方法——分步法习题

一、单选题

1. 分步法的适用范围是(　　)。
   A. 单件生产　　　　　　　　B. 单件小批生产
   C. 小批生产　　　　　　　　D. 大量大批生产

2. 管理上不要求计算各步骤完工半成品所耗半成品成本和本步骤加工费用,而要求按原始成本项目计算产品成本的企业,采用分步法计算产品成本时,应采用(　　)。
   A. 综合结转法　　　　　　　B. 平行结转法
   C. 分项结转法　　　　　　　D. 按计划成本结转法

3. 逐步结转分步法各生产步骤的生产费用,需要在(　　)之间进行分配。
   A. 本步骤完工自制半成品(或产成品)与在产品
   B. 产成品与广义在产品
   C. 本步骤自制半成品与在产品
   D. 产成品与月末在产品

4. 半成品实物转移,成本也跟随结转的成本计算方法是(　　)。
   A. 分批法　　　　　　　　　　B. 分步法
   C. 逐步结转分步法　　　　　　D. 平行结转分步法

5. 采用逐步结转分步法,各步骤月末在产品是(　　)。
   A. 合格品和废品　　B. 广义在产品　　C. 自制半成品　　D. 狭义在产品

6. 各生产步骤耗用的自制半成品需要按原始成本项目在基本生产明细账反映的,应采用(　　)。
   A. 综合结转法　　　　　　　　B. 成本还原法
   C. 分项结转法　　　　　　　　D. 平行结转法

7. 成本还原的对象是(　　)。
   A. 各生产步骤半成品成本
   B. 各生产步骤领用的自制半成品成本
   C. 最后步骤产成品成本
   D. 产成品所耗各生产步骤的自制半成品成本

8. 成本还原必须从(　　)生产步骤开始。
   A. 任意一个　　B. 第一个　　C. 中间一个　　D. 最后一个

9. 以下可采用分步法计算产品成本的企业是(　　)。
   A. 纺织厂　　　B. 发电厂　　　C. 造船厂　　　D. 重型机械厂

10. 成本还原率是用本月产成品所耗上一步骤半成品成本除以(　　)。
    A. 本月所产该种半成品各成本项目
    B. 本月所产该种半成品总成本
    C. 上月所产该种半成品各成本项目
    D. 上月所产该种半成品总成本

二、多选题

1. 分步法适用范围是(　　)。
   A. 成批生产　　　B. 多步骤生产　　　C. 大批生产　　　D. 大量生产

2. 计算和结转半成品成本可以采用(　　)方式。
   A. 逐步结转　　　B. 平行结转　　　C. 综合结转　　　D. 分项结转

3. 逐步结转分步法除了第一生产步骤以外,其余生产步骤成本核算中能反映(　　)。
   A. 前一生产步骤转入的原材料和加工费用
   B. 本步骤所耗费的加工费用
   C. 前一生产步骤转入的自制半成品成本
   D. 本步骤所耗费的原材料费用

4. 采用平行结转分步法( )。
   A. 半成品实物转移与其费用结转脱节
   B. 各步骤可以同时计算产品成本
   C. 不能全面反映各个步骤产品的生产耗费水平
   D. 不能提供半成品成本资料

5. 采用平行结转分步法,各步骤的月末在产品包括( )。
   A. 上步骤正在加工的在制品
   B. 已转入下一步骤的自制半成品
   C. 本步骤正在加工的在制品
   D. 已转入下一步骤的尚未最后完工的自制半成品

6. 采用平行结转分步法,( )。
   A. 半成品实物转移与其费用结转脱节
   B. 各步骤可以同时计算产品成本
   C. 不能全面反映各个步骤产品的生产耗费水平
   D. 不能提供半成品成本资料

7. 采用综合结转法的优点是( )。
   A. 便于同行业间产品成本对比分析
   B. 有利于各生产步骤的成本管理
   C. 可以反映各步骤加工费用的水平
   D. 可以反映各步骤所耗半成品费用的水平

8. 采用分项结转法的优点是( )。
   A. 简化成本计算工作
   B. 能直接反映产成品各成本项目的原始构成
   C. 有利于企业对各生产步骤成本的管理、控制、分析和考核
   D. 便于从整个企业角度分析和考核产品成本计划的执行情况

9. 以下企业中,一般采用分步法进行成本计算的企业是( )。
   A. 化工企业   B. 冶金企业
   C. 纺织企业   D. 造纸企业

10. 逐步结转分步法的缺点是( )。
    A. 成本计算工作量大
    B. 影响各生产步骤成本的管理、分析和考核
    C. 各步骤不能同步计算产品成本
    D. 不利于各生产步骤的实物管理和资金管理

三、判断题

1. 分步法适用于大量大批多步骤生产、管理上要求分步骤计算成本的企业。( )
2. 分步法的成本计算期与会计报告期一致,与生产周期不一致。 ( )
3. 采用逐步结转分步法,不能提供各个生产步骤的半成品成本资料。 ( )
4. 采用平行结转分步法计算产品成本时,不需要进行成本还原。 ( )

5. 分步法是以产品的品种及其所经过的生产步骤作为成本计算对象。（   ）

6. 无论是综合结转还是分项结转,半成品成本都是随半成品实物的转移而结转。（   ）

7. 逐步结转分步法有半成品直接转移和半成品入库两种不同的计算程序。（   ）

8. 在大量大批多步骤生产中,为加强各生产步骤的成本管理,不仅要求按产品品种计算成本,还要求按生产步骤计算成本。（   ）

9. 逐步结转分步法由于只能采用实际成本计价,因此后一生产步骤自制半成品必须等待前一生产步骤计算出半成品成本以后才能进行。（   ）

10. 由于各个企业生产工艺过程的特点和管理要求的不同,各生产步骤成本的计算和结转采用两种不同的方法,逐步结转和平行结转。（   ）

11. 采用平行结转分步法,不能提供各个生产步骤的半成品成本资料。（   ）

12. 成本还原的对象,是各生产步骤完工产品所耗上一步骤自制半成品成本。（   ）

13. 逐步结转分步法,按半成品成本在下一步骤基本生产成本明细账中反映方法的不同,可分为综合结转和分项结转两种方法。（   ）

14. 采用平行结转分步法,各步骤可以同时计算产品成本,但各步骤不结转半成品成本。（   ）

15. 成本还原的目的,是将产成品的综合成本分解为原始成本构成的产成品成本。（   ）

四、计算分析题

1. 目的:练习逐步综合结转分步法。

资料:某企业生产的甲产品,按顺序经过3个基本生产车间加工完成。其中第一车间完工产品为A半成品,完工后全部交给第二车间继续加工。第二车间完工产品为B半成品,完工后全部交给第三车间继续加工为甲产成品,完工后全部交产成品仓库。甲产品原材料在第一车间生产开始时一次投入,第二车间和第三车间转入的A半成品、B半成品也都在各该生产步骤生产开始时一次投入。各车间的工资和费用发生比较均匀,月末在产品完工程度均为50%。该厂各车间完工产品和月末在产品之间的费用分配,均采用约当产量法。本月各生产车间产量记录资料如表7-1所示,月初在产品成本和本月发生的生产费用资料如表7-2所示。

表7-1(习题)　产量记录

20××年8月　　　　　　　　　　　　　　　　　　　　　　　　　　　单位:件

项　　目	第一车间	第二车间	第三车间
月初在产品	60	50	80
本月投产或上步转入	300	280	250
本月完工转出	280	250	300
月末在产品	80	80	30

表 7-2（习题） 生产费用资料

20××年8月　　　　　　　　　　　　　　　　　　　　　　　　　　单位:元

项　目	第一车间		第二车间		第三车间	
	月初在产品成本	本月生产费用	月初在产品成本	本月生产费用	月初在产品成本	本月生产费用
直接材料	600	3 000	—	—	—	—
自制半成品	—	—	320	—	120	—
直接人工	40	280	45	535	60	885
制造费用	80	560	85	1 075	150	3 000
合　计	720	3 840	450	1 610	330	3 885

要求：根据上述资料，采用逐步综合结转分步法计算 A 半成品、B 半成品和甲产品成本，编制结转完工产成品的会计分录，登记产品成本明细账，如表 7-3～表 7-5 所示。

表 7-3（习题）　第一车间产品生产成本明细账

产品：A 半成品　　　　　　　20××年8月　　　　　　　　　　完工：280 件
月末在产品：80 件，完工程度：50%　　　　　　　　　　　　　金额单位：元

摘　要	直接材料	直接人工	制造费用	合　计
月初在产品成本				
本月本步骤发生费用				
生产费用合计				
本月完工产品数量				
月末在产品约当量				
约当总量				
单位成本（分配率）				
完工半成品成本				
月末在产品成本				

表 7-4（习题）　第二车间产品生产成本明细账

产品：B 半成品　　　　　　　20××年8月　　　　　　　　　　完工：250 件
月末在产品：80 件，完工程度：50%　　　　　　　　　　　　　金额单位：元

摘　要	自制 A 半成品	直接人工	制造费用	合　计
月初在产品成本				
本月上步骤转入费用				
本月本步骤发生费用				
生产费用合计				
本月完工产品数量				
月末在产品约当量				

续表

摘 要	自制A半成品	直接人工	制造费用	合 计
约当总量				
单位成本(分配率)				
完工半成品成本				
月末在产品成本				

表 7-5（习题） 第三车间产品生产成本明细账

产品：甲产品　　　　　　　20××年8月　　　　　　　　　完工：300件

月末在产品：30件，完工程度：50%　　　　　　　　　　　金额单位：元

摘 要	自制B半成品	直接人工	制造费用	合 计
月初在产品成本				
本月上步骤转入费用				
本月本步骤发生费用				
生产费用合计				
本月完工产品数量				
月末在产品约当量				
约当总量				
单位成本(分配率)				
完工产品成本				
月末在产品成本				

2．目的：练习成本还原。

资料：根据本章逐步综合结转分步法习题1的计算结果。

要求：采用成本项目比重还原法和成本还原率法，对第三车间所产甲产品成本中的自制半成品进行成本还原，填制产品成本还原计算表，如表7-6、表7-7所示（还原率和还原比重保留4位小数，还原成本保留至整数，单位成本保留两位小数）。

表 7-6（习题） 成品成本还原计算表（成本项目比重还原法）

产品：甲产品　　　　产量：300件　　　20××年8月　　　　　　金额：元

摘 要		行序	B半成品成本	A半成品成本	直接材料	直接人工	制造费用	合计
还原前产成品成本		(1)						
本月产B半成品	成本	(2)						
	比重	(3)						
产成品中B半成品成本还原		(4)						

续表

摘要		行序	B半成品成本	A半成品成本	直接材料	直接人工	制造费用	合计
本月产A半成品	成本	(5)						
	比重	(6)						
产成品中A半成品成本还原		(7)						
还原后产成品成本 [(1)+(4)+(7)]		(8)						
单位成本		(9)						

表 7-7(习题) 产成品成本还原计算表(成本还原率法)

产品:甲产品　　　　产量:300件　　　　20××年8月　　　　金额:元

摘要	成本还原率	B半成品成本	A半成品成本	直接材料	直接人工	制造费用	合计
(1) 还原前产品总成本							
(2) 本月产B半成品成本							
(3) B半成品成本还原							
(4) 本月产A半成品成本							
(5) A半成品成本还原							
(6) 还原后产品总成本 [(1)+(3)+(5)]							
(7) 还原后单位成本							

B半成品成本还原率＝

A半成品成本还原率＝

3. 目的:练习逐步分项结转分步法

资料:某企业生产的甲产品,按顺序经过3个基本生产车间加工完成。其中第一车间完工产品为A半成品,完工后全部交给第二车间继续加工。第二车间完工产品为B半成品,完工后全部交给第三车间继续加工成为甲产成品,完工后全部交产成品仓库。甲产品原材料在第一车间生产开始时一次投入,第二车间和第三车间转入的A半成品、B半成品也都在各该生产步骤生产开始时一次投入。各车间的工资和费用发生比较均匀,月末在产品完工程度均为50%。该厂各车间完工产品和月末在产品之间的费用分配,均采用约当产量法。本月各生产车间产量记录资料如表7-8所示,月初在产品成本和本月发生的生产费用资料如表7-9所示。

表 7-8（习题） 产量记录

20××年8月 单位：件

项　　目	第一车间	第二车间	第三车间
月初在产品	60	50	80
本月投产或上步转入	300	280	250
本月完工转出	280	250	300
月末在产品	80	80	30

表 7-9（习题） 生产费用资料

20××年8月 单位：件

项　　目	第一车间	第二车间	第三车间
月初在产品成本	720	450	330
其中：1. 直接材料（半成品）	600	200	60
（1）上步转入		200	60
（2）本步发生	600	—	—
2. 直接人工	40	90	70
（1）上步转入		45	10
（2）本步发生	40	45	60
3. 制造费用	80	160	200
（1）上步转入		75	50
（2）本步发生	80	85	150
本月本步生产费用	3 840	1 610	3 885
其中：直接材料	3 000	—	—
直接人工	280	535	885
制造费用	560	1 075	3 000

要求：根据上述资料，采用逐步分项结转分步法计算 A 半成品、B 半成品和甲产成品成本，编制结转完工产成品的会计分录，登记产品成本明细账，如表 7-10～表 7-12 所示。

表 7-10（习题） 第一车间产品生产成本明细账

产品：A 半成品　　　　20××年8月　　　　完工：280 件
月末在产品：80 件　　　完工程度：50%　　　金额单位：元

摘　　要	直接材料	直接人工	制造费用	合　计
月初在产品成本				
本月本步骤发生费用				
生产费用合计				
本月完工产品数量				
月末在产品约当量				

续表

摘 要	直接材料	直接人工	制造费用	合 计
约当总量				
单位成本(分配率)				
完工半成品成本				
月末在产品成本				

表 7-11(习题)　第二车间产品生产成本明细账

产品：B 半成品　　　　　20××年 8 月　　　　　　　　完工：250 件
月末在产品：80 件　　　　完工程度：50%　　　　　　　金额单位：元

摘 要	直接材料		直接人工		制造费用		合计
	上步转入	本步发生	上步转入	本步发生	上步转入	本步发生	
月初在产品成本							
本月上步骤转入费用							
本月本步骤发生费用							
生产费用合计							
本月完工产品数量							
月末在产品约当量							
约当总量							
单位成本(分配率)							
完工半成品成本							
月末在产品成本							

表 7-12(习题)　第三车间产品生产成本明细账

产品：甲产品　　　　　　20××年 8 月　　　　　　　　完工：300 件
月末在产品：30 件　　　　完工程度：50%　　　　　　　金额单位：元

摘 要	直接材料		直接人工		制造费用		合计
	上步转入	本步发生	上步转入	本步发生	上步转入	本步发生	
月初在产品成本							
本月上步骤转入费用							
本月本步骤发生费用							
生产费用合计							
本月完工产品数量							
月末在产品约当量							
约当总量							
单位成本(分配率)							

续表

摘要	直接材料		直接人工		制造费用		合计
	上步转入	本步发生	上步转入	本步发生	上步转入	本步发生	
完工半成品成本							
月末在产品成本							

4. 目的：练习平行结转分步法练。

资料：某企业由 3 个基本生产车间大量生产甲产品，经过 3 个车间顺序加工完成。原材料在生产开始时一次投入，自制半成品由上一步骤直接转入下一步骤，每件产成品耗用各车间完工半成品一件，生产费用在完工产品与月末在产品之间采用约当产量法进行分配。本月各生产车间产量记录资料如表 7-13 所示，月初在产品成本和本月发生的生产费用资料如表 7-14 所示。

表 7-13（习题） 产量记录

20××年 8 月　　　　　　　　　　　　　　　　　　　单位：件

项目	第一车间	第二车间	第三车间
月初在产品	30	35	20
本月投产或上步转入	100	90	95
本月完工转出	90	95	100
月末在产品	40	30	15
在产品完工程度/%	40	50	60

表 7-14（习题） 生产费用资料

20××年 8 月　　　　　　　　　　　　　　　　　　　单位：元

项目	第一车间		第二车间		第三车间	
	月初在产品成本	本月生产费用	月初在产品成本	本月生产费用	月初在产品成本	本月生产费用
直接材料	1 200	5 460	—	—	—	—
直接人工	572	1 360	460	1 360	88	893
制造费用	200	444	160	464	32	295
合计	1 972	7 264	620	1 824	120	1 188

要求：根据上述资料，采用平行结转分步法计算甲产品成本，登记产品成本明细账和产品成本计算汇总表，如表 7-15～表 7-18 所示，根据产品成本计算汇总表编制会计分录。

表 7-15（习题）　第一车间产品生产成本明细账

产品：甲产品　　　　　　　　20××年8月　　　　　　　　金额单位：元

摘　要	直接材料	直接人工	制造费用	合　计
月初在产品成本				
本月发生生产费用				
生产费用合计				
本月最终产成品数量				
本步骤在产品约当量				
已交下步未完工半成品数量				
约当总量				
单位成本				
应计入产成品成本的份额				
月末在产品成本				

表 7-16（习题）　第二车间产品生产成本明细账

产品：甲产品　　　　　　　　20××年8月　　　　　　　　金额单位：元

摘　要	直接材料	直接人工	制造费用	合　计
月初在产品成本				
本月发生生产费用				
生产费用合计				
本月最终产成品数量				
本步骤在产品约当量				
已交下步未完工半成品数量				
约当总量				
单位成本				
应计入产成品成本的份额				
月末在产品成本				

表 7-17（习题）　第三车间产品生产成本明细账

产品：甲产品　　　　　　　　20××年8月　　　　　　　　金额单位：元

摘　要	直接材料	直接人工	制造费用	合　计
月初在产品成本				
本月发生生产费用				

续表

摘　　要	直接材料	直接人工	制造费用	合　计
生产费用合计				
本月最终产成品数量				
本步骤在产品约当量				
已交下步未完工半成品数量				
约当总量				
单位成本				
应计入产成品成本的份额				
月末在产品成本				

表 7-18（习题）　产品成本计算汇总表

产品：甲产品　　　　20××年8月　　　　产量：100件　　　　单位：元

摘　　要	直接材料	直接人工	制造费用	合　计
第一步骤计入份额				
第二步骤计入份额				
第三步骤计入份额				
产成品总成本				
产成品单位成本				

项目八　产品成本计算方法——分类法习题

一、单选题

1. 分类法的适用范围（　　）。
   A. 是大量大批单步骤生产　　　　B. 是大量大批多步骤生产
   C. 是单件小批单步骤生产　　　　D. 与企业生产类型没有直接关系

2. 利用相同的原材料，在同一生产过程中，同时生产出的几种使用价值不同，但具有同等地位的主要产品，这些产品称为（　　）。
   A. 产成品　　　　B. 联产品　　　　C. 等级品　　　　D. 副产品

3. 有些工业企业在生产主要产品的过程中，会附带生产一些非主要产品，这些非主要产品称为（　　）。
   A. 联产品　　　　B. 废品　　　　C. 副产品　　　　D. 次品

4. 一个生产的产品品种或规格繁多,但产品的生产工艺过程,产品的性能、结构相似,可以按照一定标准划分为若干类别的企业,适用于采用(　　)计算产品成本。
   A. 品种法　　　　B. 分批法　　　　C. 分步法　　　　D. 分类法
5. 分类法成本计算的对象是(　　)。
   A. 产品品种　　　B. 产品类别　　　C. 联产品　　　　D. 副产品
6. 成本计算的基本方法和辅助方法之间的划分标准是(　　)。
   A. 成本计算工作的繁简
   B. 对于计算产品实际成本是否必不可少
   C. 对成本管理作用的大小
   D. 成本计算是否及时
7. 成本计算的辅助方法是(　　)。
   A. 分批法　　　　B. 分步法　　　　C. 品种法　　　　D. 分类法
8. 如果比重不大,为了简化成本计算工作,副产品、联产品采用的计算成本方法可以类似于(　　)。
   A. 品种法　　　　B. 分批法　　　　C. 分类法　　　　D. 定额法
9. 当副产品的售价不能抵偿其销售费用时,副产品的成本可以(　　)。
   A. 按计划单位成本计价
   B. 不计价
   C. 按实际单位成本计价
   D. 按售价减去按正常利润率计算的销售利润后的余额计价
10. 联产品在分离前计算出的总成本称为(　　)。
    A. 直接成本　　　B. 间接成本　　　C. 联合成本　　　D. 分项成本
11. 在计算类内各种产品成本时,分配标准应选择与产品成本高低有直接联系的项目,通常采用的分配标准是(　　)。
    A. 定额成本　　　B. 约当产量　　　C. 标准产量　　　D. 固定成本
12. 联产品分离前的联合成本的计算,可采用分类法的原理进行。联合成本在各种联产品之间分配的常用方法是(　　)。
    A. 实际产量分配法　　　　　　　B. 约当产量分配法
    C. 标准产量分配法　　　　　　　D. 计划产量分配法
13. 副产品的计价可以根据不同情况分别采用不同方法,常见的方法是(　　)。
    A. 按上期成本计价　　　　　　　B. 按计划成本计价
    C. 按固定成本计价　　　　　　　D. 按实际成本计价
14. 副产品成本从联合成本中扣除的方法可以是(　　)。
    A. 从"直接材料"成本项目中扣除　　B. 从"直接人工"成本项目中扣除
    C. 从"制造费用"成本项目中扣除　　D. 由企业自行决定
15. 由于材料质量、工艺过程本身等特点造成的等级品,可按分类法计算类产品的联合成本,在各种等级品之间分配联合成本时可采用的方法是(　　)。
    A. 约当产量比例法　　　　　　　B. 实际产量比例法

         C. 计划产量比例法　　　　　　D. 标准产量比例法

二、多选题

1. 采用分类法,可将(　　)不同等标志,划分若干类别。
   A. 产品的性质、结构和用途　　　B. 产品耗用原材料
   C. 产品生产工艺技术过程　　　　D. 产品的售价

2. 下列产品中,可以作为同一个成本核算对象的有(　　)。
   A. 针织厂生产的同种不同规格的针织品
   B. 无线电元件厂同时生产的同一类别不同规格的无线电元件
   C. 炼油厂同时生产的汽油、柴油、煤油
   D. 鞋厂同时生产的同一类别不同尺码的鞋子

3. 分类法下,同类产品内各种产品之间分配费用的标准,一般有(　　)等。
   A. 定额比例　　　　　　　　　　B. 计划成本法
   C. 产品体积、长度和重量　　　　D. 系数法

4. 系数分配法确定分配标准,选择与耗用费用关系最密切的经济因素作为分配标准的可以是(　　)等。
   A. 定额耗用量　　　　　　　　　B. 定额成本
   C. 产品售价　　　　　　　　　　D. 产品重量、体积、长度

5. 分类法适用范围有(　　)。
   A. 可将产品划分为一定类别的企业或车间
   B. 企业联产品成本的计算
   C. 企业副产品成本的计算
   D. 企业等级品成本的计算

6. 副产品成本的确定一般有(　　)等方法。
   A. 按照企业制定的副产品计划成本计价
   B. 按照副产品的售价减去销售税金和销售利润以后的余额计价
   C. 按照企业制定的副产品定额成本计价
   D. 按副产品的售价计价

7. 在实际成本计算工作中,可以采用分类法的所属行业有(　　)。
   A. 钢铁企业　　　　　　　　　　B. 无线电元件企业
   C. 针织企业　　　　　　　　　　D. 食品企业

8. 在分类法下,选择作为同类产品中的标准产品的条件主要包括(　　)。
   A. 产量较大　　　　　　　　　　B. 产品价格比较稳定
   C. 销量稳定　　　　　　　　　　D. 产品生产比较稳定或规格折中

9. 关于分类法的说法正确的有(　　)。
   A. 以产品的类别作为成本计算对象,简化了成本核算工作
   B. 在类内各种产品成本的计算中,计算结果有一定的假定性
   C. 在产品的分类上,应以所耗原材料和工艺技术过程是否相近为标准
   D. 在对产品分类时,类距既不能定得过小,也不能定得过大

10. 可按分类法成本计算原理计算产品成本的等级品是（　　）。
    A. 由于材料质量原因造成等级品
    B. 由于工艺过程本身原因造成等级品
    C. 由于自然原因造成等级品
    D. 由于生产管理不当造成等级品

11. 关于等级品下列说法正确的是（　　）。
    A. 质量好的等级低，质量差的等级高　　B. 等级品的生产过程相同
    C. 等级品的质量不同　　D. 等级品是品种相同的产品

12. 采用分类法计算产品成本时应注意以下问题（　　）。
    A. 类距要适当　　B. 类内产品品种不能太少
    C. 分配标准可由企业自由选择　　D. 分配标准应有所选择

13. 分类法的成本计算程序是（　　）。
    A. 在同类产品中选择一种产量大、生产稳定或规格折中的产品作为标准产品
    B. 把标准产品的分配标准系数确定为1
    C. 以其他产品的单位分配标准数据与标准产品相比，求出其他产品的系数
    D. 用各种产品的实际产量乘以系数，计算出总系数，再按各种产品总系数比例分配计算类内各种产品成本

14. 如果按单项系数进行类内产品成本分配，当直接材料成本项目按定额成本作为分配标准时，则在计算直接材料成本项目的系数时应考虑以下因素（　　）。
    A. 标准产品的直接材料定额成本
    B. 某种产品的直接材料定额成本
    C. 标准产品的其他成本项目定额成本
    D. 某种产品的其他成本项目定额成本

15. 联产品的生产特点是（　　）。
    A. 经过同一个生产过程进行生产
    B. 利用同一种原材料加工生产
    C. 都是企业的主要产品
    D. 有的是主要产品，有的是非主要产品

三、判断题

1. 分类法不是成本计算的基本方法，它与企业生产类型没有直接关系。　　（　　）
2. 分类法应是一种独立的成本计算方法，不必与其他成本计算方法结合使用。
　　　　　　　　　　　　　　　　　　　　　　　　　　　　　　　　（　　）
3. 在产品品种、规格繁多的企业，采用分类法可以简化成本计算工作。　　（　　）
4. 分类法的成本计算期可以和生产周期一致也可以不一致。　　（　　）
5. 采用分类法计算出的某类产品成本，还应按照一定的分配标准，将成本分配给类内各种产品。　　（　　）
6. 利用相同的原材料，在同一生产过程中，同时生产出的几种使用价值不同，但具有同等地位的主要产品，这些产品称为副产品。　　（　　）

7. 采用分类法计算产品成本,成本核算对象是产品的类别,不必计算出各种产品成本。（　　）

8. 副产品和主要产品不是企业在同一生产过程中生产出来的。（　　）

9. 采用分类法计算产品成本,生产费用一般需要在完工产品和在产品之间分配。（　　）

10. 联产品的成本计算可以采用分类法。（　　）

11. 采用分类法计算产品成本,不论选择什么作为分配标准,其产品成本的计算结果都有不同程度的假定性。（　　）

12. 由于分类法是为了简化成本核算工作而采用的方法,因此只要能简化成本核算,产品可以随意进行分类。（　　）

13. 采用分类法计算产品成本,对类内产品成本的分配,各成本项目可采用相同的分配标准,也可采用不同的分配标准。（　　）

14. 联产品的成本不应该包括其所应负担的联合成本和分离后的继续加工成本。（　　）

15. 在实际工作中,副产品可以不负担分离前的成本,其成本可由主要产品负担,这种方法一般适用于副产品分离后不再加工,而且其价值较低的情况。（　　）

四、计算分析题

1. 资料:某企业生产的 A、B、C、D、E 五种产品耗用的原材料和产品的生产工艺过程相同,因而归为一类（甲类产品）,采用分类法计算产品成本。8月有关成本计算资料如下。

（1）月初在产品成本和本月生产费用见表8-1。

（2）各种产品本月产量资料和定额资料见表8-2。

要求:

（1）采用固定在产品成本法计算甲类产品月末在产品成本和本月完工产品成本,完成甲类产品成本计算单（见表8-1）。

（2）计算各种产品系数和本月总系数,完成类内各种产品成本计算单（见表8-2）。

（3）采用系数分配法计算类内各种产品的成本,完成类内各种产品成本计算单（见表8-3）。

计算结果保留两位小数。

表 8-1（习题）　甲类产品成本计算单

20××年8月　　　　　　　　　　　　　　　　金额单位:元

摘　　要	直接材料	直接人工	制造费用	合　　计
月初在产品成本	40 000	60 000	37 600	137 600
本月生产费用	293 760	766 080	510 720	1 570 560
生产费用合计				
本月完工产品总成本				
月末在产品成本				

表 8-2(习题)　甲类产品成本计算单

20××年8月　　　　　　　　　　　　　　　　　　金额单位:元

产品	本月实际产量	材料消耗定额	材料系数	材料总系数	工时消耗定额	工时系数	工时总系数
A	400	30			19.2		
B	480	24			17.6		
C	960	20			16		
D	720	18			14.4		
E	600	16			12.8		
合计							

表 8-3(习题)　甲类产品成本计算单

产品:甲类产品　　　　20××年8月　　　　　　　　　金额单位:元

产品	实际产量	总系数		总成本				单位成本
		直接材料	加工费用	直接材料	直接人工	制造费用	成本合计	
分配率								
A	400							
B	480							
C	960							
D	720							
E	600							
合计	—							

2. 资料:某企业20××年8月在生产甲产品时产生的A副产品,A副产品与甲产品分离后,可以直接出售。本月生产的2 000件甲产品已全部完工,没有月末在产品,甲产品生产成本明细账(见表8-4)归集的生产费用合计为96 000元,其中,直接材料48 000元,直接人工32 000元,制造费用16 000元。本月附带生产A产品100件已全部入库,计划单位成本为60元,其中,直接材料30元,直接人工20元,制造费用10元。

表 8-4(习题)　产品成本明细账

　　　　　　　　　　　　　　　　　　　　　　　　产品名称:甲
编制单位:　　　　20××年8月　　　　　　　　　单位:元

摘　要	直接材料	直接人工	制造费用	合　计
生产费用合计	48 000	32 000	16 000	96 000
结转本月完工A产品成本				

续表

摘 要	直接材料	直接人工	制造费用	合 计
本月完工产品总成本				
本月完工甲产品单位成本				

要求(计算结果保留两位小数)：

(1) 副产品成本按计划单位成本计价,计算甲产品和 A 产品成本。

(2) 结转完工入库甲产品和 A 产品成本。

3. 资料:某企业在生产甲产品的同时,附带生产出 A 副产品,A 副产品分离后需进一步加工后才能出售。本月甲产品及其副产品生产费用合计 150 000 元,其中,直接材料占 50%,直接人工占 20%,制造费用占 30%。A 副产品进一步加工发生直接人工费 2 000 元,制造费用 2 500 元。本月甲产品 2 500 千克全部完工;A 副产品期初 200 千克,本月投产 2 000 千克,完工 2 100 千克。A 副产品单位售价为 12 元,单位税金和利润合计为 2 元。A 副产品在产品只负担材料成本,期初在产品定额材料 800 元,期末在产品定额材料 400 元。

要求(计算结果保留两位小数),填写表 8-5(习题)和表 8-6(习题):

(1) 副产品成本按照售价减去销售税金和销售利润后的余额计价,计算甲产品和 A 产品成本。

(2) 结转完工入库甲产品和 A 产品成本。

表 8-5(习题) 产品成本明细账

产品名称:甲

编制单位： 20××年8月 单位:元

摘 要	直接材料	直接人工	制造费用	合 计
生产费用合计	75 000	30 000	45 000	150 000
结转本月完工 A 产品成本				
本月完工产品总成本				
本月完工甲产品单位成本				

表 8-6(习题) 产品成本明细账

产品名称:A 副产品

编制单位： 20××年8月 单位:元

摘 要	直接材料	直接人工	制造费用	合 计
月初在产品(定额成本)	800			
本月生产费用				
合 计				
产成品				

续表

摘 要	直接材料	直接人工	制造费用	合 计
单位成本				
月末在产品(定额成本)	400			

项目九 产品成本计算方法——定额成本法习题

一、单选题

1. 定额成本是一种(　　)。
   A. 行业的平均成本　　　　　　　B. 企业实际发生的成本
   C. 企业的目标成本　　　　　　　D. 企业确定的计划成本
2. 需要计算定额变动差异的产品是(　　)。
   A. 月初在产品　　　　　　　　　B. 本月投入产品
   C. 月末在产品　　　　　　　　　D. 本月完工产品
3. 制定定额成本的依据是(　　)。
   A. 企业现行材料消耗定额、工时消耗定额和费用定额
   B. 企业平均材料消耗定额、工时消耗定额和费用定额
   C. 企业实际材料消耗和工时消耗
   D. 先进企业定额成本
4. 采用定额法计算产品成本,本月完工产品实际成本应以(　　)为基础。
   A. 月初在产品定额成本　　　　　B. 本月完工产品定额成本
   C. 月末在产品定额成本　　　　　D. 本月投入产品定额成本
5. 定额变动差异是指(　　)账面定额成本与按新定额计算的定额成本之间的差异。
   A. 月初在产品　　　　　　　　　B. 本月完工产品
   C. 月末在产品　　　　　　　　　D. 本月投入产品
6. 定额变动差异一般应按照(　　)比例,在完工产品和月末在产品之间进行分配。
   A. 实际成本　　B. 标准成本　　C. 计划成本　　D. 定额成本
7. 在计件工资形式下,按计件单价支付的产品生产工人工资,等于(　　)。
   A. 直接人工费用　　　　　　　　B. 定额工资
   C. 直接人工脱离定额的差异　　　D. 定额变动差异
8. 直接材料费用脱离定额差异是指(　　)。
   A. 材料实际耗用量与其计划耗用量之间的差异
   B. 材料实际成本与其计划成本之间的差异
   C. 材料实际耗用量与其定额耗用量之间的差异
   D. 材料实际价格与其计划价格之间的差异
9. 修订定额而产生的新旧定额之间的差异称为(　　)。

A. 材料成本差异　　B. 定额变动差异　　C. 脱离定额的差异　　D. 定额差异

10. 定额成本与计划成本(　　)。
    A. 完全相同
    B. 完全不同
    C. 可相互代替
    D. 既有相同之处,也有不同之处,不可相互代替

11. 定额成本法的缺点包括(　　)。
    A. 计算工作量比较大
    B. 不便于成本分析工作
    C. 只适用于大批大量生产的机械制造业
    D. 不能合理地解决完工产品和月末在产品间的费用分配问题

12. 计算直接材料费用脱离定额差异时,使用盘存法一般适用于原材料(　　)的产品。
    A. 在生产开始时分次投入
    B. 在生产开始时分批投入
    C. 在生产开始时一次投入
    D. 以上都不对

13. 直接人工定额成本的计算公式为(　　)。
    A. 直接人工定额成本＝单位产品工时消耗定额×实际工资率
    B. 直接人工定额成本＝单位产品工时消耗定额×计划工资率
    C. 直接人工定额成本＝单位产品消耗实际工时×实际工资率
    D. 直接人工定额成本＝单位产品消耗实际工时×计划工资率

14. 制造费用定额成本的计算公式为(　　)。
    A. 制造费用定额成本＝单位产品工时消耗定额×计划制造费用率
    B. 制造费用定额成本＝单位产品工时消耗定额×实际制造费用率
    C. 制造费用定额成本＝单位产品消耗实际工时×计划制造费用率
    D. 制造费用定额成本＝单位产品消耗实际工时×实际制造费用率

15. 直接材料定额成本的计算公式为(　　)。
    A. 直接材料定额成本＝单位产品原材料实际耗用量×原材料计划单价
    B. 直接材料定额成本＝单位产品原材料实际耗用量×原材料实际单价
    C. 直接材料定额成本＝单位产品原材料消耗定额×原材料计划单价
    D. 直接材料定额成本＝单位产品原材料消耗定额×原材料实际单价

二、多选题

1. 定额成本法计算的特点有(　　)。
    A. 事先制定定额成本
    B. 分别核算符合定额的费用和脱离定额的差异
    C. 根据月初在产品成本和本月发生生产费用,计算产品实际成本
    D. 以定额成本为基础,加减各种成本差异来求得实际成本

2. 在定额成本法下,产品实际成本的内容包括(   )。
    A. 定额成本   B. 脱离定额差异
    C. 定额变动差异   D. 材料成本差异
3. 材料脱离定额差异的计算方法有(   )。
    A. 限额领料单法   B. 加权平均法
    C. 切割法   D. 盘存法
4. 采用定额成本法,制定定额成本的依据有(   )。
    A. 现行材料消耗定额   B. 现行工时消耗定额
    C. 现行费用定额   D. 实际工时
5. 定额成本法下计算产品实际成本时,为了简化成本核算工作,(   )可以全部由本月完工产品成本负担。
    A. 定额成本   B. 脱离定额差异
    C. 材料成本差异   D. 定额变动差异
6. 在本月完工产品和月末在产品之间分配成本差异包括(   )。
    A. 接材料脱离定额差异
    B. 直接人工脱离定额差异
    C. 制造费用脱离定额差异
    D. 材料成本差异
7. 定额成本法的优点包括(   )。
    A. 能够加强成本控制,从而及时、有效地促进节约生产耗费,降低产品成本
    B. 便于进行产品成本的定期分析,有利于进一步挖掘降低成本的潜力
    C. 有利于提高成本的定额管理和计划管理工作的水平
    D. 能够比较合理和简便地解决完工产品和月末在产品之间分配费用的问题
8. 单位产品的定额成本包括(   )。
    A. 直接材料定额成本   B. 直接人工定额成本
    C. 制造费用定额成本   D. 管理费用定额成本
9. 产品的定额成本通常由企业的(   )共同制定。
    A. 财会部门   B. 计划部门
    C. 销售部门   D. 生产部门
10. 定额成本的计算程序包括(   )。
    A. 制定定额成本
    B. 核算脱离定额差异
    C. 在本月完工产品和月末在产品之间分配成本差异
    D. 计算本月完工产品的实际总成本和单位成本
11. 在核算完定额制造费用和脱离定额差异之后,应将这些核算资料按照成本计算对象汇总,编制(   )汇总表。
    A. 实际制造费用   B. 定额差异
    C. 定额制造费用   D. 脱离定额差异

12. 关于限额领料单法,下列说法正确的有( )。
    A. "超额材料领料单"上的材料数额,属于材料脱离定额的超支差异
    B. "退料单"中所列材料数额是材料脱离定额的节约差异
    C. "限额领料单"中的材料余额是材料脱离定额的节约差异
    D. 减少产品产量时,应当扣减"限额领料单"上的领料限额

13. 在定额法下,月末计算产品的实际成本时,应当计算和分配本月消耗材料应当负担的成本差异,某产品应分配的材料成本差异计算公式中应考虑的因素有( )。
    A. 该产品材料定额成本
    B. 材料脱离定额差异
    C. 材料成本差异率
    D. 材料成本差异总额

14. 关于切割法,下列说法正确的是( )。
    A. "材料切割核算单"应当按切割材料的批别开立
    B. 在切割单中要填明发出切割材料的种类、数量、消耗定额以及应切割的毛坯数量
    C. 材料定额消耗量、脱离定额的差异,以及发生差异的原因应明确填入切割单中
    D. 切割完成后,"材料切割核算单"上要填写实际切割成的毛坯数量和材料的实际消耗量

15. 关于盘存法,下列说法正确的是( )。
    A. 根据"产品入库单"等凭证记录的完工产品数量和实地盘存确定的在产品数量,计算出本期投产产品数量
    B. 用本期投产产品数量乘以单位产品材料定额消耗量,计算出原材料定额消耗量
    C. 根据"限额领料单""超额材料领料单""退料单"等领、退料凭证和车间余料盘存数量,计算出材料实际消耗量
    D. 将材料实际消耗量与定额消耗量比较,计算出材料脱离定额的差异。

16. 脱离定额差异是指产品生产过程中各项( )脱离( )的差异。
    A. 实际发生的生产费用
    B. 定额成本
    C. 计划确定的生产费用
    D. 计划成本

17. 采用定额法计算产品成本的企业,所以原材料项目的脱离定额差异,只指( ),并不包括( )。
    A. 实际消耗量与计划消耗量之间的消耗数量差异
    B. 实际消耗量与定额消耗量之间的消耗数量差异
    C. 材料价格差异
    D. 材料价格差异率

18. 采用定额法计算产品成本,在生产费用发生的当时,就应当将( )和( )分别核算。
    A. 符合预算的费用
    B. 符合定额的费用
    C. 脱离预算的差异
    D. 脱离定额的差异

19. 定额法的成本计算对象包括( )。
    A. 完工产品   B. 半产品
    C. 出售的半产品   D. 出售的产品
20. 定额法适用于具备下列条件的企业,这些条件包括( )。
    A. 已制定一整套完整的定额管理制度
    B. 企业产品定型
    C. 各项生产费用消耗定额稳定、准确
    D. 企业财会人员基本知识和基本技能较强

三、判断题

1. 产品定额成本的制订过程也是对产品成本事前控制的过程。　　　　　　( )
2. 定额变动差异是指产品生产过程中各项实际发生的生产费用脱离现行定额的差异。　　　　　　　　　　　　　　　　　　　　　　　　　　　　　　( )
3. 定额成本是计算产品实际成本的基础,是生产费用日常控制的依据。　　( )
4. 脱离定额差异与定额变动差异可以合并为一个项目。　　　　　　　　　( )
5. 定额法的适用范围与企业生产类型没有直接联系。　　　　　　　　　　( )
6. 材料成本差异不仅包括消耗数量的差异,也包括材料实际价格与计划价格的差异。　　　　　　　　　　　　　　　　　　　　　　　　　　　　　　　( )
7. 月初在产品定额成本调整的数额,与计入产品成本的定额变动差异之和,应等于零。　　　　　　　　　　　　　　　　　　　　　　　　　　　　　　　( )
8. 企业各种消耗定额下降的一方面应从月初在产品定额成本上升中扣除该项差异;另一方面,由于该差异是月初在产品生产费用的实际支出,因此还应将该项差异计入本月产品成本。　　　　　　　　　　　　　　　　　　　　　　　　　　　( )
9. 在计件工资形式下,计件单价不变时,按计件单价支付的生产工人工资就是定额工资,没有脱离定额的差异。　　　　　　　　　　　　　　　　　　　　( )
10. 定额法是为了加强成本管理,进行成本控制而采用的一种成本计算与管理相结合的方法,它是成本计算的基本方法。　　　　　　　　　　　　　　　( )
11. 对脱离定额差异的核算是定额成本法的重要特征。　　　　　　　　　( )
12. 在产品成本项目中,原材料费用(包括自制半成品费用),一般占有较大比重,有些原材料属于直接计入费用,有些原材料属于间接计入费用。　　　　　( )
13. 在计时工资制下,直接人工一般为间接计入费用,其脱离定额的差异可以在平时分产品(成本核算对象)计算。　　　　　　　　　　　　　　　　　　　( )
14. 若定额变动差异数额较小,或者期初在产品本月全部完工,那么定额变动差异也可以全部由完工产品负担。　　　　　　　　　　　　　　　　　　　　( )
15. 产品定额成本可不按企业规定的成本项目分别核算。　　　　　　　　( )

四、计算分析题

1. 某企业大批量生产甲产品,甲产品定额资料完整,有关定额资料如下。
单位产品的定额材料消耗量为260公斤,额工时150工时,材料的计划单价是每公斤18元,每小时计划工资率25元,每小时计划制造费用率6元。

要求：计算甲产品的定额成本。

2. 某企业生产的乙产品采用定额法计算产品成本，有关资料如下。

（1）本月乙产品投产 2 000 件。

（2）单位产品原材料消耗定额 12 公斤，原材料的计划单价是每公斤 20 元，实际单价是 18 元，本月实际耗用原材料 25 000 公斤，本月材料成本差异率为节约 1.5％。

（3）单位产品定额生产工时为 20 小时，每小时计划工资率每小时 18 元，计划制造费用率每小时 5 元，本月实际发生工时 43 000 小时，实际工资费用 745 000 元，实际发生制造费用 160 000 元。要求：

（1）计算材料脱离定额差异。

（2）计算材料成本差异。

（3）计算直接人工费用脱离定额差异。

（4）计算制造费用脱离定额差异。

3. 甲产品采用定额法计算成本。本月有关甲产品原材料费用的资料如下。

（1）月初在产品定额费用为 1 000 元，月初在产品脱离定额的差异为节约 50 元，月初在产品定额费用调整为降低 20 元。定额变动差异全部由完工产品负担。

（2）本月定额费用为 24 000 元，本月脱离定额的差异为节约 500 元。

（3）本月原材料成本差异率为节约 2％，材料成本差异全部由完工产品成本负担。

（4）本月完工产品的定额费用为 22 000 元。

要求：

（1）计算月末在产品的原材料定额费用。

（2）计算完工产品和月末在产品的原材料实际费用（脱离定额差异，按定额费用比例在完工产品和月末在产品之间分配）。

4. 某企业生产的丙产品采用定额法计算产品成本，8 月有关成本计算资料如下。

（1）丙产品月初在产品定额成本为 40 000 元，其中，直接材料 20 000 元，直接人工 7 500 元，制造费用 12 500 元；月初在产品脱离定额的差异为 402.50 元，其中，直接材料 1 250 元，直接人工 652.50 元，制造费用 1 000 元。

（2）本月丙产品单位产品直接材料定额成本由上月的 500 元调整为 487.50 元。

（3）本月丙产品投入原材料定额成本为 190 125 元，按计划单位价格和实际消耗量计算的原材料费用为 193 750 元，材料成本差异率为 1.2％。本月实际人工费用为 149 340 元，其中，应付工资 131 000 元，提取应付福利费 18 340 元，人工费用定额为 148 125 元。本月实际制造费用为 243 800 元，制造费用定额为 246 875 元。

（4）本月丙产品完工入库 400 件，单位产品定额成本为 1 487.50 元，其中，直接材料 487.50 元，直接人工 375 元，制造费用 625 元。

要求：

（1）编制处理本月发生材料费用、分配材料成本差异、分配工资和提取应付福利费、分配结转制造费用的会计分录。

（2）按定额成本比例在本月完工产品和月末在产品之间分配脱离定额的差异（材料成本差异和定额变动差异全部由完工产品成本负担）。

（3）计算并结转本月完工产品实际成本，完成丙产品成本计算单（见表 9-1）。

表 9-1(习题)　产品成本计算单

产品:丙产品　　产量:400 件　　20××年 8 月　　　　　金额单位:元

项　　目	行次	直接材料	直接人工	制造费用	合　计
一、月初在产品成本					
定额成本	1				
脱离定额差异	2				
二、月初在产品定额调整					
定额成本调整	3				
定额变动差异	4				
三、本月发生生产费用					
定额成本	5				
脱离定额差异	6				
材料成本差异	7				
四、生产费用合计					
定额成本	8				
脱离定额差异	9				
材料成本差异	10				
定额变动差异	11				
五、差异分配率	12				
六、完工产品成本					
定额成本	13				
脱离定额差异	14				
材料成本差异	15				
定额变动差异	16				
实际成本	17				
七、月末在产品成本					
定额成本	18				
脱离定额差异	19				

项目十 产品成本计算方法——标准成本法习题

一、单选题

1. 某公司生产甲产品的预算资料为：产量 50 000 件，耗用材料 50 000 千克，材料总成本为 100 000 元。实际执行结果是：产量 50 000 件，耗用材料 45 000 千克，材料实际单位成本 2.10 元/千克。则材料价格差异和数量差异是（　　）。
    A. 4 500 元(有利差异)　10 000 元(不利差异)
    B. 5 000 元(有利差异)　10 500 元(不利差异)
    C. 5 000 元(不利差异)　10 500 元(有利差异)
    D. 10 000 元(有利差异)　4 500 元(不利差异)

2. 在最佳的经营条件下可能达到的最低成本标准是（　　）。
    A. 基本标准成本　　　　　　　B. 理想标准成本
    C. 正常标准成本　　　　　　　D. 现行标准成本

3. "直接人工效率差异"科目的借方余额表明（　　）。
    A. 标准工时超过实际工时
    B. 实际工时超过标准工时
    C. 标准工资率与标准工时超过实际工资率与实际工时
    D. 实际工资率与实际工时超过标准工资率与标准工时

4. 如果材料的实际耗用量超过允许的标准耗用量，但实际成本小于标准成本，则材料的价格差异是（　　）差异，数量差异是（　　）差异。
    A. 有利　不利　　　　　　　　B. 有利　有利
    C. 不利　有利　　　　　　　　D. 不利　不利

5. 被广泛采用的标准成本一般指（　　）。
    A. 基本的标准成本　　　　　　B. 理想的标准成本
    C. 正常的标准成本　　　　　　D. 现行的标准成本

6. 计算价格差异的公式是（　　）。
    A. 价格差×实际产量下的实际用量　　B. 价格差×实际产量下的标准用量
    C. 标准价格×实际产量下的用量差　　D. 实际价格×实际产量下的用量差

7. 根据正常的耗用水平，正常的价格和正常的生产经营能力利用程度制订的标准成本是（　　）。
    A. 理想标准成本　　　　　　　B. 正常标准成本
    C. 现性标准成本　　　　　　　D. 基本标准成本

8. 一定期间内生产一定产品时，由于直接人工、直接材料或变动制造的实际价格偏离相关的标准价格而形成的差异称作（　　）。
    A. 成本差异　　　　　　　　　B. 纯差异
    C. 用量差异　　　　　　　　　D. 价格差异

9. 对成本差异的控制重点在于（　　）。
   A. 可控差异　　　　　　　　　　B. 不可控差异
   C. 有利差异　　　　　　　　　　D. 不利差异
10. 期末如果管理部门认为，所制定的标准成本合理，能够代表现有产量下的成本水平，而成本差异的数额不大，可以将各成本差异账户的余额直接记入（　　）。
   A. 生产成本　　　　　　　　　　B. 存货价值
   C. 期间费用　　　　　　　　　　D. 已售商品销售成本
11. 直接材料价格差异计算公式正确的有（　　）。
   A.（实际用量×实际价格）－（实际用量×标准价格）
   B. 实际用量×（实际价格－标准价格）
   C. 标准用量×（实际价格－标准价格）
   D. A 和 B 都正确
12. 关于成本差异科目下列说法不正确的是（　　）。
   A. 借方登记超支差异　　　　　　B. 贷方登记节约差异
   C. 借方登记差异转出额　　　　　D. 贷方登记差异转出额
13. 标准成本制度的特点不包括（　　）。
   A. 可以实现成本的事前控制　　　B. 可以实现成本的事中控制
   C. 可以实现成本的事后控制　　　D. 不可以实现成本的事前控制
14. 不符合实施标准成本制度前提条件的是（　　）。
   A. 准确的成本计算　　　　　　　B. 完善的成本管理基础工作
   C. 健全成本管理组织　　　　　　D. 强烈的成本意识
15. 实施标准成本的步骤不包括（　　）。
   A. 正确制定成本标准
   B. 揭示实际消耗与成本标准的差异
   C. 直接对发生的实际成本进行账务处理
   D. 积累实际成本资料并计算实际成本

二、多选题

1. 现代成本管理的完整系统构成是（　　）。
   A. 成本预测　　　B. 成本考核　　　C. 成本决策　　　D. 成本控制
2. 下列属于标准成本的种类有（　　）。
   A. 现行标准成本　　　　　　　　B. 基本标准成本
   C. 正常标准成本　　　　　　　　D. 理想标准成本
3. 产品的标准成本是由（　　）构成的。
   A. 直接材料标准成本　　　　　　B. 直接人工标准成本
   C. 变动性制造费用标准成本　　　D. 固定性制造费用标准成本
4. 成本差异包括（　　）。
   A. 直接材料成本差异　　　　　　B. 直接人工成本差异
   C. 制造费用成本差异　　　　　　D. 营业成本差异

5. 尽管料、工、费成本项目各有特点,发生的差异名称各不相同,但均可归结为( )。
   A. 价格差异   B. 数量差异
   C. 效率差异   D. 开支差异

6. 采用标准成本系统,其作用主要在于( )。
   A. 有利于增强员工的成本意识   B. 有利于成本控制
   C. 有利于正确评价业绩   D. 简化日常账务处理

7. 产品的标准成本由产品直接材料、直接人工和制造费用组成,其基本形式是依据( )进行的。
   A. 价格标准   B. 时间标准   C. 空间标准   D. 数量标准

8. 标准成本法下核算成本差异所必须设置"产品成本差异"账户,属于其明细科目包含( )。
   A. 直接材料差异   B. 直接人工效率差异
   C. 变动性制造费用耗费差异   D. 固定性制造费用耗费差异

9. 计算固定性制造费用的效率差异需要的数据有( )
   A. 预算产量标准工时   B. 实际工时
   C. 预算固定性制造费用   D. 固定性制造费用分配率

10. 期末如果成本差异数额较大,各成本差异账户的余额可以记入( )。
    A. 在产品   B. 产成品
    C. 期间费用   D. 已售商品销售成本

11. 标准成本的制订,通常只对单位产品制造成本的( )三大项目进行,并分别记录和分析这三个项目的成本差异。
    A. 直接材料   B. 直接人工   C. 制造费用   D. 间接人工

12. 直接材料数量差异计算公式正确的有( )。
    A. 实际用量×标准价格－标准用量×标准价格
    B. 标准价格×(实际用量－标准用量)
    C. 实际价格×(实际用量－标准用量)
    D. 实际用量×实际价格－标准用量×标准价格

13. 关于制造费用说法正确的有( )。
    A. 制造费用标准成本与直接材料和直接人工不同
    B. 制造费用无法追溯到具体的产品项目上
    C. 制造费用包含变动性制造费用
    D. 制造费用不包含固定性制造费用

14. 标准成本法核算程序包括( )。
    A. 制定单位产品的标准成本
    B. 在生产费用实际发生时,将实际消耗与标准相比较,计算其标准成本和标准成本差异
    C. 期末按标准成本从基本生产成本账户转出完工成本

D. 分摊产品成本差异,并编制成本差异汇总表,将产品销售成本转化为实际成本

15. 导致直接材料用量不利差异的因素有(　　)。
　　A. 设备故障　　　　　　　　　B. 原材料质量不佳
　　C. 员工技术不熟练　　　　　　D. 产品质量标准提高

三、判断题

1. 有利差异越大越好,不利差异越小越好。　　　　　　　　　　　　　　(　)
2. 在标准成本制度下,对超支差异应相应贷记有关差异科目,节约差异则借记相应科目。　　　　　　　　　　　　　　　　　　　　　　　　　　　　　　(　)
3. 所谓成本差异,是指实际成本与标准成本之间的差额,又称标准差异。(　)
4. 实际成本高于标准成本所形成的差异称为顺差,也称有利差异。　　　(　)
5. 直接人工工资率差异也叫作直接人工价格差异;直接人工效率差异也叫直接人工用量差异。　　　　　　　　　　　　　　　　　　　　　　　　　　　　(　)
6. 标准成本与预算成本在本质上是一致的。　　　　　　　　　　　　　(　)
7. 用量差异等于实际价格与用量差的乘积。　　　　　　　　　　　　　(　)
8. 理想标准成本是指在较好的生产条件下,利用现有的规模和设备能够达到的最低成本。　　　　　　　　　　　　　　　　　　　　　　　　　　　　　　(　)
9. 正常的标准成本应大于理想标准成本,但又小于历史平均水平。　　　(　)
10. 预算的有利差异,只能说明比过去少花了钱,既不表明达到了应有的节约程度,也不说明成本控制取得应有的效果。　　　　　　　　　　　　　　　　　(　)
11. 直接材料成本差异仅仅指材料的用量差异。　　　　　　　　　　　(　)
12. 标准成本制度强调标准成本必须按成本习性划分为变动成本和固定成本两类,以便对它们分别采用不同的方法进行控制。　　　　　　　　　　　　　(　)
13. 标准成本制度不仅适用于产品的制造成本,也适用于期间费用。　　(　)
14. 标准成本按其适用期,分为理想标准成本和正常标准成本。　　　　(　)
15. 基本标准成本是指一经制定,只要生产的基本条件无重大变化,就不予变动的一种标准成本。　　　　　　　　　　　　　　　　　　　　　　　　　　(　)

四、计算分析题

1. 某企业生产甲产品200件,实际耗用工时6 000小时,实际工资额为60 000元;标准工资率为8元,单位产品的实际耗用标准为25小时。要求:
　　(1) 计算甲产品的直接人工成本差异。
　　(2) 进行差异的会计处理。

2. 某企业生产甲产品200件,本期实际发生变动性制造费用22 200元,实际耗用工时6 000小时,单位产品的工时耗费标准为25小时,变动性制造费用标准分配率为每小时4元。要求:
　　(1) 计算本期变动性制造费用成本差异。
　　(2) 进行差异的会计处理。

3. 某企业预计本月生产甲产品5 000件,预计应完成直接人工小时12 500小时;实

际完成产品产量 4 375 件,完成 11 812.5 直接人工小时。本月固定性制造费用预算为 5 500 元,实际发生额为 5 725 元。要求:

(1) 计算固定性制造费用的成本差异。

(2) 进行差异的会计处理。

项目十一　责任成本与成本考核习题

一、单选题

1. 为了适应社会主义市场经济发展的要求,一般应以(　　)作为成本考核指标。
   A. 可比产品成本计划完成指标　　　B. 全部产品成本计划完成率
   C. 标准成本　　　　　　　　　　　D. 责任成本

2. (　　)是目标成本管理的重要环节。
   A. 成本控制　　B. 成本考核　　C. 成本分析　　D. 成本计划

3. 既要对收入负责,又要对成本费用负责的是(　　)。
   A. 成本中心　　B. 费用中心　　C. 利润中心　　D. 投资中心

4. (　　)是企业目标成本管理的核心。
   A. 责任成本　　B. 标准成本　　C. 定额成本　　D. 产品成本

5. 下列有关责任成本的表述中,正确的是(　　)。
   A. 责任成本与产品成本的目标是不一致的
   B. 责任成本是发生在成本中心的成本
   C. 责任成本只包括可控成本
   D. 责任成本与产品成本完全不同

6. 应用得最为广泛的责任中心是(　　)。
   A. 成本中心　　B. 利润中心　　C. 投资中心　　D. 不确定

7. 责任成本考核的关键在于(　　)。
   A. 编制责任成本预算　　　　　　B. 修订责任成本预算
   C. 确定成本考核指标　　　　　　D. 评价最终业绩

8. 责任中心的成本考核应以(　　)为重点。
   A. 责任成本　　B. 产品成本　　C. 变动成本　　D. 可控成本

9. 下列有关可控成本的表述中错误的是(　　)。
   A. 成本的可控性是就特定的责任中心、特定的期间和特定的权限而言的
   B. 某项成本对某个责任中心是可控的,但对另一个责任中心却是不可控的
   C. 有些成本在这个时间是可控的,而在另一个时间可能是不可控的
   D. 下一级责任中心的可控成本,往往是上一级责任中心的不可控成本

10. 目标成本责任制的核心是(　　)。
    A. 责、权、利相结合
    B. 借以控制和降低各种产品的生产

C. 明确各责任中心的经济责任和经济利益

D. 对目标成本的实现情况和成本预算指标的完成结果进行全面地审核和评价

11. 下列说法错误的是（　　）。

   A. 编制弹性预算的基本原理是按照成本性态,将所有的成本划分为固定成本和变动成本

   B. 固定成本在相关范围内一般不随业务量的增减而变动

   C. 变动成本是随着业务量的增减而成比例的变动

   D. 在编制弹性预算时,只需将固定成本部分按业务量的变动加以调整即可

12. 下列说法正确的是（　　）。

   A. 弹性预算能清楚合理地表明企业实际工作业绩的好坏

   B. 责任中心预算是各责任中心业绩控制和考核的重要依据

   C. 责任成本预算应按各责任中心的预定业务量进行编制,并按实际发生的业务量进行调整

   D. 以上说法都正确

13. 下列说法错误的是（　　）。

   A. 目标成本降低额是一个绝对数指标

   B. 成本考核的指标主要集中在目标成本完成情况,主要是计算目标成本降低额

   C. 目标成本降低额是预算成本与实际成本的差额

   D. 目标成本降低额以绝对数形式反映目标成本的完成情况

14. 下列说法正确的是（　　）。

   A. 可控成本与不可控成本的划分是绝对的

   B. 成本的可控性还与特定的权限有关

   C. 对责任中心进行成本考核,应以其可控成本和不可控成本为依据

   D. 成本的可控性不会随着时间改变而改变

15. 责任成本核算体系不包括（　　）。

   A. 明确划分责任中心

   B. 根据责任成本计算的要求搞好各项基础工作

   C. 编制成本预算

   D. 建立和完善各种内部控制制度

二、多选题

1. 责任成本与产品成本的主要区别是（　　）。

   A. 成本核算的对象不同　　　　B. 成本核算的原则不同

   C. 成本核算的内容不同　　　　D. 成本信息来源不同

2. 下列说法中,正确的是（　　）。

   A. 责任中心所计量和考核的责任成本必须是可控成本

   B. 责任中心发生的成本都是可控成本

   C. 可控成本是相对于不可控成本而言的

   D. 可控成本是对责任中心进行成本考核的主要依据

3. 成本考核工作的内容主要包括（　　）。
   A. 编制责任成本预算　　　　　　　B. 计算各责任中心的责任成本
   C. 确定成本考核指标　　　　　　　D. 进行业绩评价

4. 责任中心具有的特征是（　　）。
   A. 一般可分为成本中心、利润中心和投资中心三种类型
   B. 承担与其经营权相适应的经济责任
   C. 建立与责任相配套的利益机制
   D. 局部利益必须与企业整体利益相一致

5. 下列有关责任成本的表述中，正确的是（　　）。
   A. 责任中心，无论层次高低、所负责任大小，都要考核其责任成本。
   B. 责任成本是企业目标成本管理的核心
   C. 责任成本是指由特定的责任中心所发生的耗费
   D. 责任成本的核算原则是谁受益，谁承担

6. 将责任中心划分为成本中心、利润中心和投资中心的依据是（　　）。
   A. 规模大小　　　　　　　　　　　B. 费用多少
   C. 控制区域　　　　　　　　　　　D. 权责范围

7. 责任成本与产品成本之间的联系主要表现为（　　）。
   A. 原始成本信息是相同的
   B. 加工整理的主体是相同的
   C. 任成本控制的有效与否将直接影响产品成本的耗费水平
   D. 两者的总目标是一致的

8. 责任成本核算体系的具体内容由（　　）构成。
   A. 责任中心的划分　　　　　　　　B. 原始凭证的设计和填制
   C. 内部转移价格的制订　　　　　　D. 内部控制制度的建立和完善

9. 下列有关成本考核的表述中正确的是（　　）。
   A. 责任成本预算是各责任中心业绩控制和考核的重要依据
   B. 成本考核是目标成本管理的重要环节
   C. 成本考核必须同目标成本责任制结合起来
   D. 成本考核应以弹性预算为依据

10. 进行责任成本考核，应以（　　）为主要考核指标。
    A. 剩余利润　　　　　　　　　　　B. 目标成本节约额
    C. 投资报酬率　　　　　　　　　　D. 目标成本节约率

11. 投资中心需要对（　　）负责。
    A. 成本　　　　　B. 收入　　　　　C. 利润　　　　　D. 投资

12. 成本中心的特点是（　　）。
    A. 没有经营权　　　　　　　　　　B. 没有销售权
    C. 无法控制收益　　　　　　　　　D. 没有价格制定权

13. 下列说法正确的有（　　）。

A. 产品成本和责任成本核算的原始成本信息是不相同的

B. 产品成本和责任成本加工整理的主体不同

C. 责任成本和产品成本控制的角度不一样

D. 在不存在不可控成本的前提下,一定时期的责任成本总额和一定时期的产品成本总额是相等的

14. 可控成本应具备的条件包括(   )。

A. 能预知将发生的各种成本费用

B. 能确切计算所发生的成本费用

C. 能够调节控制所发生的成本费用

D. 对发生的成本费用不能预知

15. 弹性预算的编制方法有(   )。

A. 列表法   B. 公式法

C. 成本加成法   D. 因素分析法

三、判断题

1. 企业的成本在很大程度上是一个企业可控制的变量。(   )

2. 无论是什么类型的责任中心,也无论其层次高低、所负责任的大小,都有责任成本发生。(   )

3. 由于责任成本的计算与产品成本的计算是两个不同的核算体系,因此,责任成本控制的有效与否不会影响产品成本的耗费水平。(   )

4. 成本的可控性是就特定的责任中心、特定的期间和特定的权限而言的。(   )

5. 在对成本中心考核时,如果预算产量与实际产量不一致时,应先按弹性预算的方法调整预算指标,然后进行考核。(   )

6. 成本中心无论其规模的大小,其控制和考核的内容是一致的。(   )

7. 责任成本核算既是进行成本控制和成本考核的重要手段,又是实施经济核算制的重要手段。(   )

8. 责任中心是为完成某种责任而设立的特定部门,其基本特征是权、责、利相结合。(   )

9. 在进行成本考核时,只要某责任中心发生目标成本超支情况,就意味着该责任中心的成本控制较差,业绩也较差。(   )

10. 分清可控成本与不可控成本是责任中心成本核算的一个前提条件。(   )

四、计算分析题

1. 目的:熟悉各个责任中心的特点。

资料:德尔玛食品店有一个小烘烤房,以很低的价格销售咖啡和烘烤食品(例如,一杯咖啡和一个面包圈的价格为4元)。烘烤房的基本目标是将客户吸引到商店来,并使商店里洋溢着烘烤的香气。每个会计年度,烘烤房的成本都超过了收入。

要求:你认为烘烤房应当作为成本中心还是利润中心核算?请加以解释。

2. 目的:了解预算与业绩评价的关系。

资料:赛洋公司下属的一分厂生产运动鞋,直接材料、直接人工与制造费用的单位预

算成本分别为 120 元、24 元和 36 元。该厂的经理对下列的业绩报告十分满意(见表 11-1)。

表 11-1(习题)

项　目	实际成本	预算成本	差　异
直接材料	1 092 000	1 200 000	108 000(有利)
直接人工	234 000	240 000	6 000(有利)
制造费用	330 000	360 000	30 000(有利)
合　计	1 656 000	1 800 000	144 000(有利)

假设上述三个成本项目均为变动成本。赛洋公司当期实际生产运动鞋 8 800 双。
要求:根据上述资料,对该分厂的业绩进行评价。
3. 目的:熟悉成本考核指标。
资料:三洋公司的一车间生产甲产品,预算产量 6 000 件,其成本预算资料如表 11-2 所示。

表 11-2(习题)　甲产品成本预算表

成本项目	标准单价	标准用量	标准成本/元
直接材料	8 元/千克	5 千克/件	40
直接人工	20 元/小时	1 小时/件	20
合　计			60

当期实际生产甲产品 5 500 件,实际发生的成本资料如表 11-3 所示。

表 11-3(习题)　甲产品实际成本表

成本项目	实际单价	实际用量	实际单位成本/元	实际总成本/元
直接材料	8.50 元/千克	4.80 千克/件	40.80	224 400
直接人工	18.20 元/千克	1.2 小时/件	21.84	120 120
合　计			62.64	344 520

要求:计算该车间的目标成本降低额和目标成本降低率。

项目十二　工业企业成本报表的编制和分析习题

一、单选题

1. 成本报表主要是为满足(　　)需要而编制的报表。
　　A. 内部管理需要　　　　　　　　　B. 股东的需要
　　C. 债权人的需要　　　　　　　　　D. 政府有关部门的需要

2. 成本报表的种类、格式、项目、指标的设计和编制方法,由( )。
   A. 政府有关部门规定　　　　　　B. 企业会计制度规定
   C. 财务会计条例规定　　　　　　D. 企业自行决定
3. 下列报表中,不属于成本报表中的是( )。
   A. 产品生产成本表　　　　　　　B. 成本计划预计完成情况表
   C. 责任成本表　　　　　　　　　D. 利润表
4. 产品生产成本表和主要产品单位成本表中相同产品的( )数额应当相符。
   A. 单位成本　　　　　　　　　　B. 实际总成本
   C. 计划总成本　　　　　　　　　D. 上年总成本
5. 不同企业管理者对成本信息的不同要求,决定了这些企业的成本报表的种类、内容、编制方法及编制周期的差异,体现的是成本报表编制的( )原则。
   A. 适用性　　　B. 可能性　　　C. 成本效益原则　　　D. 及时性
6. 将成本指标与反映生产、销售等生产经营成果的指标对比,分析和比较生产耗费的经济效益的好坏的分析方法属于( )。
   A. 对比分析法　　　B. 比率分析法　　　C. 趋势分析法　　　D. 因素分析法
7. 某产品本年实际平均单位成本与其本年计划单位成本的差异,除以本年计划单位成本,等于该产品( )。
   A. 计划成本降低额　　　　　　　B. 实际成本降低额
   C. 计划成本降低率　　　　　　　D. 实际成本降低率
8. 构成产品成本的各费用项目分别与产品成本总额相比,是一种( )。
   A. 相对数差额　　　B. 动态比率　　　C. 相关比率　　　D. 构成比率
9. 下列说法正确的有( )。
   A. 成本报表种类较多,指标体系较复杂,数据来源也比较复杂
   B. 成本报表的数据来源包括日常成本费用的会计核算资料
   C. 成本报表的数据来源也包括企业的统计、计划资料
   D. 以上各项都对
10. 下列说法错误的是( )。
    A. 成本报表分析属于事中分析
    B. 成本报表的指标数字必须真实可靠
    C. 采用对比分析法进行成本分析时,应注意相比指标的可比性
    D. 成本报表编制时,对于次要的项目,可以合并反映
11. 下列不是连环替代法的特点的是( )。
    A. 计算程序的连环性　　　　　　B. 因素替换无顺序性
    C. 计算条件的假定性　　　　　　D. 因素替换的顺序性
12. 下列说法正确的是( )。
    A. 连环替代法还有一种简化的计算形式叫作差额计算法
    B. 差额计算法的应用原理与连环替代法不一样
    C. 差额计算法与连环替代法的计算程序一样

D. 差额计算法与连环替代法的计算结果不一样
13. 趋势分析法可以计算（　　），借以考察成本费用变动趋势。
    A. 定基百分比　　　B. 环比百分比　　　C. A和B　　　D. 降低百分比
14. 下列说法错误的是（　　）。
    A. 环比百分比是将本年有关成本费用数与上一年的成本费用数计算其比率，表明本年的成本费用占上一年成本费用水平的百分比
    B. 定基百分比是选定某年为基年，计算以后各年有关成本费用数与基年的成本费用数计算其比率，表明其他各年的成本费用占基年成本费用水平的百分比
    C. 趋势分析法是根据企业连续几个会计期间的成本资料采用列表或绘制统计图的形式来反映，借以观察企业成本增减变动趋势及变动程度的一种分析方法
    D. 趋势分析法是成本分析最基本的方法
15. 下列说法正确的有（　　）。
    A. 对比分析法可以说是成本分析最基本的方法
    B. 成本分析常用的方法有对比分析法和比率分析法、
    C. 成本分析常用的方法还有趋势分析法和因素分析法
    D. 以上说法都对

二、多选题

1. 企业成本报表的种类、格式、项目和编制方法，可以由（　　）。
    A. 由企业自行决定
    B. 国家统一会计制度的规定
    C. 主管企业的上级机构与企业共同商定
    D. 企业会计准则的规定
2. 反映一定时期内各类资产耗费状况的报表有（　　）。
    A. 生产费用表　　　B. 制造费用表　　　C. 管理费用表　　　D. 责任成本表
3. 为了加强成本的日常管理，会计部门对于成本耗费的主要指标，也可以（　　）编报。
    A. 按月　　　B. 按旬　　　C. 按周　　　D. 按日
4. 影响产品成本中直接材料费用变动的因素有（　　）。
    A. 产品产量　　　　　　　　　B. 产品质量
    C. 单位产品材料消耗量　　　　D. 材料单价
5. 成本报表资料来源的主要渠道是日常成本费用的会计核算资料是，其构成内容可分为（　　）。
    A. 会计凭证资料　　　　　　　B. 会计账簿资料
    C. 以前年度的会计文件资料　　D. 统计资料
6. 成本报表编制的原则有（　　）。
    A. 适用性　　　B. 可能性　　　C. 成本效益原则　　　D. 及时性
7. 按成本项目反映的产品生产成本表，一般包括（　　）等部分。

A. 本期生产费用总额　　　　　　　　B. 在产品和自制半成品期初余额
C. 在产品和自制半成品期末余额　　　　D. 本期产品生产成本总额

8. 主要产品单位成本表应当反映该主要产品单位成本的(　　)。
   A. 历史先进水平　　　　　　　　　　B. 上年实际平均
   C. 本年计划　　　　　　　　　　　　D. 本年实际平均水平

9. 属于常用的成本分析方法的是(　　)。
   A. 对比分析法　　　　　　　　　　　B. 比率分析法
   C. 趋势分析法　　　　　　　　　　　D. 因素分析法

10. 下列报表中,属于成本报表的有(　　)。
    A. 产品生产成本表　　　　　　　　　B. 主要产品单位成本表
    C. 制造费用明细表　　　　　　　　　D. 管理费用明细表

11. 成本报表企业进行(　　)的重要依据。
    A. 利润的预测和决策　　　　　　　　B. 制定产品价格
    C. 成本预测　　　　　　　　　　　　D. 成本评价

12. 成本报表从性质上进行分类,通常(　　)三种类型。
    A. 反映一定时期内各类资产耗费状况的报表
    B. 反映一定生产经营对象成本状况的报表
    C. 反映一定责任中心各类资产耗费状况的报表
    D. 反映一定时期内行政管理费用的报表

13. 下列说法正确的有(　　)。
    A. 成本报表需要对外报送
    B. 成本报表要全面反映成本费用情况
    C. 成本报表要满足企业内部管理的需要
    D. 成本报表同时还应适当简化

14. 成本报表的编制要满足以下要求(　　)。
    A. 计算准确　　　　　　　　　　　　B. 内容完整
    C. 编报及时　　　　　　　　　　　　D. 重要的项目单独列示

15. 下列说法正确的是(　　)。
    A. 可比产品是指企业过去曾经正式生产过,有完整的成本资料可以进行比较的产品
    B. 不可比产品是指企业本年度初次生产的新产品
    C. 不可比产品是指以前仅属试制而未正式投产的产品,缺乏可比的成本资料
    D. 可比产品是指企业过去曾经正式生产过,成本资料是否完整无所谓

三、判断题

1. 成本报表是一种内部管理会计报表,一般不对外报送和公开。　　　　(　　)
2. 与其他会计报表一样,成本报表也必须定期编制。　　　　　　　　　(　　)
3. 成本报表主要服务于企业内部经营管理目的的报表,也应有固定的种类、格式和内容。　　　　　　　　　　　　　　　　　　　　　　　　　　　　(　　)
4. 为了便于比较,不同企业成本报表的种类、格式、内容、编制方法,编制周期应当

一致。 ( )
5. 产品生产成本表只能按产品品种反映。 ( )
6. 不可比产品是指企业以前从未生产过,本年度初次生产的新产品。 ( )
7. 成本报表的编制要客观、及时,成本信息要具有相关性和可靠性。 ( )
8. 企业编制的各生产单位汇总的制造费用明细表,既汇总基本生产单位的制造费用,也包括辅助生产单位的制造费用。 ( )
9. 期间费用明细表是反映企业一定会计期间内生产成本和各项期间费用的发生额及其构成情况的报表。 ( )
10. 产量变动,即使单位成本不变,也会使成本降低率发生变化。 ( )

四、计算分析题

1. 某企业影响产品单位成本中直人工费用变动的因素主要是单位产品工时和每小时工资率两个因素,资料如表12-1所示。要求:采用连环替代法分析产品成本的直接人工费用的差异情况。

表 12-1(习题) 产品成本的直接人工费用表

编制单位:××单位　　　　　　　　20××年12月　　　　　　　　单位:元

指　标	单位	计划数	实际数	差异
产品产量	件	40	42	+2
单位产品工时	小时	25	24	−1
小时工资率	元	18	20	+2
人工费用总额	元	18 000	20 160	+2 160

2. 某厂生产甲、乙、丙三种产品,其中,甲、乙两种产品为可比产品,丙产品为不可比产品。本年有关产品产量成本资料见表12-2。要求:根据资料编制按产品品种类别反映的产品生产成本表(见表12-3)。

表 12-2(习题) 产品产量成本资料

20××年度　　　　　　　　　　　　　　　　　　　金额单位:元

项　目	甲产品	乙产品	丙产品
产品产量/件			
本年计划	2 160	1 008	960
本年实际	2 500	1 000	1 000
产品单位成本			
上年实际平均	600	500	
本年计划	582	490	555
本年实际平均	579	491	530

表 12-3(习题)　产品成本表(按品种反映)

编制单位:××工厂　　　　　　　20××年度　　　　　　　金额单位:元

产品	计量单位	产量		单位成本			本年累计总成本		
		本年计划	本年实际	上年实际平均	本年计划	本年累计实际平均	按上年实际平均单位成本计算	按本年计划单位成本计算	本年实际
可比产品									
甲产品	件								
乙产品	件								
不可比产品									
丙产品	件								
合　计									

3. 编制的按产品品种反映的产品生产成本表(见表 12-3)。要求:

(1) 计算全部产品与计划比较的成本降低额和降低率,完成全部产品成本计划完成情况分析表(见表 12-4)。

(2) 简要评价该厂全部产品成本计划完成情况。

表 12-4(习题)　全部产品成本计划完成情况分析表

编制单位:××厂　　　　　　　20××年度　　　　　　　金额单位:元

产品名称	计量单位	实际产量	单位成本		实际产量的总成本		与计划成本比	
			本年计划	本年实际	按本年计划单位成本计算	本年实际	成本降低额	成本降低率/%
可比产品								
甲产品	件							
乙产品	件							
不可比产品								
丙产品	件							
合　计								

4. 编制的按产品品种反映的产品生产成本表(见表 12-2)。要求:

(1) 计算可比产品与计划比较的成本降低额和降低率,完成可比产品成本实际完成情况分析表(见表 12-5)。

(2) 简要评价该厂全部产品成本实际完成情况。

表 12-5(习题)　可比产品成本计划完成情况分析表

编制单位:××厂　　　　　　　　20××年度　　　　　　　　金额单位:元

产品名称	计量单位	计划产量	单位成本		实际产量的总成本		与上年成本比	
			上年实际	本年实际	按上年实际平均单位成本计算	本年实际	成本降低额	成本降低率/%
可比产品								
甲产品	件							
乙产品	件							

5. 编制的按产品品种反映的产品生产成本表(见表12-2)。要求:

(1) 计算可比产品与上年比较的成本降低额和降低率,完成可比产品成本实际完成情况分析表(见表12-6)。

(2) 简要评价该厂全部产品成本实际完成情况。

表 12-6(习题)　可比产品成本实际完成情况分析表

编制单位:××厂　　　　　　　　20××年度　　　　　　　　金额单位:元

产品名称	计量单位	实际产量	单位成本		实际产量的总成本		与上年成本比	
			上年实际	本年实际	按上年实际平均单位成本计算	本年实际	成本降低额	成本降低率/%
可比产品								
甲产品	件							
乙产品	件							

参 考 文 献

[1] 财政部.《管理会计应用指引》(财会〔2017〕24号文).
[2] 财政部.《企业会计准则第9号——职工薪酬》(财会〔2014〕8号文).
[3] 财政部.《企业会计准则第1号——存货》《企业会计准则第4号——固定资产》(财会〔2006〕3号文).
[4] 财政部.《企业产品成本核算制度(试行)》(财会〔2013〕17号文).
[5] 企业产品成本会计编审委员会.企业产品成本会计核算详解与实务[M].北京:人民邮电出版社,2020.
[6] 中国注册会计师协会.财务成本管理[M].北京:中国财政经济出版社,2020.
[7] 万寿义,任月君.成本会计[M].5版.大连:东北财经大学出版社,2019.
[8] 孙茂竹,于富生.成本与管理会计[M].2版.北京:中国人民大学出版社,2018.
[9] 王鸿雁.成本会计实训教程[M].上海:立信会计出版社,2017.